字字落实 段段直译

文言文其实很简单

叙事卷

王大绩（北京市语文特级教师）/力荐

王宸／编著　赵鹤／绘

郭炜／声音演绎

电子工业出版社

Publishing House of Electronics Industry

北京·BEIJING

步入古代文学殿堂的向导

小学开始恋书。无论春夏秋冬，夜晚躺到枕上，总要读一会儿才能入睡。忘了从哪里得到两本《古文观止》——20世纪50年代中华书局的版本，真是让我这个少年一往情深，这两本书一次次伴我在陶醉感奋中进入梦乡。从垫枕，到插架，多少次搬家，现在依旧静静立在巨大书柜的最外层。

这次又翻阅它，在第一篇《郑伯克段于鄢》"其乐也融融……其乐也泄泄"旁边，看到自己注的一句话："克段，所以融融；段奔，竟也泄泄。"那会儿没看太懂，但似乎也触摸到权力旋涡中的人心。此刻，突然又跳出另一晚的回忆：读到《与韩荆州书》的"请给纸笔，兼之书人"，我忍不住大笑起来。母亲诧异，我又高声诵读这八个字。意外地，母亲自言自语："大了……"

其实，我那会儿并没有大。《古文观止》是供成年人阅读的选本。少年时，有些选文读不大懂；有些选文没有注释，也只是浮光掠影，一知半解。但依然在为人生涂上清晰的底色：文明的底色、文化的底色、民族的底色。

《文言文其实很简单》这套丛书大不一样了。经典文言文是经由历史审核的，《古文观止》是清康熙年间的选本；这套丛书又多了三百年的清点筛选。它专为少年选文，适合少年的口味和需求；并有翔实的注释、精确的译文和充满趣味的插图。名副其实，用这套丛书学习文言文，真的会很简单。

正如白话文是现代中国人的口语习惯，文言文则是古代中国人的口语习惯。这套丛书如同一位现代向导，引领当代少年轻松自如地步入古代文学的殿堂，领略古代社会生活，洞察古代的政治、文化、风土、人情，触摸古人的生活、心志、品性、作为，从而明了自己从哪里来，以便更坚定地走向理想的未来。

白话文只有一百年历史，文言文已有几千年的承载和积淀。从文辞字句到思想内涵，从"景语"到"情语"；物华天宝于其内，人杰地灵出其中；语言建构珠圆玉润，民族魂魄清莲秀竹。

"却顾所来径，苍苍横翠微"，《文言文其实很简单》助力中华少年成长，相信会是撑起中华栋梁的一块文化基石。

北京市语文特级教师

目录 | contents

备注：本书可按照撰文的时间顺序阅读与使用，也可按照文章的难易程度阅读与使用。

■ 红色－难度1级，■ 黄色－难度2级，■ 绿色－难度3级，■ 紫色－难度4级

郑伯克段于鄢

——《左传》

原文
逐句翻译
生僻字注音
字词意思解释

京城大叔

古文

初，郑武公娶于申，曰武姜，生庄公及共（gōng）叔段。庄公寤（wù）生，惊姜氏，故名曰"寤生"，遂恶之。爱共叔段，欲立之，亟（qì）请于武公，公弗许。

及庄公即位，为之请制。公曰："制，岩邑也，虢叔死焉，佗邑唯命。"请京，使居之，谓之"京城大叔"。

译文

当初，郑武公在申国娶了妻子，叫作武姜，生下庄公和共叔段。生庄公时难产，脚先出来，武姜受到惊吓，所以给他取名"寤生"，于是厌恶他。武姜偏爱共叔段，想立他为世子，屡次向武公请求，武公都不答应。

等到庄公即位，武姜就替共叔段请求，以制为封地。庄公说："制是个险要的城邑，之前虢叔就死在那里，若是别的城邑，都可以听您的。"武姜便请求以京为封地，庄公答应了，让共叔段住在那里，称他为"京城太叔"。

【寤生】难产的一种，胎儿的脚先出来。　　【岩】险要。
【亟】屡次。

祭（zhài）仲曰："都城过百雉，国之害也。先王之制：大都，不过参国之一；中，五之一；小，九之一。今京不度，非制也，君将<u>不堪</u>。"

公曰："姜氏欲之，焉辟害？"

对曰："姜氏何厌之有？不如早为之所，无使滋蔓。蔓，难图也。蔓草犹不可除，况君之宠弟乎？"

公曰："多行不义，必自毙，子姑待之。"

大夫祭仲说："分封的都邑城墙长度超过三百丈，就会变成国家的祸害。先王的规定：大的都邑不能超过国都的三分之一；中等的不能超过五分之一；小的不能超过九分之一。现在京的城墙不合法度，不遵照先王的规定，您会控制不了。"庄公说："姜氏想要这样，哪里能够避开祸害？"

祭仲回答说："姜氏哪会满足！不如早点儿给共叔段安排个地方，别让祸害滋长蔓延，一蔓延就不好处理了。蔓延的野草尚且不能彻底铲除，何况是您那受宠的弟弟呢？"

庄公说："多做不义的事情，必定会自己垮台，你姑且等着吧。"

【都】根据《左传·庄公二十八年》的说法，"凡邑有宗庙先君之主曰都"，等级低于国都，高于一般城邑。

【雉】一种长度单位。

【不堪】经不起，控制不了。

【厌】满足。

【图】对付，处理。

既而大叔命西鄙、北鄙贰于己。

公子吕曰："国不堪贰，君将若之何？欲与大叔，臣请事之；若弗与，则请除之，无生民心。"

公曰："无庸，将自及。"

大叔又收贰以为己邑，至于廪（lǐn）延。子封曰："可矣。厚将得众。"

公曰："不义不昵，厚将崩。"

译文

没过多久，太叔命令西部和北部边境上的城邑一方面听命于庄公，一方面听命于自己。

公子吕说："国家经不起这样两头听命，您打算怎么办？如果打算将郑国交给太叔，就请允许臣下我去侍奉他；如果不给，那么就请除掉他，不要让臣民生出二心。"

庄公说："用不着，他会自己赶上灾祸的。"

太叔又将两头听命的那些城邑收归自己，一直扩展到廪延。公子吕说："可以动手了。土地扩大，他将获得民心。"

庄公说："共叔段对主君不义，就不能笼络民心，势力再雄厚，也将要崩溃。"

【鄙】边境上的城邑。

【贰】两头听命，有两个主君。

【公子吕】郑国大夫，字子封。

【庸】用。一般出现于否定句中。

【及】赶上。

【众】百姓，这里指民心。

【昵】亲近，这里指拥护、爱戴。

古文 大叔完聚，缮甲兵，具卒乘，将袭郑。夫人将启之。公闻其期，曰："可矣！"命子封帅车二百乘以伐京。京叛大叔段。段入于鄢（yān），公伐诸鄢。五月辛丑，大叔出奔共。

译文 太叔修筑城郭，囤积粮草，聚集百姓，修理盔甲武器，准备好步卒和战车，将要偷袭郑国。武姜准备开城门接应他。庄公打听到他举兵的日期，说："可以动手了！"命令子封率领二百乘战车，去讨伐京。京那里的人背叛了太叔段。他逃到鄢，庄公又追到鄢讨伐他。五月二十三日，太叔逃到共避难。

【完】修筑城郭。
【聚】聚集百姓，囤积粮草。
【缮】修理。
【具】准备。
【卒】步兵。
【乘】四匹马拉的战车。
【袭】偷袭，行军不用钟鼓，轻装上阵，趁对手不备。
【帅车二百乘】春秋时期的主流是车战，每乘车配备甲士三人，步卒七十二人。
【诸】"之于"的合音。

古文 书曰："郑伯克段于鄢。"段不弟（tì），故不言弟；如二君，故曰克；称郑伯，讥失教也，谓之郑志。不言出奔，难之也。

《春秋》记载："郑伯克段于鄢。"共叔段不尽做弟弟的本分，所以不用"弟"字；交战双方好像两个国君，所以用"克"字；称庄公为"郑伯"，是讥讽他对弟弟失于教导，也表明赶走共叔段是他的本意。不写共叔段"出奔"，是史官下笔有为难之处。

> 【克】战胜。

遂置姜氏于城颍（yǐng），而誓之曰："不及黄泉，无相见也。"既而悔之。颍考叔为颍谷封人，闻之，有献于公。公赐之食。食舍肉。

公问之，对曰："小人有母，皆尝小人之食矣，未尝君之羹。请以遗（wèi）之。"

公曰："尔有母遗，繄（yī）我独无！"

颍考叔曰："敢问何谓也？"公语之故，且告之悔。

于是庄公把武姜放逐到城颍，对她发誓："不到黄泉，不再见面。"过了些时候，庄公又后悔了。颍考叔是管理颍谷疆界的官吏，他听说了这件事情，就把贡品献给庄公。庄公赐给他食物。颍考叔在吃饭时留下了肉。

庄公问他为什么这样做。颍考叔回答道："小人有老母亲，我的食物她都尝过，唯独没尝过君王的肉羹，请允许我带回去送给她吃。"

庄公说："你有老母亲可以孝敬，唉，唯独我没有！"

颍考叔说："请问您这是什么意思？"庄公告诉了他原因，并且说明了自己的悔意。

> 【置】安置，放逐。
> 【封人】管理疆界的官吏。
> 【遗】赠送。
> 【繄】句首语气助词，无实际意义。

古文 对曰："君何患焉？若阙地及泉，隧而相见，其谁曰不然？"公从之。
公入而赋："大隧之中，其乐也融融！"姜出而赋："大隧之外，
其乐也洩洩（yì）！"遂为母子如初。

译文 颍考叔回答道："您有什么好担心的呢？只要挖一条地道，直到挖
出泉水，在地道中相见，谁能说您违背了誓言？"庄公听从了他的话。
庄公走进地道，赋诗："大隧之中，多么和乐相得！"武姜走出隧
道，赋诗："大隧之外，多么舒畅爽快！"从此，他们恢复了母子关系，
和原来一样。

【洩洩】欢乐自得的样子。

孝

颍考叔

古文 君子曰："颍考叔，纯孝也。
爱其母，施（yì）及庄公。《诗》
曰：'孝子不匮，永锡尔类。'
其是之谓乎？"

君子说："颍考叔是真正的孝子，不仅敬爱自己的母亲，而且把这种感情推广到庄公身上。《诗经》里说：'孝子的孝无穷无尽，永远能感化你的同类。'大概说的就是这种情况吧？"

【施】延伸，扩展。
【孝子不匮，永锡尔类】出自《诗经·大雅·既醉》。

古今异义

古 毙 今

倒下去，垮台。

死亡（这个词义，汉朝以后才出现）。

古 羹 今

带汁水的肉食。

汤。

庄公寤生：通"牾"，逆，倒着。

无使滋蔓：通"毋"，不要。

佗邑唯命：通"他"，别的。

段不弟，故不言弟：通"悌"，尊重哥哥、敬爱长辈。

谓之京城大叔：通"太"。

大都不过参国之一：通"三"。

若阙地及泉：通"掘"，挖。

姜氏欲之，焉辟害：通"避"，躲避。

永锡尔类：通"赐"，给予。

判断句：

制，岩邑也。

都城过百雉，国之害也。

今京不度，非制也。

蔓，难图也。

称郑伯，讥失教也，谓之郑志。不言出奔，难之也。

颍考叔为颍谷封人。

颍考叔，纯孝也。

倒装句：

郑伯克段于鄢。→郑伯于鄢克段。

郑武公娶于申。→郑武公于申娶。

亟请于武公。→亟于武公请。

姜氏何厌之有？→姜氏有何厌？

敢问何谓也？→敢问谓何也？

君何患焉？→君患何焉？

本篇出自《左传·隐公元年》。

什么是"春秋笔法"？

"春秋笔法"又叫"微言大义"，是孔子创造的一种历史叙述方法：行文中虽然不直接阐述对人物和事件的评价，却"每用一字，必寓褒贬"，通过细节描写、遣词造句、材料筛选等，委婉地表达主观看法。

它在后世颇有争议。欧阳修就推崇这种方法，编纂《新五代史》时也在相当程度上借鉴了；也有人觉得，孔子"为尊者讳、为亲者讳、为贤者讳"的原则，不符合史官"秉笔直书"的道德要求。

配套阅读：《文言文其实很简单·应用卷（上）》中的《曹刿论战》。

先秦时期，"男子称氏，女子称姓"。当时规定，同姓不可以结婚，"姓所以别婚姻，氏所以别贵贱"。

史书里对贵族女子的称呼，并不是她们的名字，而是姓加上表明身份的字样。

有的是加上丈夫的谥号：例如，武姜是郑武公的妻子。

有的是加上排行：依次是伯（庶出称孟）、仲、叔、季。

有的是加上母家的国名：例如，晋文公所娶的齐国女子，称作齐姜。

有的是加上夫家的国名：例如，陈国（妫姓）的公主嫁给了息侯，称作息妫（guī），就是著名的"息夫人"。

有的是加上自己的谥号：例如，鲁庄公的妻子是齐国的公主，称作哀姜。

介之推不言禄

——《左传》

原文
逐句翻译
生僻字注音
字词意思解释

古文　晋侯赏从亡者，介之推不言禄，禄亦弗及。

译文　晋文公赏赐跟随他逃亡的那些人，介之推不去要俸禄，晋文公也没有给他。

古文　推曰："献公之子九人，唯君在矣。惠、怀无亲，外内弃之。天未绝晋，必将有主。主晋祀者，非君而谁？天实置之，而二三子以为己力，不亦诬乎？窃人之财，犹谓之盗。况贪天之功，以为己力乎？下义其罪，上赏其奸。上下相蒙，难与处矣。"

11

介之推说："晋献公有九个儿子，唯独国君还在人世。惠公、怀公没有亲信，国内外都抛弃他们。上天不打算让晋国灭绝，所以必定会有君主。主持晋国祭祀的人，不是国君又是谁呢？实在是上天立他为君，跟随他逃亡的那些人却认为是自己的贡献，这不是欺骗吗？偷别人的钱财，尚且被说是盗窃。更何况贪图上天的功劳，认为是自己的贡献呢？下面的臣子将罪过当作道义，上面的国君给予奸诈之辈赏赐。上下互相蒙蔽，难以和他们相处啊。"

【惠、怀】晋惠公名叫夷吾，是晋文公的弟弟；晋怀公名叫圉（yǔ），是晋文公的侄子。他们都在晋文公之前继位。

【二三子】诸位，指跟随晋文公逃亡的那些人。
【诬】欺骗，假冒。

其母曰："盍（hé）亦求之？以死谁怼（duì）？"
对曰："尤而效之，罪又甚焉！且出怨言，不食其食。"

他母亲说："你为什么不也去要俸禄呢？否则这样贫穷地死去，又能埋怨谁呢？"
介之推回答说："责备这种行为却效仿它，罪过更重啊！况且说出了埋怨的话，就不应吃他的俸禄了。"

【盍】何不，为什么不。
【怼】怨恨。
【尤】归咎于，责备。

古文 其母曰："亦使知之，<u>若何</u>？"
对曰："言，身之文也。身将隐，焉用文之？是求显也。"

译文 他母亲说："也让国君知道这件事，怎么样？"
介之推回答说："言语，是身体的装饰。身体将要隐居，何必装饰它？这样是谋求显贵啊。"

> 【若何】怎样，如何。

古文 其母曰："能如是乎？与汝偕（xié）隐。"遂隐而死。

译文 他母亲说："你能这样做吗？那么我和你一起隐居。"于是一直隐居到去世。

> 【偕】一起。

古文

　　晋侯求之不获，以绵上为之田。曰："以志吾过，且旌（jīng）善人。"

译文

　　晋文公没有找到他，就用绵上当他的祭田。说："用这来记录我的过失，并且表彰好人。"

【绵上】现在的山西介休东南四十里，介山之下。
【旌】表扬，表彰。

特殊句式

判断句：

言，身之文也。
是求显也。

历史背景

　　晋文公名叫重耳，是晋献公的儿子。他和异母哥哥申生、弟弟夷吾一同遭到父亲宠爱的骊姬的陷害，申生被害，重耳和夷吾被迫逃离晋国。

　　重耳在外流亡十九年，追随他的有狐偃（yǎn）、赵衰（cuī）、胥臣、介之推等人，先后到了翟、卫、齐、曹、宋、郑、楚等国，尝遍了酸甜苦辣。

　　公元前 636 年春天，重耳在秦国的支持下，驱逐并派人杀死了晋怀公，回国继位。

作者介绍

本篇出自《左传·僖（xī）公二十四年》。

文化常识

介之推，又写作介子推。

史书记载，重耳逃到卫国时，断了粮，饥饿难忍。为了让重耳活命，介子推割下腿上的肉，和摘来的野菜一起煮成汤，给重耳喝。重耳后来得知自己吃的是介子推腿上的肉，大受感动，声称有朝一日继位，要好好报答介子推。

根据传说，重耳没有封赏介子推，是由于当时东周王室内乱，忙着出兵勤王。后来，晋文公急于寻找隐居绵山、不肯出来的介子推，听信了小人之言，下令放火烧山，逼他现身。没料到大火烧了三天，介子推终究没有出来，最后在一棵枯柳树下发现了母子二人的尸骨。晋文公异常悔恨、悲痛万分。

寒食节是冬至后第105天，后逐渐同清明节合并。这一天要禁火，只吃瓜果、点心一类的冷食。民间普遍认为，这个节日是为了纪念介子推。

烛之武退秦师

——《左传》

原文
逐句翻译
生僻字注音
字词意思解释

古文

　　晋侯、秦伯围郑，以其无礼于晋，且贰于楚也。晋军函陵，秦军氾（fán）南。

译文

　　晋文公、秦穆公联手围攻郑国，因为郑国曾经对晋文公无礼，而且对晋国有二心，同时从属于楚国。晋军驻扎在函陵，秦军驻扎在氾水南面。

【**贰**】怀有二心，背离。
【**军**】驻军。
【**函陵**】现在的河南新郑以北。

16

佚（yì）之狐言于郑伯曰："国危矣，若使烛之武见秦君，师必退。"公从之。

郑国大夫佚之狐对郑文公说："国家危险了，假如派烛之武去见秦穆公，秦国的军队必定会撤退。"郑文公听从了他的意见。

辞曰："臣之壮也，犹不如人；今老矣，无能为也已。"

公曰："吾不能早用子，今急而求子，是寡人之过也。然郑亡，子亦有不利焉！"许之。

烛之武推辞说："臣下年轻力壮时，尚且不如别人；现在老了，没法有什么作为了。"

郑文公说："我没能及早重用您，现在情况危急才来求您，这是我的过错。然而郑国灭亡了，对您也不利啊！"烛之武便答应了这件事。

【已】相当于"矣"，语气词，了。

【寡人】寡德的人，古代国君对自己的谦称。

17

古文 夜缒（zhuì）而出，见秦伯，曰："秦、晋围郑，郑既知亡矣。若亡郑而有益于君，敢以烦执事。越国以鄙远，君知其难也，焉用亡郑以陪邻？"

译文 夜里，烛之武拽着绳子下到地面，出了城，见到秦穆公，说："秦、晋两国围攻郑国，郑国已经知道要灭亡了。假如灭掉郑国对您有好处，我哪里还敢用这件事麻烦您？越过别国，把远方的土地作为边境，您知道这是困难的，何必灭掉郑国，来增加邻国的土地？"

【缒】用绳子拴着人或物从上往下运。
【执事】办事人员。这里是客气话，实际指秦穆公本人。
【焉】相当于"何"，怎么，哪儿。
【陪】增加。

古文

"邻之厚，君之薄也。若舍郑以为东道主，行李之往来，共其乏困，君亦无所害。且君尝为晋君赐矣，许君焦、瑕，朝济而夕设版焉，君之所知也。夫晋，何厌之有？既东封郑，又欲肆其西封，若不阙（quē）秦，将焉取之？阙秦以利晋，唯君图之。"

译文

"邻国的实力雄厚了，您秦国的实力也就相对削弱了。如果您放弃围攻郑国，把它当作东方道路上的主人，使者来来往往，郑国可以提供给这些人所缺乏的东西，对您也没什么害处。而且您之前帮助过晋惠公，晋惠公答应给您焦、瑕两座城池。然而晋惠公早上渡过黄河回国，晚上就在那里筑城防备秦国，这是您所知道的。晋国哪有满足的时候？现在它已经向东开疆拓土，让郑国成为它的边境，又想向西扩大疆域。如果不侵害秦国，它到哪里去夺取土地？削弱秦国对晋国有利，请您考虑。"

【舍】放弃。
【为】给予。
【赐】恩惠。
【济】渡河。
【设版】修筑防御用的土墙。

【肆】延伸，扩张。
【封】疆界。
【阙】侵害，削减。
【图】考虑。

秦伯说，与郑人盟。使杞（qǐ）子、逢孙、杨孙戍之，乃还。

译文

秦穆公很高兴，同郑国签订了盟约。让杞子、逢孙、杨孙戍守郑国，秦穆公就回去了。

不讲武德

↓秦

古文

子犯请击之。公曰："不可。微夫（fú）人之力不及此。因人之力而敝之，不仁；失其所与，不知；以乱易整，不武。吾其还也。"亦去之。

译文

晋国大夫子犯请求出兵攻击秦军。晋文公说："不行。假如没有那个人的力量，我到不了这个地步。依靠别人的力量却反过来损害他，这是不仁义的；失掉自己的盟友，这是不明智的；用冲突混乱取代团结一致，这是不符合武德的。我们还是回去吧。"晋军也离开了郑国。

【微】没有。
【敝】损害。
【其】还是（委婉语气，表示商量或希望）。
【与】结交，亲附。

古今异义

古 **行李** 今

使节。

出门时携带的东西。

古 **夫人** 今

代词，那个人。

对妻子的尊称。

通假字

共其乏困：通"供"，提供。

秦伯说：通"悦"，高兴。

失其所与，不知：通"智"，明智。

特殊句式

判断句：

是寡人之过也。

因人之力而敝之，不仁；失其所与，不知；以乱易整，不武。

倒装句：

以其无礼于晋。→以其于晋无礼。

佚之狐言于郑伯。→佚之狐于郑伯言。

若亡郑而有益于君。→若亡郑而于君有益。

何厌之有？→有何厌？

历史背景

鲁僖公二十八年（前632），晋楚争霸的城濮（pú，位于现在的山东鄄（juàn）城西南）之战爆发，结果楚国失败，晋国称霸。

在城濮之战中，郑国出兵帮助楚国，因此同晋国结怨。于是，晋国联合秦国，想要灭掉郑国。

作者介绍

本篇出自《左传·僖公三十年》。

文化常识

春秋时期，秦、晋两国曾反复联姻。例如，秦穆公的妻子伯姬是晋献公的女儿、晋文公的姐姐；秦穆公又将女儿怀嬴（也可能是侄女）先嫁给晋怀公（晋惠公的儿子），又嫁给晋文公。所以，后世常常用"秦晋之好"代指两姓联姻。

蹇叔哭师

——《左传》

古文 杞子自郑使告于秦曰："郑人使我掌其北门之管，若潜师以来，国可得也。"

译文 杞子自郑国派人向秦国报告："郑国人让我掌管他们国都北门的钥匙，如果悄悄发兵前来，就可以占领他们的国都。"

【管】钥匙。
【潜】秘密地，偷偷。

古文 穆公访诸蹇（jiǎn）叔。蹇叔曰："劳师以袭远，非所闻也。师劳力竭，远主备之，无乃不可乎？师之所为，郑必知之。勤而无所，必有悖（bèi）心。且行千里，其谁不知？"

23

秦穆公向老臣蹇叔征求意见。蹇叔说："让军队辛勤劳苦地去偷袭远方的国家，我从没听说过。军队劳苦、精疲力竭，远方国家的君主又有所防备，恐怕不行吧？军队的所作所为，郑国必定知道。军队辛勤却一无所得，必定会产生违逆的念头。再说行军千里，有谁会不知道？"

【无乃】大概，恐怕，表示委婉语气。　　【其】语气词，加强反问。
【悖】违逆，反感。

家人们，开战了！！！

公辞焉。召孟明、西乞、白乙，使出师于东门之外。

秦穆公没有听从蹇叔的意见。他召见了孟明视、西乞术和白乙丙三位将领，派他们从东门外出兵。

24

古文 蹇叔哭之曰："孟子！吾见师之出而不见其入也。"

公使谓之曰："尔何知！<u>中寿</u>，<u>尔墓之木拱矣</u>！"

译文 蹇叔对他们痛哭，说："孟明啊！我看着军队出发，却看不见他们回来了。"

秦穆公派人对蹇叔说："你知道什么！要是你只活到六七十岁，你坟上的树都有两手合抱那么粗了！"

【中寿】古人将寿命自长到短，分成上寿、中寿、下寿。中寿说法不一，大致指六七十岁。

【尔墓之木拱矣】这里是讽刺蹇叔老糊涂了。当时蹇叔已经有七八十岁。

古文 蹇叔之子与（yù）师，哭而送之，曰："晋人御师必于崤（xiáo），崤有二陵焉。其南陵，<u>夏后皋</u>（gāo）之墓也；其北陵，文王之所辟风雨也。必死是间，余收尔骨焉！"秦师遂东。

译文 蹇叔的儿子在军队里，蹇叔哭着送别，说："晋国人必定在崤山抵御我军，崤有两座山头。南面的山头是夏朝君主皋的坟墓，北面的山头

25

是周文王躲避风雨的地方。你们必定会战死在这两座山头之间，我到那里收拾你的尸骨吧！"于是秦国军队向东而去。

【与】参加。
【崤】位于现在的河南洛宁西北，也写作"殽"。
【陵】山头。南陵和北陵相距三十八里，地势险要。
【夏后皋】夏朝君主，名皋，是末代君主夏桀的祖父。后：国君。

通假字

文王之所辟风雨也：通"避"，躲避。

特殊句式

判断句：

其南陵，夏后皋之墓也；其北陵，文王之所辟风雨也。

倒装句：

杞子自郑使告于秦曰。→杞子自郑使于秦告曰。
使出师于东门之外。→使于东门之外出师。
尔何知！→尔知何！

此事发生在烛之武退秦师两年多以后。一代霸主晋文公去世，秦穆公想借机进军中原。

郑国自爱国商人弦高那里得到了秦军来袭的消息，做好了准备，杞子等人也被赶走。孟明视认为无法拿下严阵以待的郑国，就顺手灭掉了另一个小国滑，准备回秦国去。

途中，晋国果然在崤伏击了秦军，大获全胜，俘虏了孟明视、西乞术和白乙丙。由于文嬴（晋文公的夫人、秦穆公的女儿）求情，新继位的晋襄公将这三名将领放了回去。

秦穆公穿着白色丧服，在郊外等候，对着获释的将士痛哭，后悔没有听从蹇叔的劝告，认为错在自己。他没有撤换孟明视等人，继续让他们带兵。

三年过去，孟明视带领秦军击败了晋国，到崤山掩埋了阵亡将士的骨骸，祭祀以后才回国。

本篇出自《左传·僖公三十二年》。

为什么春秋时期人们的名字那样奇怪？

本篇里出现的三位将领，孟明视是百里奚的儿子，名视，字孟明。西乞术可能是蹇叔的儿子，名术，字西乞。还有一种说法，他是西氏，名术，字乞。白乙丙可能也是蹇叔的儿子，名丙，字白乙。

蹇叔是宋国王室后裔，子姓，蹇氏。

战国以后，人们以氏为姓，姓和氏才逐渐合一。

王孙满对楚子

—— 《左传》

原文
逐句翻译
生僻字注音
字词意思解释

古文 楚子伐陆浑之戎，遂至于雒（luò），观兵于周疆。

译文 楚庄王攻打陆浑戎人，于是到了雒水，在周王室的边境上检阅军队，炫耀武力。

【陆浑之戎】古代西北少数民族的一支，也叫允姓之戎。原来居住在秦晋两国西北边，后来迁到伊川（伊河流域，位于河南）。

【雒】现在写作"洛水"。发源于陕西，在河南洛阳附近汇入黄河。
【观兵】检阅军队以显示武力。

定王使王孙满劳楚子。楚子问鼎之大小轻重焉。

周定王派王孙满慰劳楚庄王。楚庄王询问周王室九鼎的大小、轻重。

【王孙满】周大夫，共王的玄孙。
【劳】慰劳。

对曰："在德不在鼎。昔夏之方有德也，远方图物，贡金九牧，铸鼎象物，百物而为之备，使民知神奸。故民入川泽山林，不逢不若。螭（chī）魅罔两，莫能逢之。用能协于上下，以承天休。"

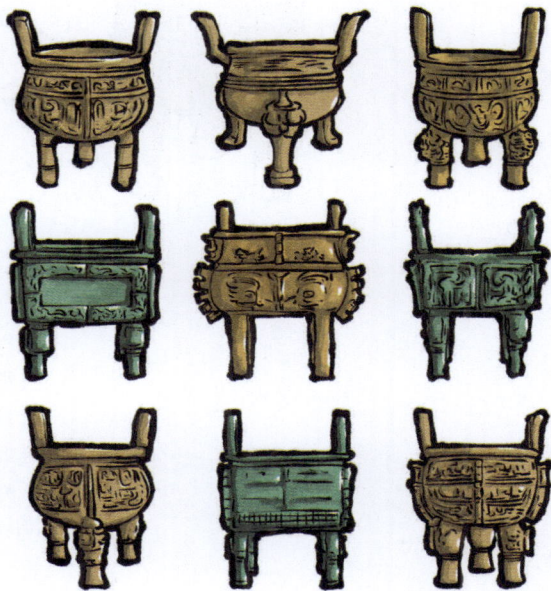

王孙满回答道："大小轻重在于德行，而不在于鼎本身。以前夏朝正在施行德政时，远方的人们把各种事物都画成图像，九州的长官贡献了铜，铸成九鼎，将所画的图像铸在鼎上，鼎上有各种事物的图像，使百姓认识鬼神怪异之物。所以百姓进入江河湖泊、深山老林，不会碰到有危害的东西，山精水怪都遇不上。因而能令上上下下和睦相处，受到上天的保佑。"

【图】画。
【九牧】传说大禹将天下分成九州，州的长官叫牧。
【神奸】能害人的鬼神怪异之物。
【逢】遇到。
【不若】不善，不顺从，不祥。

【螭魅】也写作"魑魅"，传说中山林间害人的精怪，人面兽身四足。
【罔两】也写作"魍魉"，河川里的精怪。
【用】因。
【休】荫庇，保佑。

"桀有昏德，鼎迁于商，载祀六百。商纣暴虐，鼎迁于周。德之休明，虽小，重也。其奸回昏乱，虽大，轻也。天祚（zuò）明德，有所底止。"

"夏桀昏乱无德，九鼎迁移到商朝，经历了六百年。商纣暴虐，九鼎又迁移到周朝。天子德行如果美善光明，鼎即使小，也是重的。如果奸邪昏乱，鼎即使大，也是轻的。上天赐福给有美德的人，总有终止的日子。"

【载、祀】年。
【休明】美善光明。
【奸回】奸恶邪僻。
【祚】赐福，保佑。
【底止】止境，终点。

古文

"成王定鼎于郏鄏（jiá rǔ），卜世三十，卜年七百，天所命也。周德虽衰，天命未改。鼎之轻重，未可问也。"

译文

"周成王将九鼎安放在郏鄏，占卜的结果是，可以传世三十代，享国七百年，这是上天所决定的。周王室的德行虽然衰退了，天命却还未更改。九鼎的轻重，是不可以询问的。"

【郏鄏】周朝东都，位于现在的河南洛阳一带。

【世】父子相继为一世。

特殊句式

判断句：

德之休明，虽小，重也。其奸回昏乱，虽大，轻也。

卜世三十，卜年七百，天所命也。

鼎之轻重，未可问也。

倒装句：

贡金九牧。→九牧贡金。

春秋时期，周王室衰微，诸侯争霸。

楚国虽说被中原各国看作"蛮夷"，却经过长期争斗，吞并了周围的若干小国，拥有强大的武力，楚庄王也成为"春秋五霸"之一。

楚庄王自以为羽翼丰满，便带兵在周王室的边境上耀武扬威，试图取而代之。因此，后世用"问鼎"来比喻夺取政权的野心。

本篇出自《左传·宣公三年》。

鼎，起先是烹煮肉食的器物。圆鼎三足，方鼎四足，通常有两耳。

后来，九鼎象征九州，被奉为传国之宝，也是王权乃至皇权的象征。拥有九鼎，就意味着天命所归。

所以，"鼎"字出现在许多表示重要、尊贵的词汇中：

定鼎中原、鼎甲（殿试时名列前三）、鼎业（帝王的大业）、鼎臣（宰相）、鼎祚（国运）、一言九鼎，等等。

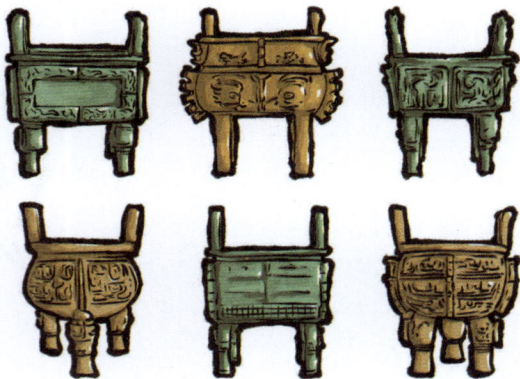

苛政猛于虎

—— 《礼记》

原文
逐句翻译
生僻字注音
字词意思解释

古文 孔子过泰山侧，有妇人哭于墓者而哀。

译文 孔子路过泰山边，有个妇人在坟墓旁哭得很悲伤。

古文 夫子式而听之，使子路问之，曰："子之哭也，壹似重（chóng）有忧者。"

译文 孔子扶着车厢前面的横木倾听，派子路去问她，说："您这样哭，真好像不止一次遇到伤心事了。"

【壹】真是，实在。
【重】再次。

33

古文 而曰："然。昔者吾舅死于虎，吾夫又死焉，今吾子又死焉。"

译文 于是她说："对啊。以前我公公被老虎咬死了，我丈夫也被老虎咬死了，现在我儿子又被老虎咬死了。"

【而】相当于"乃"，于是，就。
【舅】指丈夫的父亲，即公公。与之对应，丈夫的母亲称为婆婆或姑。

古文 夫子曰："何为不去也？"曰："无苛政。"

译文 孔子说："为什么不离开这里呢？"她回答："因为这里没有残暴的政令。"

【苛政】繁重的徭役、赋税。

古文 夫子曰："小子识（zhì）之：苛政猛于虎也。"

译文 孔子说："子路要记住：残暴的政令比老虎还要可怕。"

【小子】古代长辈对晚辈、老师对学生的称呼。
【识】记住。

通假字

夫子式而听之：通"轼"，车厢前面用作扶手的横木，这里用作动词。

特殊句式

倒装句：

有妇人哭于墓者而哀。→有妇人于墓哭者而哀。
何为不去也？→为何不去也？
苛政猛于虎也。→苛政于虎猛也。

被动句：

昔者吾舅死于虎。
"于"可以解释成"被"，也可以表示原因。

春秋时期，诸侯争霸，战火连年，百姓承受着深重的苦难，几乎连活命都成了奢侈。

孔子对民众有着一定的同情和理解，希望统治者能够实行"仁政"，减轻百姓的负担。

子路，名叫仲由，又字季路，鲁国人。他性情刚强直爽、好勇尚武，曾经瞧不起孔子，屡次冒犯欺负。孔子却对他慢慢启发引导，子路彻底服气，请求孔子收他为弟子。他跟随孔子周游列国，事实上负责保护孔子，孔子也非常器重和信任他。

本篇出自《礼记·檀弓下》。

《礼》和《诗》、《书》、《乐》、《易》、《春秋》并称儒家"六经"，被后世称为《仪礼》，主要记载周朝的冠、婚、丧、祭等各种仪式，内容深奥难解。所以，儒家弟子在习礼的过程中撰写了很多解释经义的论文，总称为"记"。

《礼记》又称《小戴礼记》，是西汉礼学家戴圣根据流传下来的"记"编定的，共四十九篇。东汉著名经学家郑玄给它做了注，它因此摆脱了从属于《仪礼》的地位，独立成书，同《仪礼》《周礼》合称"三礼"，对中国文化产生了深远影响。"四书"中的《大学》和《中庸》都是《礼记》的一部分。

《檀弓》上、下篇大多是讨论丧礼的文字，结构比较零散。

儒家"十三经"包括哪些书？

汉武帝"罢黜百家，独尊儒术"，将《诗》《书》《易》《礼》《春秋》这"五经"列为官学。

唐朝变成了"九经"：《诗经》、《尚书》、《易经》、"三礼"、"春秋三传"（《左氏传》《公羊传》《穀（gǔ）梁传》）。

唐文宗开成年间，儒家经典被刻在石头上，安放在国子学，成为天下读书人都需要参考的权威版本，史称"开成石经"。这时候又加上了《孝经》《论语》《尔雅》。

南宋理学家朱熹把《孟子》作为《四书》之一，"十三经"正式形成。

苏秦以连横说秦

——《战国策》

原文
逐句翻译
生僻字注音
字词意思解释

古文

苏秦始将连横说（shuì）秦惠王曰："大王之国，西有巴、蜀、汉中之利，北有胡貉（hé）、代马之用，南有巫山、黔中之限，东有崤、函之固。田肥美，民殷富，战车万乘，奋击百万，沃野千里，蓄积饶多，地势形便，此所谓天府，天下之雄国也。以大王之贤，士民之众，车骑之用，兵法之教，可以并诸侯，吞天下，称帝而治。愿大王少留意，臣请奏其效。"

译文

苏秦最开始主张连横，他游说秦惠文王说："大王您的国家，西面有巴、蜀、汉中的富饶，北面有胡地的貉皮、代地的良马可以利用，南面有巫山、黔中充当屏障，东面有坚固的崤山、函谷关。耕田肥美，百姓富足，战车万辆，武士百万，沃野千里，积累了丰饶的财富，地理形

37

势便利，这就是所说的天府，天下的强国。凭着大王的贤明，军民的众多，车骑的运用，兵法的教习，可以兼并诸侯，独吞天下，称帝而加以治理。希望大王对此稍微留意，请允许臣下陈述一下这件事的功效。"

【连横】秦国同六国中的某一个结盟。秦在西，六国在东，所以是横向联系。
【貉】一种外形像狐狸的动物。
【限】屏障。
【奋击】能奋力击敌的勇士。

古文　秦王曰："寡人闻之，毛羽不丰满者不可以高飞，文章不成者不可以诛罚，道德不厚者不可以使民，政教不顺者不可以烦大臣。今先生俨然不远千里而庭教之，愿以异日。"

译文　秦王回答道："寡人听说，鸟雀羽毛不丰满就不能高飞上天，法令不完备就不能用来惩治犯人，道德不高尚就不能驱使百姓，政令教化不顺民心就不能烦劳大臣。现在先生不远千里跑来，一本正经地在朝堂上教导我，还是改日再说吧。"

【文章】指法令。
【俨然】庄重认真的样子。

古文

苏秦曰："臣固疑大王之不能用也。昔者神农伐补遂，黄帝伐涿（zhuō）鹿而禽蚩尤，尧伐驩（huān）兜，舜伐三苗，禹伐共工，汤伐有夏，文王伐崇，武王伐纣，齐桓任战而伯天下。由此观之，恶有不战者乎？古者使车毂（gǔ）击驰，言语相结，天下为一，约从连横，兵革不藏。文士并饬，诸侯乱惑，万端俱起，不可胜理。科条既备，民多伪态，书策稠浊，百姓不足。上下相愁，民无所聊，明言章理，兵甲愈起。辩言伟服，战攻不息，繁称文辞，天下不治。舌弊耳聋，不见成功，行义约信，天下不亲。"

译文

苏秦说："臣下本来就怀疑大王不会采纳我的意见。过去神农讨伐补遂，黄帝讨伐涿鹿、擒获蚩尤，尧讨伐驩兜，舜讨伐三苗，禹讨伐共工，商汤讨伐夏桀，周文王讨伐崇侯虎，周武王讨伐殷纣王，齐桓公运用武力称霸天下。由此可见，哪里有不打仗的？在古代，使者往来频繁，车轴互相碰撞，以言语互相结交，天下成为一体，有的约定合纵，有的主张连横，战争不停。文士个个巧舌如簧，诸侯听得迷茫疑惑，各种事端层出不穷，难以处理干净。法规制度已然完备，人们却装模作样；文书政令多且混乱，百姓缺衣少食。君臣都在发愁，民众无所依赖，道理讲得清楚明白，战乱反而越发严重。身着华丽服饰的文士虽然能言善辩，战争攻伐却没有止息。文辞繁缛，天下却没有得到治理。说的人舌头破了，听的人耳朵聋了，却看不到成功；履行道义、相约守信，却不能让天下人和睦共处。"

古文

"于是乃废文任武，厚养死士，缀甲厉兵，效胜于战场。夫徒处而致利，安坐而广地，虽古五帝、三王、五伯，明主贤君，常欲坐而致之，其势不能。故以战续之，宽则两军相攻，迫则杖戟相橦（chōng），然后可建大功。是故兵胜于外，义强于内；威立于上，民服于下。今欲并天下，凌万乘，诎敌国，制海内，子元元，臣诸侯，非兵不可。今之嗣主，忽于至道，皆惛（hūn）于教，乱于治，迷于言，惑于语，沉于辩，溺于辞。以此论之，王固不能行也。"

译文

"于是废弃文治，采用武力，以优厚的待遇蓄养勇猛敢死之士，制好盔甲，磨砺兵器，在战场上决一胜负。白白等待却获得利益，安稳坐着却扩展疆土，即使是上古五帝、三王、春秋五霸，贤明的君主，常常想坐着就获得这些，根据形势也不可能。所以用战争来继续，两军对垒，相距远的就相互进攻，相距近的就持着戟之类的兵器相互冲刺，然后才

40

能建立大功。因此军队在外取得了胜利，在内宣扬道义才强劲；上面的国君有了权威，下面的人民才能服从。现在要想并吞天下，凌驾于其他大国之上，让敌国屈服，控制海内，以天下百姓为子民，令诸侯臣服，非打仗不可。如今在位的国君，忽略了这一根本道理，都政教不明、治国混乱，又被奇谈怪论所迷惑，沉溺在巧言诡辩之中。如此看来，大王您本来就不能采纳我的建议。"

【杖】持着。
【橦】冲刺。
【元元】人民，百姓。
【嗣主】承继王位者。
【惛】不明事理，糊涂。

古文　　　说秦王书十上而说不行，黑貂之裘敝，黄金百斤尽，资用乏绝，去秦而归，羸縢（téng）履蹻（jué），负书担囊，形容枯槁，面目黧（lí）黑，状有愧色。归至家，妻不下纴（rèn），嫂不为炊，父母不与言。苏秦喟叹曰："妻不以我为夫，嫂不以我为叔，父母不以我为子，是皆秦之罪也。"

游说秦王的文书多次呈上，苏秦的主张却没有被采纳，黑貂皮衣穿破了，百斤黄金也用完了，钱财一点儿不剩，只得离开秦国，返回家乡。他打着绑腿，穿着草鞋，背着书箱，挑着行囊，又瘦又黑，一脸羞愧之色。回到家里，妻子不走下织机迎接，嫂子不去给他做饭，父母不和他说话。苏秦长叹道："妻子不把我当丈夫，嫂子不把我当小叔，父母不把我当儿子，这都是我的过错啊。"

【縢】绑腿。
【蹻】草鞋。

【黧】黑里带黄的颜色。
【纴】织布帛的丝缕，这里指织机。

乃夜发书，陈箧（qiè）数十，得太公《阴符》之谋，伏而诵之，简练以为揣摩。读书欲睡，引锥自刺其股，血流至足，曰："安有说人主，不能出其金玉锦绣，取卿相之尊者乎？"期年，揣摩成，曰："此真可以说当世之君矣！"

于是连夜找书，摆开几十只书箱，找到了姜太公的兵法，埋头诵读，反复选择、熟习、研究、体会。读到昏昏欲睡时，就拿锥子扎自己的大腿，鲜血一直流到脚跟，并说："哪里有去游说国君，却不能让他拿出金玉锦绣，取得卿相之尊的人呢？"坚持一年，终于研究成功，说："这下真的可以去游说当今的国君了！"

古文 于是乃摩燕乌集阙，见说赵王于华屋之下，抵（zhǐ）掌而谈，赵王大悦，封为武安君。受相印，<u>革车</u>百乘，锦绣千纯（tún），白璧百双，黄金万镒（yì），以随其后，约从散横，以抑强秦，故苏秦相于赵而关不通。

译文 于是登上名为燕乌集的宫阙，在华丽的殿宇下拜见并游说赵王，拍着手掌侃侃而谈。赵王非常高兴，封苏秦为武安君。他接受了相印，身后跟着一百辆兵车、一千匹锦绣、一百对白璧、一万镒黄金，用来联合六国，瓦解连横，抑制强大的秦国，因此苏秦在赵国为相而函谷关交通断绝。

古文 当此之时，天下之大，万民之众，王侯之威，谋臣之权，皆欲决于苏秦之策。不费斗粮，未烦一兵，未战一士，未绝一弦，未折一矢，诸侯相亲，贤于兄弟。夫贤人在而天下服，一人用而天下从。故曰：式于政，不式于勇；式于廊庙之内，不式于四境之外。

译文 在这时，广大的天下、众多的百姓、威严的王侯、擅长权变的谋臣，其命运都要取决于苏秦的策略。不花费一斗粮，不烦劳一名兵卒，没有一个战士去打仗，不拉断一根弓弦，不弯折一支箭，就使六国诸侯相互亲睦，胜过兄弟。贤人在位，天下就能顺服；一人得到重用，天下就能听从。所以说：应当运用德政，而不是武力；应当在朝廷以内下力气，而不是国境以外。

【式】用。
【廊庙】指朝廷。

古文 当秦之隆，黄金万镒为用，转毂连骑，炫熿（huáng）于道，山东之国从风而服，使赵大重。且夫苏秦，特穷巷掘门、桑户棬（quān）枢之士耳，伏轼撙（zǔn）衔，横历天下，庭说诸侯之主，杜左右之口，天下莫之伉。

译文 当苏秦显赫尊荣的时候，黄金万镒任他动用，随从车骑络绎不绝，在路上风光耀眼，崤山以东的各国如风行草偃般听他指挥，让赵国的

44

地位大大提升。况且那个苏秦，只不过是出自贫穷巷子、凿墙为门、用桑木当门板、用卷起来的树枝当门枢的贫士罢了，却伏在车前的横木上，控制着马的辔头，横行天下，在朝堂上游说诸侯，令亲信近臣无话可说，天下没有谁能同他抗衡。

古文

将说楚王，路过洛阳，父母闻之，清宫除道，张乐设饮，郊迎三十里。妻侧目而视，倾耳而听。嫂蛇行匍伏，四拜自跪而谢。苏秦曰："嫂何前倨（jù）而后卑也？"嫂曰："以季子之位尊而多金。"苏秦曰："嗟乎！贫穷则父母不子，富贵则亲戚畏惧。人生世上，势位富贵，盖可忽乎哉！"

译文

苏秦将去游说楚王，路过洛阳，父母听到消息，收拾房屋，打扫街道，安排奏乐，准备酒席，在郊外三十里处迎接。妻子不敢正面看他，侧着耳朵听他说话。嫂子像蛇一样在地上匍匐，朝他拜了四次，跪着自己谢罪。苏秦问："嫂子为什么过去那么趾高气扬，而现在又这么卑躬屈膝呢？"嫂子回答说："因为你地位尊贵而且很有钱。"苏秦叹道："唉！贫穷时父母不把我当儿子，富贵时连亲戚也害怕。人生在世，权势地位和荣华富贵，怎么可以忽视呢！"

㊎ **股** ㊏

大腿。

屁股。

㊎ **简练** ㊏

选择并熟习。

简明扼要，精练。

黄帝伐涿鹿而禽蚩尤：通"擒"，俘获。

齐桓任战而伯天下 / 虽古五帝、三王、五伯：通"霸"，称霸，霸主。

恶有不战者乎：通"乌"，哪，何。

约从连横 / 约从散横：通"纵"，合纵，六国联合抗秦。它们都在东，南北相接，所以是纵向联系。

文士并饬：通"饰"，花言巧语。

明言章理：通"彰"，明显。

舌弊耳聋：通"敝"，破损。

缀甲厉兵：通"砺"，磨砺。

诎敌国：通"屈"，屈服。

嬴縢履蹻：通"縲"，缠绕。

抵掌而谈：通"抵"，拍击。

特穷巷掘门、桑户棬枢之士耳：通"窟"，洞穴。

天下莫之伉：通"抗"，抗衡，相抗。

盖可忽乎哉：通"盍"，何，怎么。

判断句：

此所谓天府，天下之雄国也。

是皆秦之罪也。

且夫苏秦，特穷巷掘门、桑户棬枢之士耳。

文 武

倒装句：

陈箧数十。→陈数十箧。

见说赵王于华屋之下。→于华屋之下见说赵王。

炫燷于道。→于道炫燷。

天下莫之伉。→天下莫伉之。

被动句：

皆惛（hūn）于教，乱于治，迷于言，惑于语，沉于辩，溺于辞。

历史背景

苏秦，战国时期著名外交家、策士。据说他曾跟随鬼谷子学习纵横之术，和倡导连横的张仪师出同门。

游说列国时，他先受到燕文侯赏识，然后被赵肃侯重用，提出合纵以抗秦的战略思想，被任命为从约长，身佩六国相印，煊赫一时，据说秦国为此十五年不敢出函谷关。

最后在齐国遇刺，身负重伤。苏秦将死时，请求齐湣王以"帮助燕国在齐国从事反间活动"的罪名，将他车裂于市，并声称要赏赐行刺之人。齐湣王依计而行，果然抓到了主动出现的凶手，苏秦替自己报了仇。

作者介绍

本篇出自《战国策·秦策一》。

文化常识

之前对苏秦生平的记载，大多基于《战国策》和《史记·苏秦列传》。

然而，1973 年出土的长沙马王堆汉墓帛书《战国纵横家书》却表明，张仪死于公元前 310 年左右，苏秦死于公元前 284 年左右，苏秦的主要活动都在张仪去世之后。张仪在秦国任相时，苏秦还没有崭露头角，两人自然谈不上是宿敌。

不过有学者主张，帛书也只是一家之言，不能据此否定全部传世史料。

冯谖客孟尝君

—— 《战国策》

原文
逐句翻译
生僻字注音
字词意思解释

古文

齐人有冯谖（xuān）者，贫乏不能自存，使人属孟尝君，愿寄食门下。

孟尝君曰："客何好（hào）？"

曰："客无好也。"

曰："客何能？"

曰："客无能也。"

孟尝君笑而受之曰："诺。"

译文

齐国有个人叫冯谖，非常穷，不能养活自己，就托人向孟尝君致意，表示希望在他门下当食客。

孟尝君说："这个人有什么爱好？"

回答道："没有什么爱好。"

孟尝君又说："这个人有什么本事？"

回答道："没有什么本事。"

孟尝君笑着同意收留他，说："好吧。"

【寄食】依附于别人吃饭，当食客。

49

左右以君贱之也，食（sì）以草具。<u>居有顷</u>，倚柱弹其剑，歌曰："长铗（jiá）归来乎！食无鱼。"左右以告。孟尝君曰："食之，比门下之客。"居有顷，复弹其铗，歌曰："长铗归来乎！出无车。"左右皆笑之，以告。孟尝君曰："为之驾，比门下之车客。"

孟尝君的近臣认为主人看不起冯谖，就让他吃粗劣的饭菜。没过多久，冯谖倚着柱子弹着他的剑，唱道："长剑我们回去吧！没有鱼吃。"近臣把这件事告诉了孟尝君。孟尝君说："让他吃鱼，按照一般门客的生活待遇。"没过多久，冯谖又弹着他的剑，唱道："长剑我们回去吧！出门没有车子。"近臣都取笑他，并把这件事告诉了孟尝君。孟尝君说："给他车子，按照上等门客的生活待遇。"

【居有顷】没过多久。
【铗】剑柄，也可以指剑。
【比】和……一样，等同于。

古文 于是乘其车，揭其剑，过其友曰："孟尝君客我。"后有顷，复弹其剑铗，歌曰："长铗归来乎！无以为家。"左右皆恶之，以为贪而不知足。孟尝君问："冯公有亲乎？"对曰："有老母。"孟尝君使人给其食用，无使乏。于是冯谖不复歌。

译文 冯谖于是乘着他的车子，高举他的剑，去拜访朋友，说："孟尝君把我当上等门客看待。"这以后没多久，冯谖又弹着他的剑，唱道："长剑我们回去吧！没有能力养家。"近臣都厌恶冯谖，认为他贪得无厌。孟尝君问道："冯公有双亲吗？"回答道："有老母亲。"于是孟尝君派人供给他母亲吃的用的，不让她缺这少那。冯谖从此不再唱歌。

【揭】高举。

古文 后孟尝君出记，问门下诸客："谁习计会（kuài），能为文收责于薛者乎？"

冯谖署曰："能。"

孟尝君怪之，曰："此谁也？"

左右曰："乃歌夫'长铗归来'者也。"

孟尝君笑曰："客果有能也，吾负之，未尝见也。"请而见之，谢曰："文倦于事，愦（kuì）于忧，而性懧愚，沉于国家之事，开罪于先生。先生不羞，乃有意欲为收责于薛乎？"

冯谖曰："愿之。"

后来，孟尝君拿出一份文告，询问他的门客："谁熟习会计，能替我田文去薛地收债？"

冯谖签了名，写了个"能"字。

孟尝君感到奇怪，说："这是谁呀？"

近臣说："就是唱'长剑我们回去吧'的那个人。"

孟尝君笑道："这位门客果真有才能，我辜负了他，还没见过面。"他请冯谖来相见，道歉说："我因琐事而精疲力竭，因忧虑而心烦意乱，再加上我天性软弱愚笨，整天埋头处理国家事务，以致得罪了先生您。您并不见怪，倒愿意到薛地为我收债，是吗？"

冯谖回答道："愿意去。"

【记】古时候的一种公文。
【负】辜负，亏待。
【愦】昏乱。

【开罪】得罪。
【羞】难堪，觉得惭愧、不快。

于是约车治装，载券契而行，辞曰："责毕收，以何市而反？"孟尝君曰："视吾家所寡有者。"

驱而之薛，使吏召诸民当偿者，悉来合券。券遍合，起，矫命以责赐诸民。因烧其券。民称万岁。

于是套好车马，整治行装，载上债券契据动身了。辞行时冯谖问："债收完了，买什么带回来？"孟尝君说："看我家里缺什么吧。"

冯谖赶着车子到了薛地，派小吏把应当偿还债务的百姓都召集来，核验契据。核验完毕，他站起身，假托孟尝君的命令，把所有债款赏赐给应当偿还的百姓，并且当场把债券契据烧掉。百姓都高呼万岁。

【券契】债券契据，写在竹木简上，分两半，债务关系人双方各持一半，当作凭证，验证时合起来查对。

【市】买。
【寡】缺少。
【矫命】假托命令。

长驱到齐，晨而求见。孟尝君怪其疾也，衣冠而见之，曰："责毕收乎？来何疾也！"

曰："收毕矣。"

"以何市而反？"

冯谖曰："君云'视吾家所寡有者'。臣窃计，君宫中积珍宝，狗马实外厩，美人充下陈。君家所寡有者，以义耳！窃以为君市义。"

孟尝君曰："市义奈何？"

曰："今君有区区之薛，不拊爱子其民，因而贾（gǔ）利之。臣窃矫君命，以责赐诸民，因烧其券，民称万岁。乃臣所以为君市义也。"

孟尝君不说，曰："诺，先生休矣！"

冯谖赶着车子，马不停蹄地回到齐国都城，一大早就求见孟尝君。他这么快就回来，孟尝君感到奇怪，便穿戴整齐接见他，说："债都收完了吗？怎么回来得这么快！"

冯谖说："都收完了。"

"买了什么带回来？"

冯谖回答道："您曾说'看我家里缺什么'。臣下暗想，您宅邸中堆满了奇珍异宝，外厩里挤满了猎狗和骏马，堂下站满了美女，您家里缺的，不过是'义'罢了！所以臣下私自为您买了'义'。"

孟尝君说："买'义'是怎么回事？"

冯谖说："现在您拥有小小的薛地，不将百姓当成子女一样爱抚，而是用商贾之道向他们图利。臣下私自假托您的命令，把债款赏赐给百姓，顺便烧掉了契据，百姓高呼万岁，这就是臣下为您买'义'的方式。"

孟尝君很不高兴，说："好，先生算了吧！"

古文 后期年，齐王谓孟尝君曰："寡人不敢以先王之臣为臣。"孟尝君就国于薛，未至百里，民扶老携幼，迎君道中。孟尝君顾谓冯谖："先生所为文市义者，乃今日见之。"

译文 过了一年，齐湣（mǐn）王对孟尝君说："寡人可不敢把先王的臣子当作自己的臣子。"孟尝君只好去他的封邑薛地。还差百里没到，薛地百姓扶老携幼，在路旁迎接孟尝君。孟尝君看到这种情景，回头对冯谖道："先生您为我买的'义'，今天才见到作用了。"

冯谖曰："狡兔有三窟，仅得免其死耳；今君有一窟，未得高枕而卧也。请为君复凿二窟。"

孟尝君予车五十乘，金五百斤，西游于梁，谓惠王曰："齐放其大臣孟尝君于诸侯，诸侯先迎之者，富而兵强。"于是梁王虚上位，以故相为上将军，遣使者，黄金千斤，车百乘，往聘孟尝君。

冯谖先驱，诫孟尝君曰："千金，重币也；百乘，显使也。齐其闻之矣。"梁使三反，孟尝君固辞不往也。

冯谖说："狡猾机灵的兔子有三个洞穴，才只能免于一死；现在您有了一个洞穴，还不能高枕无忧。请让我再去为您凿两个洞穴吧。"

孟尝君给了他五十辆车子、五百斤黄金。冯谖往西到了魏国，对惠王说："齐王把大臣孟尝君放逐到国外，哪位诸侯首先迎请他，就会国富兵强。"于是惠王把国相之位空出来，将原来的国相调为上将军，派使臣带着千斤黄金、百辆车子，去聘请孟尝君。

冯谖先赶车回去，提醒孟尝君说："黄金千斤，是很贵重的聘礼；百辆车子，是很显赫的使臣。齐国大概听说这件事了吧。"魏国的使臣来了好几趟，孟尝君坚决推辞，不去魏国。

【梁】指魏国。它的都城是大梁（现在的河南开封），所以这样称呼。

【其】助词，表示推测。

古文

齐王闻之，君臣恐惧，遣太傅赍（jī）黄金千斤、文车二驷、服剑一，封书谢孟尝君曰："寡人不祥，被于宗庙之祟（suì），沉于谄谀（chǎn yú）之臣，开罪于君。寡人不足为也；愿君顾先王之宗庙，姑反国统万人乎！"

冯谖诚孟尝君曰："愿请先王之祭器，立宗庙于薛。"庙成，还报孟尝君曰："三窟已就，君姑高枕为乐矣。"

译文

齐王听说了这件事，君臣都惊慌害怕起来，就派太傅送一千斤黄金、两辆装饰华美的马车、一柄佩剑给孟尝君。封好书信向孟尝君道歉说："寡人没福气，遭受了祖宗降下的灾祸，又被那些逢迎讨好的臣子迷惑，得罪了您。寡人是不值得您辅助的了；希望您顾念先王的宗庙，姑且回齐国来统率百姓吧！"

冯谖提醒孟尝君说："希望您向齐王请求先王传下来的祭器，在薛地建立宗庙。"宗庙建成了，冯谖回来向孟尝君报告："三个洞穴都已经凿成了，您可以暂且高枕无忧，安心享乐了。"

【赍】带着，以物品送人。
【文车】纹饰华美的车子。
【驷】四匹马拉的车子。
【服剑】佩剑。
【封书】古时候的书信要用封泥加印，旨在保密。
【祥】福气。另一种说法是通"详"，审慎。
【被】遭受。
【祟】鬼神降下的灾祸。
【万人】指全国百姓。

古文 孟尝君为相数十年，无<u>纤介</u>之祸者，冯谖之计也。

译文 孟尝君担任相国几十年，没有一点儿祸患，都是由于冯谖的计策。

【纤介】细微，非常小。

古今异义

古 **过** 今

拜访。

经过。

古 **先驱** 今

驾车走在前面。

先行者或带头人。

使人属孟尝君：通"嘱"，嘱托，致意。

能为文收责于薛者乎 / 乃有意欲为收责于薛乎 / 责毕收 / 矫命以责赐诸民：通"债"，债务。

而性懧愚：通"懦"，懦弱。

以何市而反 / 梁使三反 / 姑反国统万人乎：通"返"，返回。

不拊爱子其民：通"抚"，爱抚。

孟尝君不说：通"悦"，高兴。

无纤介之祸者：通"芥"，小草。

判断句：

乃歌夫"长铗归来"者也。

君家所寡有者，以义耳。

乃臣所以为君市义也。

千金，重币也；百乘，显使也。

孟尝君为相数十年，无纤介之祸者，冯谖之计也。

被动句：

沉于谄谀之臣。

倒装句：

贫乏不能自存。→贫乏不能存自。

愿寄食门下。→愿（于）门下寄食。

客何好？→客好何？

客何能？→客能何？

食以草具。→以草具食（之）。

能为文收责于薛者乎？→能为文于薛收责者乎？

乃有意欲为收责于薛乎？→乃有意欲为于薛收责乎？

以何市而反？→以市何而反？

孟尝君就国于薛。→孟尝君于薛就国。

迎君道中。→（于）道中迎君。

立宗庙于薛。→于薛立宗庙。

齐人有冯谖者。→冯谖，齐人。

使吏召诸民当偿者。→使吏召当偿诸民。

诸侯先迎之者。→先迎之（之）诸侯。

这三句都是定语后置，将定语放到中心词后面，起到强调、突出的作用。

冯谖，是齐国的游说之士。他的名字又写作"冯煖"或"冯驩"，发音都相同。

关于孟尝君，配套阅读：《文言文其实很简单·史论卷》中的《读孟尝君传》。

《史记·孟尝君列传》中的记载，和本篇不完全一致：

孟尝君时相齐，封万户于薛。其食客三千人，邑入不足以奉客，使人出钱于薛。岁余不入，贷钱者多不能与其息，客奉将不给。

孟尝君忧之，问左右："何人可使收债于薛者？"传舍长曰："代舍客冯公形容状貌甚辩，长者，无他伎能，宜可令收债。"孟尝君乃进冯驩，而请之曰："宾客不知文不肖，幸临文者三千余人，邑入不足以奉宾客，故出息钱于薛。薛岁不入，民颇不与其息。今客食恐不给，愿先生责之。"冯驩曰："诺。"

辞行，至薛，召取孟尝君钱者皆会，得息钱十万。乃多酿酒，买肥牛，召诸取钱者，能与息者皆来，不能与息者亦来，皆持取钱之券书合之。齐为会，日杀牛置酒。酒酣，乃持券如前合之，能与息者，与为期；贫不能与息者，取其券而烧之。曰："孟尝君所以贷钱者，为民之无者以为本业也；所以求息者，为无以奉客也。今富给者以要期，贫穷者燔（fán，焚烧）券书以捐之。诸君强（qiǎng，尽力，表示劝勉）饮食，有君如此，岂可负哉！"坐者皆起，再拜。

本篇出自《战国策·齐策四》。

"万岁"这个词，最早并非皇帝的"专利"。

先秦时期，它是一种欢呼语、祝辞，表示非常赞赏或高兴，祈愿长寿。

西汉高祖、武帝时期，"万岁"已经被用来称呼皇帝，然而还没有构成垄断。直到唐朝，文书中还有"两国将相皆万岁"之类的表述。

北宋时期，"万岁"才逐渐只能用于皇帝，如果这样称呼别人，就是"大不敬"。

鲁仲连义不帝秦

——《战国策》

原文
逐句翻译
生僻字注音
字词意思解释

古文

秦围赵之邯郸。魏安釐（xī）王使将军晋鄙救赵，畏秦，止于荡阴，不进。

译文

秦国的军队围困了赵国的邯郸。魏安釐王派将军晋鄙营救赵国，因为畏惧秦国，所以驻扎在荡阴，不敢前进。

【釐】相当于"僖"，谥号用字，有小心畏忌、刚克、慈惠爱亲等含义。

【荡阴】现在的河南汤阴。

古文

魏王使客将军辛垣衍间（jiàn）入邯郸，因平原君谓赵王曰："秦所以急围赵者，前与齐闵王争强为帝，已而复归帝，以齐故。今齐闵王益弱，方今唯秦雄天下，此非必贪邯郸，其意欲求为帝。赵诚发使尊秦昭王为帝，秦必喜，罢兵去。"平原君犹豫未有所决。

译文 　　魏王派客将军辛垣衍自小路潜入邯郸，通过平原君对赵王说："秦国之所以加紧围攻赵国，是由于以前和齐湣王争强称帝，不久又取消了帝号，是齐国取消帝号的缘故。如今齐国更加衰弱，当今只有秦国称雄天下，这次围城并不是必定要拿下邯郸，他的意图是求得帝号。赵国如果能派遣使臣尊秦昭王为帝，秦国一定很高兴，就会撤兵离去。"平原君犹豫不能决断。

【客将军】原籍不在某国，却在那里担任将军。

【间入】悄悄潜入。

【平原君】名叫赵胜，当时在位的赵孝成王的叔父，担任赵相。

【前与齐闵王争强为帝】公元前288年，秦国和齐国相约称帝，齐湣王（也写作齐闵王）称东帝，秦昭王（也称秦昭襄王）称西帝。后来齐湣王取消了帝号，秦昭王也只能随之取消。到秦国围困邯郸时，齐湣王已经死去二十多年了，下文可能有误或有脱漏。

古文 　　此时鲁仲连适游赵，会秦围赵，闻魏将欲令赵尊秦为帝，乃见平原君，曰："事将奈何矣？"

　　平原君曰："胜也何敢言事！百万之众折于外，今又内围邯郸而不去。魏王使客将军辛垣衍令赵帝秦，今其人在是。胜也何敢言事！"

鲁连曰："始吾以君为天下之贤公子也，吾乃今然后知君非天下之贤公子也。梁客辛垣衍安在？吾请为君责而归之。"

平原君曰："胜请为绍介而见之于先生。"

译文 这时候，鲁仲连正好在赵国游历，赶上秦军围攻邯郸，听说魏国想要让赵国尊秦昭王为帝，于是去见平原君，说："这件事怎么办？"

平原君说："我哪里敢对这种大事发表意见！百万大军在国外战败，如今秦军打到国内，围困邯郸，又不能令其撤退。魏王派客将军辛垣衍让赵国尊秦昭王为帝，眼下那个人还在这里。我哪里敢对这种大事发表意见！"

鲁仲连说："以前我认为您是天下贤明的公子，今天我才知道您并不是天下贤明的公子。魏国的客人辛垣衍在哪里？请允许我替您责问他，让他回去。"

平原君说："请允许我为您介绍，让他跟先生相见。"

古文 平原君遂见辛垣衍曰："东国有鲁连先生，其人在此，胜请为绍介，而见之于将军。"

辛垣衍曰："吾闻鲁连先生，齐国之高士也。衍，人臣也，使事有职，吾不愿见鲁连先生也。"

平原君曰："胜已泄之矣。"辛垣衍许诺。

于是平原君见了辛垣衍，说："齐国有位鲁仲连先生，他就在这里，请允许我为您介绍，让他跟将军相见。"

辛垣衍说："我听说鲁仲连先生，是齐国的高士。我是魏王的臣子，奉命出使，身负职责，我不乐意见鲁仲连先生。"

平原君说："我已经把您在这里的消息透露了。"辛垣衍只好答应。

鲁连见辛垣衍而无言。辛垣衍曰："吾视居此围城之中者，皆有求于平原君者也。今吾视先生之玉貌，非有求于平原君者，曷为久居此围城中而不去也？"

鲁连曰："世以鲍焦无从容而死者，皆非也。今众人不知，则为一身。彼秦，弃礼义而上首功之国也，权使其士，虏使其民。彼则肆然而为帝，过而遂正于天下，则连有赴东海而死耳，吾不忍为之民也！所为见将军者，欲以助赵也。"

辛垣衍曰："先生助之奈何？"

鲁连曰："吾将使梁及燕助之，齐楚则固助之矣。"

鲁仲连见到辛垣衍，一言不发。辛垣衍说："我看留在这座被围困的城池中的，都是有求于平原君的人。如今我看先生的尊容，不像是有求于平原君，为什么长久地留在这座被围困的城池中，不离去呢？"

64

鲁仲连说："世人觉得鲍焦是因没有博大的胸怀而死去，他们都错了。现在普通人不了解情况，就觉得他是为个人打算。那秦国，是个抛弃礼义而崇尚斩首之功的国家，玩弄权术来驱使士卒，像对待奴隶一样驱使百姓。如果让它肆无忌惮地称帝，进而统治天下，那么我只有跳进东海自杀，不乐意当它的顺民！我之所以来见将军，是想要帮助赵国。"

辛垣衍说："先生怎样帮助赵国呢？"

鲁仲连说："我要让魏国和燕国帮助赵国，齐、楚两国本来就帮助它了。"

【鲍焦】周朝隐士，由于不满当时的政治，廉洁自守，遁入山林，最后抱树饿死。
【首功】秦国实行军功爵制度，作战时获得的敌人首级越多，爵位就越高，分到的田宅也越好。

古文

辛垣衍曰："燕则吾请以从矣；若乃梁，则吾梁人也，先生恶能使梁助之耶？"

鲁连曰："梁未睹秦称帝之害故也；使梁睹秦称帝之害，则必助赵矣。"

辛垣衍曰："秦称帝之害将奈何？"

鲁仲连曰："昔齐威王尝为仁义矣，率天下诸侯而朝周。周贫且微，诸侯莫朝，而齐独朝之。居岁余，周烈王崩，诸侯皆吊，齐后往。周怒，

赴于齐曰：'天崩地坼（chè），天子下席，东藩之臣田婴齐后至，则斮（zhuó）之！'威王勃然怒曰：'叱嗟！而母，婢也！'卒为天下笑。故生则朝周，死则叱之，诚不忍其求也。彼天子固然，其无足怪。"

译文

辛垣衍说："燕国，我相信会听从您的；至于魏国，我就是魏国人，先生怎么能让魏国帮助赵国呢？"

鲁仲连说："魏国是由于还没看清秦国称帝的害处，才没有帮助赵国；假如魏国看清了秦国称帝的害处，就必定会帮助赵国。"

辛垣衍说："秦国称帝后，会有什么祸患呢？"

鲁仲连说："之前，齐威王曾经奉行仁义，率领天下诸侯朝拜周天子。周天子贫困又弱小，诸侯都不来朝拜，只有齐国去朝拜。过了一年多，周烈王逝世，诸侯都去凭吊，齐王去迟了。新继位的周天子很生气，派人到齐国报丧说：'天子逝世，如同天崩地裂，新继位的天子也得离开宫殿守孝，睡在草席上，东方属国之臣田婴齐竟敢迟到，当斩！'齐威王勃然大怒，骂道：'呸！丫头养的！'结果成了天下的笑柄。齐威王之所以在周天子活着时去朝见，死了就破口大骂，是因为他实在忍受不了周天子的苛求啊。那些当天子的本来就是这样，没什么好奇怪的。"

【若乃】至于。
【坼】裂开。
【下席】新继位的君王离开原来的宫殿，睡在草席上守丧，以示哀悼。

【斮】斩杀。
【叱嗟】怒斥声。

66

辛垣衍曰："先生独未见夫仆乎？十人而从一人者，宁力不胜、智不若邪？畏之也。"

鲁仲连曰："然梁之比于秦，若仆邪？"

辛垣衍曰："然。"

鲁仲连曰："然则吾将使秦王烹醢（hǎi）梁王！"

辛垣衍快然不悦，曰："嘻！亦太甚矣，先生之言也！先生又恶能使秦王烹醢梁王？"

鲁仲连曰："固也！待吾言之：昔者鬼侯、鄂侯、文王，纣之三公也。鬼侯有子而好，故入之于纣，纣以为恶，醢鬼侯；鄂侯争之急，辨之疾，故脯鄂侯；文王闻之，喟然而叹，故拘之于牖里之库百日，而欲令之死。曷为与人俱称帝王，卒就脯醢之地也？"

辛垣衍说："先生难道没见过奴仆吗？十个奴仆听从一个主人，难道是因为力气赶不上、才智不如他吗？是因为害怕他啊。"

鲁仲连说："魏王和秦王相比，像奴仆吗？"

辛垣衍说："是。"

鲁仲连说："那么我就让秦王烹煮魏王，剁成肉酱！"

辛垣衍很不服气，不高兴，说："唉！先生的话，也太过分了！先生又怎么能让秦王烹煮魏王，剁成肉酱呢？"

鲁仲连说："当然能够！我说给您听：之前，鬼侯、鄂侯、周文王是殷纣王的三公。鬼侯有个女儿长得漂亮，所以把她献给殷纣王，殷纣王认为她长得丑陋，便把鬼侯剁成肉酱。鄂侯急切诤谏，激烈辩白，殷纣王又把鄂侯杀死，做成肉干。周文王听到这件事，只是长长地叹息，殷纣王因此把他囚禁在牖里监牢一百天，想让他死。为什么和别人同样称帝称王，最终落到被剁成肉酱、做成肉干的地步呢？"

古文 "齐闵王将之鲁，夷维子执策而从，谓鲁人曰：'子将何以待吾君？'鲁人曰：'吾将以十太牢待子之君。'夷维子曰：'子安取礼而来待吾君？彼吾君者，天子也。天子<u>巡狩</u>，诸侯辟舍，纳<u>筦</u>（guǎn）键，摄衽抱几，视膳于堂下；天子已食，退而听朝也。'鲁人投其钥，不果纳，不得入于鲁。将之薛，假涂于邹。当是时，邹君死，闵王欲入吊。夷维子谓邹之孤曰：'天子吊，主人必将倍殡柩，设北面于南方，然后天子南面吊也。'邹之群臣曰：'必若此，吾将伏剑而死。'故不敢入于邹。邹、鲁之臣，生则不得事养，死则不得<u>饭含</u>，然且欲行天子之礼于邹、鲁之臣，不果纳。今秦万乘之国，梁亦万乘之国，俱据万乘之国，交有称王之名。睹其一战而胜，欲从而帝之，是使<u>三晋</u>之大臣，不如邹、鲁之仆妾也。"

"齐湣王将到鲁国去，夷维子拿着马鞭跟随他，对鲁国人说：'你们准备怎样接待我们国君？'鲁国人说：'我们打算用十副太牢的礼仪接待您的国君。'夷维子说：'你们这是按照哪里的礼仪接待我们国君？我们国君可是天子，天子到各国视察，诸侯应当迁出自己的宫殿，移居别处，交出钥匙，披起衣襟，捧着几案，站在堂下伺候天子用膳，天子吃完以后，才可以告退，回朝堂听政。'鲁国人关门上锁，不予接纳。齐湣王不能进入鲁国，打算借道邹国前往薛地。正当这时候，邹国国君逝世，齐湣王想入境吊丧，夷维子对邹国的嗣君说：'天子来吊丧，丧主一定要背对灵柩，在南面设置朝北的位置，然后天子面朝南吊丧。'邹国的臣子们说：'一定要这样，我们将饮剑自杀。'所以齐湣王不敢进入邹国。邹、鲁两国的臣子，国君生前不能好好侍奉，死后又不能举行隆重的葬礼，然而想要让邹、鲁两国的臣子行接待天子之礼，邹、鲁的臣子最终拒绝了齐湣王入境。现在秦国是拥有万辆兵车的国家，魏国也是拥有万辆兵车的国家。都是拥有万辆兵车的国家，又都有称王的名分，看秦国打了一次胜仗，就想顺从地拥护它称帝，这就让三晋的大臣，比不上邹、鲁两国的奴仆婢妾了。"

【巡狩】天子出巡视察。
【筦键】钥匙。
【钥】开锁或上锁的用具。

【饭含】举行丧礼时，将珠、玉、贝、米等物品填入死者口中。
【三晋】指赵、魏、韩三国，是春秋时期的晋国分裂而成。

"且秦无已而帝，则且变易诸侯之大臣。彼将夺其所谓不肖而予其所谓贤，夺其所憎而与其所爱。彼又将使其子女谗妾为诸侯妃姬，处梁之宫，梁王安得晏然而已乎？而将军又何以得故宠乎？"

译文 "况且秦国贪心不止，要是称帝了，那么就会更换诸侯的大臣。它将罢免自己认为不好的，换上它认为贤能的；罢免它所憎恶的，换上它所喜爱的。还要让它的女儿和善于搬弄是非的婢妾当诸侯的妃姬，住在魏国宫里，魏王怎么能够安稳过日子呢？而将军您又怎么能够得到原先的宠信呢？"

【无已】没有止境。
【谗妾】善于讲坏话害人的婢妾。

古文 于是辛垣衍起，再拜谢曰："始以先生为庸人，吾乃今日而知先生为天下之士也！吾请去，不敢复言帝秦。"

译文 于是辛垣衍起身，对鲁仲连行再拜礼，道歉说："一开始觉得先生是平庸的人，我今天才知道先生是天下杰出的高士！请允许我离开赵国，不敢再说秦王称帝的事了。"

70

秦将闻之，
为却军五十里。
适会魏公子无
忌夺晋鄙军以
救赵击秦，秦
军引而去。

　　秦军主将听到这个消息，为此退兵五十里。恰好魏国公子无忌夺得
了晋鄙的军权，来援救赵国、攻击秦军，秦军就撤离邯郸回去了。

【引】撤退，退却。

　　于是平原君欲
封鲁仲连。鲁仲连
辞让者三，终不肯
受。平原君乃置酒，
酒酣（hān），起，
前，以千金为鲁连寿。鲁连笑曰："所贵于天下之士者，为人排患、释
难、解纷乱而无所取也。即有所取者，是商贾之人也。仲连不忍为也。"
遂辞平原君而去，终身不复见。

　　于是平原君想封赏鲁仲连，鲁仲连再三辞让，终究不肯接受。平原
君就设宴招待他，喝到酒酣耳热，平原君起身向前，献上千金酬谢鲁仲
连，祝他长寿。鲁仲连笑道："天下之士可贵的原因，是他们能替人排
忧解难、消除祸患纠纷，而不索取报酬。如果索取报酬，就成了生意人。
我鲁仲连不乐意那样做。"于是辞别平原君离去，终身不再相见。

曷为久居此围城中而不去也 / 曷为与人俱称帝王：通"何"，为什么。

弃礼义而上首功之国也：通"尚"，崇尚，看重。

先生恶能使梁助之耶 / 先生又恶能使秦王烹醢梁王：通"乌"，哪，何。

过而遂正于天下：通"政"，管理，统治。

赴于齐曰：通"讣"，报丧。

而母，婢也：通"尔"，你的。

辨之疾：通"辩"，争论。

诸侯辟舍：通"避"，避开。

假涂于邹：通"途"，道路。

主人必将倍殡柩：通"背"，背对。

判断句：

始吾以君为天下之贤公子也，吾乃今然后知君非天下之贤公子也。

吾闻鲁连先生，齐国之高士也。

衍，人臣也。

吾视居此围城之中者，皆有求于平原君者也。今吾视先生之玉貌，非有求于平原君者。

世以鲍焦无从容而死者，皆非也。

彼秦，弃礼义而上首功之国也。

所为见将军者，欲以助赵也。

则吾梁人也。

梁未睹秦称帝之害故也。

故生则朝周，死则叱之，诚不忍其求也。

宁力不胜、智不若邪？畏之也。

昔者鬼侯、鄂侯、文王，纣之三公也。

72

彼吾君者，天子也。

今秦万乘之国，梁亦万乘之国，俱据万乘之国，交有称王之名。

始以先生为庸人，吾乃今日而知先生为天下之士也。

所贵于天下之士者，为人排患、释难、解纷乱而无所取也。

倒装句：

百万之众折于外。→百万之众于外折。

梁客辛垣衍安在？→梁客辛垣衍在安？

曷为久居此围城中而不去也。→为曷久居此围城中而不去也。

赴于齐曰。→于齐赴曰。

然梁之比于秦。→然梁之于秦比。

亦太甚矣，先生之言也。→先生之言亦太甚矣。

曷为与人俱称帝王。→为曷与人俱称帝王。

子将何以待吾君？→子将以何待吾君？

视膳于堂下。→于堂下视膳。

而将军又何以得故宠乎？→而将军又以何得故宠乎？

鲁仲连辞让者三。→鲁仲连三辞让。

被动句：

卒为天下笑。

不果纳。

历史背景

赵孝成王六年（前260），秦国在"长平之战"中大败赵国，主将白起下令坑杀赵卒四十余万，赵国自此元气大伤。两年后，秦军包围了赵国都城邯郸。得知魏国出兵之后，秦王还写信恐吓魏王，扬言谁救赵，就先攻击谁。此时对赵、魏两国来说，形势都非常危急。

鲁仲连的事迹，还记载在《史记·鲁仲连邹阳列传》当中。

作者介绍

本篇出自《战国策·赵策三》。

文化常识

　　"诗仙"李白非常欣赏和钦佩鲁仲连轻视富贵、义薄云天的品行，在《别鲁颂》中写道：
谁道泰山高，下却鲁连节。谁云秦军众，摧却鲁连舌。独立天地间，清风洒兰雪。
夫子还倜傥，攻文继前烈。错落石上松，无为秋霜折。赠言镂宝刀，千岁庶不灭。

　　又在《古风》其十中写道：
齐有倜傥生，鲁连特高妙。明月出海底，一朝开光曜。却秦振英声，后世仰末照。
意轻千金赠，顾向平原笑。吾亦澹荡人，拂衣可同调。

唐睢不辱使命

——《战国策》

原文
逐句翻译
生僻字注音
字词意思解释

古文 　秦王使人谓安陵君曰："寡人欲以五百里之地易安陵，安陵君其许寡人！"

译文 　秦王派人对安陵君说："我想用方圆五百里的土地交换安陵，安陵君一定要答应我！"

【易】交换。
【其】加重语气的助词。

古文 　安陵君曰："大王加惠，以大易小，甚善；虽然，受地于先王，愿终守之，弗敢易。"秦王不说。安陵君因使唐睢（jū）使于秦。

75

安陵君说："大王给予恩惠，用大的地盘交换小的，很好；就算如此，我自先王那里继承了封地，希望能一直守着它，不敢交换。"秦王很不高兴。因此安陵君派唐雎出使秦国。

【加】施加，给予。

秦王谓唐雎曰："寡人以五百里之地易安陵，安陵君不听寡人，何也？且秦灭韩亡魏，而君以五十里之地存者，以君为长者，故不错意也。今吾以十倍之地，请广于君，而君逆寡人者，轻寡人与？"

唐雎对曰："否，非若是也。安陵君受地于先王而守之，虽千里不敢易也，岂直五百里哉？"

秦王对唐雎说："我用方圆五百里的土地交换安陵，安陵君却不听从我，为什么？况且秦国灭掉韩国、魏国，安陵却能凭借方圆五十里的土地幸存，是因为我把安陵君看作忠厚长者，所以才没打他的主意。现在我用面积十倍于安陵的土地，让安陵君扩大地盘，他却违抗我，是轻视我吗？"

唐雎回答道："不，并不是这样。安陵君自先王那里继承了封地，守着它，哪怕是方圆千里的土地都不敢交换，何况只是区区五百里呢？"

古文

秦王怫（fú）然怒，谓唐雎曰："公亦尝闻天子之怒乎？"

唐雎对曰："臣未尝闻也。"

秦王曰："天子之怒，伏尸百万，流血千里。"

译文

秦王勃然大怒，对唐雎说："先生也曾听说过天子发怒的情景吗？"

唐雎回答道："臣下未曾听说过。"

秦王说："天子一发怒，就会横尸百万，流血千里。"

【怫然】盛怒的样子。

古文 唐雎曰："大王尝闻布衣之怒乎？"

秦王曰："布衣之怒，亦免冠<u>徒跣</u>（xiǎn），以头<u>抢</u>（qiāng）地尔。"

译文 唐雎说："大王曾经听说过平民发怒吗？"

秦王说："平民发怒，也不过是摘掉帽子，光着脚，把头往地上撞罢了。"

【徒跣】赤脚。
【抢】撞。

古文 唐雎曰："此庸夫之怒也，非士之怒也。夫专诸之刺王僚也，彗星袭月；聂政之刺韩傀（guī）也，白虹贯日；要（yāo）离之刺庆忌也，仓鹰击于殿上。"

译文

唐雎说："这是平庸无能的人发怒，不是有才能、有胆识的人发怒。专诸刺杀吴王僚时，彗星的尾巴扫过月亮；聂政刺杀韩傀时，白色长虹横贯太阳；要离刺杀庆忌时，苍鹰在宫殿上扑击。"

古文

"此三子者，皆布衣之士也，怀怒未发，休祲（jìn）降于天，与臣而将四矣。若士必怒，伏尸二人，流血五步，天下缟（gǎo）素，今日是也。"挺剑而起。

译文

"这三位，都是平民中有才能、有胆识的人，胸中的怒气还没发作出来，上天就降下了征兆。加上我，将成为四个人了。假如志士被逼得一定要发怒，横尸不过两具，流血只有五步，可是天下人都要穿素白丧服，今天就是这样了。"说完，他拔剑出鞘，站起身来。

【休祲】吉凶的征兆。
【缟素】白色的丝织品，指丧服。

古文

秦王色挠，长跪而谢之曰："先生坐！何至于此！寡人谕矣：夫韩、魏灭亡，而安陵以五十里之地存者，徒以有先生也。"

　　秦王变了脸色，直起身子跪着，向唐雎道歉："先生请坐！怎么会到这种地步！我明白了：韩国、魏国灭亡，安陵却凭借方圆五十里的土地幸存，只因为有先生您啊。"

【色挠】脸上露出畏惧沮丧的神情。
【长跪】古人席地而坐，两膝着地，臀部靠在脚跟上。长跪是为了向对方表示敬重，上身挺直，臀部离开脚跟。
【徒】只。

古今异义

古　谢　今

道歉。

感谢。

秦王不说：通"悦"，高兴。

故不错意也：通"措"，安排，筹划。

轻寡人与：通"欤"，句末语气助词，表疑问。

岂直五百里哉：通"只"，区区，仅仅。

仓鹰击于殿上：通"苍"，青白色。

寡人谕矣：通"喻"，明白。

判断句：

且秦灭韩亡魏，而君以五十里之地存者，以君为长者，故不错意也。

否，非若是也。

此庸夫之怒也，非士之怒也。

此三子者，皆布衣之士也。

今日是也。

倒装句：

受地于先王。→于先王受地。

请广于君。→请于君广。

仓鹰击于殿上。→仓鹰于殿上击。

本篇中的"秦王"，就是秦始皇嬴政，他当时还没有称帝。

安陵君，是安陵国的君主。安陵位于现在河南鄢（yān）陵西北，是魏国的附庸小国，初代君主是魏襄王的弟弟。

唐雎也写作唐且，是安陵君的臣子。

本篇出自《战国策·魏策四》。

专诸、聂政、要离，都是春秋战国时期的著名刺客。

专诸是吴国人，屠户出身。公子光（后来的吴王阖闾）想要除掉吴王僚，自立为王，伍子胥将专诸推荐给他。公元前515年，公子光宴请吴王僚，专诸将匕首藏在烹调好的大鱼腹中进献，当场刺死吴王僚，自己也被吴王僚的侍卫杀死，"鱼肠剑"的典故就出自这里。吴王阖闾继位后，封专诸的儿子为卿。

聂政的事迹，可参阅《文言文其实很简单·人物卷》中的《广陵绝响》。

要离是吴国人，他身材瘦小、容貌丑陋，却是当时有名的击剑能手。吴王阖闾想派人刺杀出逃在外的吴王僚之子庆忌，伍子胥推荐了要离。要离使出"苦肉计"，失去了右臂，妻子也丢了性命，他假意去卫国投奔庆忌，获得了信任。庆忌身材魁梧，是知名的勇士，最终却被要离运用智谋刺杀。庆忌欣赏要离的胆略，临终前交待手下不要杀他，可是要离自知罪孽深重，最终自尽身亡。

桃花源记

—（东晋）陶渊明

原文
逐句翻译
生僻字注音
字词意思解释

古文　晋太元中，武陵人捕鱼为业。缘溪行，忘路之远近。忽逢桃花林，夹岸数百步，中无杂树，芳草鲜美，落英缤纷。渔人甚异之，复前行，欲穷其林。

译文　东晋太元年间，武陵郡有个人以捕鱼为生。一天，他沿着溪水划船前行，忘记了路有多远。忽然遇到一片桃花林，在小溪两岸绵延几百步，中间没有一棵别的树，芬芳的青草鲜嫩美丽，桃花纷纷飘落。对这种景象，渔人非常诧异。他继续前行，想要走到林子的尽头。

【太元】东晋孝武帝的年号（376—396）。

【武陵】郡名，治所是现在的湖南常德。

【为业】把……作为职业，以……为生。

【缘】沿着，顺着。

【远近】偏义复词，仅指远。

【逢】遇到，碰见。

【杂】别的，其他的。

【落英】落花。另一种说法是，初开的花。

【缤纷】繁多的样子。

【异】惊异，诧异。这里是意动用法，认为……奇怪。
【复】又，再。
【穷】这里是动词，穷尽，走到尽头。

古文 林尽水源，便得一山，山有小口，仿佛若有光。便舍船，从口入。初极狭，才通人。复行数十步，豁然开朗。

译文 桃花林的尽头就是溪水的源头，渔人发现了一座小山，上面有个小洞口，隐隐约约透着些光亮。渔人就下了船，从洞口走进去。最开始非常狭窄，只容得下一人通过。又走了几十步，突然变得明亮开阔。

【便】于是，就。
【得】发现。
【仿佛】隐隐约约，形容看不真切的样子。
【若】好像，似的。
【舍】舍弃，丢弃，这里指离开。

【才】仅仅，只。
【豁然开朗】形容由狭窄幽暗突然变得明亮开阔的样子。
然：……的样子。

土地平旷，屋舍俨然，有良田、美池、桑竹之属。阡陌（qiān mò）交通，鸡犬相闻。其中往来种作，男女衣着，悉如外人。黄发垂髫（tiáo），并怡然自乐。

土地平坦宽广，房屋排列得整整齐齐，有肥沃的田地，美丽的池塘，桑树、竹子之类的植物。田间小路四通八达，鸡鸣狗吠的声音彼此都能听到。其中的人来来往往耕种劳动，男男女女的穿着打扮全和桃花源外面的人一样。老人和小孩都高高兴兴，自得其乐。

【旷】开阔，宽阔。

【阡陌交通】田间小路交错相通。阡陌：田间小路，东西向称阡，南北向称陌。交通：交错相通。

【悉】全，都。

【黄发垂髫】指老人和小孩。黄发：在古人看来，老人头发由白转黄是长寿的象征。垂髫：古代幼童头发下垂，并不束起。

【并】都。

古文 见渔人，乃大惊，问所从来。具答之。

译文 他们看见了渔人，于是非常惊讶，问他是从哪里来的。渔人详细地回答了。

古文 便要还家，设酒杀鸡作食。村中闻有此人，咸来问讯。

【咸】全，都。

译文 他们便邀请渔人到家中做客，摆了酒、杀了鸡来款待。村民听说来了这么一个人，都来打听消息。

古文 自云先世避秦时乱，率妻子邑人来此绝境，不复出焉，遂与外人间（jiàn）隔。问今是何世，乃不知有汉，无论魏晋。此人一一为具言所闻，皆叹惋。

避祸

【邑人】同县的人。
【间隔】隔断，隔绝。
【乃】竟然。

译文 他们自己说，先祖为了躲避秦朝时的战乱，率领妻子儿女和乡邻来到这个与世隔绝的地方，不再出去，于是和外面的人断绝了一切往来。他们问渔人如今是什么朝代，竟然不知道有汉朝，更不用说魏晋了。渔人把自己知道的事一件件详细地讲给村民听，他们都感叹惋惜。

可别瞎说呦

BYE

古文 余人各复延至其家，皆出酒食。停数日，辞去。此中人语云："不足为外人道也。"

译文
其余的人各自又把渔人邀请到家里，都拿出美酒佳肴来款待。渔人停留了几天，就向村民告辞。桃花源中的人告诉他："这里的情况不值得对外面的人说啊。"

【延】邀请。　　【语】告诉。

古文
既出，得其船，便扶向路，处处志之。及郡下，诣（yì）太守，说如此。太守即遣人随其往，寻向所志，遂迷，不复得路。

译文
渔人出来之后，找到了自己的船，就沿着来时的路回去，处处都做了记号。他到了武陵郡城，去拜见太守，报告了这些情况。太守立即派人跟随他前往，寻找先前做的记号，结果迷失了方向，再也找不到通往桃花源的路。

【向】从前的，旧的。
【志】标记，这里做动词。
【及】到达。
【郡下】太守所在地。
【诣】拜访。
【如此】像这样，指在桃花源的见闻。
【即】立即。
【遂】终于。

古文
南阳刘子骥，高尚士也，闻之，欣然规往。未果，寻病终。后遂无问津者。

译文
南阳刘子骥，是高尚的士人，听到了这个消息，愉快地计划前往桃花源。然而

没有实现，不久后因病去世。后来就再也没有探访桃花源的人了。

【规】计划，打算。
【果】实现。
【寻】不久。
【问津】问路，这里指访求。津：本义是渡口。

古今异义

古 **鲜美** 今

鲜艳美丽。

食物新鲜美味。

 古 **俨然** 今

整齐的样子。

好似，非常相像。

 古 **从来** 今

从哪里来。

向来。

 古 **绝境** 今

与外界隔绝的地方。

没有出路的地方，死地。

 古 **无论** 今

不要说，更不必说。

连词，表示虽然条件不同，结果却不变。类似"不管"。

 古 **不足** 今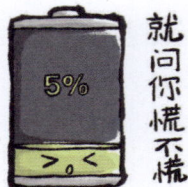

不值得。

不够。

 古 **扶** 今

沿着，顺着。

搀扶，用手按着或握着。

具答之 / 此人一一为具言所闻：通 "俱"，完全，详细。

便要还家：通 "邀"，邀请。

判断句：

南阳刘子骥，高尚士也。

陶渊明创作本篇时，正好是东晋和南朝宋之交，内外战乱不断，社会异常动荡，赋税苛刻，民众承受着深重的痛苦，朝不保夕。所以，他幻想了 "桃花源" 这样一片没有战火和压迫的理想乐土，同实际状况形成了鲜明对比。

配套阅读：《文言文其实很简单·人物卷》中的《五柳先生传》。

著名史学家陈寅恪写过一篇《桃花源记旁证》，指出："西晋末年戎狄盗贼并起，当时中原避难之人民……其不能远离本土迁至他乡者，则大抵纠合宗族乡党，屯聚堡坞，据险自守，以避戎狄盗盗之难。" 也就是说，"桃花源" 的原型，其实是在乱世十分常见的坞堡。村民所避的 "秦" 不是秦朝，而是 "十六国" 之一的前秦。

坞堡一般建在险阻而又可以耕种、有水泉的地方，也就是山顶平原，以及被群山环绕的溪涧水源处。地形隐蔽，面积不会过大，筑有墙等屏障，以方便把守。里面的房屋和农田也经过了统一规划，哪怕长期不同外界往来，也能够自给自足。

伤仲永

—— （北宋）王安石

- 原文
- 逐句翻译
- 生僻字注音
- 字词意思解释

古文 金溪民方仲永，世隶耕。

译文 金溪县有个百姓名叫方仲永，祖祖辈辈以种田为生。

【金溪】现在的江西金溪。
【隶】属于。

古文 仲永生五年，未尝识书具，忽啼求之。

译文 仲永出生五年，从来没有见过书写工具，忽然哭着索要这些东西。

【书具】书写工具（笔、墨、纸、砚等）。

古文 父异焉，借旁近与之。即书诗四句，并自为其名。其诗以养父母、收族为意，传一乡秀才观之。

译文 他父亲感到惊奇，向邻居借来给他。仲永立刻写了四句诗，并题上自己的名字。他的诗以赡养父母、团结族人为主旨，传给全乡的读书人看。

【旁近】附近，这里指邻居。

【养】奉养，赡养。

【收族】根据《仪礼·丧服》郑玄注："收族者，谓别亲疏，序昭穆。"意思是，按上下尊卑、亲疏远近的顺序团结族人，让他们不离散。

【意】主旨，立意。

【秀才】在唐宋时是对一般读书人的称呼，而非像明清时那样，指有功名的生员。

古文 自是指物作诗立就，其文理皆有可观者。邑人奇之，稍稍宾客其父，或以钱币乞之。

译文 从此，指定物品让仲永作诗，他能立即完成，文采和道理都有值得欣赏的地方。同县的人感到奇怪，渐渐请他父亲去做客，有的人花钱求取仲永作的诗。

【就】完成。
【宾客】意动用法，以……为宾客，即请去做客。
【乞】求取。

古文 父利其然也，日扳仲永环谒于邑人，不使学。

译文 他父亲认为这样有利可图，每天拉着仲永四处拜访同县的人，不让他学习。

【环】四处，到处。
【谒】拜访。

古文 余闻之也久。明道中，从先人还家，于舅家见之，十二三矣。令作诗，不能称前时之闻。又七年，还自扬州，复到舅家问焉。曰："泯然众人矣。"

我听说这件事也很久了。明道年间，我跟随先父回家，在舅舅家里见到了仲永，已经十二三岁了。让他作诗，不能和之前的名声相称。又过了七年，我自扬州回来，又到舅舅家，问起仲永的情况，回答说："他的才能已经完全消失，如同平常人了。"

> 【明道】北宋仁宗的年号（1032—1033）。
> 【先人】祖辈，经常指已经去世的父亲。
> 【泯然】完全消失。
> 【众人】一般人，普通人。

不教育

王子曰：仲永之通悟，受之天也。其受之天也，贤于材人远矣。卒之为众人，则其受于人者不至也。

我王安石说：仲永的通达聪慧，是自上天那里得到的。他的天赋，远远胜过一般有才能的人。最终成为平常人，是由于后天的教育没有达到要求。

> 【王子】王安石的自称。

96

天才 ➡ 平庸
平庸 ➡ 愚钝

古文 彼其受之天也，如此其贤也，不受之人，且为众人；今夫不受之天，固众人，又不受之人，得为众人而已耶？

译文 他的天赋那样出色，那样有才能，没有接受后天的教育，尚且要成为平常人；现在那些天赋不出色，本来就平平常常的人，又不接受后天的教育，恐怕连成为平常人都不能够吧？

古今异义

古 **稍稍** 今

渐渐。

略微。

日扳仲永环谒于邑人：通"攀"，牵引。

贤于材人远矣：通"才"，才华。

判断句：

仲永之通悟，受之天也。

卒之为众人，则其受于人者不至也。

倒装句：

还自扬州。→自扬州还。

配套阅读：《文言文其实很简单·史论卷》中的《读孟尝君传》。

形容神童变得平庸的典故还有一个，"小时了了，大未必佳"。

它出自《世说新语·言语》：

孔文举（孔融）年十岁，随父到洛（东汉都城洛阳）。时李元礼（李膺）有盛名，为司隶校尉（负责监察朝中和京师周围官员的重臣），诣门者皆俊才清称及中表（内外，指父系和其他）亲戚乃通（通报）。

文举至门，谓吏曰："我是李府君亲。"既通，前坐。元礼问曰："君与仆有何亲？"对曰："昔先君仲尼与君先人伯阳（老子姓李，一说字伯阳），有师资之尊，是仆与君奕世（累世，代代）为通好也。"元礼及宾客莫不奇之。

太中大夫陈韪（wěi）后至，人以其语语（yù，告诉）之。韪曰："小时了了，大未必佳！"文举曰："想君小时，必当了了！"韪大踧踖（cù jí，坐立不安的样子）。

指南录后序

—— （南宋）文天祥

原文
逐句翻译
生僻字注音
字词意思解释

古文

德祐二年二月十九日，予除右丞相兼枢密使，都督诸路军马。时北兵已迫<u>修门</u>外，战、守、迁皆不及施。缙绅、大夫、士萃于左丞相府，莫知计所出。会使辙交驰，北邀当国者相见，众谓予一行为可以纾（shū）祸。国事至此，予不得爱身；意北亦尚可以口舌动也。初，奉使往来，无留北者，予更欲一觇（chān）北，归而求救国之策。于是辞相印不拜，翌日，以资政殿学士行。

译文 　德祐二年（1276）二月十九日，我被任命为右丞相兼枢密使，统率各路兵马。当时元军已经逼近都城门外，交战、防守、转移都来不及了。满朝大小官员聚在左丞相吴坚府邸里，都不知道该怎么办。正好双方使者的车驾往来频繁，元军邀主持国事的人相见，大家认为我去一趟就可以解除祸患。国事到了这种地步，我不能顾惜自己了；估计元方也还可以用言辞打动。当初，使者奉命往来，没有被扣留在北方的，我更想察看一下元方的虚实，回来寻求救国的计策。于是辞去右丞相一职，不接受任命，第二天，以资政殿学士的身份前往。

【修门】出自《楚辞·招魂》："魂兮归来，入修门些。"原指楚国郢都的城门，这里指南宋都城临安的城门。

【纾】解除，缓和。

【觇】侦察，悄悄窥视。

古文 　初至北营，抗辞慷慨，上下颇惊动，北亦未敢遽轻吾国。不幸吕师孟构恶于前，贾余庆献谄于后，予羁縻（jī mí）不得还，国事遂不可收拾。予自度不得脱，则直前诟（gòu）虏帅失信，数（shǔ）吕师孟叔侄为逆，但欲求死，不复顾利害。北虽貌敬，实则愤怒，二贵酋（qiú）名曰"馆伴"，夜则以兵围所寓舍，而予不得归矣。

刚到元军营中，我据理力争，言辞激昂慷慨，元军上下都相当惊讶震动，也不敢立即轻视我国。不幸的是，吕师孟之前同我结怨，贾余庆跟着谄媚献计，我被拘留，不能回去，国事就不可收拾了。我自己揣度不能脱身，于是径直上前痛骂元军统帅不守信用，列举吕师孟叔侄的叛国罪责，只想求死，不再考虑个人的利害。元军虽然表面尊敬，其实却很愤怒，两个尊贵头领名义上是"馆伴"，夜晚就派兵包围我的住所，我不能回去了。

【吕师孟】当时是南宋朝廷兵部尚书，守襄阳的叛将吕文焕之侄。

【构恶】结怨。

【贾余庆】后来代替文天祥当了右丞相，这时和文天祥一同出使元军营中。

【羁縻】束缚，拘禁，控制。

【诟】责骂。

【馆伴】负责接待外宾的官员。

未几，贾余庆等以祈请使诣北。北驱予并往，而不在使者之目。予分（fèn）当引决，然而隐忍以行。昔人云："将以有为也。"至京口，得间奔真州，即具以北虚实告东西二阃（kǔn），约以连兵大举。中兴机会，庶几在此。留二日，维扬帅下逐客之令。不得已，变姓名，诡踪迹，草行露宿，日与北骑相出没于<u>长淮</u>间。穷饿无聊，追购又急，天高地迥，号呼靡及。已而得舟，避渚洲，出北海，然后渡扬子江，入<u>苏州洋</u>，展转<u>四明</u>、<u>天台</u>，以至于<u>永嘉</u>。

译文

没过多久，贾余庆等人以祈请使的身份到元大都去，元方驱赶我一同前往，然而不列入使者名单。我按理应当自尽，却依然忍辱前去。正如古人所说："将要有所作为。"到了京口，我抓住机会逃奔到真州，立即详细地将元方的虚实告诉淮东、淮西两位制置使，相约一同举兵，讨伐元军。复兴宋朝的机会，大概就在此一举了。停留了两天，驻守维扬的统帅下了逐客令。不得已，我只能改变姓名，隐藏踪迹，在草地上和野外奔走过夜，天天为了躲避元军骑兵，在淮河一带出没。困窘饥饿，无依无靠，元军悬赏追捕得又相当紧急，天高地远，大声呼喊，没有应答。后来得到一条船，避开元军占据的沙洲，逃出江口以北的海面，然后渡过扬子江，进入苏州洋，在四明、天台等地辗转，到达了永嘉。

【祈请使】奉表请降的使节。

【分】本分。

【引决】自杀。

【将以有为也】出自唐朝韩愈的《张中丞传后叙》，形容诈降以保存自身，等待时机为朝廷效力。

【京口】现在的江苏镇江。

【真州】现在的江苏仪征。

【东西二阃】指淮东制置使李庭芝和淮西制置使夏贵。阃：城郭的门槛，代指在外统兵的将帅。

【维扬帅】指淮东制置使李庭芝，当时驻扎在扬州。文天祥到真州以后，李庭芝因听信谗言，怀疑文天祥通敌，命令真州安抚使苗再成杀死他，苗再成不忍，放他脱逃。

【长淮】指淮河。

【苏州洋】现在的上海附近。

【四明】现在的浙江宁波。

【天台】现在的浙江天台。

【永嘉】现在的浙江温州。

呜呼！予之及于死者，不知其几矣！诋大酋，当死；骂逆贼，当死；与贵酋处二十日，争曲直，屡当死；去京口，挟匕首以备不测，几自刭（jǐng）死；经北舰十余里，为巡船所<u>物色</u>，几从鱼腹死；真州逐之城门外，几彷徨死；如扬州，过<u>瓜洲</u>扬子桥，<u>竟使</u>遇哨，无不死；扬州城下，进退不由，殆<u>例</u>送死；坐桂公塘土围中，骑数千过其门，几落贼手死；

唉！我到达死亡的境地，不知有多少次了！指责元军统帅，应当死；痛骂叛国奸贼，应当死；和尊贵头领相处二十天，争论是非，屡屡应当死；离开京口，带着匕首以防意外，几乎自刎而亡；经过元军舰队停泊的地方，绵延十多里，被巡逻船只搜寻，几乎投江葬身鱼腹；真州守将把我赶到城门外，几乎彷徨而死；到了扬州，路过瓜洲扬子桥，如果遇上元军哨兵，不可能不死；扬州城下，进退两难，几乎等于送死；坐在桂公塘的土围中，数千元军骑兵经过门前，几乎落到敌人手中而死；

【物色】按照一定标准去搜寻。
【瓜洲】在扬州以南的长江里。
【竟使】如果。
【例】等于。

古文 贾家庄几为巡徼（jiào）所陵迫死；夜趋高邮，迷失道，几陷死；质明，避哨竹林中，逻者数十骑，几无所逃死；至高邮，制府檄下，几以捕系死；行城子河，出入乱尸中，舟与哨相后先，几邂逅死；至海陵，如高沙，常恐无辜死；道海安、如皋，凡三百里，北与寇往来其间，无日而非可死；至通州，几以不纳死；以小舟涉鲸波，出无可奈何，而死固付之度外矣。呜呼！死生，昼夜事也。死而死矣，而境界危恶，层见错出，非人世所堪。痛定思痛，痛何如哉！

译文 在贾家庄，几乎被巡逻的士卒凌辱逼迫而死；夜晚奔向高邮，迷了路，几乎陷入沼泽而死；天亮时，到竹林中躲避哨兵，巡逻的骑兵有好几十名，几乎无处逃避而死；到了高邮，制置使官署的檄文下达，几乎被捉拿囚禁而死；经过城子河，在乱尸中出入，我乘的船和敌方哨兵一前一后行进，几乎不期而遇被杀死；到了海陵，去高沙，常常害怕无罪而死；经过海安、如皋，总共三百里，元兵和盗贼在这中间往来，没有一天不

104

可能死；到通州，几乎因不被收留而死；靠一条小船渡过惊涛骇浪，实在是没有办法，本来就将死置之度外了。唉！死和生，不过是昼夜之间的事罢了。死就死了，可是像我这样处境险恶，危难接连不断反复出现，不是世间的人所能忍受的。痛苦过去以后，再追思当时的痛苦，是何等痛苦啊！

【巡徼】在地方上巡逻的士卒。
【质明】黎明，天亮时。
【系】系狱，被囚禁。
【海陵】现在的江苏泰州。
【高沙】即高邮。
【海安、如皋】现在都归江苏管辖。
【通州】现在的江苏南通。

古文

予在患难中，间以诗记所遭，今存其本，不忍废，道中手自抄录。使北营，留北关外，为一卷；发北关外，历吴门、毗陵，渡瓜洲，复还京口，为一卷；脱京口，趋真州、扬州、高邮、泰州、通州，为一卷；自海道至永嘉、来三山，为一卷。将藏之于家，使来者读之，悲予志焉。

译文

我在患难中，有时用诗歌记下自己的遭遇，现在保存着那些底稿，不忍心丢弃，在逃亡路上亲手抄录。出使元军营地，被扣留在临安城北高亭山的，作为一卷；自那里出发，经过吴门、毗陵，渡过瓜洲，又回到京口的，作为一卷；逃出京口，奔往真州、扬州、高邮、泰州、通州的，作为一卷；自海路到永嘉、来三山的，作为一卷。我会将诗稿收藏在家中，让后来的人读了它，为我的志向而悲叹。

【吴门】现在的江苏苏州。
【毗陵】现在的江苏常州。
【三山】现在的福建福州，因城中有闽山、越王山、九仙山而得名。

呜呼！予之生也幸，而幸生也何为？所求乎为臣，主辱，臣死有余僇（lù）；所求乎为子，以父母之遗体行殆，而死有余责。将请罪于君，君不许；请罪于母，母不许；请罪于先人之墓。生无以救国难，死犹为厉鬼以击贼，义也。赖天之灵，宗庙之福，修我戈矛，从王于师，以为前驱，雪九庙之耻，复高祖之业，所谓"誓不与贼俱生"，所谓"鞠躬尽力，死而后已"，亦义也。嗟夫！若予者，将无往而不得死所矣。向也，使予委骨于草莽，予虽浩然无所愧怍（zuò），然微以自文于君亲，君亲其谓予何！诚不自意返吾衣冠，重见日月，使旦夕得正丘首，复何憾哉！复何憾哉！

唉！我活下来算是幸运了，然而幸运地活下来要干什么呢？求做忠臣，国君受到侮辱，臣子即使死了也难赎罪过；求做孝子，用父母赐予自己的身体去冒险，即使死了也难逃责备。将向国君请罪，国君不答应；向母亲请罪，母亲不答应；只好向祖先的坟墓请罪。活着无法拯救国难，死后还要变成厉鬼去杀贼，这是义。依靠上天的神灵、祖宗的福泽，修整武备，跟随国君出征，充当先锋，洗雪朝廷的耻辱，恢复开国皇帝的基业，也就是古人所说的"誓不与

贼共存"，"恭敬谨慎地竭尽全力，直到死了才罢休"，这也是义。唉！像我这样的人，在任何地方都可以去死。以前，假如我的尸骨抛在荒草丛中，我虽然正大光明问心无愧，然而在国君和父母面前无法掩饰自己的过错，国君和父母又会怎么说我呢？实在料不到我能返回宋朝，重整衣冠，又见到帝后，即使立刻死在故国的土地上，还有什么遗憾呢！还有什么遗憾呢！

【死有余僇】形容罪恶深重，虽受杀戮也难赎罪过。
【九庙】后世沿用了王莽所定的制度，皇帝祭祖共有九庙，这里指代朝廷。
【鞠躬尽力，死而后已】引自《后出师表》，一般认为作者是诸葛亮。
【怍】惭愧。

【微以】无以。
【文】掩饰，辩白。
【使旦夕得正丘首】出自《礼记·檀弓上》："古之人有言曰：狐死正丘首，仁也。"传说狐狸死时，头必然朝向出生时的山丘。后世以此指代不忘故国的情怀。

古文 　是年夏五，改元景炎，庐陵文天祥自序其诗，名曰《指南录》。

译文 　这一年夏五月，改年号为景炎，庐陵文天祥给自己的诗集作序，起名为《指南录》。

古 **目** 今

行列，名目。

眼睛。

古 **无聊** 今

无所依赖。

因精神空虚而烦闷。

通假字

层见错出：通"现"，出现。

特殊句式

判断句：

死生，昼夜事也。

死而死矣，而境界危恶，层见错出，非人世所堪。

生无以救国难，死犹为厉鬼以击贼，义也。

赖天之灵，宗庙之福，修我戈矛，从王于师，以为前驱，雪九庙之耻，复高祖之业，所谓"誓不与贼俱生"，所谓"鞠躬尽力，死而后已"，亦义也。

倒装句：

不幸吕师孟构恶于前，贾余庆献谄于后。→不幸吕师孟于前构恶，贾余庆于后献谄。

日与北骑相出没于长淮间。→日与北骑于长淮间相出没。

而幸生也何为？→而幸生也为何？

将请罪于君。→于君请罪。

请罪于母。→于母请罪。

请罪于先人之墓。→于先人之墓请罪。

然微以自文于君亲。→然微以于君亲自文。

君亲其谓予何！→君亲其何谓予！

被动句：

予羁縻不得还。

为巡船所物色。

贾家庄几为巡徼所陵迫死。

几以不纳死。

历史背景

德祐元年（1275），临安告急，文天祥散尽家财，组织义军驰援，苦战不敌。

德祐二年，太皇太后谢道清携小皇帝赵㬎（xiǎn）投降，派文天祥同元军谈判。文天祥被元军扣留后逃脱，历经千难万险。

同年五月，他在福州同张世杰、陆秀夫、陈宜中等人拥立益王赵昰（shì）为帝，改元景炎。

《指南录》书名的寓意，自他的这首诗里可以清楚地看出："几日随风北海游，回从扬子大江头。臣心一片磁针石，不指南方不肯休。"

作者介绍

文天祥，字履善，又字宋瑞，自号文山、浮休道人。南宋大臣、文学家，与陆秀夫、张世杰并称"宋末三杰"。

他曾是状元，然而由于政治黑暗腐败，没能得到重用。南宋风雨飘摇时，他坚持抗元，屡败屡战。祥兴元年（1278）被张弘范俘虏，元朝君臣软硬兼施要他投降，都遭到拒绝，1283 年在大都柴市从容就义，留下绝命诗："孔曰成仁，孟曰取义，惟其义尽，所以仁至。读圣贤书，所学何事？而今而后，庶几无愧。"

文化常识

文天祥的《过零丁洋》也是千古名篇，作于他被元军俘虏后的第二年正月：

辛苦遭逢起一经，干戈寥落四周星。山河破碎风飘絮，身世浮沉雨打萍。惶恐滩头说惶恐，零丁洋里叹零丁。人生自古谁无死，留取丹心照汗青！

参考文献

[1] 钟基，李先银，王身钢. 古文观止 [M]. 北京：中华书局，2011 年.

[2] 吴楚材，吴调侯. 古文观止 [M]. 浙江：浙江古籍出版社，2010 年.

[3] 阙勋吾，许凌云，张孝美 等. 古文观止 [M]. 湖南：岳麓书社，2001 年.

[4] 关永礼. 古文观止·续古文观止鉴赏辞典 [M]. 上海：同济大学出版社，1994 年.

[5] 王充闾. 古文今赏 [M]. 辽宁：万卷出版公司，2016 年.

[6] 王力. 古代汉语 [M]. 北京：中华书局，1999 年.

[7] 王力. 中国古代文化常识: 插图修订第 4 版 [M]. 北京: 北京联合出版公司，2014 年.

[8] 曹伯韩. 国学常识 [M]. 北京：中华书局，2010 年.

字字落实 段段直译

文言文其实很简单

应用卷

（上）

王大绩（北京市语文特级教师）/力荐

王宸／编著　赵鹤／绘

郭炜／声音演绎

一视同仁

电子工业出版社

Publishing House of Electronics Industry

北京·BEIJING

步入古代文学殿堂的向导

小学开始恋书。无论春夏秋冬，夜晚躺到枕上，总要读一会儿才能入睡。忘了从哪里得到两本《古文观止》——20世纪50年代中华书局的版本，真是让我这个少年一往情深，这两本书一次次伴我在陶醉感奋中进入梦乡。从垫枕，到插架，多少次搬家，现在依旧静静立在巨大书柜的最外层。

这次又翻阅它，在第一篇《郑伯克段于鄢》"其乐也融融……其乐也泄泄"旁边，看到自己注的一句话："克段，所以融融；段奔，竟也泄泄。"那会儿没看太懂，但似乎也触摸到权力旋涡中的人心。此刻，突然又跳出另一晚的回忆：读到《与韩荆州书》的"请给纸笔，兼之书人"，我忍不住大笑起来。母亲诧异，我又高声诵读这八个字。意外地，母亲自言自语："大了……"

其实，我那会儿并没有大。《古文观止》是供成年人阅读的选本。少年时，有些选文读不大懂；有些选文没有注释，也只是浮光掠影，一知半解。但依然在为人生涂上清晰的底色：文明的底色、文化的底色、民族的底色。

《文言文其实很简单》这套丛书大不一样了。经典文言文是经由历史审核的，《古文观止》是清康熙年间的选本；这套丛书又多了三百年的清点筛选。它专为少年选文，适合少年的口味和需求；并有翔实的注释、精确的译文和充满趣味的插图。名副其实，用这套丛书学习文言文，真的会很简单。

正如白话文是现代中国人的口语习惯，文言文则是古代中国人的口语习惯。这套丛书如同一位现代向导，引领当代少年轻松自如地步入古代文学的殿堂，领略古代社会生活，洞察古代的政治、文化、风土、人情，触摸古人的生活、心志、品性、作为，从而明了自己从哪里来，以便更坚定地走向理想的未来。

白话文只有一百年历史，文言文已有几千年的承载和积淀。从文辞字句到思想内涵，从"景语"到"情语"；物华天宝于其内，人杰地灵出其中；语言建构珠圆玉润，民族魂魄清莲秀竹。

"却顾所来径，苍苍横翠微"，《文言文其实很简单》助力中华少年成长，相信会是撑起中华栋梁的一块文化基石。

北京市语文特级教师

王大绩

目录 | contents

备注：本书可按照撰文的时间顺序阅读与使用，也可按照文章的难易程度阅读与使用。

■ 红色－难度1级，■ 黄色－难度2级，■ 绿色－难度3级，■ 紫色－难度4级

曹刿论战

——《左传》

原文
逐句翻译
生僻字注音
字词意思解释

古文 十年春，齐师伐我。公将战，曹刿（guì）请见。

译文 （鲁庄公）十年的春天，齐国军队攻打我国。鲁庄公将要应战，曹刿请求国君接见他。

> 【师】军队。
> 【伐】攻打，征伐。
> 【我】《左传》的作者左丘明是鲁国的史官，所以"我"指鲁国。

古文 其乡人曰："肉食者谋之，又何间（jiàn）焉？"刿曰："肉食者鄙，未能远谋。"乃入见。

译文 他的同乡说："做官的人会谋划这件事，你又何必参与呢？"曹刿说："做官的人目光短浅，不能深谋远虑。"于是入朝拜见国君。

> 【肉食者】居高位、享厚禄的人。肉在古代相当贵重，百姓不能常常吃到。
> 【间】参与。
> 【鄙】鄙陋，这里指目光短浅。
> 【乃】于是，就。

2

问："何以战？"

公曰："衣食所安，弗敢专也，必以分人。"

对曰："小惠未徧，民弗从也。"

曹刿问鲁庄公："您凭什么和齐国打仗？"

鲁庄公说："衣服、食物这类能够安身立命的东西，我不敢独自占有，一定把它们分给别人。"

曹刿回答说："小恩小惠没有遍及所有人，臣民不会跟随。"

【安】养。
【专】独自占有。
【从】跟随。

公曰："牺牲玉帛（bó），弗敢加也，必以信。"

对曰："小信未孚（fú），神弗福也。"

鲁庄公说："祭祀时所用的牛羊、玉帛，我不敢夸大虚报，一定诚实守信。"

曹刿回答说："这只是小信用，不能让神灵信服，神灵不会赐福。"

【帛】丝织品。
【加】夸大虚报。
【孚】使人信服。

公曰："小大之狱，虽不能察，必以情。"

对曰："忠之属也。可以一战。战则请从。"

译文

鲁庄公说："大大小小的案件，即使不能一一明察，却一定按照实际情况办理。"

曹刿回答说："这是尽了本分一类的事。可以凭它来作战。如果作战，请允许我跟随您去。"

【虽】即使。
【察】明察。
【情】实际情况。
【属】类。

古文

公与之乘，战于长勺。

译文

鲁庄公和他同乘一辆战车，在长勺和齐国军队交战。

【长勺】鲁国地名，现在的山东莱芜附近。

古文

公将鼓之。刿曰："未可。"齐人三鼓。刿曰："可矣。"

译文

鲁庄公将要击鼓进军，曹刿说："现在不行。"齐国人三次击鼓进军。曹刿说："可以了。"

4

齐师败绩。公将驰之。刿曰："未可。"下，视其辙（zhé），登，轼（shì）而望之，曰："可矣。"遂逐齐师。

齐国军队吃了败仗。鲁庄公要追赶他们。曹刿说："还不行。"他下车查看齐军车轮轧出的痕迹，又上车，扶着前面的横木观望，说："可以了。"于是去追击齐国军队。

【驰】驱车追赶。
【辙】车轮在地上轧出的痕迹。
【轼】古代车厢前面用作扶手的横木。
【遂】于是，就。
【逐】追逐，追击。

既克，公问其故。对曰："夫战，勇气也。一鼓作气，再而衰，三而竭。彼竭我盈，故克之。夫大国，难测也，惧有伏焉。吾视其辙乱，望其旗靡（mǐ），故逐之。"

打了胜仗以后，鲁庄公问他那样做的缘故。曹刿回答说："打仗靠的是勇气。第一次击鼓能振作士气，第二次击鼓士兵们的士气就衰退了，第三次击鼓士兵们的士气就枯竭了。对方士气枯竭，我们士气旺盛，所以打败了他们。大国难以揣测，害怕他们设下埋伏。我看到他们的车轮轧出的痕迹散乱，望见他们的旗帜倒下，所以才去追击。"

【既】已经，……以后。
【夫】句首发语词，无实际意义，领起下文议论。
【作】振作。
【再】第二次。
【盈】充沛，饱满。
【靡】散乱，倒下。

古今异义

 古 **牺牲** 今

供祭祀用的牲畜，主要是牛羊。

为了正义的目的而舍弃自己的生命或利益。

 古 **狱** 今

官司，案件。

监狱。

 古 **忠** 今

尽力做好分内的事。

对国家、君主等效忠。

通假字

小惠未徧：通"遍"，遍及。

特殊句式

判断句：

夫战，勇气也。

"也"，表判断语气。

倒装句：

何以战？→以何战？

战于长勺。→于长勺战。

历史背景

春秋时期，周天子的权威衰落，原先的政治秩序维持不下去了，"礼乐征伐自诸侯出"，各国开始争霸，频频交战。

齐国和鲁国都位于山东半岛，虽然有姻亲关系，却也是经常打仗的"冤家对头"。齐桓公继位之前，两国实力接近。后来齐桓公"九合诸侯"，成了春秋时期的第一位霸主，鲁国的实力就不如齐国了。

作者介绍

本篇出自《左传·庄公十年》。

《左传》原名《左氏春秋》，汉朝改称《春秋左氏传》。它是中国第一部叙事详细的编年体史书，记载了鲁隐公元年（前722）到鲁哀公二十七年（前468）的重要事件。

旧时相传，它是左丘明为解释孔子的《春秋》而作的，和《公羊传》《穀梁传》合称"春秋三传"。也有人提出，它实质上是独立撰写的史书。

左丘明和孔子是同时代人，交情深厚。孔子很敬重他，说他是"君子"。据说左丘明晚年失明，却坚持编纂了中国第一部国别体史书《国语》，记载了西周末年到春秋时期各国君臣的言论。不过现在学术界的看法是，《国语》并非出自一人之手，可能主要来源于春秋时期各国史官留下的材料，在战国初年成书。

　　《史记·刺客列传》里出现的"曹沫"（也写作曹沬）可能是曹刿，然而没有定论。

　　曹沫力气大，很勇敢，他担任鲁国的将领和齐国交战，吃了三次败仗，鲁庄公却照样信任他。

　　鲁庄公十三年，齐桓公与鲁庄公在柯（现在的山东东阿）会盟时，他拿着匕首劫持了齐桓公，胁迫齐桓公把之前侵占的城池还给鲁国。齐桓公当时答应了，后来想反悔，却被管仲劝阻，于是鲁国成功地收复了失地。

《春秋》是怎么记载这件事的？

　　只用了一句话："十年春，王正月，公败齐师于长勺。"

　　文字实在太简短了，所以后世读不明白，需要用各种"传"来补充。

宫之奇谏假道

——《左传》

原文
逐句翻译
生僻字注音
字词意思解释

【谏】批评建议，通常用于晚辈对长辈、下级对上级。

古文 晋侯复假道于虞（yú）以伐虢（guó）。

译文 晋献公再次向虞国借路，去攻打虢国。

【晋侯】指晋献公。
【假】借。

古文 宫之奇谏曰："虢，虞之表也，虢亡，虞必从之。晋不可启，寇不可玩，一之为甚，其可再乎？谚所谓'辅车相依，唇亡齿寒'者，其虞、虢之谓也。"

译文 虞国大夫宫之奇劝谏道："虢国是虞国的屏障，如果虢国灭亡了，虞国一定会跟着灭亡。不可以开启晋国的野心，不可以漫不经心地对待入侵的敌军。一次借路就已经很过分了，怎么可以有第二次呢？俗谚说'面颊和牙床骨互相依靠，没有了嘴唇，牙齿就会寒冷'，虞、虢两国的情况就是如此。"

【表】外面、外围，这里指屏障。
【寇】外敌，侵略者。
【玩】轻慢，忽视。
【辅】面颊。
【车】牙床骨。还有一种解释，"辅"是车两旁的板，大车拉东西时必然会用到它。

古文 公曰："晋，吾宗也，岂害我哉？"

译文 虞公说："晋国和我是姬姓同宗，难道会害我吗？"

【宗】同姓，同一宗族。

古文 对曰："大伯、虞仲，大王之昭也。大伯不从，是以不嗣（sì）。虢仲、虢叔，王季之穆也，为文王卿士，勋在王室，藏于盟府。将虢是灭，何爱于虞？

译文 宫之奇回答说："太伯、虞仲，是周太王的儿子。太伯不听从太王，因此没有继承君位。虢仲、虢叔，是王季的儿子，做过周文王的卿士，为周王室立下了功勋，记录收藏在掌管盟誓典册的官府里。晋国要灭亡虢国，对虞国又有什么爱惜的？

【嗣】继承，接续。

古文

且虞能亲于桓、庄乎，其爱之也？桓、庄之族何罪，而以为戮（lù），不唯逼乎？亲以宠逼，犹尚害之，况以国乎？"

译文

况且就算晋国爱惜虞国，虞国同晋献公的关系能比曲沃桓叔、庄伯的族人更亲近吗？桓叔、庄伯的族人有什么罪，却遭到杀戮，不就是因为他们会威胁到晋献公自己吗？至亲由于尊宠而对自己构成了威胁，尚且杀害了他们，何况是对一个国家呢？"

【逼】逼迫，威胁。

古文

公曰："吾享祀丰洁，神必据我。"对曰："臣闻之，鬼神非人实亲，惟德是依。故《周书》曰：'皇天无亲，惟德是辅。'又曰：'黍（shǔ）稷（jì）非馨，明德惟馨。'又曰：'民不易物，惟德繄（yī）物。'如是，则非德，民不和，神不享矣。神所冯依，将在德矣。若晋取虞，而明德以荐馨香，神其吐之乎？"

译文

虞公说："祭祀时我献上的供品丰盛而清洁，神灵一定会依从我。"宫之奇回答说："臣下听说，鬼神不是亲近哪个人，只是依从德行。所以《周书》说：'上天对人没有亲疏之别，只辅助有德行者。'又说：'用作祭品的黍、稷等五谷不算

芳香，美德才算芳香。'又说：'百姓祭祀的物品并没有不同，有德行者献上的才是真正的供品。'像这样，那么没有德行，百姓不和睦，神灵就不来享用了。神灵所依托的，就在德行了。如果晋国拿下了虞国，发扬美德来献上芳香的供品，神灵难道会吐出来吗？"

古文

弗听，许晋使。宫之奇以其族行，曰："虞不腊矣，在此行也，晋不更举矣。"

译文

虞公不听从他的劝谏，答应了晋国的使臣。宫之奇带着他的族人出走，说："虞国过不了今年的腊祭就会灭亡，晋国这次就会行动，不用再出兵了。"

还有谁！！

古文

冬，晋灭虢。师还，馆于虞，遂袭虞，灭之，执虞公。

译文

那年冬天，晋国灭掉了虢国。军队返回，驻扎在虞国，于是袭击虞国，灭掉了它，俘虏了虞公。

神所**冯**依：通"**凭**"，依靠，凭借。

桓叔是晋献公的曾祖父，晋文侯的弟弟，受封于曲沃，虽然是小宗，可是实力强大。庄伯是晋献公的祖父。桓叔、庄伯和武公（晋献公的父亲）先后杀死和驱逐六位晋国国君，在公元前 678 年得到周天子的认可，正式迁入国都翼城，当上了国君。这一事件史称"曲沃代翼"，是春秋时期传统政治秩序崩溃的典型案例。

判断句：

虢，虞之表也。

后面的"晋，吾宗也""大伯、虞仲，大王之昭也"等也是这种结构。

倒装句：

其虞、虢之谓也。→其谓其虞、虢也。

是以不嗣。→以是不嗣。

将虢是灭。→将灭虢。

"是"指的是前置的宾语"虢"，无实际意义。

何爱于虞？→爱于虞何？

且虞能亲于桓、庄乎，其爱之也？→且其（指晋国）爱之（指虞国）也，能亲于（晋之）爱桓、庄乎？

要把省略的部分补上，才能准确地理解。

惟德是辅。→惟辅德。

晋献公几乎杀光了桓叔、庄伯的族人，以免他们有样学样，再次引发晋国内乱，取代大宗。

虢国、虞国分别位于现在的山西平陆东南、东北。晋国位于现在的山西翼城东南，更加靠北，所以要去攻打虢国，就要向虞国借道。

本篇出自《左传·僖（xī）公五年》。

昭穆，是周朝宗法制度下的概念。

始祖牌位设在宗庙正中，下一代的牌位设在左边，叫作昭；再下一代的牌位设在右边，叫作穆。就这样，昭生穆，穆又生昭，左右更替。"昭"和"穆"，都可以指儿子。

周朝的始祖是后稷，太王（又称古公亶（dǎn）父）是他的第十二代孙，所以是穆；而大伯（又称泰伯）、虞仲（可能又称仲雍）都是昭。古籍中"大"和"太"、"泰"有时可以通用。

太王的小儿子季历（又称王季）继承了君位，他就是周文王的父亲。虢仲、虢叔是文王的弟弟，所以都是穆。

晋国的始祖是周武王的儿子（也就是周文王的孙子）唐叔虞。所以，晋国同虢国的血缘关系要比同虞国的近。

子鱼论战

——《左传》

原文
逐句翻译
生僻字注音
字词意思解释

古文　　楚人伐宋以救郑。宋公将战。大司马固谏曰："天之弃商久矣，君将兴之，弗可赦也已。"弗听。

译文　　楚国人攻打宋国，来援救郑国。宋襄公将要应战。大司马公孙固进谏道："上天抛弃商朝已经很久了，您要振兴它，违背天命的做法是不可饶恕的。"宋襄公不听。

【赦】赦免，饶恕。

古文

及楚人战于泓（hóng）。宋人既成列，楚人未既济。司马曰："彼众我寡，及其未既济也，请去之。"公曰："不可。"既济而未成列，又以告。公曰："未可。"

译文

宋襄公和楚国人在泓水交战。宋国人已经排成阵势，楚国人还没有全部渡河。司马子鱼说："对方人多，我方人少，趁着他们还没有全部渡河，请您下令攻击他们。"宋襄公说："不行。"楚国人全部渡河，然而还没有排成阵势，子鱼再次报告宋襄公。宋襄公说："还不行。"

【泓】河流名，位于现在的河南柘（zhè）城西北。
【济】渡河。

古文

既陈而后击之，宋师败绩。公伤股，门官歼（jiān）焉。

译文

楚国人摆好阵势，宋国人才进攻。宋国军队吃了败仗，宋襄公大腿受伤，卫队被歼灭。

【股】大腿。
【门官】国君的卫队。
【歼】消灭，覆灭。

古文 国人皆咎（jiù）公。公曰："君子不重（chóng）伤，不禽二毛。古之为军也，不以阻隘（ài）也。寡人虽亡国之余，不鼓不成列。"

译文 国人全都指责宋襄公。宋襄公说："君子不伤害已经受伤的人，不俘虏头发斑白的老人。古时候领军作战，不凭借险要的地形阻击敌人。寡人虽然是亡国者的后代，却也不攻击没有排成阵势的敌人。"

【咎】怪罪，指责。
【二毛】头发斑白的人，指老人。
【寡人】君主的自称。

古文 子鱼曰："君未知战。勍（qíng）敌之人，隘而不列，天赞我也。阻而鼓之，不亦可乎？犹有惧焉！且今之勍者，皆我敌也。虽及胡耇（gǒu），获则取之，何有于二毛？"

THE END ...

子鱼说："您不懂得作战。强大的敌人，在地势险要处没有排成阵势，这是上天帮助我们。阻碍并攻击他们，不也可以吗？就这样还害怕不能取胜呢！况且现在强大的，都是我们的敌人。即使是老人，能俘虏就抓回来，还管什么头发斑白？"

【勍】强大。
【胡耇】年纪很大的人。

古文

明耻教战，求杀敌也。伤未及死，如何勿重？若爱重伤，则如勿伤；爱其二毛，则如服焉。三军以利用也，金鼓以声气也。利而用之，阻隘可也；声盛致志，鼓儳（chán）可也。"

译文

"让士兵明白失败是耻辱，教导士兵英勇作战，就是为了杀死敌人。敌人受伤却还没有死，为什么不能再次杀伤他们？如果怜惜伤员，不愿再去伤害他们，还不如最开始就不伤害他们；怜惜头发斑白的老人，还不如向敌人屈服。军队应该抓住有利的时机出击，击金鼓用来振作士气。抓住有利的时机出击，凭借险要的地形阻击敌人是可以的；金鼓的声音响亮，增强士兵的战斗意志，攻击队列混乱的敌人是可以的。"

【服】向……屈服，投降。
【三军】春秋时，诸侯大国有上、中、下三军，这里泛指军队。
【金鼓】古时候击鼓进军，鸣金收兵。
【儳】参差不齐，这里指队列混乱、没有排成阵势。

古今异义

 古 **重伤** 今

再次杀伤。

伤势严重。

 古 **余** 今

后代，后裔。

剩下，余下。

 古 **赞** 今

帮助。

赞成，同意。

古  爱 今

怜惜，同情。

对人或事物有深
厚真挚的感情。

通假字

既**陈**而后击之：通"阵"，列成阵势。

不**禽**二毛：通"擒"，俘虏，抓获。

作者介绍

本篇出自《左传·僖公二十二年》。

特殊句式

判断句：

且今之勍者，皆我敌也。

明耻教战，求杀敌也。

倒装句：

战于泓。→于泓战。

被动句：

弗可赦也已。

公伤股，门官歼焉。

公元前 638 年，宋襄公听说郑国同自己作对，支持楚成王当诸侯霸主，就决定攻打郑国，结果败给了前来援助郑国的楚国军队，第二年夏天由于伤势加重，去世了。

宋襄公的做法参照的是周礼。春秋前期，各国交战更接近"决斗"，要遵循默认的规则，堂堂正正，追求的也是令别的诸侯臣服，而不是像春秋后期和战国那样，尽可能多地杀伤有生力量、灭亡别国。

宋襄公正好处在这两种交战形式的转折点上，所以后世对他的看法并不一致。有人主张，他迂腐虚伪、目光短浅、愚蠢无能；也有人主张，他是旧时代的殉道者，确实将仁义理念贯彻到实际行动当中。

宋国是商朝的后代，开国君主是商纣王的庶兄微子启。"天之弃商"指的是武王伐纣，灭亡了商朝。

孔子的祖辈也是宋国贵族，后来才流亡到鲁国。

"大司马"是掌管军政的官职，"固"指公孙固，是宋襄公的堂兄弟。"司马"是带领军队的高级长官，这里指子鱼，他名叫目夷，是宋襄公的庶兄。

也有人主张，"大司马"和"司马"是同一个人，即子鱼。

"春秋五霸"都是谁？

指春秋时期相继称霸的五个诸侯，主流说法是齐桓公、宋襄公、晋文公、秦穆公、楚庄王。

还有说法是齐桓公、晋文公、楚庄王、吴王阖闾、越王勾践。

春秋时期，"国"主要指都城；"国人"指生活在城邑里和附近的人，他们可以参政议政，有当兵的义务。

与此相对的是"野人"，他们生活在乡间，从事农耕，几乎没有过问政事和受教育的资格。

召公谏厉王止谤

——《国语》

原文
逐句翻译
生僻字注音
字词意思解释

古文 厉王虐，国人谤王。召公告曰："民不堪命矣！"

译文 西周时期，厉王暴虐无道，国人公开指责他。召公告诉厉王："百姓已经忍受不了您的政令了！"

【厉王】姓姬名胡，谥（shì）号厉。
【召公】姓姬名虎，周王朝卿士，谥号穆。史称召公虎、召穆公。

古文 王怒，得卫巫，使监谤者。以告，则杀之。国人莫敢言，道路以目。

译文 厉王勃然大怒，找到一个卫国的巫师，派他监视胆敢指责自己的人。巫师一告密，厉王就杀掉那些人。于是国人都不敢随便说话，在路上相遇，也只能以眼神表达内心的愤恨。

21

王喜，告召公曰："吾能弭（mǐ）谤矣，乃不敢言。"召公曰："是障之也。防民之口，甚于防川。川壅（yōng）而溃，伤人必多，民亦如之。是故为川者决之使导，为民者宣之使言。"

厉王很高兴，告诉召公："我能消除指责了，人们再也不敢吭声了。"召公说："您这样做是堵住了百姓的嘴巴。阻塞百姓的嘴巴，比阻塞河水的祸患还要大。河道因不通畅而决口，必定会伤害很多人，百姓也是这样。所以治水者要疏浚河道，让它流通无阻；治民者要开导百姓，让他们畅所欲言。"

【弭】消除。
【障】堵塞。
【壅】堵塞，不通畅。
【宣】疏导。

"故天子听政，使公卿至于列士献诗，瞽（gǔ）献曲，史献书，师箴（zhēn），瞍（sǒu）赋，矇（méng）诵，百工谏，庶人传语，近臣尽规，亲戚补察，瞽、史教诲，耆（qí）、艾修之，而后王斟酌焉，是以事行而不悖（bèi）。"

"所以天子在处理政事上，让公卿直到列士献上讽喻的诗篇，乐官献上民间乐曲，史官献上有借鉴意义的书籍，少师朗读箴言，没有眼珠的盲人吟咏，有眼珠的盲人背诵，掌管营建事务的百工进谏，平民将自己的意见转达给君王，近侍臣子尽规劝之责，宗室姻亲查缺补漏，乐官和史官施以教诲，元老进一步整理，使之完美，然后由君王来斟酌裁决，这样政事才得以实行，而不违背道理。"

【列士】士的总称，有元士、中士、庶士三等。
【瞽】盲人。担任乐官的大多是盲人，所以也这样称呼。
【箴】具有规诫性质的文辞。
【瞍】没有眼珠的盲人。
【赋】有节奏地诵读。
【矇】有眼珠的盲人。
【庶人】平民。
【耆、艾】六十岁叫耆，五十岁叫艾。这里指元老。
【悖】违背道理。

古文 "民之有口，犹土之有山川也，财用于是乎出；犹其原隰（xí）之有衍沃也，衣食于是乎生。口之宣言也，善败于是乎兴。行善而备败，其所以阜（fù）财用衣食者也。夫民虑之于心而宣之于口，成而行之，胡可壅也？若壅其口，其与能几何？"

译文 "百姓有嘴巴，就像大地有山河一样，财物器用全靠它出产；又像平原和低地都有广大肥沃的良田一样，衣服食品全靠它产生。百姓用嘴巴发表言论，政事的成败好坏才能反映出来。实行好的，防范坏的，这是增加财物器用、衣服食品的方法。百姓在心中考虑，用嘴巴讲出来，天子认为恰当可行的就实行，怎么可以堵住呢？如果堵住百姓的嘴巴，跟随您的人又能有多少？"

【原隰】平原和低湿之地。
【衍沃】平坦肥美的良田。
【阜】盛，多。

古文
　　王弗听，于是国人莫敢出言。三年，乃流王于彘（zhì）。

译文
　　厉王不听，因此国人都不敢说话。过了三年，人们终于把厉王流放到彘去了。

【彘】地名，现在的山西霍县一带。

古今异义

古　**谤**　今

公开指责别人的过错。

诽谤。

古 **亲戚** 今

父母兄弟，统指家里的亲人。后来词义发生变化，唐朝学者孔颖达的注解是，亲指族内，戚指族外。

旁系亲属。

作者介绍

本篇出自《国语·周语上》。

特殊句式

判断句：

是障之也。

倒装句：

是以事行而不悖。→以是事行而不悖。

夫民虑于心而宣之于口。→夫民于心虑而于口宣之。

文化常识

厉王被流放后，召穆公和另一位大臣周定公暂时代替天子处理政事（还有说法是诸侯共伯和摄政），史称"共和行政"。自共和元年（前841）起，中国历史有了确切的纪年。

厉王去世后，大臣立太子姬静为王，即周宣王，"共和行政"结束。

历史背景

西周时期，厉王任用荣夷公为卿士，为了增加王室收入，实行"专利"政策，将山林湖泽改由天子直辖，不准国人进去砍柴、渔猎，引起了严重民愤。

公元前841年，都城镐（hào）京的国人集结起来，拿着棍棒、农具围攻王宫。厉王众叛亲离，无兵可调，只能逃到彘，公元前828年病死在那里。

邹忌讽齐王纳谏

——《战国策》

原文
逐句翻译
生僻字注音
字词意思解释

【纳】接受，采纳。

古文 邹忌修八尺有余，而形貌昳（yì）丽。朝（zhāo）服衣冠，窥（kuī）镜，谓其妻曰："我孰（shú）与城北徐公美？"

译文 邹忌身高八尺多，外表美丽，光彩照人。早上穿戴好衣帽，照着镜子，对他的妻子说："我和城北徐公相比，谁更美？"

【邹忌】田齐桓公、威王、宣王三朝的相国，擅长鼓琴，被封为成侯。
【修】长，指身高。
【昳丽】光艳美丽。
【朝】早上。
【服】穿戴。
【孰与】与……相比怎么样，表示比较。

古文 其妻曰："君美甚，徐公何能及君也！"城北徐公，齐国之美丽者也。

译文 他的妻子说："您美极了，徐公怎么能比得上您呢！"城北徐公，是齐国的美男子。

26

古文 忌不自信，而复问其妾（qiè）曰："吾孰与徐公美？"妾曰："徐公何能及君也！"

译文 邹忌不相信自己比徐公美，于是又问他的妾："我跟徐公谁更美？"妾说："徐公怎么能比得上您呢！"

【妾】可能指在正妻以外娶的女子，也可能指侍女。

古文 旦日，客从外来，与坐谈，问之客曰："吾与徐公孰美？"客曰："徐公不若君之美也。"

译文 第二天，有客人自外面来，邹忌和他坐着谈话，他问客人："我和徐公谁更美？"客人说："徐公不如您美。"

【旦日】第二天。

古文 明日徐公来，孰视之，自以为不如；窥镜而自视，又弗（fú）如远甚。

译文 第二天，徐公来访，邹忌仔细地端详他，自己觉得比不上；照着镜子看看自己，更觉得比徐公差得远。

【弗】不。

古文 暮寝而思之，曰："吾妻之美我者，私我也；妾之美我者，畏我也；客之美我者，欲有求于我也。"

译文 晚上他躺下，思考道："我的妻子觉得我美，是偏爱我；妾觉得我美，是害怕我；客人觉得我美，是有求于我。"

> 【寝】睡下，躺卧。
> 【美】形容词意动用法（表示主观感受），觉得……美。
> 【私】偏爱。

古文 于是入朝见威王，曰："臣诚知不如徐公美。臣之妻私臣，臣之妾畏臣，臣之客欲有求于臣，皆以美于徐公。今齐地方千里，百二十城，宫妇左右莫不私王，朝廷之臣莫不畏王，四境之内莫不有求于王：由此观之，王之蔽甚矣。"

译文 于是邹忌上朝拜见齐威王，说："臣下确实知道，自己不如徐公美。臣下的妻子偏爱臣下，臣下的妾害怕臣下，臣下的客人有求于臣下，都觉得臣下比徐公美。如今齐国疆土方圆千里，有一百二十座城池，后宫女子、左右侍从没有谁不偏爱大王您，朝廷里的臣子没有谁不害怕大王您，国境以内没有谁不有求于大王您：由此看来，大王您受到的蒙蔽太严重了。"

> 【四境之内】全国范围内。

28

王曰："善！"乃下令："群臣吏民能**面刺**寡人之过者，受上赏；上书谏寡人者，受中赏；能谤讥于**市朝**，闻寡人之耳者，受下赏。"

齐威王说："好！"于是颁下命令："不管是臣子、官吏还是百姓，能当面指责我的过错的，给予上等奖赏；上书劝谏我的，给予中等奖赏；能在公共场所批评规劝我，传到我耳朵里的，给予下等奖赏。"

【面刺】当面指责。
【市朝】人们聚集的公共场所。
【闻】使动用法，让……听到。

令初下，群臣进谏，门庭若市；数月之后，时时而间（jiàn）进；期（jī）年之后，虽欲言，无可进者。燕、赵、韩、魏闻之，皆朝于齐。此所谓"战胜于朝廷"。

命令刚颁布时，臣子纷纷进谏，宫门和庭院像集市一样热闹；几个月之后，偶尔有人来进谏；满一年之后，人们就算想进谏，也没什么可说的了。燕、赵、韩、魏几国听说了此事，都到齐国来朝见。这就是人们所说的"不用动武，在朝廷上就可以战胜别国"。

【间】偶尔，有时候。 【期年】满一年，一周年。

YEAH!

燕 赵 韩 魏

 古 **讽** 今

（对君主、长辈、朋友等）委婉地规劝，讽谏。

嘲讽。

 古 **窥** 今

照，看。

偷看。

 古 **明日** 今

第二天。

明天。

 古 **地方** 今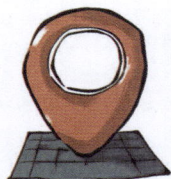

土地方圆。

地点。

 古 **左右** 今

近臣、随从。

表示方位；或者用在数量词后面，表示大概。

 古 **讥** 今

规劝，进谏。

讽刺。

战国是个剧烈变革的时期，原先的井田制、奴隶制、贵族政治崩溃了，新的制度正在形成。战争的目的也变成了攻城灭国，不再讲究礼仪，比春秋时期惨烈得多。所以，各国纷纷变法，以谋求生存，实现扩张。

竞争激烈的国际形势下，纵横家（类似今天的外交家）找到了用武之地。他们中的成功者凭借出色的口才和对人心的精准揣摩，游说诸侯，给自己赢来了高官厚禄，也影响了许多历史事件的走向。

通假字

孰视之：通"熟"，仔细。

受上赏：通"授"，给予。

特殊句式

判断句：

城北徐公，齐国之美丽者也。

"城北徐公"后面省略了虚词"者"，其实是"……者，……也"的判断句式，可以翻译成"……，是……"。

倒装句：

忌不自信。→忌不信自。

我孰与城北徐公美？→我与城北徐公孰美？

欲有求于我。→欲于我有求。

谤讥于市朝。→于市朝谤讥。

此所谓"战胜于朝廷"。→此所谓"于朝廷战胜"。

被动句：

王之蔽甚矣。

"蔽"是"受到蒙蔽、被蒙蔽"的意思。

作者介绍

本篇出自《战国策·齐策一》。

《战国策》是一部国别体史学著作，记载了战国时期纵横家的谋略和事迹。它的作者不明，可能不止一人；书名也不确定，有《国策》《短长》《事语》《修书》等。

西汉末年，刘向在皇家藏书中发现了六种关于纵横家的写本，但是内容混乱，文字也有缺失。他对这些材料进行了整理，定名为《战国策》。

刘向，字子政，原名更生。汉朝宗室，经学家、目录学家、文学家。著有《别录》《新序》《说苑》《列女传》等，还编订了《战国策》《楚辞》等。

《战国策》其实是策士用来训练口才的"实战演习手册"，所以内容的戏剧性强，有虚构和夸张的地方，不一定全部符合史实。但是，它反映了战国时期的社会风貌，是研究战国历史的重要参考资料，《史记》中的不少篇目就取材于它。

古人难道比今人高那么多？

今天一尺约为 33.33 厘米，"八尺有余"就是超过 267 厘米，比最高的篮球运动员还要高不少，这怎么可能呢？

其实，古代的"尺"比今天要短。战国时期流行的"周小尺"大致等于 23.1 厘米，换算一下，邹忌的身高超过 184 厘米，在今天也称得上"玉树临风"了。

齐威王"不鸣则已，一鸣惊人"

《史记·滑（gǔ）稽列传》讲了这样一个故事。

齐威王刚继位的时候，沉迷饮酒作乐，不理会政事，所以别的国家都来攻打齐国，齐国危在旦夕，可是近臣都不敢劝谏。淳于髡（kūn）用隐语对齐威王说："齐国有只大鸟，停驻在大王您的庭院里，三年不飞又不鸣，大王您知道这是为什么吗？"齐威王说："这只鸟不飞就罢了，一飞就直冲云霄；不鸣就罢了，一鸣就震惊国人。"于是，他召见了负责治理各县的七十二名官员，奖赏一人，诛杀一人，发兵出城，各国诸侯都非常惊恐，纷纷把侵占齐国的土地还了回去。

齐威王善于用人，田忌和孙膑也是在他统治的时期大胜魏国的。

写作文时能从这篇学到什么？

写到大同小异的内容时，该怎么处理呢？

如果句子完全重复，会显得无聊，像是"骗字数"；如果完全不一样，就看不出它们之间的联系了。

本篇处理得非常漂亮。邹忌和妻、妾、客的三问三答，似乎差不多，细节却大有文章。妻的语气最强烈，能看出她对丈夫的爱慕；妾拘谨不少，个人感情没那么外露；客的态度就更加平淡了。这样不光成功地引出了后面邹忌的思考，也让整个故事显得不单调，富有层次和变化。

颜斶说齐王

——《战国策》

原文
逐句翻译
生僻字注音
字词意思解释

古文　齐宣王见颜斶（chù），曰："斶前！"斶亦曰："王前！"宣王不说。

译文　齐宣王召见颜斶，说："颜斶，上前！"颜斶也说："大王，上前！"宣王不高兴了。

古文　左右曰："王，人君也。斶，人臣也。王曰'斶前'，亦曰'王前'，可乎？"

斶对曰："夫斶前为慕势，王前为趋士。与使斶为慕势，不如使王为趋士。"

34

　近臣说："大王是人君，你颜斶是人臣。大王说'颜斶，上前'，你也说'大王，上前'，这像话吗？"

　颜斶回答说："我上前是贪慕权势，大王上前是礼贤下士。与其让我贪慕权势，不如让大王礼贤下士。"

【趋】接近。

古文

王忿然作色，曰："王者贵乎？士贵乎？"对曰："士贵耳，王者不贵。"王曰："有说乎？"

译文　宣王很生气，变了脸色，说："是王尊贵，还是士尊贵？"颜斶回答说："士尊贵，王不尊贵。"宣王说："有什么道理吗？"

【作色】脸色改变，指严肃或发怒。
【耳】语气助词，大致相当于"矣"。

WANTED
齐王悬赏：万户侯 1000

古文　斶曰："有。昔者秦攻齐，令曰：'有敢去柳下季垄五十步而樵(qiáo)采者，死不赦。'令曰：'有能得齐王头者，封万户侯，赐金千镒(yì)。'由是观之，生王之头，曾不若死士之垄也。"

颜斶说："有。之前秦国进攻齐国，秦王下令道：'有谁敢在距离柳下季坟墓五十步之内砍柴，杀无赦。'又下令道：'有谁能砍下齐王的首级，就封作万户侯，赐金千镒。'由此看来，活王的头，还不如死士的墓呀。"

【垄】坟墓。
【镒】古代重量单位，相当于二十两或二十四两。

宣王曰："嗟乎！君子焉可侮哉？寡人自取病耳。愿请受为弟子。且颜先生与寡人游，食必太牢，出必乘车，妻子衣服丽都。"

宣王说："唉！怎么能侮辱君子呢？寡人实在是自讨没趣。希望您能收下我这个学生。而且颜先生与我交游，吃的一定是美味佳肴，出门一定有车马，妻子儿女的服装都华贵漂亮。"

【太牢】牛、羊、猪齐全，祭祀和宴请时，这是非常高级的待遇。
【丽都】华丽美好。

颜斶辞去曰："夫玉生于山，制则破焉，非弗宝贵矣，然太璞（pú）不完。士生乎鄙野，推选则禄焉，非不尊遂也，然而形神不全。斶愿得归，晚食以当肉，安步以当车，无罪以当贵，清静贞正以自虞。"则再拜而辞去。

颜斶谢绝了，告辞说："玉生在山中，雕琢以后就破损了，并非不宝贵，然而失去了璞玉的本真。士生在偏僻乡野，一被推选出来就享有禄位了，并非不尊贵显达，然而身体和精神不再完整独立。我愿

36

意回去，晚些吃饭，权当吃肉；安闲散步，权当乘车；不会获罪，权当富贵；清静纯粹、坚贞端方，自得其乐。"他向宣王下拜两次，离开了。

【璞】没有经过加工的玉。
【遂】如意，通达。

古文 君子曰："颜斶知足矣，归真返璞，则终身不辱。"

译文 君子说："颜斶可以说是懂得知足了，归于本真，返回纯朴，就一辈子不会受到侮辱。"

古今异义

古 **妻子** 今

妻子儿女。

男子的配偶。

宣王不说：通"悦"，高兴。

清静贞正以自虞：通"娱"，欢乐。

特殊句式

判断句：

王，人君也。颜斶，人臣也。

夫斶前为慕势，王前为趋士。

作者介绍

本篇出自《战国策·齐策四》。

历史背景

颜斶，是齐国的隐士。

战国时期，许多"士"都希望通过游说君王来赢得富贵、改变命运，非常热衷功名利禄。他们趋炎附势，卑躬屈膝，不择手段。颜斶的自尊清高、坚持原则，和这些人形成了鲜明的对比。

文化常识

柳下季是春秋时期鲁国人，展氏，名获，字禽。

他的食邑在柳下，私谥为惠，所以又叫柳下惠。他以讲究礼节著称，是道德高尚的典范，得到孔子、孟子的推崇。他坚持"直道而事人"，所以多次被罢黜，只能归隐，成为"逸民"。

"坐怀不乱"的典故，就同柳下惠有关。寒冷的夜晚，他在城门住宿，遇到一个无家可归的女子。柳下惠怕她冻死，就让她坐在自己怀里，解开外衣把她裹紧，这样过了一夜，丝毫不起邪念，所以大家称赞他是正人君子。

WANTED

齐王悬赏：万户侯 1000

触龙说赵太后

—— 《战国策》

原文
逐句翻译
生僻字注音
字词意思解释

古文

赵太后新用事，秦急攻之。赵氏求救于齐，齐曰："必以长安君为质，兵乃出。"太后不肯，大臣强（qiǎng）谏。太后明谓左右："有复言令长安君为质者，老妇必唾其面！"

译文

赵太后刚刚掌权，秦国加紧进攻赵国。赵国向齐国求救。齐国说："一定要让长安君当人质，才出兵。"赵太后不乐意，大臣极力劝谏。太后明白地告诉近臣："有再提让长安君当人质的，老太太我一定朝他脸上吐唾沫！"

【用事】当权，掌管国事。
【强】竭力，极力。
【长安君】赵太后的小儿子，封地在赵国的长安。

古文

左师触龙愿见，太后盛气而揖之。入而徐趋，至而自谢，曰："老臣病足，曾不能疾走，不得见久矣。窃自恕，而恐太后玉体之有所郄（xì）也，故愿望见太后。"

左师触龙希望去见太后。太后气冲冲地等着他。触龙进来以后，就用快走的姿势慢慢地小步往前，到了太后面前，道歉说："老臣的脚有毛病，不能快跑，很久没参见您了。我私心这样替自己开脱，又担心太后的贵体有什么不舒服，所以想来拜见您。"

【左师】赵国的官名，位置高却没有实权，用来优待老臣。
【揖】《史记·赵世家》作"胥"，通"须"，等待的意思。
【趋】小步快走。古礼规定，臣见君一定要这样走，否则就是失仪。
【谢】请罪，道歉。

太后曰："老妇恃辇（niǎn）而行。"

曰："日食饮得无衰乎？"

曰："恃鬻耳。"

曰："老臣今者殊不欲食，乃自强步，日三四里，少益耆食，和于身。"

太后曰："老妇不能。"太后之色少解。

太后说："老太太我全靠坐车走动。"

触龙问："您每天的饮食该不会减少吧？"

太后说："全靠吃粥罢了。"

触龙说："老臣近来特别不想吃东西，就勉强自己散散步，每天三四里，稍稍增加了食欲，身体就舒服些了。"

太后说："我做不到。"太后的怒色稍微缓和了些。

【衰】减少。
【鬻】"粥"的本字。
【今者】近来，现在。
【殊】很，特别。
【少】稍微，略略。
【和】和谐，舒服。

左师公曰:"老臣贱息舒祺(qí),最少(shào),不肖;而臣衰,窃爱怜之。愿令得补黑衣之数,以卫王宫。没(mò)死以闻。"

太后曰:"敬诺。年几何矣?"

对曰:"十五岁矣。虽少,愿及未填沟壑而托之。"

触龙说:"老臣的儿子舒祺,年纪最小,不成器;而我又老了,私心疼爱他。希望能让他当一名卫士,守护王宫。我冒死禀告太后。"

太后说:"可以。年纪多大了?"

触龙回答说:"十五岁了。虽然还小,可我希望趁自己没入土就托付给您。"

> 【贱息】对自己儿子的谦称,相当于现在的"犬子"。
> 【黑衣】守护王宫的卫士都穿黑衣,所以这样指代。
> 【没】冒昧。

太后曰:"丈夫亦爱怜其少子乎?"

对曰:"甚于妇人。"

太后笑曰:"妇人异甚。"

对曰:"老臣窃以为媪(ǎo)之爱燕后贤于长安君。"

曰:"君过矣!不若长安君之甚。"

太后说:"你们男人也疼爱小儿子吗?"

触龙回答说:"比女人还厉害。"

太后笑着说:"女人特别疼爱小儿子。"

触龙回答说:"老臣私心觉得,您疼爱燕后超过了长安君。"

太后说:"您错了!不如疼爱长安君那样厉害。"

> 【媪】对老年女性的敬称。
> 【燕后】赵太后的女儿,嫁到燕国当王后。

古文 左师公曰："父母之爱子，则为之计深远。媪之送燕后也，持其踵（zhǒng），为之泣，念悲其远也，亦哀之矣。已行，非弗思也，祭祀必祝之，祝曰：'必勿使反。'岂非计久长，有子孙相继为王也哉？"

太后曰："然。"

译文 触龙说："父母疼爱子女，就要替他们考虑深远。您送燕后出嫁时，她都上了车，您还在车下握着她的脚后跟，为她哭泣，因她远嫁而惦念悲伤，也够心疼她的了。她走了以后，您并非不思念她，祭祀时一定为她祈福，祷告说：'千万不要让她回来。'难道这不是替她做长久打算，希望她的子孙一代接一代地当燕王吗？"

太后说："对。"

> 【持】握着。
> 【必勿使反】春秋战国时期，诸侯的女儿出嫁以后不会返回母国，除非被废或亡国。

古文 左师公曰："今三世以前，至于赵之为赵，赵王之子孙侯者，其继有在者乎？"

曰："无有。"

曰："微独赵，诸侯有在者乎？"

曰："老妇不闻也。"

"此其近者祸及身，远者及其子孙。岂人主之子孙则必不善哉？位尊而无功，奉厚而无劳，而挟重器多也。今媪尊长安君之位，而封之以膏腴（yú）之地，多予之重器，而不及今令有功于国，一旦山陵崩，长安君何以自托于赵？老臣以媪为长安君计短也，故以为其爱不若燕后。"

太后曰："诺，恣（zì）君之所使之。"

译文

触龙说："自这一辈往上推到三代以前，到赵氏家族建立赵国的时候，赵王的子孙被封侯的，他们的后代还有继承爵位的吗？"

太后说："没有。"

触龙说："不光是赵国，在其他诸侯那里，还有继承爵位的吗？"

太后说："我没听说过。"

触龙说："他们当中，祸患来得早的降临到自己头上，来得晚的就降临到子孙头上。难道国君的子孙就一定不好吗？是因为他们地位尊贵却没有功勋，俸禄丰厚却没有劳绩，而占有的珍贵器皿太多了。现在您赐予长安君尊贵的地位，又封给他肥沃的土地，赏下很多珍贵器皿，而不趁此机会让他为国立功，一旦您百年之后，长安君凭什么在赵国立足？老臣觉得，您为长安君考虑得太短浅了，所以觉得您对他的疼爱比不上对燕后。"

太后说："好，听凭您怎么指派他。"

【微独】不仅，不光。微：非，不。
【膏腴】比喻土地肥沃。
【山陵崩】指国君或王后去世。
【恣】任凭，听凭。

于是为长安君约车百乘（shèng），质于齐，齐兵乃出。

译文 于是赵太后替长安君准备了一百辆车子，送他到齐国去当人质，齐国才出兵。

【约车】准备车，套车。

古文 子义闻之，曰："人主之子也，骨肉之亲也，犹不能恃无功之尊，无劳之奉，而守金玉之重也，况人臣乎！"

译文 子义听说了这件事，表示："国君的儿子，是国君的亲骨肉，尚且不能依靠没有功勋的尊贵地位、没有劳绩的丰厚俸禄，而守住金玉之类的重器，何况臣子呢！"

【子义】赵国的贤士。

古今异义

 古 **走** 今

跑。
_____

步行。
_____

 古 **息** 今

儿子。
_____

休息。
_____

 古 **丈夫** 今

男子的统称。
_____

女子的配偶。
_____

而恐太后玉体之有所郄也：通"隙"，毛病，不舒服。

少益耆食：通"嗜"，喜欢。

必勿使反：通"返"，回来。

奉厚而无劳：通"俸"，俸禄。

判断句：

非弗思也。

"非……也"，表否定判断。

倒装句：

赵氏求救于齐。→赵氏于齐求救。

和于身。→于身和。

贤于长安君。→于长安君贤。

而封之以膏腴之地。→而以膏腴之地封之。

而不及今令有功于国。→而不及今令于国有功。

长安君何以自托于赵？→长安君以何于赵托自？

质于齐。→于齐质。

日食饮得无衰乎？

"得无……乎"表推测，可以翻译成"该不会……吧？"

本篇出自《战国策·赵策四》。

赵太后，又称赵威后，是赵惠文王的王后，赵孝成王的母后。

赵孝成王继位时年纪不大，经验、威望都不足，所以国事由赵威后处理。她颇有才干，体恤百姓，取得了一定政绩。

战国时期，母后临朝听政的例子不算少见，如秦国的宣太后（秦昭襄王的母后）、齐国的君王后（齐襄王的王后）等。

西周和春秋的传统是"世卿世禄"，官爵和采邑都可以世袭，只要出身高贵就可以享受特权。然而进入战国时期，各国之间的竞争越来越残酷，出现了"布衣将相"的局面，选贤任能的观念也逐渐被接受。触龙劝赵太后让长安君为国立功，以此来稳固自身的地位，正是这种新思潮的体现。

在春秋战国，诸侯向别国求助、同别国结盟时，经常会送公子去充当人质，以保证恪守承诺。秦始皇嬴政的父亲嬴异人（庄襄王）就是秦国送去赵国的质子，秦始皇也是在赵国出生的。

如果需要劝说别人接受自己的观点，该怎么做呢？

单纯讲大道理，也许会适得其反。更有效的方法可能是向触龙学习，设身处地，站在对方的立场上考虑问题，照顾到对方的感情和利益。这样有助于拉近距离，化解对方的敌意，赢得对方的信任后，要让对方把你的话听进去，就容易得多了。

谏逐客书

—— （秦）李斯

原文
逐句翻译
生僻字注音
字词意思解释

古文

秦宗室大臣皆言秦王曰："诸侯人来事秦者，大抵为其主游间于秦耳。请一切逐客。"李斯议亦在逐中。斯乃上书曰：

译文

秦国的宗室大臣都向秦王进言："那些诸侯国的人来投效秦国，大多是为了替他们的君主在秦国游说离间罢了，请您下令把所有客卿驱逐出去。"李斯也在计划被驱逐的人当中。于是他向秦王上书：

【大抵】大概，大多。
【客】客卿，指别国来做官的人。

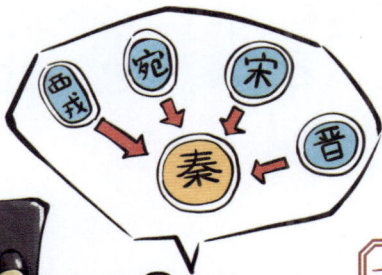

古文

"臣闻吏议逐客，窃以为过矣。昔穆公求士，西取由余于戎（róng），东得百里奚于宛（yuān），迎蹇（jiǎn）叔于宋，来邳（pī）豹、公孙支于晋。此五子者，不产于秦，而穆公用之，并国二十，遂霸西戎。"

47

"臣下听说官员们在商议驱逐客卿，私心觉得这样做是错误的。过去秦穆公求贤纳士，自西戎请到了由余，自东边的宛得到了百里奚，自宋国迎来了蹇叔，自晋国招来了邳豹、公孙支。这五位都不是在秦国出生的，然而秦穆公任用他们，兼并了二十个小国，于是称霸西戎。"

【产】出生。

"孝公用商鞅（yāng）之法，移风易俗，民以殷盛，国以富强，百姓乐用，诸侯亲服，获楚、魏之师，举地千里，至今治强。"

"秦孝公采用商鞅的新法，转变风气，改变习俗，人民因此殷实兴旺，国家因此富强，百姓乐意为国效力，诸侯都顺从听命，打败了楚国、魏国的军队，攻占了上千里国土，至今国家安定，军力强盛。"

"惠王用张仪之计,拔三川之地,西并巴蜀,北收上郡,南取汉中。包九夷,制鄢(yān)、郢(yǐng),东据成皋(gāo)之险,割膏腴之壤,遂散六国之从,使之西面事秦,功施(yì)到今。"

译文

"秦惠王采用张仪的连横之计,攻占了三川一带,往西吞并了巴、蜀,往北拿到了上郡,往南夺取了汉中。吞并了九夷,控制了楚国的鄢、郢;往东占据了险要的成皋,割取了别国的肥沃土地。于是瓦解了六国的合纵,迫使它们向西侍奉秦国,功业一直延续到今天。"

【三川】现在的河南省北部,有黄河、洛河、伊河流过,所以叫这个名字。
【上郡】原属魏国,现在的陕西省西北部。
【鄢】楚国别都,现在的湖北宜城一带。
【郢】楚国都城,现在的湖北江陵一带。
【成皋】别称虎牢关,现在的河南汜(sì)水西北,是历代兵家必争之地。
【施】延续。

古文

"昭王得范雎(jū),废穰(ráng)侯,逐华阳,强公室,杜私门,蚕食诸侯,使秦成帝业。此四君者,皆以客之功。由此观之,客何负于秦哉?向使四君却客而不内,疏士而不用,是使国无富利之实,而秦无强大之名也。"

"秦昭王得到范雎，废掉穰侯，驱逐华阳君，加强王室地位，遏制贵族势力，一步步吞食别的诸侯国，使秦国成就了帝业。这四位君王，都是依靠客卿的功劳。由此看来，客卿有什么对不起秦国的地方呢？假如当初四位君王拒绝客卿而不接纳，疏远贤士而不任用，那就会使国家没有雄厚富裕的实力，而秦国也就没有强盛的威名了。"

【蚕食】像蚕吃桑叶那样，一步步吞食。
【向使】假如，倘若。

"今陛下致昆山之玉，有随和之宝，垂明月之珠，服太阿（ē）之剑，乘纤离之马，建翠凤之旗，树灵鼍（tuó）之鼓。此数宝者，秦不生一焉，而陛下说之，何也？必秦国之所生然后可，则是夜光之璧不饰朝廷；犀象之器不为玩好；郑卫之女不充后宫，而骏良駃騠（jué tí）不实外厩，江南金锡不为用，西蜀丹青不为采。"

"如今陛下搜罗昆山的美玉，拥有随侯珠、和氏璧之类的宝物，悬挂明月珠，佩着太阿剑，乘骑纤离马，树立翠凤旗，陈设灵鼍鼓。这些宝物没有一样产自秦国，陛下却喜欢它们，是为什么呢？如果一定要是产自秦国的才可以，那么夜光璧就不能充当朝廷的装饰，犀角和象牙雕成的器物就不能供陛下把玩，郑、卫两地能歌善舞的美女就不能充实陛下的后宫，北方的良驹就不能养在陛下的马厩里，江南的金锡就不能为陛下所用，西蜀的红青颜料就不能拿来绘制彩画。"

【致】罗致，搜集。
【昆山】指昆仑山，在古人看来，那里出产美玉。
【纤离】古代骏马的名字。
【翠凤之旗】用翠羽装饰的旗子。
【駃騠】北方的良马。
【丹青】红色和青色的颜料。

"所以饰后宫、充下陈、娱心意、说耳目者，必出于秦然后可，则是宛珠之簪、傅玑（jī）之珥（ěr）、阿缟（gǎo）之衣、锦绣之饰，不进于前；而随俗雅化、佳冶（yě）窈窕赵女，不立于侧也。"

"如果用来装饰后宫的宝物、充实堂下的侍妾、爽心快意和悦人耳目的音乐彩画等，都一定要是产自秦国的才可以，那么镶嵌着宛珠的簪子、缀有珠子的耳饰、齐国东阿白绢做成的衣服、锦绣的饰物，就不能进献到陛下面前；那些打扮符合时尚、雅致不凡、妖冶美好的赵国佳丽，就不能侍立在陛下身边。"

【下陈】古代殿堂下供陈列礼品、婢妾侍立的地方。后来多指地位不高的侍妾。
【傅】附着，镶嵌。
【玑】不圆的珠子，泛指珠子。

【珥】耳饰。
【缟】未经染色的细绢。
【随俗】随合时俗，指妆束符合潮流。

"夫击瓮（wèng）叩缶（fǒu）、弹筝搏髀（bì），而歌呼呜呜，快耳目者，真秦之声也。郑卫桑间，韶（sháo）、虞、武、象者，异国之乐也。今弃击瓮而就郑卫，退弹筝而取韶虞，若是者何也？快意当前，适观而已矣。"

"敲击陶罐瓦器，拍着大腿弹筝，呜呜呀呀地歌唱，来愉悦耳目，这才是真正的秦国音乐。郑、卫两地的民间音乐，《韶》《虞》《武》《象》这些古曲，都是外国音乐。如今陛下抛弃了敲击陶罐的地道秦国音乐，而去听郑、卫两地的曲子，不听弹筝，而去听《韶》《虞》，这样做是为什么呢？还不是由于外国音乐能够让人心意畅快，适宜欣赏。"

【瓮】古人用来打水的陶罐。

【缶】一种口小腹大的瓦器。

【搏髀】拍打大腿，来掌握唱歌的节奏。

【桑间】卫国濮（pú）水边上的地名，是青年男女幽会、唱情歌的地方。这里指轻佻动听的民间音乐。

【韶、虞】歌颂虞舜的乐曲。《史记·李斯列传》中将"韶"写成"昭"。

【武、象】西周武王时的乐曲，歌颂开国功业。

"今取人则不然，不问可否，不论曲直，非秦者去，为客者逐。然则是所重者，在乎色乐珠玉；而所轻者，在乎人民也。此非所以跨海内、制诸侯之术也。"

"现在陛下对用人却不是这样，不问能不能用，不管是非曲直，只要不是秦国人就让他们离开，凡是客卿就驱逐。这样做只能说明，陛下所看重的是美色、音乐、珠玉，而所轻视的是人民。这可不是用来一统天下、制服诸侯的方法啊。"

古文

"臣闻地广者粟多，国大者人众，兵强则士勇。是以泰山不让土壤，故能成其大；河海不择细流，故能就其深；王者不却众庶，故能明其德。是以地无四方，民无异国，四时充美，鬼神降福。此五帝、三王之所以无敌也。今乃弃黔（qián）首以资敌国，却宾客以业诸侯，使天下之士退而不敢西向，裹足不入秦，此所谓'藉寇兵而赍（jī）盗粮'者也。"

译文

"臣下听说，土地广阔，粮食就充足；国家强大，人口就众多；武器精良，士兵就勇敢。因此，泰山不舍弃任何土壤，所以能成就它的高大；河海不排斥任何细流，所以能成就它的深广；帝王不拒绝任何臣民，所以能彰显他们的恩德。因此，土地不论东西南北，民众不问来自哪个国家，四季都富足美好，鬼神都来降福，这就是五帝、三王无敌于天下的原因。如今竟然抛弃百姓，去资助敌国；拒绝客卿，去成就别的诸侯国的功业，使天下的士人退缩，不敢往西方来，停步不愿进入秦国，这就是所谓的'把武器供给敌军，把粮食送给强盗'啊。"

【让】辞让，拒绝。　　　　　　　　　　【裹足】双脚受到束缚，比喻停步不前。
【择】舍弃，抛弃。　　　　　　　　　　【赍】送给。
【黔首】指平民百姓。

"夫物不产于秦，可宝者多；士不产于秦，而愿忠者众。今逐客以资敌国，损民以益仇，内自虚而外树怨于诸侯，求国无危，不可得也。"

"并不产自秦国的物品当中，可以当作宝物珍惜的有很多；并不出生在秦国的士人当中，愿意效忠的有很多。如今驱逐客卿去资助敌国，减少本国人口去增加仇敌的实力，在内使自己虚弱，在外又和别的诸侯国结怨，而想求得国家没有危险，这是办不到的。"

秦王乃除逐客之令，复李斯官。

于是秦王废除了驱逐客卿的命令，恢复了李斯的官职。

古 **所以** 今

用来……的，……的方法。

表示因果关系的连词。

古 **兵** 今

兵器。

士兵。

古今异义

遂散六国之从：通"纵"，合纵。

向使四君却客而不内：通"纳"，接纳。

而陛下说之／说耳目者：通"悦"，喜欢。

判断句：

夫击瓮叩缶、弹筝搏髀，而歌呼呜呜，快耳目者，真秦之声也。郑卫桑间，韶、虞、武、象者，异国之乐也。

倒装句：

西取由余于戎，东得百里奚于宛，迎蹇叔于宋，来邳豹、公孙支于晋。→西于戎取由余，东于宛得百里奚，于宋迎蹇叔，于晋来邳豹、公孙支。

被动句：

百姓乐用。
江南金锡不为用。

秦王政下决心统一六国时，韩国害怕被灭掉，就派水利专家郑国到秦国，鼓动秦国修建一条连接泾(jīng)水和洛水的灌溉渠道，目的是"疲秦"：消耗秦国的人力物力，让它无力东进。后来，郑国修渠的目的暴露了，秦王政大怒，要杀郑国。宗室大臣也觉得，来到秦国的客卿可能有不少都是间谍，所以建议驱逐他们。

郑国表示："始臣为间，然渠成亦秦之利也。臣为韩延数岁之命，而为秦建万世之功。"秦王政认为他这番话有道理，所以继续对他加以重用。近十年后，渠道完工，被称作郑国渠。一向贫瘠的关中土地因此富饶起来，农业产量明显提高。

李斯，字通古，楚国上蔡人，政治家、文学家、书法家。

他是荀子的学生，被任命为丞相，辅佐秦始皇统一六国、制定礼仪制度和法律、实行郡县制、创造小篆并在全国推行。

秦始皇死后，他与赵高合谋伪造遗诏，立秦始皇的小儿子胡亥为二世皇帝。后来遭到赵高陷害，被腰斩于咸阳，灭三族。

非秦

由余，也写作"繇余"，晋国人，为了避乱逃到西戎。后来他奉命出使秦国，秦穆公爱惜他的才能，就用计离间他和戎王的关系，让他主动选择来到秦国。在他的辅佐下，秦穆公统一了西戎各部。《史记·秦本纪》的说法是："益国十二，开地千里，遂霸西戎。"

古人对周围少数民族的称呼是，东边叫"夷"，西边叫"戎"，南边叫"蛮"，北边叫"狄"。这些都带有贬义，是不尊重的表现。

百里奚，原来是虞国大夫，晋灭虞以后被俘虏。秦穆公迎娶的夫人伯姬是晋献公的女儿，百里奚被选为陪嫁奴仆，送往秦国。他不愿受辱，逃亡到宛，结果又被楚国人俘虏，以养牛为生。秦穆公听说了他的贤名，用五张黑公羊皮（奴仆的身价）把他赎了出来，封作大夫，加以重用。他尽心辅佐秦穆公，史称"五羖（gǔ）大夫"。

蹇叔，是百里奚的好友。经百里奚推荐，秦穆公派人带着厚礼把他请来，封作上大夫。

邳豹，也写作"丕豹"，是晋国大夫邳郑之子。邳郑被晋惠公杀死后，邳豹投奔秦国，被封作大夫，带领秦军攻打晋国。

公孙支，也写作"公孙枝"，字子桑，是秦国人，曾经到晋国游历，听说秦穆公正在求贤纳士，就返回秦国，担任大夫。

范雎，字叔，原来是魏国人，被怀疑通齐卖魏，差点儿丢了性命。他装成死人才得以逃脱，改名张禄，潜入秦国。当时的秦国，宣太后当权。她的异父弟弟魏冉被封作穰侯，同父弟弟芈（mǐ）戎被封作华阳君，一同掌管国政。在范雎的协助下，秦昭襄王排除了贵族势力，将魏冉、芈戎免职，遣归封地。范雎提出了"远交近攻"的策略，被秦昭襄王拜为相。

论贵粟疏

—— （西汉）晁错

原文
逐句翻译
生僻字注音
字词意思解释

古文

  圣王在上，而民不冻饥者，非能耕而食（sì）之、织而衣（yì）之也，为开其资财之道也。故尧、禹有九年之水，汤有七年之旱，而国亡捐瘠者，以畜积多而备先具也。今海内为一，土地人民之众不避汤、禹，加以亡天灾数年之水旱，而畜积未及者，何也？地有遗利，民有余力，生谷之土未尽垦，山泽之利未尽出也，游食之民未尽归农也。

译文

  在圣明君王的统治下，百姓不挨饿受冻，并不是因为君王能亲自耕田来给他们饭吃、织布来给他们衣穿，而是因为能给百姓开辟生财之道。

58

所以尽管唐尧、夏禹时代有过九年的水灾，商汤时代有过七年的旱灾，但是国内没有一个人被饿死，这是因为贮藏积蓄的东西多，事先早已做好了准备。现在全国统一，土地之大、人口之多，不亚于商汤、夏禹时代，加上没有连年的水旱灾害，可是贮藏积蓄却不如商汤、夏禹时代，这是为什么呢？原因在于土地还有潜力，百姓还有余力，能长谷物的土地尚未全部开垦，山林湖沼的资源尚未完全开发，游手好闲之徒尚未全部回乡务农。

【食】做动词用，给……饭吃。
【衣】做动词用，给……衣穿。

【捐瘠】被饿死。瘠：瘦弱，或者通"胔(zì)"，人或动物带有腐肉的残骨。
【不避】不让，不亚于。

古文　　民贫，则奸邪生。贫生于不足，不足生于不农，不农则不地著，不地著则离乡轻家。民如鸟兽，虽有高城深池、严法重刑，犹不能禁也。夫寒之于衣，不待轻暖；饥之于食，不待甘旨；饥寒至身，不顾廉耻。人情一日不再食则饥，终岁不制衣则寒。夫腹饥不得食，肤寒不得衣，虽慈母不能保其子，君安能以有其民哉？明主知其然也，故务民于农桑，薄赋敛，广畜积，以实仓廪（lǐn），备水旱，故民可得而有也。

百姓贫困了，奸诈邪恶就会滋生。贫困产生于不富足，不富足产生于不务农，不务农就不能定居一地，不能定居一地就会离开乡土，轻视家园。百姓就像鸟兽一样四散，国家即使有高高的城墙、深深的护城河、严厉的法令、残酷的刑罚，还是不能禁止他们。受冻的人对衣服，不奢求轻暖舒适；挨饿的人对食物，不奢求香甜可口；饥寒交迫，就顾不上廉耻了。人之常情是：一天不吃两顿饭就要挨饿，整年不做衣服穿就会受冻。如果肚子饿了没饭吃，身上冷了无衣穿，哪怕是慈母也不能留住儿子，君王又怎么能保全百姓呢？贤明的君王懂得这个道理，所以让百姓致力于种田养蚕，减轻赋税，大量贮藏积蓄粮食，以便充实仓库，防备水旱灾荒，因而能够得到民心、拥有百姓。

【地著】定居一地。

【甘旨】味道香甜可口。

【再】两次。

【廪】米仓。

民者，在上所以牧之，趋利如水走下，四方无择也。夫珠玉金银，饥不可食，寒不可衣，然而众贵之者，以上用之故也。其为物轻微易藏，在于把握，可以周海内而亡饥寒之患。此令臣轻背其主，而民易去其乡，盗贼有所劝，亡逃者得轻资也。粟米布帛生于地，长于时，聚于力，非可一日成也。数石之重，中人弗胜，不为奸邪所利，一日弗得而饥寒至。是故明君贵五谷而贱金玉。

百姓，在于君王用什么办法管理他们，他们追逐利益，就像水往低处流一样，不管东南西北。珠玉金银之类的东西，饿了不能当饭吃，冷了不能当衣穿，然而却被大家看重，这是君王需要的缘故。这些物品轻便小巧，容易收藏，拿在手里，可以周游全国，不用担心会挨饿受冻。这会使臣下轻易地背叛君王，百姓随便地离开家乡，盗贼则受到鼓励，犯法逃亡的人有了便于携带的财物。粟米和布帛生在地里，按季节成长，要花很多人力，并非短时间内就可以收获。几石重的粮食，一般人拿不动，也不为奸诈邪恶的人所贪图；可是这些东西一天得不到，人们就要挨饿受冻。因此，贤明的君王重视五谷而轻视金玉。

【牧】养，这里指统治、管理。
【劝】鼓励，激励。
【石】古代的计量单位。汉朝规定，三十斤为钧，四钧为石。

今农夫五口之家，其服役者不下二人，其能耕者不过百亩，百亩之收不过百石。春耕，夏耘（yún），秋获，冬藏，伐薪樵，治官府，给徭（yáo）役；春不得避风尘，夏不得避暑热，秋不得避阴雨，冬不得避寒冻，四时之间，无日休息。又私自送往迎来，吊死问疾，养孤长（zhǎng）幼在其中。勤苦如此，尚复被水旱之灾，急政暴虐，赋敛不时，朝令而暮改。当具有者半贾而卖，无者取倍称（chèn）之息；于是有卖田宅、鬻（yù）子孙以偿债者矣。

译文

现在农民五口之家，当中为公家服役的不少于两个人，能耕种的田地不超过一百亩，这一百亩能收获的粮食不超过一百石。他们春天耕地，夏天除草，秋天收获，冬天储藏，还得砍木柴，修理官府的房舍，承担无偿劳役；春天不能躲避风沙，夏天不能躲避暑热，秋天不能躲避阴雨，冬天不能躲避寒冻，一年四季，没有一天休息。又忙于私人方面的交际往来，吊唁死者，看望病人，赡养孤老，抚育幼儿，一切费用都要从务农的收入中支取。农民如此辛勤劳苦，还要遭受水旱灾害，官府急征暴敛，不按时收取赋税，早上下命令，晚上就要交。有粮食的农民半价贱卖，好去纳税；没有粮食的农民只能以加倍的利息借贷；于是出现了卖掉田地、房屋，甚至子孙来还债的事。

【耘】除草。　【朝令而暮改】清朝经学家王念孙认为，应当是"朝令而暮得"。
【长】养育。　【贾】相当于"价"。
　　　　　　【称】相等，相当。
　　　　　　【鬻】卖。

而商贾（gǔ）大者积贮倍息，小者坐列贩卖，操其奇（jī）赢，日游都市，乘上之急，所卖必倍。故其男不耕耘，女不蚕织，衣必文采，食必粱肉；无农夫之苦，有阡陌（qiān mò）之得。因其富厚，交通王侯，力过吏势，以利相倾；千里游遨，冠盖相望，乘坚策肥，履丝曳（yè）缟。此商人所以兼并农人、农人所以流亡者也。今法律贱商人，商人已富贵矣；尊农夫，农夫已贫贱矣。故俗之所贵，主之所贱也；吏之所卑，法之所尊也。上下相反，好恶乖迕（wǔ），而欲国富法立，不可得也。

而那些商人，大的囤积货物，获取加倍的利息；小的开设店铺，贩卖商品，投机倒把。他们每天去集市游逛，趁朝廷急需的机会，所卖物品的价格必然翻倍。所以商人家中，男的不耕地除草，女的不养蚕织布，穿的必定是华丽的衣裳，吃的必定是细粮与肉；没有农夫的劳苦，却占有田间的利润。依仗自己丰厚的钱财，与王侯结交，势力超过官吏，凭着资产相互倾轧；千里之间，四处游玩，一路上高贵衣冠和豪奢车盖络绎不绝，乘着坚固的车，赶着壮实的马，脚穿丝鞋，身披绫罗。这就是商人兼并农民、农民流亡在外的原因。当今法律轻视商人，可事实上商人已经很富贵了；法律尊重农民，而事实上农民已经很贫贱了。所以世俗所看重的，正是君王所轻贱的；官吏所鄙视的，正是法律所尊重的。上下的想法相反，好恶颠倒，在这种情况下，想使国家富强、法令有效，是不可能的。

【奇赢】用特殊手段赢得暴利。
【阡陌】田间小路，东西向称阡，南北向称陌。代指田地。
【策】用鞭子赶马。
【曳】拖着。
【乖迕】相违背。

价格＋1

方今之务，莫若使民务农而已矣。欲民务农，在于贵粟；贵粟之道，在于使民以粟为赏罚。今募天下入粟县官，得以拜爵，得以除罪。如此，富人有爵，农民有钱，粟有所渫（xiè）。夫能入粟以受爵，皆有余者也。取于有余，以供上用，则贫民之赋可损，所谓"损有余、补不足"，令出而民利者也。顺于民心，所补者三：一曰主用足，二曰民赋少，三曰劝农功。

当今的任务，没有比使百姓务农更重要的了。要想使百姓务农，关键在于抬高粮价；抬高粮价的办法，在于让百姓拿粮食来求赏或免罚。现在号召天下百姓交粮给官府，以此来封爵或赎罪。这样，富人有爵位，农民有钱财，粮食不会囤积，可以得到流通。能通过交粮来得到爵位的，都是富有的人。从富有的人那里索取粮食，供朝廷所用，那么贫苦百姓的赋税就可以减轻，这就是所谓"拿富有的去补不足的"，法令一颁布，百姓就可以受益。它顺应民心，有三个好处：一是君王使用的东西充足，二是百姓的赋税减少，三是能鼓励人们从事农业生产。

【渫】分散。
【损】减少。

今令，民有车骑马一匹者，复卒三人。车骑者，天下武备也，故为复卒。神农之教曰："有石城十仞（rèn），汤池百步，带甲百万，而无粟，弗能守也。"以是观之，粟者，王者大用，政之本务。令民入粟受爵，至五大夫以上，乃复一人耳，此其与骑马之功相去远矣。爵者，上之所擅，出于口而无穷；粟者，民之所种，生于地而不乏。夫得高爵与免罪，人之所甚欲也。使天下人入粟于边，以受爵免罪，不过三岁，塞下之粟必多矣。

按照现行法令，百姓能出一匹战马的，免除家中三个人的兵役。战马是国家的战备物资，所以可以让人免除兵役。神农氏曾教导说："即使有十仞高的石砌城墙，有宽一百步、贮满沸水的护城河，有上百万全副武装的士兵，然而没有粮食，也是守不住的。"这样看来，粮食是君王最需要的资财，是国家政务的根本所在。下令让百姓交粮买爵，封到五大夫以上，才免除一个人的兵役，这与一匹战马的功用相比，差得太远了。赐予爵位，是君王专有的权力，只要一开口，就可以无穷无尽地封给别人；粮食，是百姓种出来的，自地里长出来，不会缺乏。取得高爵、免除罪过，是人们非常想要的。假如让天下百姓都献纳粮食，用于戍边，以此来换取爵位或赎罪，那么用不了三年，边塞的粮食必定会多起来。

【车骑马】指战马。
【仞】古代的长度单位，相当于两米多。
【擅】专有。

66

 古 捐 今

放弃，抛弃。

捐赠。

古

交结，交往。

交通

今

各种运输工具在陆地、水上或空中的往来。

古今异义

（古） **县官** （今）

对官府、朝廷的通称。

负责管理一个县的地方长官。

（古） **汤** （今）

热水。

烹调后汁儿特别多的食物。

以畜积多而备先具也 / 广畜积：通"蓄"，贮藏，积蓄。

而国亡捐瘠者 / 加以亡天灾数年之水旱 / 可以周海内而亡饥寒之患：通"无"，没有。

急政暴虐：通"征"，征收。

由于秦末战争的破坏，西汉初年经济凋敝，朝廷和民众都非常贫穷，所以朝廷一直奉行"无为而治、休养生息"的政策。汉文帝即位后，重视农桑，商业逐渐发展起来，"谷贱伤农"的现象却因此产生，不利于民生和社会的安定。

判断句：

圣王在上，而民不冻饥者，非能耕而食之、织而衣之也，为开其资财之道也。

故尧、禹有九年之水，汤有七年之旱，而国亡捐瘠者，以畜积多而备先具也。

夫珠玉金银，饥不可食，寒不可衣，然而众贵之者，以上用之故也。

故俗之所贵，主之所贱也；吏之所卑，法之所尊也。

车骑者，天下武备也，故为复卒。

爵者，上之所擅，出于口而无穷；粟者，民之所种，生于地而不乏。

夫得高爵与免罪，人之所甚欲也。

晁（cháo）错，西汉政治家、文学家。汉文帝时因文才出众而任太常掌故，历任太子舍人、博士、太子家令，是汉景帝的老师，被誉为"智囊"。汉景帝即位后，提拔他为内史，后又升他为御史大夫。他主张重农贵粟、移民实边，对国家政策产生了深远影响。

他性格刚直苛刻，敢于进谏，因此同不少大臣结怨。他坚决主张削藩，所以吴、楚等七个诸侯国以诛晁错为名联兵反叛，史称"七国之乱"。汉景帝听从袁盎（àng）的意见，决定牺牲晁错以换取七国退兵。晁错毫不知情，被骗到长安东市处死时，还穿着朝服。

"重农抑商"是历代王朝最基本的经济指导思想，几乎与封建制度相始终。

在生产力不发达的时期，例如西汉初年，它是有积极作用的，能够防止农业劳动力流失。到汉武帝继位时，国家非常富足，"太仓之粟，陈陈相因，充溢露积于外，至腐败不可食"，而这与晁错的"贵粟"政策直接相关。

到了明清时期，统治者继续抑商，结果资本与劳动力被"锁死"在土地上，违反了经济发展的客观规律，导致国家落后。

武帝求茂才异等诏

原文
逐句翻译
生僻字注音
字词意思解释

古文

盖有非常之功，必待非常之人。故马或奔踶（dì）而致千里，士或有负俗之累而立功名。

译文

要建立非同寻常的功业，必须依靠非同寻常的人才。有的马难以驯服，却能奔驰千里；有的士人受到世俗讥讽，却能建立功名。

【盖】发语词，用在句首，无实际意义。

【奔踶】骑上时奔跑，站立时踢人。形容难以驯服。

【负俗之累】被世俗讥讽的过失。

70

夫泛（fěng）驾之马，
跅（tuò）弛之士，亦在
御之而已。

译文

这些不循轨辙的马、不受
礼制约束的士人，也在于如何
驾驭他们罢了。

【泛驾】把车子弄翻，形容马
难以驾驭。
【跅弛】行为放荡不羁。

古文

其令州郡察吏民
有茂材异等可为将相
及使绝国者。

译文

命令各州郡观察、
寻找官吏和百姓中有
优秀才能、出类拔萃、
可以担任将相及出使
绝远之国的人。

【茂才】有优秀才能的人。西汉时称秀才，东汉时避汉光武帝刘秀之讳，称茂才，
后世又改了回去。这份诏书收在东汉时撰写的《汉书·武帝纪》中，所以根据当时
的语言习惯做了调整。
【绝国】绝远之国。

汉武帝野心勃勃、好大喜功，对内加强皇权，对外积极用兵，所以需要许多各类人才。

他用人不拘一格，提拔了不少出身寒微者。例如，战功累累的名将卫青起初是平阳公主家的奴仆；建议实行"推恩令"、获得重用的主父偃一度遭到儒生排挤，非常贫困；平定东越叛乱的朱买臣到四十岁还是个落魄儒生，靠卖柴维持生计。

汉武帝也相当重视同外国的往来。出使西域、开通"丝绸之路"的张骞（qiān）就被封为博望侯。

古代圣旨有哪几种？

诏：上位者对下位者的通知。它是一种公开的正式官方文件，多用于国家大事，需要颁行天下。

诰（gào）：帝王任命或封赠臣子的文书。"诰命夫人"就是指被朝廷赐予封号的臣子母亲或妻子。

谕：这个字的本意是"知晓，明白"。它最为常见，不如前几种正式，一般用于具体的人或事。不一定要写在纸上，也可以口头传达，称作"口谕"。

历代圣旨的格式也不相同，影视剧里常见的"奉天承运，皇帝诏曰"只出现在明清时期。

报任安书（节选）

——司马迁

原文
逐句翻译
生僻字注音
字词意思解释

古文 　太史公牛马走司马迁再拜言。少卿足下：曩（nǎng）者辱赐书，教以慎于接物，推贤进士为务，意气勤勤恳恳，若望仆不相师，而用流俗人之言，仆非敢如此也。请略陈固陋。阙然久不报，幸勿为过。

译文 　愿意为您奔走效劳的太史公司马迁再拜致意。少卿足下：以前承蒙您给我写信，教导我用谨慎的态度待人接物，以推举贤能、引荐人才为己任，情意恳切诚挚，好像抱怨我没有遵照您的教诲，却听从了世俗之人的意见。我是不敢这样做的。请允许我大致陈述浅陋的意见。隔了很长时间没有给您回信，希望不要责怪。

【太史公】太史令的通称，这里是司马迁自指。　　　【务】应当做的事情。
【牛马走】谦辞，像牛马那样被驱使的仆人。　　　　【报】回信。
【曩者】以前。　　　　　　　　　　　　　　　　　【幸】希望。

仆之先非有**剖符** **丹书**之功，文史星历，近乎卜祝之间，固主上所戏弄，**倡优**所**畜**（xù），流俗之所轻也。假令仆伏法受诛，若九牛亡一毛，与蝼蚁何以异？而世又不与能死节者**比**，**特**以为智穷罪极，不能自免，卒就死耳。何也？**素所自树立**使然也。

我的祖先没有获赐剖符、丹书的功劳，不过掌管文献史料、天文历法，地位接近占卜、赞礼的人，本来就是被皇上戏弄、当作倡优来蓄养的，受到世俗轻视。假如我伏法被杀，就像是九头牛身上失掉一根毛，同蝼蚁有什么区别？世俗又不会将我同为保全节操而死的人相提并论，只会认为我智虑穷尽、罪大恶极，不能让自己脱身，终于走向死亡罢了。为什么呢？平日我从事的职业和地位让人们有这种看法罢了。

【**剖符**】古代帝王分封诸侯、功臣时，以竹制的符为信物，剖成两半，君臣各执其一，以示恪守承诺。

【**丹书**】颁给功臣的特权证明，用朱砂把誓词写在铁制的契券上，本人或子孙犯罪，可以获得赦免。

【**倡优**】以表演歌舞技艺为业的人，古时地位非常卑贱。

【**畜**】蓄养，豢养。

【**比**】同等看待，相提并论。

【**特**】只不过。

【**所自树立**】自己用来立身处世的，也就是职业、地位等。

古文

　　人固有一死，或重于泰山，或轻于鸿毛，用之所趋异也。太上不辱先，其次不辱身，其次不辱理色，其次不辱辞令，其次诎体受辱，其次易服受辱，其次关木索、被箠（chuí）楚受辱，其次剔毛发、婴金铁受辱，其次毁肌肤、断肢体受辱，最下腐刑极矣！传（zhuàn）曰："刑不上大夫。"此言士节不可不勉厉也。

译文

　　人本来就有一死，有的比泰山还重，有的却比鸿毛还轻，这是由于死的原因和目的不同。最好的是不让祖先受辱，其次是不让自身受辱，其次是不在颜面上受辱，其次是不在言辞上受辱，其次是肢体遭到扭曲而受辱，其次是换上囚服受辱，其次是戴枷被缚、遭到杖责而受辱，其次是剃光头发、颈套铁圈而受辱，其次是毁坏肌肤、截断肢体而受辱，最下等的是腐刑，侮辱到了极点！古书说："刑不上大夫。"这句话的意思是，对士人的气节，不可以不劝勉激励（倡导士人在被收监前自杀，这样就可以免遭侮辱，保持气节）。

【太上】最好的，首要的。

【理色】肌理和脸色，指颜面。

【易服】换上囚服，在古代通常是赭色。

【木索】木枷和绳索。

【箠楚】用鞭杖拷打的刑罚。楚：荆条。

【剔毛发、婴金铁】即髡（kūn）钳之刑，剃光头发，脖子套上铁圈。婴：缠绕。

【传】解释儒家"六经"的文字。这里指《礼记·曲礼上》。

古文 猛虎在深山，百兽震恐，及在槛（jiàn）阱之中，摇尾而求食，积威约之渐也。故士有画地为牢，势不可入；削木为吏，议不可对，定计于鲜也。今交手足，受木索，暴肌肤，受榜箠，幽于圜墙之中。当此之时，见狱吏则头抢地，视徒隶则心惕息。何者？积威约之势也。及以至是，言不辱者，所谓强（qiǎng）颜耳，曷足贵乎！

译文 猛虎在深山之中，百兽就都被震慑，感到害怕，等到它落入陷阱和囚笼之中，就摇着尾巴乞求食物，这是由于人不断地威逼约束，逐渐使它驯服。所以，对士人来说，哪怕在地上画个圈当作牢狱，也决不能进入；削个木头人当作狱吏，也决不能接受审讯，在受到侮辱之前就打定主意自我了断。现在手脚捆在一起，戴枷被缚，肌肤暴露在外，遭受棍打和鞭笞，关在牢狱之中。在这种时候，看见狱吏就叩头触地，看见牢卒就心惊胆战。为什么呢？这是长时间受到威逼约束导致的。已经到了这种地步，再谈什么不受侮辱，就是人们所说的厚脸皮了，有什么可贵的呢！

【槛】囚笼。

【阱】陷阱。

【榜】古代刑罚用的竹片。

【徒隶】狱卒，也指服劳役的犯人。

【惕息】恐惧喘息，形容害怕到了极点。

【强颜】厚脸皮，不知羞耻。

且西伯，伯也，拘于羑（yǒu）里；李斯，相也，具于五刑；淮阴，王也，受械于陈；彭越、张敖，南面称孤，系狱抵罪；绛侯诛诸吕，权倾五伯，囚于请室；魏其（jī），大将也，衣（yì）赭衣，关三木；季布为朱家钳奴；灌夫受辱于居室。此人皆身至王侯将相，声闻邻国，及罪至罔加，不能引决自裁，在尘埃之中，古今一体，安在其不辱也？由此言之，勇怯，势也；强弱，形也。审矣，何足怪乎？夫人不能早自裁绳墨之外，以稍陵迟，至于鞭箠之间，乃欲引节，斯不亦远乎！古人所以重施刑于大夫者，殆为此也。

况且西伯姬昌，是诸侯的领袖，被拘禁在羑里；李斯，是丞相，受尽了五刑；淮阴侯韩信，本是楚王，在陈地被戴上刑具；彭越、张敖都被诬告谋反，被捕入狱，定下罪名；绛侯周勃诛杀诸吕，权势超过了春秋五霸，被囚禁在请室之中；魏其侯窦婴，是大将，穿上囚服，手、脚、脖子都套了刑具；季布以铁圈束颈，卖身给朱家当了奴仆；灌夫被拘在居室里受辱。这些人都位至王侯将相，声名传扬到邻国，等到犯了罪，法网加身，不能下决心自杀，处在污秽卑屈的地位，古今都是一样的，哪里能不受辱呢？照这样说，勇敢或怯懦、坚强或懦弱，都是形势决定的。

这是很清楚明白的，有什么好奇怪的呢？人不能在被法律制裁之前就早早自杀，因此渐渐受挫颓唐，到了被鞭打杖责时，才想为保全节操而死，这不是差得太远了吗！古人之所以对大夫用刑相当慎重，大概就是这个缘故。

【羑里】也写作"牖里"，是商纣王囚禁周文王的地方，位于现在的河南汤阴。
【械】拘禁手足的木制刑具。
【彭越】汉高祖的功臣，获封梁王，被诬陷谋反，诛灭三族。
【张敖】汉高祖功臣张耳的儿子，继承了赵王之位，被诬陷谋反，由于娶了吕后的女儿鲁元公主，才免于被杀。
【绛侯】即汉朝功臣周勃。惠帝和吕后去世后，周勃和陈平定计，杀死吕产、吕禄等外戚，迎立文帝刘恒。
【请室】专门囚禁有罪官吏的监狱。
【魏其】即大将军窦婴，获封魏其侯。由于营救灌夫，被人诬告，下狱论死。
【三木】指头枷、手铐、脚镣。
【季布】西楚霸王项羽的大将。项羽败亡后，刘邦出重金缉捕季布，他只好改名换姓，卖身给鲁地大侠朱家为奴，以避免灾祸。
【居室】属于少府，是囚禁犯罪大臣及其家眷的监狱。
【审】详知，确实。
【绳墨】指法律。
【陵迟】颓唐，意志衰退。
【引节】死节，为保全节操而死。

古文

　　夫人情莫不贪生恶死，念父母，顾妻子。至激于义理者不然，乃有所不得已也。今仆不幸，早失父母，无兄弟之亲，独身孤立，少卿视仆于妻子何如哉？且勇者不必死节，怯夫慕义，何处不勉焉！仆虽怯懦，欲苟活，亦颇识去就之分矣，何至自沉溺缧绁（léi xiè）之辱哉！且夫臧获婢妾，犹能引决，况仆之不得已乎？所以隐忍苟活，幽于粪土之中而不辞者，恨私心有所不尽，鄙陋没世，而文采不表于后也。

译文 　　人之常情，没有谁不贪生怕死，人都会挂念父母，顾虑妻子儿女。至于被道义公理所激的人却不是这样，他们有迫不得已的情况。如今我不幸早早失去父母，没有兄弟之类的亲属，独自一人，孤立于世，少卿您看我对妻子儿女又怎样呢？况且勇敢的人不一定要为名节去死，怯懦的人如果仰慕大义，在什么地方不可以勉励自己呢！我虽然怯懦，想苟且偷生，可是也稍微知道舍生就死的界限，怎么至于自甘沉陷于牢狱之中，饱受屈辱呢？再说奴仆、婢妾尚且能够下决心自杀，何况像我这样到了迫不得已的地步！我之所以忍受着屈辱苟且偷生，被幽禁在污浊的监狱之中却不自杀，是遗憾自己心愿未了，如果平平庸庸地死掉，文章就不能流传后世。

【缧绁】古时捆绑犯人的绳索，后来比喻监狱。
【臧获】对奴婢的贱称。
【没世】离开人世。

古文

古者富贵而名摩灭，不可胜记，唯倜傥（tì tǎng）非常之人称焉。盖文王拘而演《周易》；仲尼厄而作《春秋》；屈原放逐，乃赋《离骚》；左丘失明，厥有《国语》；孙子膑脚，《兵法》修列；不韦迁蜀，世传《吕览》；韩非囚秦，《说难》《孤愤》；《诗》三百篇，大底圣贤发愤之所为作也。此人皆意有所郁结，不得通其道，故述往事、思来者。乃如左丘无目，孙子断足，终不可用，退而论书策，以舒其愤，思垂空文以自见。

译文

古时候那些富贵但名字磨灭、没有流传下来的人，数不胜数，只有那些成就卓异、不同寻常的人才能被后世称颂。西伯姬昌被拘禁，推演了《周易》；孔子遭遇困窘，写出了《春秋》；屈原被放逐，于是作了《离骚》；左丘明失去视力，才有了《国语》；孙膑被截去膝盖骨，编写了《兵法》；吕不韦被贬谪到蜀地，后世流传着《吕氏春秋》；韩非被囚禁在秦国，完成了《说难》《孤愤》；《诗》三百篇，大多是圣贤们为抒发愤懑而创作的。这些人都是感情有压抑、郁结的地方，他们不能实现自己的理想，所以记述过去的事迹，寄希望于将来的人。就像左丘明没有了视力，孙膑断了双脚，再也得不到重用，于是退隐，著书立说来抒发他们的怨愤，希望文章流传下去，让人们了解自己。

【倜傥】洒脱，特别。

【厥】因此，于是。

【修列】撰写，整理。

【不韦迁蜀，世传《吕览》】吕不韦是秦的相国，秦王政十年，他因罪被免职，后来被贬谪到蜀地，在途中自杀。《吕览》又称《吕氏春秋》，是吕不韦担任相国时，命门客编纂的，应当完成于迁蜀之前。

【舒】抒发。

【垂】留下。

【空文】文章，相对具体功业而言，所以用"空"来形容。

古文

　　仆窃不逊，近自托于无能之辞，网罗天下放失旧闻，略考其行事，综其终始，稽其成败兴坏之纪，上计轩辕，下至于兹，为十表，本纪十二，书八章，世家三十，列传七十，凡百三十篇。亦欲以究天人之际，通古今之变，成一家之言。草创未就，会遭此祸，惜其不成，是以就极刑而无愠（yùn）色。仆诚以著此书，藏之名山，传之其人，通邑大都，则仆偿前辱之责，虽万被戮，岂有悔哉！然此可为智者道，难为俗人言也。

我私下里不自量力，近来借助不高明的文辞，收集天下散佚的历史传闻，粗略地考订它们的事实，综述它们的来龙去脉，推究其中成败盛衰的道理，上自黄帝，下至当今，写成了十篇表、十二篇本纪、八篇书、三十篇世家、七十篇列传，总共一百三十篇，也想用它们来推究天道和人事之间的关系，贯通自古到今变化的脉络，建立一家的言论。正打草稿，还没有成书，恰好遭遇了这场灾祸，痛惜书没有完成，因此受到最残酷的刑罚也没有怨怒之色。如果我确实写完了这本书，把它珍藏在名山之中，传给志同道合的人，流布到交通发达的大都邑，那么就抵偿了我以前所受的侮辱，即使受刑被杀一万次，哪有什么好后悔的！这些话能向智者诉说，却难以向世俗之人讲清楚。

【不逊】谦辞，不谦恭，无礼。	【纪】纲纪，这里指道理、规律。
【无能之辞】谦辞，不高明的手笔。	【兹】现在。
【稽】考察。	

且负下未易居，下流多谤议。仆以口语遇遭此祸，重为乡党所笑，以污辱先人，亦何面目复上父母之丘墓乎？虽累百世，垢弥甚耳！是以肠一日而九回，居则忽忽若有所亡，出则不知其所往。每念斯耻，汗未

尝不发背沾衣也！身直为闺阁之臣，宁得自引深藏于岩穴邪？故且从俗浮沉，与时俯仰，以通其狂惑。今少卿乃教以推贤进士，无乃与仆私心剌（là）谬乎？今虽欲自雕琢，曼辞以自饰，无益，于俗不信，适足取辱耳。要之，死日然后是非乃定。书不能悉意，故略陈固陋。谨再拜。

译文

况且，戴罪、顶着污名的处境很不容易立身，地位卑贱的人往往遭到批评和议论。我因进言而遭遇这场大祸，深受乡里之人嘲笑，污辱了祖宗，又有什么颜面再去父母的坟墓上祭扫呢？哪怕到了百代之后，这污垢和耻辱会更加深重！因此痛苦至极，肠子一天里百转千回，坐在家中，精神恍惚，好像丢失了什么；出门又不知道往哪里走。每当想到这种耻辱，冷汗没有一次不自脊背上冒出来，沾湿衣襟！我不过是宦官，怎么能够自己引退，深深地在山林岩穴之中隐居呢？所以暂且随着世俗浮沉，跟着形势上下，来表现我的知善不行、知恶不改。如今少卿竟然教导我推举贤能、引荐人才，这难道不是同我的心思相违背吗？现在虽然想自我雕饰一番，用美好的言辞来为自己开脱，但这样也没有好处，世俗之人是不会相信的，只会使我自取其辱而已。总之，人去世以后，是非才能论定。这封信不能完全表达心意，因此只是略微陈述我愚执浅陋的意见。

恭敬地再拜。

【负下】顶着罪名，蒙受屈辱。
【肠一日而九回】比喻非常痛苦，心事重重。
【闺阁】宫中的小门，指代宫禁。
【剌谬】违背。
【曼】美好。
【适】正好，恰好。

古 **意气** 今

心意，情意。

意态和气概，志趣和性格。

古 **勤勤恳恳** 今

诚挚恳切。

勤劳踏实。

古 **望** 今

抱怨，怨怼。

往远处看。

 古 **沉溺** 今

陷入困厄。

无节制地沉迷或放纵。

 古 **口语** 今

言论，进言。

日常会话所用的通俗语言，同"书面语"相对。

 古 **直** 今

只不过，仅仅。

不弯曲。

其次诎体受辱：通"屈"，弯曲。

其次剔毛发：通"剃"，剃掉。

其次关木索、被箠楚受辱：通"贯"，套上。

及以至是：通"已"，已经。

及罪至罔加：通"网"，法网。

权倾五伯：通"霸"，霸主，一方诸侯之长。

古者富贵而名摩灭：通"磨"，湮灭。

大底圣贤发愤之所为作也：通"抵"，大概，大多。

思垂空文以自见：通"现"，表现，体现。

网罗天下放失旧闻：通"佚"，散失，散佚。

则仆偿前辱之责：通"债"，债务，亏负。

判断句：

仆非敢如此也。

仆之先非有剖符丹书之功，文史星历，近乎卜祝之间，固主上所戏弄，倡优所畜，流俗之所轻也。

人固有一死，或重于泰山，或轻于鸿毛，用之所趋异也。

积威约之渐也。／积威约之势也。

且西伯，伯也。／李斯，相也。／淮阴，王也。／魏其，大将也。

勇怯，势也；强弱，形也。

古人所以重施刑于大夫者，殆为此也。

所以隐忍苟活，幽于粪土之中而不辞者，恨私心有所不尽，鄙陋没世，而文采不表于后也。

《诗》三百篇，大底圣贤发愤之所为作也。

倒装句：

与蝼蚁何以异？→与蝼蚁以何异？

受械于陈。→于陈受械。

灌夫受辱于居室？→灌夫于居室受辱。

少卿视仆于妻子何如哉？→少卿视仆于妻子如何哉？

而文采不表于后也。→而文采于后不表也。

十篇表
十二篇本纪
八篇书
三十篇世家
七十篇列传

历史背景

任安，字少卿，是司马迁的好友。年轻时穷困，后来做了大将军卫青的舍人，被荐举，当了郎中，后来升为益州刺史。

征和二年（前91），发生了"巫蛊之祸"，卫青的外甥戾（lì）太子刘据发兵诛杀江充等"奸臣"，与听命于汉武帝的军队交战。当时任安有权调动北军（京城禁卫军），他接受了戾太子要他发兵的命令，却回到营中，闭门不出。戾太子失败后，汉武帝认为任安"坐观成败""怀诈，有不忠之心"，将他处死。

传统说法称，本篇就写于征和三年（前90），任安下狱等待受刑的时候。然而也有学者指出，本篇可能写于太始四年（前93），当时任安犯了死罪，却得到了汉武帝的赦免。

作者介绍

配套阅读：《文言文其实很简单·人物卷》中的《项羽本纪赞》。

文化常识

"足下"是古代朋友、同辈之间的敬称，下对上也可以使用。

"阁下"原来是对显贵者的敬称，后来范围扩大，想表示尊重就可以使用。

"殿下"是对皇太后、皇后、皇太子、诸王、公主等皇室成员的敬称。

"陛下"是对皇帝的敬称，"陛"指的是宫殿的台阶。

前出师表

—— （三国）诸葛亮

原文
逐句翻译
生僻字注音
字词意思解释

古文

臣亮言：先帝创业未半而中道崩殂（cú），今天下三分，益州疲弊，此诚危急存亡之秋也。然侍卫之臣不懈于内，忠志之士忘身于外者，盖追先帝之殊遇，欲报之于陛下也。诚宜开张圣听，以光先帝遗德，恢弘志士之气，不宜妄自菲薄，引喻失义，以塞忠谏之路也。

译文

臣诸葛亮上表进言：先帝开创的大业尚未完成一半，中途却驾崩了。如今天下分成三国，我们益州国力薄弱、民生凋敝，这实在是生死存亡的危急关头啊。负责侍奉和守卫的臣子在内勤劳不懈，忠诚有志的将士在外奋不顾身，这都是追念先帝对他们的特殊恩遇，想要报答在陛下您身上。陛下您实在应该广开言路，听取群臣的意见，来发扬先帝遗留下来的美德，振奋志士们的勇气，不应该过分看轻自己，说话失当，从而堵塞了忠诚劝谏的道路。

古文　宫中府中，俱为一体，陟（zhì）罚臧否（pǐ），不宜异同。若有作奸犯科及为忠善者，宜付有司论其刑赏，以昭陛下平明之理，不宜偏私，使内外异法也。

译文　皇宫中和朝廷中，都是一个整体，赏罚褒贬的标准不应该存在差异。如果有为非作歹、触犯法令和忠心做善事的人，应该交给主管部门评定对他们的惩戒和嘉奖，来显示陛下治国公正严明，不应该私心偏袒，让内外赏罚的规定不同。

89

古文 　　侍中、侍郎郭攸（yōu）之、费祎（yī）、董允等，此皆良实，志虑忠纯，是以先帝简拔以遗（wèi）陛下。愚以为宫中之事，事无大小，悉以咨之，然后施行，必能裨（bì）补阙漏，有所广益。将军向宠，性行淑均，晓畅军事，试用于昔日，先帝称之曰能，是以众议举宠为督。愚以为营中之事，悉以咨之，必能使行（háng）阵和睦，优劣得所。

译文 　　侍中、侍郎郭攸之、费祎、董允等人，都善良诚实，志向和心思忠贞纯粹，所以先帝才将他们选拔出来，留给陛下您。我认为宫中的事，无论大小，都要先征询他们的意见，然后施行，这样定能弥补缺点和疏漏，获得更多好处。将军向宠，性格和品行善良平正，通晓军事，先前任用时，先帝称赞他有才干，因此大家评议，举荐他做中部督。我认为军营中的事，都要征询他的意见，这样定能使军队和睦团结，能力不同的人各有合适的安排。

【遗】给予，交付。
【裨】弥补，补救。

90

亲贤臣，远小人，此先汉所以兴隆也；亲小人，远贤臣，此后汉所以倾颓也。先帝在时，每与臣论此事，未尝不叹息痛恨于桓、灵也。侍中、尚书、长史、参军，此悉贞良死节之臣，愿陛下亲之信之，则汉室之隆，可计日而待也。

亲近贤臣、疏远小人，这是西汉兴盛的原因；亲近小人、疏远贤臣，这是东汉衰败的原因。先帝在世时，常常同我谈论这件事，没有一次不对桓、灵二帝的做法长吁短叹、痛心遗憾。侍中、尚书、长史、参军，都是忠诚贤良、能以死报国的臣子，希望陛下亲近他们、信任他们，那么汉朝的复兴就指日可待了。

【每】常常。

【侍中】郭攸之、费祎。

【尚书】陈震。

【长史】张裔。

【参军】蒋琬。

诸葛亮北伐期间，上述几个人是留守官员中级别最高、权力最大的。

【悉】全、都。

古文 臣本布衣，躬耕于南阳，苟全性命于乱世，不求闻达于诸侯。先帝不以臣卑鄙，猥（wěi）自枉屈，三顾臣于草庐之中，咨臣以当世之事，由是感激，遂许先帝以驱驰。后值倾覆，受任于败军之际，奉命于危难之间，尔来二十有一年矣。

译文 我本是平民，在南阳亲自耕田，只愿在乱世中保全性命，不奢求在诸侯中闻名显达。先帝不介意我身份卑微、见识短浅，不惜委屈自己，三次去茅庐拜访我，征询我对天下大事的意见，我因此感动奋发，于是答应为先帝奔走效劳。后来遇到兵败，在打输了仗、险恶患难时接受了任命，自那时算起已经二十一年了。

【躬】亲自。 　　　　　　【枉屈】委屈。
【闻】出名。 　　　　　　【顾】拜访，探望。
【猥】辱，这里指降低身份。 【值】遇到。

先帝知臣谨慎，故临崩寄臣以大事也。受命以来，夙（sù）夜忧叹，恐托付不效，以伤先帝之明；故五月渡泸（lú），深入不毛。今南方已定，兵甲已足，当奖率三军，北定中原，庶竭驽（nú）钝，攘（rǎng）除奸凶，兴复汉室，还于旧都。此臣所以报先帝而忠陛下之职分也。至于斟酌损益，进尽忠言，则攸之、祎、允之任也。

先帝知道我严谨慎重，所以临终时把国家大事托付给我。接受遗命以来，我早晚忧愁叹息，唯恐托付给我的大任不能完成，从而有损先帝的知人之明，所以五月渡过泸水，深入荒无人烟的地方。现在南方已经平定，兵器铠甲已经充足，应当激励、率领全体将士向北方进军，平定中原，希望用尽我平庸的才能，铲除奸邪凶恶的敌人，恢复汉朝基业，回到昔日国都。这就是我用来报答先帝、尽忠陛下的职责本分。至于权衡利弊得失，有所增减兴革，毫无保留地进献忠言，那就是郭攸之、费祎、董允等人的责任了。

【夙】清早。

【效】取得成效。

【泸】水名，指金沙江在四川宜宾以上、四川和云南两省交界处的一段。

【不毛】指荒凉贫瘠或人烟稀少的地方。毛：植被，庄稼。

【庶】希望，但愿。

【驽钝】比喻能力平庸，是自谦的言辞。驽：走不快的马，指才干低劣。

【攘除】排除，铲除。

【斟酌】考虑，权衡。

愿陛下托臣以讨贼兴复之效，不效，则治臣之罪，以告先帝之灵。若无兴德之言，则责攸之、祎、允等之慢，以彰其咎；陛下亦宜自谋，以咨诹（zōu）善道，察纳雅言，深追先帝遗诏。臣不胜受恩感激。

译文

希望陛下您把讨伐曹魏、振兴汉室的任务托付给我，如果没有成功，就惩治我的罪过，来告慰先帝在天之灵。如果没有发扬圣德的进言，就责罚郭攸之、费祎、董允等人的失职，来揭示他们的过失；陛下您也应该自行谋划，来征询治国的好方法，明察并采纳正确的谏言，深切追思先帝的遗诏。我就蒙受恩德，感激不尽了。

> 【慢】怠慢，失职。
> 【咎】过失。
> 【诹】询问。
> 【察】明察。

古文

今当远离，临表涕零，不知所言。

译文

如今我要告别陛下您去远征了，流着泪写下这份表章，不知道说了些什么。

> 【临】面对。
> 【零】落下。
> 【不知所言】是自谦的言辞，表示可能说错话。

古今异义

古 **开张** 今

扩大。

商店开始营业。

古 **恨** 今

遗憾。

憎恨。

古 **卑鄙** 今

身份低微，见识短浅。

品质低劣下流。

古 **感激** 今

感动奋发。
_____

衷心感谢。
_____

古 **倾覆** 今

兵败。
_____

倒塌。
_____

古 **涕** 今

眼泪。
_____

鼻涕。
_____

必能裨补阙漏：通"缺"，缺点，不足。

尔来二十有一年矣：通"又"，加在整数和零数之间。

判断句：

此皆良实，志虑忠纯。

此悉贞良死节之臣。

臣本布衣。

上面几句虽然没有明确的语言标志（……者，……也），却同样表示判断。

宫中府中，俱为一体。

此诚危急存亡之秋也。

然侍卫之臣不懈于内，忠志之士忘身于外者，盖追先帝之殊遇，欲报之于陛下也。

亲贤臣，远小人，此先汉所以兴隆也；亲小人，远贤臣，此后汉所以倾颓也。

此臣所以报先帝而忠陛下之职分也。

至于斟酌损益，进尽忠言，则攸之、祎、允之任也。

倒装句：

然侍卫之臣不懈于内，忠志之士忘身于外者。→然侍卫之臣于内不懈，忠志之士于外忘身者。

试用于昔日。→于昔日试用。

苟全性命于乱世，不求闻达于诸侯。→于乱世苟全性命，不求于诸侯闻达。

受任于败军之际，奉命于危难之间。→于败军之际受任，于危难之间奉命。

故临崩寄臣以大事也。→故临崩以大事寄臣也。

愿陛下托臣以讨贼兴复之效。→愿陛下以讨贼兴复之效托臣。

互文：

受任于败军之际，奉命于危难之间。

蜀汉建兴元年（223），刘备去世，临终前将后主刘禅托付给丞相诸葛亮。为了统一全国，诸葛亮于建兴五年（227）决定北伐曹魏，出征前上书后主，希望他能够继承父辈遗志，励精图治。

诸葛亮，字孔明，三国时期杰出的政治家、军事家。建安十二年（207），刘备三顾茅庐，请他出山。诸葛亮一直尽心辅佐刘备，蜀汉建立后被拜为丞相。刘禅继位后，他主持朝政，"鞠躬尽瘁、死而后已"，第五次北伐期间病故于五丈原，享年五十四岁，谥号忠武。

后世诗人对诸葛亮和《出师表》，都非常敬佩、推崇。

例如杜甫的《蜀相》： "丞相祠堂何处寻？锦官城外柏森森。映阶碧草自春色，隔叶黄鹂空好音。三顾频烦天下计，两朝开济老臣心。出师未捷身先死，长使英雄泪满襟。"

还有陆游的《书愤》： "早岁那知世事艰，中原北望气如山。楼船夜雪瓜洲渡，铁马秋风大散关。塞上长城空自许，镜中衰鬓已先斑。出师一表真名世，千载谁堪伯仲间！"

陆游还写过一首《病起书怀》： "病骨支离纱帽宽，孤臣万里客江干。位卑未敢忘忧国，事定犹须待阖棺。天地神灵扶庙社，京华父老望和銮。出师一表通今古，夜半挑灯更细看。"

参考文献

[1] 钟基，李先银，王身钢．古文观止 [M]．北京：中华书局，2011 年．

[2] 吴楚材，吴调侯．古文观止 [M]．浙江：浙江古籍出版社，2010 年．

[3] 阙勋吾，许凌云，张孝美等．古文观止 [M]．湖南：岳麓书社，2001 年．

[4] 关永礼．古文观止·续古文观止鉴赏辞典 [M]．上海：同济大学出版社，1994 年．

[5] 王充闾．古文今赏 [M]．辽宁：万卷出版公司，2016 年．

[6] 王力．古代汉语 [M]．北京：中华书局，1999 年．

[7] 王力．中国古代文化常识 插图修订第 4 版 [M]．北京：北京联合出版公司，2014 年．

[8] 曹伯韩．国学常识 [M]．北京：中华书局，2010 年．

再也不用害怕文言文了！

消除阅读障碍，
真正理解难字、难词和难句！
每天 10 分钟，多读熟读，
自然而然理解深刻！

上架指南：语文学习读物

ISBN 978-7-121-41451-0

责任编辑：季 萌
责任美编：孙 莹
封面设计：佟思雨

绿色印刷产品

小猛犸童书
抖音官方号

小猛犸童书
小红书官方号

小猛犸童书
微信公众号

9 787121 414510 >

定价：228.00元（全7册）

字字落实 段段直译

文言文
其实很简单
应用卷
（下）

王大绩（北京市语文特级教师）/ 力荐

王宸 / 编著　马丹红 / 绘

郭炜 / 声音演绎

中国工信出版集团

电子工业出版社

PUBLISHING HOUSE OF ELECTRONICS INDUSTRY

http://www.phei.com.cn

图书在版编目（CIP）数据

文言文其实很简单. 应用卷. 下 / 王宸编著；马丹红绘. -- 北京：电子工业出
版社, 2021.7
ISBN 978-7-121-41451-0

Ⅰ. ①文… Ⅱ. ①王… ②马… Ⅲ. ①文言文 – 小学 – 教学参考资料 Ⅳ.
①G624.203

中国版本图书馆CIP数据核字(2021)第124733号

责任编辑：季　萌
印　　刷：汇昌印刷（天津）有限公司
装　　订：汇昌印刷（天津）有限公司
出版发行：电子工业出版社
　　　　　北京市海淀区万寿路173信箱　邮编：100036
开　　本：889×1194　1/16　印张：48　字数：803.5千字
版　　次：2021年7月第1版
印　　次：2023年4月第4次印刷
定　　价：228.00元（全7册）

凡所购买电子工业出版社图书有缺损问题，请向购买书店调换。若书店售缺，请与本社发行
部联系，联系及邮购电话：（010）88254888，88258888。
质量投诉请发邮件至zlts@phei.com.cn，盗版侵权举报请发邮件至dbqq@phei.com.cn。
本书咨询联系方式：（010）88254161转1860，jimeng@phei.com.cn。

字字落实 段段直译

文言文其实很简单

应用卷

（下）

王大绩（北京市语文特级教师）/力荐

王宸／编著　马丹红／绘

郭炜／声音演绎

电子工业出版社

Publishing House of Electronics Industry

北京·BEIJING

陈情表

—（西晋）李密

原文
逐句翻译
生僻字注音
字词意思解释

古文

臣密言：臣以险衅，夙遭闵凶。生孩六月，慈父见背；行年四岁，舅夺母志。祖母刘悯臣孤弱，躬亲抚养。

译文

臣下李密陈言：臣下由于命运多舛，从小遭遇不幸。刚出生六个月，慈父就去世了；长到四岁，舅父逼母亲改嫁。祖母刘氏怜悯臣下孤苦弱小，亲自抚养。

【险衅】厄运。险：艰难，坎坷。衅：罪过，灾祸。
【夙】早，这里指小时候。
【见背】背离我，离我而去。是死亡的委婉说法。
【夺】强行改变。
【志】守节的志向。
【躬亲】亲自。

古文

臣少多疾病，九岁不行，零丁孤苦，至于成立。既无伯叔，终鲜（xiǎn）兄弟，门衰祚（zuò）薄，晚有儿息。外无期（jī）功强（qiǎng）近之亲，内无应门五尺之僮（tóng），茕茕（qióng）孑立，形影相吊。而刘夙婴疾病，常在床蓐（rù）；臣侍汤药，未曾废离。

译文

臣下小时候经常生病，九岁了还不能走路，孤独无靠，直到成人自立。既没有叔伯，又缺少兄弟，门庭衰微，福气浅薄，很晚才有儿子。外面没有关系密切的亲戚，家里没有照应门户的仆从，一个人孤零零的，只有自己的影子相伴。而祖母刘氏早早疾病缠身，常年卧床，我侍奉她服用汤药，从来没有停止、离开。

【零丁】孤独无靠的样子。
【祜】福分，福气。
【息】亲生子女。
【期】穿一周年孝服的人。
【功】穿大功服（九个月）、小功服（五个月）的亲族。这都指关系比较近的亲属。
【强近】勉强算是亲近。
【茕茕】孤独无靠的样子。
【吊】安慰。
【废】停止。

古文

逮奉圣朝，沐浴清化。前太守臣逵（kuí）察臣孝廉，后刺史臣荣举臣秀才。臣以供养无主，辞不赴命。诏书特下，拜臣郎中，寻蒙国恩，除臣洗（xiǎn）马。猥以微贱，当侍东宫，非臣陨首所能上报。臣具以表闻，辞不就职。

译文

到了当今圣明的朝代，臣下身受清平政治的教化。先是太守逵推举臣下当孝廉，后来刺史荣又荐举臣下当秀才。臣下由于没有人供养祖母，辞谢了，没有接受任命。朝廷特地颁下诏书，任命臣下当郎中，很快又蒙受国家恩典，任命臣下当洗马。像臣下这样卑微轻贱的人，得以去东宫侍奉太子，臣下就算捐躯，也报答不了朝廷。臣下曾将这些苦衷详细上表报告，辞谢了，不去就职。

【逮】及，到。
【奉】承奉，侍奉。
【拜】任命官职。
【除】任命官职。

【洗马】即太子洗马，太子的侍从官，太子出行时负责前导，也写作"先马"。晋朝改为掌管图书典籍。
【陨首】掉脑袋，捐躯。

诏书切峻，责臣逋（bū）慢。郡县逼迫，催臣上道；州司临门，急于星火。臣欲奉诏奔驰，则刘病日笃（dǔ）；欲苟顺私情，则告诉不许。臣之进退，实为狼狈。

诏书急切而严厉，责备臣下逃避命令，存心怠慢。郡县官府催逼我立刻上路；州官登门督促，比星火还要急迫。臣下想遵从旨意赶去上任，祖母刘氏的病却一天比一天严重；想姑且顺从私情，上报了苦衷却不被允许。臣下进退两难，实在狼狈。

【切峻】急切而严厉。
【逋慢】有意回避，怠慢上命。
【笃】严重。
【苟】姑且。

4

伏惟圣朝以孝治天下，凡在故老，犹蒙矜育，况臣孤苦，特为尤甚。且臣少仕伪朝，历职郎署，本图宦达，不矜名节。今臣亡国贱俘，至微至陋。过蒙拔擢（zhuó），宠命优渥（wò），岂敢盘桓，有所希冀。

译文

　　俯伏思量，当今圣明的朝代用孝道来治理天下，凡是老人都尚且蒙受怜恤照顾，何况臣下的孤苦程度特别严重。而且臣下年轻时曾在蜀汉任职，做过郎官，本来就希望仕途显达，不顾惜名声节操。现在臣下是低贱的亡国俘虏，再卑微浅陋不过，蒙受超乎寻常的提拔，恩宠优厚，怎敢徘徊观望，有非分的企求？

【伏惟】俯伏思量。下对上的谦敬之词，多用于奏章、书信等。
【故老】年高有德的人，泛指老人。
【擢】提拔。

古文 但以刘日薄西山，气息奄奄，人命危浅，朝不虑夕。臣无祖母，无以至今日；祖母无臣，无以终余年。母孙二人，更（gēng）相为命。是以区区不能废远。

译文 只是因为祖母刘氏已经风烛残年，气息微弱，生命垂危，朝不保夕。臣下如果没有祖母，就到不了今天；祖母如果没有臣下，就无法安度余生。我们祖孙二人，相依为命。因此出于一己之私，不愿远离祖母赴任。

【日薄西山】太阳接近西山，比喻人的寿命即将告终。
【更相】相继，相互。
【区区】相当于拳拳、款款，指诚挚的私心。

古文 臣密今年四十有（yòu）四，祖母今年九十有（yòu）六，是臣尽节于陛下之日长，报养刘之日短也。乌鸟私情，愿乞终养。臣之辛苦，非独蜀之人士及二州牧伯所见明知，皇天后土，实所共鉴。

臣下李密今年四十四岁，祖母刘氏今年九十六岁，臣下为陛下尽节效劳的日子还长，报答、赡养祖母刘氏的日子却不多了。臣下怀着乌鸦反哺的私情，乞求能为祖母养老送终。臣下的辛酸苦楚，不光蜀地人士和益州、梁州的长官亲眼目睹、明白知道，连天地神明都看得清清楚楚。

【乌鸟私情】据说乌鸦能反哺长辈，所以被用来比喻人的孝道。
【鉴】明察。

愿陛下矜悯愚诚，听臣微志，庶刘侥幸，保卒余年。臣生当陨首，死当结草。臣不胜（shēng）犬马怖惧之情，谨拜表以闻。

希望陛下怜悯臣下的愚昧诚心，准许臣下卑微的请求，让祖母刘氏能侥幸安度余生。臣下活着应当为朝廷献身，死后也会结草来报答陛下的恩情。臣下怀着犬马一样不胜恐惧的心情，恭敬地上表禀报。

【庶】庶几，或许，表示希望或推测。
【不胜】禁不住。

古今异义

 古 **鲜** 今

稀少。

鲜美可口。

_____

_____

 古 **婴** 今

缠绕。

婴儿。

_____

_____

 古 **沐浴** 今

蒙受。

洗澡。

_____

_____

 古 **奔驰** 今

奔走效劳。

飞快地跑。

 古 **告诉** 今

申诉，上报。

让别人知道。

 古 **听** 今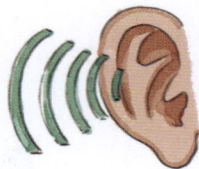

准许。

用耳朵接受声音。

夙遭闵凶：通"悯"，忧患。

常在床蓐：通"褥"，坐卧时铺在身体下面的垫子，草席。

臣密今年四十有四，祖母今年九十有六：通"又"，连接整数和零数。

判断句：

非臣陨首所能上报。

今臣亡国贱俘。

倒装句：

急于星火。→于星火急。

是以区区不能废远。→是以区区不能废远。

是臣尽节于陛下之日长。→是臣于陛下尽节之日长。

被动句：

而刘夙婴疾病。

则告诉不许。

李密孝顺祖母，《晋书》记载，"刘氏有疾，则涕泣侧息，未尝解衣，饮膳汤药必先尝后进"，在当时堪称典范，名气很大。

灭亡蜀汉后，晋武帝采取怀柔政策，以笼络旧臣、收买人心，于泰始三年（267）征召李密为太子洗马。

李密的身份和处境都相当微妙，他不愿赴京，也是出于避祸考虑，因此在上表时极力体现忠诚，希望能够打消晋武帝的猜忌。

李密，本名虔，字令伯。年轻时跟随名儒谯（qiáo）周学习，博览五经。在蜀汉做官期间，屡次出使东吴，以口才好著称。祖母去世、服丧期满后，他出任太子洗马，后来官至汉中太守，不久因心怀怨愤而被罢免，老死家中。

"结草"的典故，出自《左传·宣公十五年》。

春秋时期，晋国大夫魏武子有个爱妾。他生病时嘱咐儿子魏颗，自己死后令妾改嫁。到病危时，又说令妾殉葬。魏武子死后，魏颗把这个妾嫁了出去，说是遵从父亲神志清醒时的指示。

后来魏颗和秦国猛将杜回作战，有个老人用草编成的环绊倒了杜回，魏颗轻松地俘虏了杜回，大获全胜。晚上，魏颗梦见老人说自己是魏武子妾的父亲，帮助他，是为了报答不令女儿殉葬的恩德。

兰亭集序

—— （东晋）王羲之

原文
逐句翻译
生僻字注音
字词意思解释

古文

永和九年，岁在癸（guǐ）丑，暮春之初，会于会稽（kuài jī）山阴之<u>兰亭</u>，修禊（xì）事也。群贤毕至，少长咸集。

译文

永和九年，正值癸丑，三月上旬，我们在会稽郡山阴县的兰亭相聚，举行"禊"这种仪式。诸多名流贤士都来了，无论年长还是年少，济济一堂。

> 【兰亭】位于现在的浙江绍兴西南。
> 【禊】古代习俗，于阴历三月上旬的"巳"日（曹魏以后定为三月三日）在水边熏香沐浴，以祈福消灾，实际上是古人的一种游春活动。
> 【毕】全，都。
> 【咸】全，都。

古文

此地有崇山峻岭，茂林修竹。又有清流激湍，映带左右，引以为<u>流觞（shāng）曲水</u>，列坐其次。虽无丝竹管弦之盛，一觞一咏，亦足以畅叙幽情。

这个地方有高峻的山峰，林木繁茂，竹丛挺拔。又有清澈湍急的溪水，在兰亭周围映衬点缀，我们把它引来，充当漂传酒杯的曲折水道，依次坐在旁边。虽然没有各种乐器齐奏的盛况，但喝着酒、作着诗，也足以畅快地表达内心深藏的感情。

【修】细长，高大。
【流觞曲水】古人一种劝酒取乐的方式。在弯曲的水道上游放酒杯，任其漂流，停在谁面前，谁就取酒杯而饮。
【次】旁边。

古文

是日也，天朗气清，惠风和畅。仰观宇宙之大，俯察品类之盛，所以游目骋怀，足以极视听之娱，信可乐也。

译文

这一天，天气晴朗，和风煦煦。抬头观览浩瀚的宇宙，俯身察看大地上兴盛的万物，以此来放眼四望、开阔胸怀，足以尽情享受视听的欢娱，实在很快乐。

【惠风】和风。
【品类】指自然界的万物。
【骋】放开，敞开。

12

古文

夫人之相与，俯仰一世。或取诸怀抱，悟言一室之内；或因寄所托，放浪 形骸之外。虽趣舍万殊，静躁不同，当其欣于所遇，暂得于己，快然自足，曾不知老之将至。及其所之既倦，情随事迁，感慨系之矣。

译文

人们相互交往，俯仰之间，这辈子就过去了。有人自内心取出一些思绪，同朋友在室内促膝长谈；也有人在爱好的事物上寄托情怀，不受约束、随心所欲地生活。虽然或内或外，取舍千差万别，安静与躁动并不相同，然而当他们遇到值得欣喜的事物，自己暂有所得，感到高兴满足，竟然忘记了衰老将要到来。等对已经获得的事物感到厌倦，心情随着当前的境况而变化，不免引发许多感慨。

【相与】相处，交往。

【俯仰】表示时间短暂。

【取诸】取之于，自……取出。

【悟言】面对面交谈。

【因】依，随着。

【所托】爱好的事物。

【放浪】放纵，不受约束。

【形骸】身体、形体。

【不知老之将至】出自《论语·述而》："其为人也，发愤忘食，乐以忘忧，不知老之将至云尔。"

【之】往，到达。

【迁】变化。

【系】附着。

古文

向之所欣，俯仰之间，已为陈迹，犹不能不以之兴怀。况修短随化，终期于尽。古人云："死生亦大矣。"岂不痛哉！

译文

过去所喜欢的事物，顷刻间已经成为旧迹，尚且不能不为此百感交集。更何况寿命长短听凭造化，最后归结于消亡。古人说："死生也是件大事啊。"怎么能不让人悲痛呢！

【陈】旧。
【兴怀】引起感触。
【死生亦大矣】出自《庄子·德充符》，是引用孔子的话。

古文

每览昔人兴感之由，若合一契，未尝不临文嗟（jiē）悼，不能喻之于怀。固知一死生为虚诞，齐彭殇（shāng）为妄作。后之视今，亦犹今之视昔。悲夫！

译文 每当看到前人抒发感慨的缘故，好像符契般相合，没有哪次不面对着他们的文章嗟叹感伤，心里却不明白为什么会这样。本来就知道把生死混为一谈是虚无荒诞的，把长寿和短命等量齐观是胡编乱造的。后人看待今人，也就像今人看待前人。可悲呀！

【契】符契，古代的一种信物，在上面刻字，剖成两半，各执一半，作为凭证。
【未尝】不曾。
【喻】明白。
【一死生、齐彭殇】都是庄子的看法。《齐物论》写道："莫寿乎殇子，而彭祖为夭。"《德充符》提及："以死生为一条。"一：把……看成一样。齐：认为……相等。这里都用作动词。彭：彭祖，传说中的长寿之人，活了八百岁。殇：夭折，未成年就死去。
【妄作】妄造，胡说。

古文 故列叙时人，录其所述，虽世殊事异，所以兴怀，其致一也。后之览者，亦将有感于斯文。

译文 所以一个一个记下当时参加聚会的人，抄录他们所写的诗篇。即使时代变迁、事情不同，触发人们感慨的原因、思想情趣却是一样的。后世的读者，也将对这些诗篇有所感慨。

【列】逐个。
【致】情趣。

古 **信** 今

实在，确实。

书信。

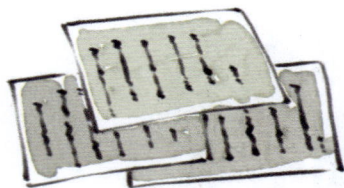

古 **斯文** 今

这些诗文。

文雅有礼。

通假字

悟言一室之内：通"晤"，面对面。

虽趣舍万殊：通"趋"，往，取。

特殊句式

判断句：

修禊事也。

死生亦大矣。

固知一死生为虚诞，齐彭殇为妄作。

其致一也。

倒装句:

会于会稽山阴之兰亭。→于会稽山阴之兰亭会。

当其欣于所遇。→当其于所遇欣。

不能喻之于怀。→不能于怀喻之。

亦将有感于斯文。→亦将于斯文有感。

虽无丝竹管弦之盛。→虽无盛丝竹管弦。

仰观宇宙之大,俯察品类之盛。→仰观大宇宙,俯察盛品类。

以上两句里的"之"是定语后置的标志,不需要翻译出来。

作者介绍

王羲之,字逸少,东晋著名书法家,有"书圣"之称。

出身名门琅琊王氏,担任过秘书郎、宁远将军、江州刺史等官职。擅长隶、草、楷、行各体,广采众长,摆脱了汉魏笔风,自成一家,影响深远。代表作有草书《初月帖》、行书《兰亭序》和《快雪时晴帖》、楷书《黄庭经》和《乐毅论》等,在书法史上,和儿子王献之合称"二王"。

历史背景

东晋穆帝永和九年(353)三月初三,担任会稽内史、右军将军的王羲之邀请司徒谢安、辞赋家孙绰等文人高士,和献之、凝之、徽之等子侄,在兰亭举行了一场雅集。参加的共有四十二人,饮酒赋诗,共计三十七首(王羲之等十一人各写了两首;王献之等十六人没有写出来,被罚酒三杯;剩下的人各写了一首)。

这些作品被抄录成册,起名《兰亭集》。大家公推这次聚会的发起人王羲之撰写序文,就是本篇,又称《兰亭序》。

文化常识

《兰亭序》号称"天下第一行书"。

在撰写时,王羲之已经有了酒意,用鼠须笔、蚕茧纸一挥而就,如有神助,其中二十多个"之"字无一相同。后来他又重写了很多版,虽说更加工整,然而都比不上即兴发挥、有涂改痕迹的这一版。

《兰亭序》原本已经失传,可能被喜爱王羲之书法的唐太宗带进了自己的昭陵。如今存世的都是摹本,有神龙本(由唐朝人冯承素临摹)、天历本(由唐朝大书法家虞世南临摹)、定武本(由唐朝大书法家欧阳询临摹)等。

北山移文

—— （南朝）孔稚珪

原文
逐句翻译
生僻字注音
字词意思解释

古文 钟山之英，草堂之灵，驰烟驿路，勒移山庭。

译文 钟山的英魂，草堂的神灵，腾云驾雾般奔驰在驿路上，把这篇移文镌刻在山前。

【钟山】即紫金山，位于建康（现在的江苏南京）北面，所以又叫北山。它的南面有草堂寺。
【勒】刻石。

古文 夫以耿介拔俗之标，潇洒出尘之想，度白雪以方洁，干青云而直上，吾方知之矣。若其亭亭物表，皎皎霞外，芥千金而不盼，屣（xǐ）万乘其如脱，闻凤吹于洛浦，值薪歌于延濑（lài），固亦有焉。岂期终始参差，苍黄翻覆，泪翟子之悲，恸朱公之哭。乍回迹以心染，或先贞而后黩，何其谬哉！呜呼，尚生不存，仲氏既往，山阿寂寥，千载谁赏？

我现在才知道，那些人是真正的隐士：具有刚正孤高、不同流俗的气节，豁达洒脱、超出尘世的理想，品德纯洁如同白雪，志向凌驾于青云之上。至于卓然挺立、超然物外，光明灿烂胜过云霞，对千金如草芥般不屑一顾，将帝位当成被脱下丢掉的草鞋，在洛水之滨听见仙人吹笙如同凤鸣，在延濑遇到隐士采薪高歌，这种人原本也是有的。然而怎么能料到，他们前后不一，反复无常，让人就像墨翟见到白丝悲伤落泪，就像杨朱途经岔路感慨痛哭。暂时隐居山林，然而心境被仕途名利污染了，有的人开始时清白自持，后来却变得肮脏，多么荒谬啊！唉，尚子平不在人世，仲长统已经死去，山林寂寞冷清，千秋万载，有谁来欣赏？

【耿介】刚正不阿，有操守。

【标】气节，仪表。

【方】比。

【干】犯，凌驾。

【屣】草鞋，这里用作动词。

【万乘】指天子。

【闻凤吹于洛浦】《列仙传》记载："王子乔，周灵王太子晋也，好吹笙作凤鸣，游伊、洛之间。"

【值薪歌于延濑】《文选》吕向注："苏门先生游于延濑，见一人采薪，谓之曰：'子以终此乎？'采薪人曰：'吾闻圣人无怀，以道德为心，何怪乎而为哀也。'遂为歌二章而去。"值：遇到。

【泪翟子之悲，恸朱公之哭】《淮南子·说林训》记载："杨子见歧路而哭之，为其可以南，可以北；墨子见练丝而泣之，为其可以黄，可以黑。"

【乍】暂时，刚才。

【回迹】掉转踪迹，指隐居山林。

【黩】肮脏，同流合污。

【尚生】尚长，又称向长，字子平，西汉末年隐士。

【仲氏】仲长统，字公理，东汉末年隐士。每当州郡召请他，就称病不去，曾叹息道："若得背山临水，游览平原，此即足矣，何为区区乎帝王之门哉！"

世有周子，隽（jùn）俗之士，既文既博，亦玄亦史。然而学遁东鲁，习隐南郭，偶吹草堂，滥巾北岳。诱我松桂，欺我云壑。虽假容于江皋，乃缨情于好爵。其始至也，将欲排巢父，拉（là）许由，傲百氏，蔑王侯。风情张（zhàng）日，霜气横秋。或叹幽人长往，或怨王孙不游。谈空空于释部，核玄玄于道流，务光何足比，涓子不能俦（chóu）。

当今有位姓周的先生，是不同流俗的俊才，既有文采，学问也渊博，擅长玄学，也精于史学。可是他学习颜阖遁世东鲁，效仿子綦隐居南郭，偷偷在草堂滥竽充数，在北山不恰当地穿着隐士服饰。哄诱我山中的青松丹桂，欺骗我山中的白云幽壑。虽然在长江边上假装隐居，心里却惦记着高官厚禄。他刚来时，似乎要排斥巢父，压倒许由，诸子百家、王侯将相都不放在眼里。气概高得遮天盖日，神色比秋霜还凛然。有时慨叹幽居的隐士一去不返，有时抱怨公子王孙不来游玩。高谈四大皆空的佛家经典，研讨玄之又玄的道家学说，上古的务光、涓子之辈，都不能同他匹敌。

【东鲁】指颜阖（hé），著名隐士。《庄子·让王》称："鲁君闻颜阖得道人也，使人以币先焉。……使者致币。颜阖曰：'恐听者谬，而遗使者罪，不若审之。'使者还反审之，复来求之，则不得已。"

【南郭】《庄子·齐物论》称："南郭子綦（qí）隐机（通"几"）而坐，仰天而嘘，嗒然似丧其偶（指躯体）。"

【偶吹】结伴同吹，也就是不会乐器，却蒙混过关。用了《韩非子·内储说上》中南郭处士滥竽充数的典故。

【滥】过分，不恰当。

【江皋】江岸。这里指隐士所居的钟山，在长江边上。

【缧情】牵挂，惦记。

【拉】摧折。

【巢父、许由】都是尧时的隐士。《高士传》记载："尧让天下于许由，不受而逃去。尧又召为九州长，由不欲闻之，洗耳于颍水滨。时其友巢父牵犊欲饮之，见由洗耳，问其故，对曰：'尧欲召我为九州长，恶闻其声，是故洗耳。'巢父曰：'污吾犊口。'牵犊上流饮之。"

【张】挡住。

【王孙】古代贵族子弟的通称。《楚辞·招隐士》写道："王孙游兮不归，春草生兮萋萋。"

【务光】《列仙传》记载："务光者，夏时人也……殷汤伐桀，因光而谋，光曰：'非吾事也。'汤得天下，已而让光，光遂负石沉蓼（kuǎn）水而自匿。"

【涓子】《列仙传》记载："涓子者，齐人也。好饵术（服药成仙的修行之术），隐于宕山。"

【俦】辈，同类。

古文

及其鸣驺（zōu）入谷，鹤书赴陇，形驰魄散，志变神动。尔乃眉轩席次，袂（mèi）耸筵上，焚芰（jì）制而裂荷衣，抗尘容而走俗状。风云凄其带愤，石泉咽而下怆。望林峦而有失，顾草木而如丧。

译文

等到朝廷的使者的车马浩浩荡荡地进入谷中，天子的诏书送到北山，他立刻得意忘形、神魂颠倒、改变志向、暗暗心动。于是在宴请使者的筵席上眉飞色舞，得意挥袖。他撕破、烧掉了隐居时所穿的用芰荷做成的衣服，露出了庸俗的嘴脸，趋炎附势。风云凄楚、满怀怒气，岩石和泉水幽咽、饱含悲怆。遥望树林和山峦，若有所失；环顾花草树木，似乎在黯然神伤。

【鸣驺】指使者的车马。鸣：喝道。驺：随从骑士。

【鹤书】写诏书所用的字体如同鹤头。

【陇】泛指山丘。

【轩】扬起。

【袂耸】衣袖高举。

【芰制、荷衣】隐士的服饰。《离骚》写道："制芰荷以为衣兮，集芙蓉以为裳。"

【抗】高举，这里指显现出来。

【走】驰骋，这里指恣意表现。

古文

至其纽金章，绾（wǎn）墨绶（shòu），跨属城之雄，冠百里之首。张英风于海甸，驰妙誉于浙右。道帙（zhì）长摈（bìn），法筵久埋。敲扑喧嚣犯其虑，牒（dié）诉倥偬（kǒng zǒng）装其怀。琴歌既断，酒赋无续，常绸缪（chóu móu）于结课，每纷纶（lún）于折狱，笼张、赵于往图，架卓、鲁于前箓（lù），希踪三辅豪，驰声九州牧。

译文

他后来佩着铜印墨绶，掌管一个郡中最大的县，声势是各县令之冠，威风遍及海滨，美名传到浙东。道家的典籍早就被丢到一边，宣讲佛法的坐席被长久地尘封埋没。鞭打罪犯的喧嚣干扰了他的思想，繁多急迫的文书诉状装满了他的胸怀。弹琴唱歌已经中断，饮酒赋诗无法继续，常常为官吏考核之类事情殚精竭虑，每每因裁决案件而忙碌，只想使政绩超过张敞、赵广汉，凌驾于卓茂、鲁恭之上，希望追踪三辅能吏的足迹，在天下的地方长官中传扬名声。

【纽】佩戴。

【绾】系。

【金章、墨绶】当时县令的身份证明。绶：拴在印纽上的丝带。

【跨】占据。

【属城】一个郡所属的各县。

【百里】汉朝制度，方圆百里便是一县之境。

【海甸】海滨。

【帙】书套，这里指典籍。

【摈】抛弃。

【牒】文书。

【诉】诉讼。

【倥偬】事务繁忙迫切的样子。

【绸缪】纠缠。

【结课】总结官吏考核的结果，来决定升降。

【纷纶】杂乱，众多。

【折狱】断案。

【张、赵】指西汉时期的张敞、赵广汉。两人都做过京兆尹，是有名的能吏。

【图】法度，政绩。

【卓、鲁】指东汉时期的卓茂、鲁恭。两人都做过县令，爱护百姓。

【箓】簿籍。

【三辅】汉朝制度，京兆尹、左冯翊、右扶风为三辅，共治长安城中。

【豪】杰出的官吏。

【九州牧】指天下的地方长官，如刺史、太守。

古文

使其高霞孤映，明月独举，青松落阴，白云谁侣？磵户摧绝无与归，石径荒凉徒延伫。至于还飙（biāo）入幕，写雾出楹（yíng），蕙（huì）帐空兮夜鹤怨，山人去兮晓猿惊。昔闻投簪逸海岸，今见解兰缚尘缨。

译文

让我山中的云霞孤单地映照天空，明月独自升起，青松空余浓荫，白云有谁为侣？磵户坍塌毁坏，没有人归来；石径一片荒凉，白白地长久等待。以至于回旋的风吹入帷幕，云雾自堂柱之间泻出，蕙帐空虚啊，夜间的飞鹤啼声哀怨，山人离去啊，清早的山猿感到惊诧。昔日听说有人脱去官服逃到海滨隐居，今天却见到有人解下隐士的佩兰，为尘世的冠带束缚。

【延伫】长久站立，有所等待。

【还飙】回旋的风。

【楹】堂柱。

【蕙】一种香草。

【簪】古人用来绾发或固定头冠的饰物，"簪缨"也指代显贵、出仕。

【兰】用兰做的佩饰，象征隐居。

古文

于是南岳献嘲，北陇腾笑，列壑争讥，攒峰竦（sǒng）诮（qiào）。慨游子之我欺，悲无人以赴吊。故其林惭无尽，涧愧不歇，秋桂遣风，春萝罢月。骋西山之逸议，驰东皋之素谒。

译文

于是南岳送来嘲弄，北陇响起嗤笑，道道深谷争相讥讽，座座山峰挺身斥责。慨叹那位游子欺骗了我，因没有人来慰问而伤心。所以山林感到非常羞耻，溪涧惭愧不已，秋桂谢绝传播花香的风，春萝避开月色。西山流传着隐士的清议，东皋散布着布衣的高论。

【攒】聚拢。
【竦】伸长脖子，踮起脚站着。
【西山】指首阳山，品德高尚的伯夷、叔齐曾在那里隐居。
【逸议】高士的清议。
【素谒】布衣安贫乐道的言论。

古文

今又促装下邑，浪栧（yì）上京，虽情殷于魏阙，或假步于山扃（jiōng）。岂可使芳杜厚颜，薜（bì）荔蒙耻，碧岭再辱，丹崖重滓（zǐ），尘游躅（zhú）于蕙路，污渌（lù）池以洗耳。宜扃岫幌（huǎng），掩云关，敛轻雾，

藏鸣湍。截来辕（yuán）于谷口，杜妄辔于郊端。于是丛条瞋胆，叠颖怒魄，或飞柯以折轮，乍低枝而扫迹。请回俗士驾，为君谢逋（bū）客。

译文
　　如今此人又忙着在县里整理行装，准备乘船往京城来，虽说向往的是朝廷宫阙，然而或许会借路经过山门。怎么能让芬芳的杜若承受厚颜之名，让薜荔蒙上羞耻，让碧岭再次遭到侮辱，让丹崖重新变得污浊，让香草之路被尘世的游踪弄脏，污染了清澈的洗耳池？应当拉紧山穴的帷幕，掩上白云的门户，收敛起轻雾，藏匿好叮咚的泉流。在谷口拦截过来的车，到郊外堵住乱闯的马。于是丛集的枝条恶向胆边生，重叠的草穗勃然大怒，或者用飞落的枝条打折他的车轮，或者用低垂的枝叶扫掉原先的路径，让他不能前进。请你这俗人回去吧，我们替山神谢绝逃客再次到来。

【促装】整理行装。
【下邑】原来做官的县邑。
【殷】深厚。
【魏阙】宫门上巍然高出的观楼，下面常常悬挂法令，后来代指朝廷。
【山扃】山门。
【躅】足迹。
【渌】清澈。
【幌】帷幕，窗帘。
【杜】堵塞。
【辔】指代马匹。
【颖】草穗。
【柯】树枝。
【逋】逃亡。

架卓、鲁于前箓：通"驾"，凌驾，超过。

碉户摧绝无与归：通"涧"，两山之间的流水。

写雾出楹：通"泻"，吐露，流出。

浪栧上京：通"枻"，船桨。

于是丛条瞋胆：通"嗔"，生气。

南朝时，佛道思想盛行，贵族文人喜好在秀丽的山林中隐居，然而又贪图高官厚禄，于是装模作样、表里不一。正如朱熹所说："晋宋人物，虽曰尚清高，然个个要官职。这边一面清谈，那边一面招权纳货。陶渊明真个能不要，此所以高于晋宋人物。"

传统说法称，本篇针对的是曾在钟山隐居、后来出任海盐县令的周颙（yóng）。然而根据后人考证，本篇中"周子"的生平和周颙并不相符，因此可能是朋友间的游戏之作，讽刺的是"假隐士"这一类人。

孔稚珪（guī），字德璋，少年时就因文才而出名。刘宋时任尚书殿中郎，齐高帝萧道成做骠骑将军时，让他当记室参军，和著名文学家江淹一道掌管文书事务。到了南齐，他官至太子詹事加散骑常侍，去世后追赠金紫光禄大夫。史书记载，他"不乐世务，居宅盛营山水，凭几独酌，傍无杂事。门庭之内，草莱不剪，中有蛙鸣"。

移文，是一种官府文书，多用于不相统属的各官署、平级官员之间。它类似檄文，然而针对的通常是内部不同意见，而非敌人。多用于晓谕和责备，词句相对温和，旨在改变对方的看法。

谏太宗十思疏

—— （唐）魏徵

原文
逐句翻译
生僻字注音
字词意思解释

古文

臣闻：求木之长（zhǎng）者，必固其根本；欲流之远者，必浚（jùn）其泉源；思国之安者，必积其德义。源不深而望流之远，根不固而求木之长，德不厚而思国之安，臣虽下愚，知其不可，而况于明哲乎！

译文

微臣听说：想让树木长得好，一定要使它的根系牢固；想让泉水流得远，一定要疏通它的源头；想让国家安定，一定要积累恩德和道义。源头不深却想让泉水流得远，根系不牢固却想让树木长得好，恩德不深厚却想让国家安定，微臣虽然非常愚笨，也知道这是不可能的，更何况英明睿智的人呢！

【浚】疏通，深挖。

古文

人君当神器之重，居域中之大，将崇极天之峻，永保无疆之休。不念居安思危，戒奢以俭，德不处其厚，情不胜其欲，斯亦伐根以求木茂，塞源而欲流长者也。

译文

国君担当着皇帝的重任，拥有天下最崇高的地位，将要推崇无比高峻的皇权，永远保持无尽的美善。如果不考虑在安乐的环境中应对可能

出现的危险，革除奢侈、力行节俭，道德不够深厚，性情不能克服欲望，这也如同挖断根系却想让树木茂盛，堵塞源头却想让泉水流得远。

【神器】指帝位。在古人看来，君权神授，所以这样称呼。
【域中】天地间。《老子》记载："道大，天大，地大，王亦大。域中有四大，而王居其一焉。"
【休】吉庆，美善。

古文

凡昔元首，承天景命，莫不殷忧而道著，功成而德衰，有善始者实繁，能克终者盖寡。岂取之易而守之难乎？昔取之而有余，今守之而不足，何也？夫在殷忧，必竭诚以待下；既得志，则纵情以傲物。

译文

自古以来的国君，承受着上天赋予的重大使命，没有一个不在忧患深重的时候政绩显著，却一旦大功告成就德行衰减。开头做得好的实在很多，能够坚持到最后的大概很少。难道是取得天下容易，守住天下困难吗？先前取得天下时才能有余，现在守住天下就才能不足，是什么原因呢？大概是由于忧患深重的时候，必定竭尽诚心来对待臣民；成功以后，就放纵自己的性情来轻视别人。

【元首】国君，帝王。
【克】能够。
【殷】深切。

古文

竭诚，则吴越为一体；傲物，则骨肉为行路。虽董之以严刑，振之以威怒，终苟免而不怀仁，貌恭而不心服。怨不在大，可畏惟人；载舟覆舟，所宜深慎。奔车朽索，其可忽乎！

译文 竭尽诚心，就会使敌对的势力同自己联合；轻视别人，就会使骨肉血亲疏远得如同陌路人。哪怕用严酷的刑罚来督责，用威严的怒气来震慑，人们最终只求苟且免于刑罚，而不感怀国君的仁德；表面上恭敬，可是心里不服气。怨恨不在大小，可怕的只是百姓的力量；他们像水一样，能够负载船，也能够颠覆船，应当格外谨慎对待。用腐烂的绳索去驾驭飞奔的马车，这样能轻忽吗！

【吴越】春秋时期，吴越两国争霸，互相攻伐，积怨深重，所以后世用"吴越"来比喻仇敌。另一个版本写作"胡越"，指北方和南方的不同族群。
【董】督责。

【载舟覆舟】《荀子·王制》记载："君者，舟也；庶人者，水也。水则载舟，水则覆舟。"
【奔车朽索】化用自《尚书·五子之歌》："予临兆民，懔乎若朽索之驭六马。"意思是，居于上位者要常怀戒惧之心。

古文 诚能见可欲则思知足以自戒，将有作则思知止以安人，念高危则思谦冲而自牧，惧满溢则思江海下百川，乐盘游则思三驱以为度，

译文 如果真的能够做到看见喜欢的东西，就想到用知足来警戒自己；将要兴建什么，就想到适可而止来让百姓安定；考虑到地位崇高、常有危险，就想到谦虚并加强自我约束；害怕骄傲自满，就想到像江海那样处于众多河流下游，容纳百川；喜欢打猎游乐，就想到遵守国君一年打猎三次的法度；

【作】兴作，建筑。
【冲】谦虚，和顺。
【牧】约束。
【盘游】游乐。

【三驱】田猎活动以一年三次为度。另一种说法是，古代的贤明之君在打猎布网时只拦住三面，有意网开一面，来体现"好生之仁"。

古文 忧懈怠则思慎始而敬终，虑壅（yōng）蔽则思虚心以纳下，惧谗（chán）邪则思正身以黜（chù）恶，恩所加则思无因喜以谬（miù）赏，罚所及则思无因怒而滥刑。

译文 担心意志松懈，就想到凡事开始时要谨慎，收尾时要严肃；担心言路不通、遭受蒙蔽，就想到虚心采纳下面的意见；害怕朝中出现进谗言的奸邪小人，就想到端正自身，来罢黜恶劣之辈；施加恩泽，就想到不要因一时高兴而奖赏不当；动用刑罚，就想到不要因一时气愤而滥用刑罚。

【壅】堵塞。
【谗】说人坏话，造谣中伤。
【黜】排斥，罢免。
【谬】错误，不合情理。

古文 总此十思，宏兹九德，简能而任之，择善而从之，则智者尽其谋，勇者竭其力，仁者播其惠，信者效其忠。文武争驰，在君无事，可以尽豫游之乐，可以养松、乔之寿，鸣琴垂拱，不言而化。何必劳神苦思，代下司职，役聪明之耳目，亏无为之大道哉！

译文 全面做到这十件应该深思的事，弘扬这九种美德，选拔有才能的人加以任用，挑选好的意见去听从，那么有智慧的人就能贡献全部谋略，勇敢的人就能使出全部力量，仁爱的人就能散播恩惠，诚信的人就能献出忠心。文臣武将争先恐后效力，国君没有事务打扰，就可以尽情享受游玩的快乐，可以颐养天年，像赤松子、王子乔那样长寿，弹着琴垂衣拱手，不用说什么，天下人就已经受到教化。何必亲自耗费心神，苦苦思索，代替百官去履行职责呢，役使灵敏明亮的耳朵和眼睛，却让无为而治的正道缺损了呢！

【兹】这。

【九德】古代认为贤人所具备的九种优良品质。内容说法不一，根据《尚书·洪范》，是宽而栗、柔而立、愿而恭、乱而敬、扰而毅、直而温、简而廉、刚而塞、强而义；根据《左传·昭公二十八年》，是心能制义曰度、德正应和曰莫、照临四方曰明、勤施无私曰类、教诲不倦曰长、赏庆刑威曰君、慈和遍服曰顺、择善而从之曰比、经纬天地曰文。

【简】选拔。

【效】献出。

【松、乔】指赤松子、王子乔（又名王子晋），都是神话传说中的仙人，能长生不老。

【垂拱】统治者垂衣拱手（形容毫不费力、不做什么）就能使天下太平。

 古 **根本** 今

树的根系。

事物的基础或本质；彻底。

_____

_____

 古 **景** 今

重大。

景色，风景。

_____

_____

 古 **行路** 今

路人，陌生人。

走路。

_____

_____

振之以威怒：通"震"，威吓，震慑。

判断句：

斯亦伐根以求木茂，塞源而欲流长也。

载舟覆舟，所宜深慎。

倒装句：

虽董之以严刑，振之以威怒。→虽以严刑董之，以威怒振之。

唐太宗李世民刚继位时，鉴于隋炀帝覆亡的教训，保持着节俭、谨慎的作风，励精图治，唐王朝渐渐强大起来，史称"贞观之治"。

然而，随着国家繁荣昌盛，唐太宗开始骄傲自满、大修宫殿、四处巡游、生活奢华、劳民伤财。对此，魏徵非常忧虑，在贞观十一年（637）三月到七月，"频上四疏，以陈得失"，本篇就是其中第二疏。

唐太宗看了，猛然警醒，写下《答魏徵手诏》，称赞他"诚极忠款，言穷切至"，表示要反省自己、改正错误，将本篇当成座右铭，"披览亡（通"无"）倦，每达宵分（半夜）"。《旧唐书》也表扬魏徵的奏疏"可为万代王者法"。

魏徵，字玄成。隋唐时期政治家，曾担任谏议大夫、左光禄大夫，封郑国公，谥号文贞，被列入"凌烟阁二十四功臣"。以直言敢谏著称，是中国史上最著名的谏臣之一。他的重要言论大多收录在《魏郑公谏录》和《贞观政要》中。

虽然魏徵经常"泼冷水"，让唐太宗非常愤怒，不过他能深刻地意识到魏徵谏言的可贵，做到"兼听则明"。

贞观十七年，魏徵去世。唐太宗悲痛地说："夫以铜为镜，可以正衣冠；以古为镜，可以知兴替；以人为镜，可以明得失。朕常保此三镜，以防己过。今魏徵殂逝，遂亡一镜矣！"

为徐敬业讨武曌檄

—— （唐）骆宾王

原文
逐句翻译
生僻字注音
字词意思解释

古文

伪临朝武氏者，性非和顺，地实寒微。昔充太宗下陈，曾以更衣入侍。洎（jì）乎晚节，秽乱春宫。潜隐先帝之私，阴图后房之嬖（bì）。

译文

非法当朝执政的武氏，本性不温和柔顺，出身实在微贱。当初是太宗的姬妾，曾用不光彩的手段得到恩宠。等到后来，不顾伦常，同太子关系暧昧。隐瞒了先帝对她的宠幸，暗暗图谋皇上的专宠。

【以更衣入侍】这里暗用了出身歌女的卫子夫在汉武帝更衣时侍奉，从而获宠，一步步成为皇后的典故。
【洎】及，到。
【晚节】后来。

【春宫】又称东宫，是太子居住的地方，借指太子。
【后房】姬妾的代称。她们居住的地方通常位于宅邸后面。
【嬖】宠爱。

古文

入门见嫉，蛾眉不肯让人；掩袖工谗，狐媚偏能惑主。践元后于翚翟（huī dí），陷吾君于聚麀（yōu）。

选入宫里的妃嫔都遭到她的嫉妒，凭着美貌，不肯让别人分去恩宠；善于挑拨陷害，像狐狸精那样，偏偏迷惑了皇上。穿着华丽的礼服，窃据了皇后宝座，让我们的君王陷入乱伦的处境。

【蛾眉】美人的眉毛细长弯曲，像蚕蛾的触须，借指美人。
【掩袖】《战国策》记载，楚怀王的爱妃郑袖对得宠的美人说："君王喜欢你的美貌，但讨厌你的鼻子，以后参见君王，要用衣袖掩住鼻子。"美人照做了。而郑袖进谗称，美人这样是由于厌恶楚怀王身上的气味。楚怀王盛怒，下令割去美人的鼻子。郑袖顺利地除掉了竞争对手。
【翚翟】有五彩花纹的雉鸡，是皇后礼服上的图案。
【聚麀】出自《礼记·曲礼上》，指多头雄鹿共有一头雌鹿。

加以虺蜴（huǐ yì）为心，豺狼成性，近狎邪僻，残害忠良，杀姊屠兄，弑君鸩（zhèn）母。人神之所同嫉，天地之所不容。犹复包藏祸心，窥窃神器。

加上心肠如同毒蛇，本性就像豺狼，亲近奸佞小人，残害忠良之士，杀掉兄姐，谋害君王，毒死母亲。她这样的人，百姓和神灵一道痛恨，天地都不能容忍。还包藏祸心，阴谋篡夺帝位。

【虺】一种毒蛇。
【蜴】蜥蜴，古人以为有毒。
【狎】亲近。

【鸩】传说中的一种鸟，用它的羽毛浸酒，可以毒死人。

君之爱子，幽之于别宫；贼之宗盟，委之以重任。呜呼！霍子孟之不作，朱虚侯之已亡。燕啄皇孙，知汉祚之将尽；龙漦（chí 或 lí，有争议）帝后，识夏庭之遽衰。

皇上的爱子，被幽禁在其他宫殿里；逆贼武氏的宗族党羽，却被委以重任。唉！霍光那样忠贞的重臣不再出现，刘章那样强悍的宗室已经消亡。赵飞燕姐妹杀害皇室后裔，预示了汉朝将要灭亡；龙涎在宫廷里流淌，标志着夏朝将很快衰败。

【霍子孟】即霍光，西汉重臣，武帝遗诏令他辅佐幼主昭帝。昭帝没有儿子，因此去世后由昌邑王刘贺继位，刘贺品行不良，霍光废掉他，改立宣帝刘病已。

【作】兴起。

【朱虚侯】即刘章，齐悼惠王刘肥（汉高祖庶长子）的次子。高祖死后，吕后专政，重用外戚，打压刘姓宗室。她去世后，刘章与丞相陈平、太尉周勃等合谋，诛灭吕氏。

【燕啄皇孙】《汉书·五行志》记载，西汉成帝时出现了"燕飞来，啄皇孙"的童谣。舞女赵飞燕入宫，当上了皇后；妹妹赵合德当上了昭仪，获得专宠。赵氏姐妹无子，赵合德因妒忌而杀害了不止一位皇子，导致成帝没有后嗣。过了仅仅十几年，王莽篡位，西汉灭亡。

【龙漦帝后】《史记·周本纪》记载，夏朝衰落时，两条神龙降临在宫廷里，夏后（君王）把龙的涎沫用木盒藏了起来。西周厉王末年，木盒被打开，涎沫流出，化为玄鼋（yuán，大鳖）进入后宫。一名宫女碰到了它，因此有孕，生下褒姒。后来幽王被她迷惑，废掉王后、太子，导致亡国。

古文

敬业皇唐旧臣，公侯冢子。奉先帝之成业，荷本朝之厚恩。宋微子之兴悲，良有以也；袁君山之流涕，岂徒然哉！是用气愤风云，志安社稷。因天下之失望，顺宇内之推心，爰（yuán）举义旗，以清妖孽。

译文

敬业是大唐旧臣，英国公的嫡长孙，恭敬地护持先帝留下的基业，蒙受本朝的优厚恩典。宋微子为故国的覆灭而悲哀，确实有他的道理；桓谭因遭到贬谪而流泪，难道是无缘无故！因此我激于义愤，起来干一番事业，志在安定大唐江山。借着天下对武氏的失望情绪，顺应举国的推戴之心，于是高举义旗，去清除害人的妖物。

【冢子】嫡长子。徐敬业是初代英国公李勣的嫡长孙，他父亲李震在李勣之前去世，所以他直接承袭了爵位。
【成业】基业。
【宋微子】即微子启，是商纣王的庶兄，被封于宋。
【袁君山】桓谭，字君山，"袁"是"桓"的通假字。他在东汉光武帝时担任给事中，由于反对当时盛行的谶（chèn）纬神学，被贬为六安郡丞，忧郁而死。
【宇内】天下。
【爰】于是。

古文

南连百越，北尽三河，铁骑成群，玉轴相接。海陵红粟，仓储之积靡穷；江浦黄旗，匡复之功何远？班声动而北风起，剑气冲而南斗平。喑呜则山岳崩颓，叱咤则风云变色。以此制敌，何敌不摧；以此图功，何功不克！

译文 向南直连百越，向北到达三河，铁骑成群，战车相接。海陵的粟米因久藏而发酵变红，仓库里储存的物资无穷无尽；大江沿岸黄旗飘扬，光复大唐的功业怎会遥远？战马嘶鸣，北风骤起；剑气冲天，同南斗平齐。战士怒气郁积，让山岳崩塌；叱咤呼喝，令风云变色。以此对付敌人，什么敌人不能打垮；以此图谋功业，什么功业不能成就！

【三河】汉朝的河东、河内、河南三郡，在洛阳附近。
【玉轴】战车的美称。
【海陵】现在的江苏泰州，离徐敬业的根据地扬州不远，汉朝曾在这里设置粮仓。
【浦】水边的平地。
【暗呜】心怀怒气。

古文 公等或家传汉爵，或地协周亲，或膺（yīng）重寄于爪牙，或受顾命于宣室。言犹在耳，忠岂忘心？一抔（póu）之土未干，六尺之孤何托？

译文 诸位或世代继承国家爵位，或是皇室姻亲，或是身负重任的将军，或是接受先帝遗命的大臣。先帝的话音还在耳边，你们的忠诚怎能忘记？先帝坟上的土尚未干透，我们的幼主却不知要托付给谁！

【周亲】至亲。
【膺】接受，承担。
【爪牙】指武将。
【顾命】君王临死时的遗命。
【宣室】西汉未央宫中有宣室殿，文帝曾在此处召见贾谊。后来泛指帝王所居的正殿。

38

古文

　　倘能转祸为福，<u>送往事居</u>，共立<u>勤王</u>之勋，无废旧君之命，凡诸爵赏，<u>同指山河</u>。若其眷恋穷城，徘徊歧路，坐<u>昧</u>先几之兆，必<u>贻</u>（yí）<u>后至之诛</u>。请看今日之域中，竟是谁家之天下！移檄州郡，咸使知闻。

译文

　　倘若能让祸难转变成福祉，送走驾崩的高宗，好好侍奉当今皇上，共同建立勤王的功勋，不抛弃先帝的遗命，那么各种封爵赏赐，我都可以指着泰山、黄河发誓，必然会牢固长久。倘若留恋孤立无援的城池，在歧路上徘徊不定，白白错过已经显露的征兆，必然会因迟迟不响应而遭到严惩。请看如今的世界，究竟是谁家的天下！将这道檄文颁布到各州郡，让大家都知晓。

【送往事居】送走去世的（指高宗），侍奉在生的（指中宗）。

【勤王】臣下起兵救援岌岌可危的君王。

【同指山河】根据《史记》，西汉初年大封功臣，誓词是"使河如带（衣带的意思），泰山若厉（通"砺"，磨刀石的意思）。国以永宁，爰及苗裔"。

【昧】糊涂，不明白。

【贻】遗下，留下。

【后至之诛】《国语·鲁语下》记载，孔子说："昔禹致群神于会稽之山，防风氏后至，禹杀而戮之。"

光宅元年（684），武则天废中宗李显，另立小儿子李旦，自己临朝称制，意图进一步继位为帝。

李敬业是英国公李勣（jì，本名徐世勣，开国名将，赐姓李，又避唐太宗讳，去掉了"世"字）的长孙，曾被武则天贬官，因此心怀怨恨。他以已故的太子李贤（武则天次子，据说是被她杀害的）为号召，在扬州起兵造反。

骆宾王被招到李敬业麾下，负责起草文告。据说武则天读到"一抔之土未干，六尺之孤何托"两句时，非常赞赏，表示："宰相之过也。人有如此才，而使之流落不偶乎！"

这次叛乱没过多久就失败了。李敬业被想要将功赎罪的部下所杀，武则天剥夺了他祖父和父亲的官职封爵，恢复其本姓徐氏。

武则天给自己起名"曌"，是在正式登基以后，本篇的题目是后人追加的。

骆宾王，字观光，由于曾出任临海县丞，又称骆临海。唐朝诗人，同王勃、杨炯、卢照邻并称"初唐四杰"。

他年少成名，七岁时写了《咏鹅》，被誉为"神童"。在"初唐四杰"中诗作最多，尤其擅长七言歌行。在政治上很有抱负，却长期怀才不遇，后来随徐敬业起兵讨伐武则天，失败后下落不明，一说被杀，一说投江自尽，一说隐姓埋名出家。

檄（xí），是古代文告的一种，主要用来声讨敌人、宣示罪状、征召等。重要特点是具备很强的感染力和说服力，文字铿锵，朗朗上口。檄文的目的是鼓动情绪，激起人们对所批判者的义愤，内容有时未必属实（如本篇中的"弑君鸩母"，在史书上就找不到证据）。

与韩荆州书

—— (唐) 李白

原文
逐句翻译
生僻字注音
字词意思解释

古文

　　白闻天下谈士相聚而言曰："生不用封万户侯，但愿一识韩荆州。"何令人之景慕，一至于此耶！岂不以有周公之风，躬吐握之事，使海内豪俊奔走而归之，一登龙门，则声价十倍。

译文

　　我听说天下的辩士聚在一起议论道："此生不用受封万户侯，只愿结识一下韩荆州。"您怎么会让人敬仰爱慕，到了这样的程度！岂不是由于您有周公的风范，身体力行尊贤重才，使海内的豪杰俊士都争先恐后地投到您门下。士人一经您的接引，就像鲤鱼跃过龙门那样，声名大增。

> 【谈士】游说之士，辩士。
> 【吐握】《史记·鲁世家》记载，周公表示"一沐三握发，一饭三吐哺，起以待士，犹恐失天下之贤人"，于是后世用"吐握"形容礼贤下士。
> 【龙门】传说鲤鱼跃过龙门，就能变成龙。东汉李膺很有名望，"士有被其容接者，名为登龙门"。

古文 所以<u>龙蟠凤逸之士</u>，皆欲收名定价于君侯。愿君侯不以富贵而骄之、寒贱而忽之，则三千之中有<u>毛遂</u>，使白得<u>颖脱而出</u>，即其人焉。

译文 因此怀才不遇的贤士，都想在您这里收获美名，奠定评价。希望您不因自己富贵而傲视他们，不因这些人贫贱而轻视他们，那么您的三千门客中就会出现毛遂一般的奇才。假如给我显露才华的机会，我就是那样的人。

【龙蟠凤逸】比喻贤士在野或屈居下位。
【毛遂】战国时期赵国平原君的食客。根据《史记·平原君虞卿列传》，秦国围困赵国都城邯郸，赵王派平原君出使楚国求援，毛遂自请同去，他表示："臣乃今日请处囊中耳。使遂蚤（通"早"）得处囊中，乃颖脱而出，非特其末见而已。"他跟随平原君到了楚国，果然说服了楚王，于是平原君奉他为上客。
【颖脱而出】锥子的尖端刺透布袋显露出来，形容本领得以展现、超过他人。

古文 白，陇西布衣，流落楚、汉。十五好剑术，遍<u>干</u>诸侯。三十成文章，<u>历抵</u>卿相。虽长不满七尺，而心雄万夫。皆王公大人许与气义。此畴曩（nǎng）心迹，安敢不尽于君侯哉！

译文 我李白是陇西平民，在楚地汉水一带游历。十五岁时爱好剑术，到处谒见地方长官。三十岁时精通文章，多次拜见朝中显贵。虽然身长不满七尺，但是志气雄壮，胜过万人。王公大人都赞许我的气概和节操。这是我往日的抱负和行事，怎么敢不尽情向您吐露呢？

【干】干谒，为某种目的而求见地位高的人。
【历】普遍。
【抵】拜谒，参见。
【畴曩】往日。

古文 君侯制作侔（móu）神明，德行动天地，笔参造化，学究天人。幸愿开张心颜，不以长揖见拒。必若接之以高宴，纵之以清谈，请日试万言，倚马可待。

译文 您的功业堪比神明，德行感动天地，文章阐明宇宙的变化规律，学问探究天道与人事的关系。希望您敞开胸怀、心情愉快，不因我只行长揖之礼而将我拒之门外。假如能用盛大的宴席接待我，容我纵情畅谈，那么请用当场写万字长文的方式来测试我，我可以迅速完成。

【侔】相等，齐同。
【造化】自然的创造化育。
【长揖】相见时拱手高举、自上而下的行礼方式，多用于平辈之间。
【倚马可待】形容才思敏捷。《世说新语·文学》记载，东晋时期袁宏随同桓温北征，奉命起草露布（一种文告），他倚在马前，手不停笔，一口气写了七页，文采非常出色。

古文 今天下以君侯为文章之<u>司命</u>，人物之<u>权衡</u>，一经品题，便作佳士。而君侯何惜阶前盈尺之地，不使白扬眉吐气，激昂青云耶？

译文 当今天下人将您看作评定文章的权威，衡量人物的标准，一经您的品评，就成了德才兼备的佳士。您为什么吝惜庭阶前面的区区一尺之地，不让我李白扬眉吐气，振奋于青云之上呢？

> 【司命】传说中掌管人寿命长短的神灵，这里指判定文章优劣的权威。
> 【权衡】称量物体轻重的器具，比喻标准、法度。权：秤锤。衡：秤杆。

古文 昔王子师为豫州，未下车，即辟荀慈明，既下车，又辟孔文举。山涛作冀州，甄拔三十余人，或为侍中、尚书，先代所美。

译文 当年王允担任豫州刺史，尚未到任就征辟了荀爽，到任以后又征辟了孔融。山涛担任冀州刺史，考察选拔了三十多人，有的当上了侍中、尚书，这都是为前代所赞美的。

> 【王子师】即王允，东汉灵帝时担任豫州刺史，征召荀爽（字慈明，大儒）、孔融（字文举，孔子的后裔，名士）等为从事。献帝时担任司徒、尚书令，密谋除掉董卓，后来被董卓部下所杀。
> 【山涛】字巨源，魏晋名士，"竹林七贤"之一。
> 【甄】鉴别，考察。

古文 而君侯亦荐一严协律，入为秘书郎，中间崔宗之、房习祖、黎昕（xīn）、许莹之徒，或以才名见知，或以清白见赏。白每观其衔恩抚躬，忠义奋发，以此感激，知君侯推赤心于诸贤腹中，所以不归他人，而愿委身国士。傥急难有用，敢效微躯。

译文 您也举荐过严协律，让他进入朝廷担任秘书郎；还有崔宗之、房习祖、黎昕、许莹这些人，有的因才华声名而为您所知，有的因品行清白而被您赏识。我每每看到他们感恩戴德，反躬自问，以忠义自勉，奋发图强。我也因此感动，受到激励，知道您对许多贤人赤诚相待，所以不去依附别人，愿意将自己托付给堪称国士的您。倘若您在紧急艰难之际，有用得着我的地方，我自当献身效劳。

> 【衔】藏在心里。
> 【推赤心于诸贤腹中】出自《后汉书·光武本纪》："萧王（刘秀的封号）推赤心置人腹中。"
> 【国士】一国之中最优秀的人物。

古文

　　且人非尧舜，谁能尽善？白谟猷（mó yóu）筹画，安能自矜？至于制作，积成卷轴，则欲尘秽视听。恐雕虫小技，不合大人。若赐观刍荛（chú ráo），请给纸墨，兼之书人，然后退扫闲轩，缮写呈上。庶青萍、结绿，长价于薛、卞（biàn）之门。幸推下流，大开奖饰，惟君侯图之。

译文

　　而且人不是尧舜那样的圣贤，谁能尽善尽美？我在谋略策划方面，哪敢自夸？至于写作，已经积累成卷轴，想要打扰您，请您抽空过目。只怕雕虫小技，不能受到您的赏识。如果您愿意屈尊阅读草野之人的作品，请赐予纸笔和抄写人员，我会回去打扫静室，誊清呈上。希望它们能像青萍宝剑、结绿美玉一样，在薛烛、卞和门下提高身价。希望您能推荐我这个地位不高的人，对我大为嘉奖、鼓励，请您加以考虑。

【谟猷】谋略。
【尘秽视听】谦辞，请对方阅读自己的作品。
【刍荛】割草为刍，打柴为荛，指草野之人。也用来谦称自己的作品。
【薛】薛烛，春秋时期越国人，善于相剑。
【卞】卞和，春秋时期楚国人，和氏璧的发现者。
【奖饰】赞赏，鼓励。

古 **制作** 今

文章，著述。

制造，生产。

古 **下流** 今

地位不高的人。

卑鄙无耻的人。

通假字

倘急难有用：通"倘"，倘若，如果。

作者介绍

配套阅读：《景物抒情卷·春夜宴桃李园序》。

特殊句式

判断句：

使白得颖脱而出，即其人焉。

白，陇西布衣，流落楚、汉。

且人非尧舜，谁能尽善。

倒装句：

皆欲收名定价于君侯。→皆欲于君侯收名定价。

安敢不尽于君侯哉！→安敢不于君侯尽哉！

必若接之以高宴，纵之以清谈。→必若以高宴接之，以清谈纵之。

长价于薛、卞之门。→于薛、卞之门长价。

被动句：

或以才名见知，或以清白见赏。

文化常识

在唐朝，入仕的途径大致有五种：

第一种是通过科举考试。但这种方式的名额有限，难度很高；而且，"工商杂类"不允许参加科举，李白的父亲是商人，对他而言，此路不通。

第二种是靠门荫世袭。父祖官职达到一定级别，子孙就可以入仕。韩朝宗出身世家，是名臣韩思复的儿子，他就是通过这种方式做官的。

第三种是以隐居等方式提高名望，等待朝廷下旨征召。成功案例极少。

第四种是结交公卿显贵，得到推荐。

第五种是花钱买官。唐中宗时期，太平公主、安乐公主等人都收钱卖官，由于不遵循正规程序，这些人被称作"斜封官"，被其他官员轻视。

历史背景

韩荆州，就是荆州长史韩朝宗。李白在襄阳一带游历时，听说他善于识别和提拔人才，便写了这封"自荐书"。不过，他并没有得到韩朝宗的推荐。

送孟东野序

——（唐）韩愈

原文
逐句翻译
生僻字注音
字词意思解释

古文

　　大凡物不得其平则鸣。草木之无声，风挠之鸣。水之无声，风荡之鸣。其跃也，或激之；其趋也，或梗之；其沸也，或炙（zhì）之。金石之无声，或击之鸣。

译文

　　一般来说，事物得不到平静就会发出鸣叫。草木本来没有声音，风摇动它，它就发出鸣叫。水本来没有声音，风激荡它，它就发出鸣叫。水波腾涌，是有东西在阻遏它；水势湍急，是有东西在堵塞它；水花沸腾，是有火在烧煮它。金属和石头本来没有声音，有人敲击它们，它们就发出鸣叫。

【挠】摇动。
【激】阻遏水势。
【梗】堵塞，阻碍。
【炙】烤，烧煮。

古文 人之于言也亦然，有不得已者而后言。其歌也有思，其哭也有怀，凡出乎口而为声者，其皆有弗平者乎！

译文 人说话也是如此，有了不得不说的话就会说出来。唱歌是为了寄托情思，哭泣是由于有所怀恋，凡是自口中发出、成为声音的，都是有所不平的缘故啊！

古文 乐也者，郁于中而泄于外者也，择其善鸣者而假之鸣。金、石、丝、竹、匏（páo）、土、革、木八者，物之善鸣者也。维天之于时也亦然，择其善鸣者而假之鸣。是故以鸟鸣春，以雷鸣夏，以虫鸣秋，以风鸣冬。四时之相推夺，其必有不得其平者乎？

译文 音乐，是将郁结于心的情绪抒发出来，选择适合发声的事物，借助它们来发声。金、石、丝、竹、匏、土、革、木这八种，是事物中适合发声的。上天对一年四季也是如此，选择适合发声的事物，借助它们来发声。因此让鸟为春天放歌，让雷为夏天轰鸣，让虫为秋天吟唱，让风为冬天呼啸。一年四季推移更替，必定有什么事物得不到平静吧？

【假】借助。
【金、石、丝、竹、匏、土、革、木】参考《文言文其实很简单·景物抒情卷》中的《石钟山记》。
【推夺】推移更替。

古文 其于人也亦然。人声之精者为言，文辞之于言，又其精也，尤择其善鸣者而假之鸣。其在唐、虞，咎陶（gāo yáo）、禹，其善鸣者也，而假以鸣，夔（kuí）弗能以文辞鸣，又自假于《韶》以鸣。夏之时，五子以其歌鸣。伊尹鸣殷，周公鸣周。凡载于《诗》《书》六艺，皆鸣之善者也。

译文 对人来说也是如此。人们声音的精华是语言，文辞对语言来说，又是它的精华，所以尤其要选择善于表达的人，借助他们来表达。在唐尧、虞舜时，咎陶、禹善于表达，因此借助他们来表达，夔不能用文辞来表达，又借助自己所制的乐曲《韶》来表达。在夏朝，太康的五个弟弟用他们的歌来表达。在殷朝，伊尹善于表达；在周朝，周公善于表达。凡是记载在《诗经》《尚书》等六种儒家经典中的，都是表达得非常出色的。

【咎陶】也写作咎繇、皋陶。传说中舜的臣子，主管刑狱。

【夔】传说中舜的乐官，创作了《韶》这支乐曲。

【五子】夏王太康的五个弟弟。太康耽于游乐，因此失去王位，五子作歌以示劝诫、哀悼。《尚书·夏书》收录了《五子之歌》，其中的名句是"民惟邦本，本固邦宁"，不过可能是后世人的伪托。

古文

周之衰，孔子之徒鸣之，其声大而远。传曰："天将以夫子为木铎（duó）。"其弗信矣乎！其末也，庄周以其荒唐之辞鸣。楚，大国也，其亡也以屈原鸣。臧（zāng）孙辰、孟轲、荀卿，以道鸣者也。杨朱、墨翟、管夷吾、晏婴、老聃、申不害、韩非、慎到、田骈、邹衍、尸佼（jiǎo）、孙武、张仪、苏秦之属，皆以其术鸣。

译文

周朝衰落时，孔子这类人表达观点，他们的声音洪亮、传播遥远。经传上说："上天将要把孔夫子当成木铎。"这难道不是真的吗？周朝末年，庄周用他那玄远广大的文辞来表达。楚国是大国，到它灭亡的时候，借助屈原来表达。臧孙辰、孟轲、荀卿用他们的学说来表达。杨朱、墨翟、管夷吾、晏婴、老聃、申不害、韩非、慎到、田骈、邹衍、尸佼、孙武、张仪、苏秦这些人，都用各自的主张来表达。

【天将以夫子为木铎】出自《论语·八佾（yì）》。木铎是木舌的大铃，宣布政教法令时先摇晃它，引起人们的注意。后来用它指代宣扬教化的人。

【臧孙辰】即春秋时期鲁国大夫臧文仲，世袭司寇，具有军事和外交才能，声望颇高。

【杨朱】字子居，战国时期哲学家。主张"全真保性，轻物贵己""损一毫利天下，不与也；悉天下奉一身，不取也"。

【申不害】战国时期郑国人，被韩昭侯拜为相，实行变法。法家学派的重要人物，强调"术"。著有《申子》。

【慎到】战国时期赵国人，曾长期在齐国的稷下讲学。法家学派的重要人物，强调"势"。著有《慎子》。

【田骈】战国时期齐国人，本学黄老，与慎到齐名。曾长期在稷下讲学，口才出色。著有《田子》。

古文

　　秦之兴，李斯鸣之。汉之时，司马迁、相如、扬雄，最其善鸣者也。其下魏晋氏，鸣者不及于古，然亦未尝绝也。就其善者，其声清以浮，其节数（shuò）以急，其辞淫以哀，其志弛以肆；其为言也，乱杂而无章。将天丑其德，莫之顾邪？何为乎不鸣其善鸣者也！

译文

　　秦朝兴起，李斯负责表达。在汉朝，司马迁、司马相如、扬雄最善于表达。此后的魏晋，表达的人比不上古代，然而也没有绝迹。就其中比较好的人来说，他们的声音清朗而虚浮，节奏短促而急切，辞藻华丽而伤感，志趣松弛而恣肆；他们的文辞，杂乱而没有章法。莫非是上天觉得这个时代的道德风尚败坏，而不予以关照？为什么不让善于表达的人来表达呢！

【数】短促。

古文

　　唐之有天下，陈子昂、苏源明、元结、李白、杜甫、李观，皆以其所能鸣。其存而在下者，孟郊东野始以其诗鸣。其高出魏晋，不懈而及于古，其他浸淫乎汉氏矣。从吾游者，李翱、张籍其尤也。三子者之鸣信善矣。

译文 　唐朝建立以后，陈子昂、苏源明、元结、李白、杜甫、李观，都凭着自己的才华抒发心声。其后还活着的人当中，孟郊开始用他的诗歌来表达。有些作品超过魏晋，无愧可击，已经赶上了古人，其他作品也接近汉朝的水平。同我交往的人当中，李翱、张籍大概是最出色的。他们三位的表达能力确实非常优秀。

【苏源明】初名预，字弱夫，擅长诗文，曾同杜甫交好。
【李观】字元宾，中唐诗人，二十九岁去世。韩愈替他撰写了墓志铭，称赞他"才高于当世，而行出于古人"。
【浸淫】逐渐接近。
【李翱】习习之，中唐大臣、文学家。曾随韩愈学习古文，推进古文运动，也是韩愈的侄女婿。一生崇儒排佛，认为孔子是"圣人之大者也"，主张言行应以儒家的"中道"为标准。

古文 　抑不知天将和其声，而使鸣国家之盛邪，抑将穷饿其身，思愁其心肠，而使自鸣其不幸邪？三子者之命，则悬乎天矣。其在上也奚以喜，其在下也奚以悲！东野之役于江南也，有若不释然者，故吾道其命于天者以解之。

译文 　可是不知道上天将让他们的声音和谐，来表达国家的强盛呢，还是将让他们受穷挨饿、愁肠百结，来表达自身的不幸？他们三位的命运，就完全掌握在上天手里。身居高位有什么可欢喜的，沉沦下僚有什么可悲伤的！东野要去江南赴任，好像有些难以释然，所以我讲这些命由天定的道理，来宽解他。

判断句：

凡出乎口而为声者，其皆有弗平者乎。

乐也者，郁于中而泄于外者也。

金、石、丝、竹、匏、土、革、木八者，物之善鸣者也。

人声之精者为言，文辞之于言，又其精也。

其在唐、虞，咎陶、禹，其善鸣者也。

凡载于《诗》、《书》六艺，皆鸣之善者也。

楚，大国也。

臧孙辰、孟轲、荀卿，以道鸣者也。

汉之时，司马迁、相如、扬雄，最其善鸣者也。

从吾游者，李翱、张籍其尤也。

倒装句：

郁于中而泄于外者也。→于中郁而于外泄者也。

莫之顾邪？→莫顾之邪？

何为乎不鸣其善鸣者也！→为何乎不鸣其善鸣者也！

其在上也奚以喜，其在下也奚以悲。→其在上也以奚喜，其在下也以奚悲。

东野之役于江南也。→东野之于江南役也。

孟郊，字东野，中唐著名诗人，同贾岛齐名，有"郊寒岛瘦"之称。他家境清贫，屡试不第，四十六岁才中进士，五十岁时被任命为溧（lì）阳县尉，怀才不遇，心情抑郁。本篇是韩愈在他上任之际写的，对他加以赞扬、劝慰，也流露了对朝廷用人不当的感慨和批评。

作者介绍

配套阅读：《文言文其实很简单·人物卷》中的《祭十二郎文》。

送李愿归盘谷序

—— （唐）韩愈

原文
逐句翻译
生僻字注音
字词意思解释

古文

　　太行之阳有盘谷。盘谷之间，泉甘而土肥，草木丛茂，居民鲜少。或曰："谓其环两山之间，故曰盘。"或曰："是谷也，宅幽而势阻，隐者之所盘旋。"友人李愿居之。

译文

　　太行山的南面有个盘谷。盘谷中间，泉水甘甜，土地肥沃，草木繁茂，人烟稀少。有人说："因为它在两座山之间环绕，所以名叫盘。"也有人说："这个山谷位置幽僻，地势险阻，是隐居的人逗留的地方。"我的朋友李愿就住在这里。

【宅】位置。

古文

愿之言曰："人之称大丈夫者，我知之矣。利泽施于人，名声昭于时，坐于庙朝，进退百官，而佐天子出令。其在外，则树旗旄（máo），罗弓矢，武夫前呵，从者塞途，供给之人各执其物，夹道而疾驰。喜有赏，怒有刑。才畯满前，道古今而誉盛德，入耳而不烦。"

译文

李愿是这样说的："被称作大丈夫的那些人，我太清楚了。将利益恩泽施给别人，名声在当世广泛传播，坐在宗庙朝廷上，任免百官，辅佐皇帝发号施令。在外面就树起旗帜，罗列弓箭，卫兵在前头吆喝，随从塞满了道路，服侍的人各自拿着东西，在道路两旁飞奔。高兴了就赏赐，生气了就责罚。面前挤满了才能出众的人，谈古论今，赞誉他们盛大的功德，听到耳朵里，并不厌烦。"

【旄】古代用牦牛尾装饰的旗子。

"曲眉丰颊，清声而便（pián）体，秀外而惠中，飘轻裾（jū），翳长袖，粉白黛绿者，列屋而闲居，妒宠而负恃，争妍而取怜。大丈夫之遇知于天子、用力于当世者之所为也。吾非恶此而逃之，是有命焉，不可幸而致也。"

"姬妾们眉毛弯曲，脸颊丰满，声音清脆，体态轻盈，外貌秀丽，内心聪慧，轻薄的裙裾飘动，长长的袖子遮掩着身体，用白粉搭脸、青黛画眉，在一排排屋子里清闲地住着，自恃美貌和技艺，妒忌别人得宠，争奇斗艳，求取怜爱。这就是那些被天子赏识、在当世掌权的大丈夫的所作所为。我并非讨厌以上种种，有意躲避，这是命中注定的，不能侥幸得到。"

【便体】轻盈的体态。
【裾】衣服的前后襟。
【翳】遮蔽，掩映。一说通"曳"，拖着。

"穷居而野处，升高而望远，坐茂树以终日，濯（zhuó）清泉以自洁。采于山，美可茹；钓于水，鲜可食。起居无时，惟适之安。与其有誉于前，孰若无毁于其后；与其有乐于身，孰若无忧于其心。车服不维，刀锯不加。理乱不知，黜陟（chù zhì）不闻。大丈夫不遇于时者之所为也，我则行之。"

"居住在闭塞贫寒的山野中，登高远眺，整日坐在繁茂的树下，用清澈的泉水洗漱，让自己洁净。从山上采摘果蔬，甜美可食；自水中钓来鱼虾，鲜嫩可口。作息没有定时，只以舒适为准。与其当面受到赞誉，哪里比得上背后不被毁谤；与其身体享受快乐，哪里比得上心中没有忧虑。不受马车和礼服的束缚，也不受刑具的惩处。既不了解国家的治乱，也不打听官吏的升降。这是那些不得志的大丈夫的所作所为，我就去这样做。"

【茹】吃。

【车服】马车和礼服，根据身份高下有所差异，这里代指官职。

【维】束缚，约束。

【刀锯】泛指刑具。

【理乱】即治乱。唐朝避高宗李治讳，用"理"来代替"治"。

【黜】降职。

【陟】升迁。

古文

　　"伺候于公卿之门，奔走于形势之途，足将进而趑趄（zī jū），口将言而嗫嚅（niè rú），处污秽而不羞，触刑辟（bì）而诛戮，侥幸于万一，老死而后止者，其于为人，贤不肖何如也？"

译文

　　"在达官显贵门下伺候，在通往地位权势的路上奔走，要迈出脚又不敢向前，要开口又不敢说话，处于污秽之中却不觉得羞耻，触犯了刑律就要被诛杀，侥幸能够有万分之一的机会如愿，直到老死才罢休。这样做人，是贤能还是没出息呢？"

【趑趄】想前进又不敢前进。形容疑惧不决，犹豫观望。
【嗫嚅】想说话又不敢，吞吞吐吐的样子。
【刑辟】刑法，法律。

古文

昌黎韩愈闻其言而壮之，与之酒而为之歌曰："盘之中，维子之宫。盘之土，维子之稼。盘之泉，可濯可沿。盘之阻，谁争子所？窈而深，廓其有容；缭而曲，如往而复。嗟盘之乐兮，乐且无央；虎豹远迹兮，蛟龙遁藏；鬼神守护兮，呵禁不祥。饮且食兮寿而康，无不足兮奚所望！膏（gào）吾车兮秣（mò）吾马，从子于盘兮，终吾生以徜徉（cháng yáng）。"

译文

昌黎韩愈听了他的话，认为很有气魄，给他斟酒作歌："盘谷之中，是您的住处。盘谷的土地，您可以种庄稼。盘谷的泉水，可以洗涤，可以顺着游览。盘谷险阻，谁会同您争抢居所？盘谷深远幽静，广阔而能容身；盘谷环绕弯曲，像是走出去了却回到原处。盘谷的快乐啊，快乐无尽；虎豹远离啊，蛟龙躲藏；鬼神守护啊，呵斥禁绝不祥。有吃有喝啊，长寿安康；没有不满足的啊，还有什么奢望！给我的车轴上好油啊，喂饱我的马，跟随您到盘谷去啊，终我一生在那里自由游逛。"

【廓】广阔。
【无央】无尽。
【膏】将油脂抹在车轴上。
【秣】喂养（马匹等）。
【徜徉】自由自在地行走。

古 **盘旋** 今

逗留，徘徊。

旋转，环绕（多指飞行）。

古 **形势** 今

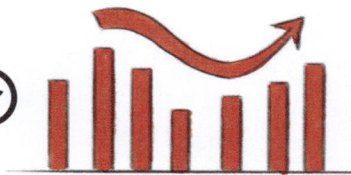

地位和权势。

事情发展的状况。

通假字

才畯满前：通"俊"，才智出众的人。

秀外而惠中：通"慧"，聪慧。

判断句：

是谷也，宅幽而势阻，隐者之所盘旋。

大丈夫之遇知于天子、用力于当世者之所为也。

大丈夫不遇于时者之所为也，我则行之。

倒装句：

名声昭于时。→名声于时昭。

用力于当世者。→于当世用力者。

采于山，美可茹；钓于水，鲜可食。→于山采，美可茹；于水钓，鲜可食。

与其有誉于前，孰若无毁于其后；与其有乐于身，孰若无忧于其心。→与其于前有誉，孰若于其后无毁；与其于身有乐，孰若于其心无忧。

大丈夫不遇于时者之所为也。→大丈夫于时不遇者之所为也。

伺候于公卿之门，奔走于形势之途。→于公卿之门伺候，于形势之途奔走。

贤不肖何如也。→贤不肖如何也。

被动句：

大丈夫之遇知于天子。

触刑辟而诛戮。

贞元二年（786），韩愈十八岁，到京师求仕；贞元八年（792）考中进士。他一直热衷于做官，却始终没有得到朝廷重用，处境艰难，心情郁闷，满腹不平。直到贞元十八年（802），才被授予四门博士一职。

他和李愿都不讳言对功名富贵的向往，然而更注重操守和品格，不乐意蝇营狗苟，为虎作伥。

配套阅读：《文言文其实很简单·人物卷》中的《祭十二郎文》。

盘谷，位于现在的河南济源以北。

李愿，生平不详，是韩愈的好友。他早年喜欢读书和游山玩水，也有意获取功名。然而一直郁郁不得志，看透了世态炎凉，安贫乐道，不出仕。贞元十七年（801），他告别同乡故友，隐居盘谷，自号盘谷子，去世后安葬在盘谷寺南边。

北宋文学家苏轼高度评价本篇："欧阳文忠公尝谓晋无文章，惟陶渊明《归去来》一篇而已。余亦以谓唐无文章，惟韩退之《送李愿归盘谷》一篇而已。"

祭石曼卿文

—— （北宋）欧阳修

古文 维治平四年七月日，具官欧阳修，谨遣尚书都省令史李敭（yáng）至于太清，以清酌庶羞之奠，致祭于亡友曼卿之墓下，而吊之以文。曰：

译文 治平四年七月某日，具官欧阳修，郑重委派尚书都省令史李敭前往太清，以清酒和丰盛的佳肴为供品，在亡友曼卿的墓前设祭，并写了这篇文章吊祭：

【维】发语词，无实际意义。

【具官】唐宋以来，官吏在奏疏、函牍和其他应酬文字中，常常把应当写明的官职爵位简化为"具官"，表示谦敬。

【太清】现在的河南商丘东南，石曼卿就安葬在那里。

【庶羞】各种美味。

64

呜呼曼卿！生而为英，死而为灵。其同乎万物生死，而复归于无物者，暂聚之形；不与万物共尽，而卓然其不朽者，后世之名。此自古圣贤，莫不皆然，而著在简册者，昭如日星。

译文

唉，曼卿！生前是英杰，死后是神灵。那跟万物一样有生有死、又归于无形的，是暂时聚合的躯体；不跟万物共同消亡、出类拔萃、永垂不朽的，是流传后世的名声。自古以来圣贤都是如此，那些载入史书的姓名，就像太阳、星辰一样灿烂永恒。

【简册】指史书。

古文

呜呼曼卿！吾不见子久矣，犹能仿佛子之平生。其轩昂磊落，突兀峥嵘而埋藏于地下者，意其不化为朽壤，而为金玉之精。不然，生长（cháng）松之千尺，产灵芝而九茎。

译文

唉，曼卿！我见不到你已经很久了，可是还大致记得你生前的模样。你气度不凡，光明磊落，是那样超群出众，埋葬在地下的遗体，想来不会化为烂泥腐土，而会变成金玉的精华。不然的话，就会长成青松，挺拔千尺；产出灵芝，一株九茎。

【灵芝】一种药用菌类植物，在古人看来是仙草，一株九茎者更是珍贵的祥瑞。

古文 奈何荒烟野蔓，荆棘纵横，风凄露下，走磷飞萤！但见牧童樵叟，歌吟上下，与夫惊禽骇兽，悲鸣踯躅（zhí zhú）而咿嘤。

译文 可为什么你的坟墓上一片荒烟蔓草，荆棘丛生，寒风凄凄，露水降下，磷光闪动，萤火虫乱飞？只见牧童和砍柴的老人，唱着歌上下走动；还有受惊的飞禽走兽，在这里徘徊悲鸣。

【踯躅】徘徊不前的样子。
【咿嘤】象声词，鸟兽的啼叫。

古文 今固如此，更千秋而万岁兮，安知其不穴藏狐貉（hé）与鼯（wú）鼪（shēng）？此自古圣贤亦皆然兮，独不见夫累累乎旷野与荒城！

译文 现在已经是这样的光景，再经过千秋万岁，怎么知道狐狸、貉子、鼯鼠和黄鼠狼之类的野兽，不会在这里打洞藏身？自古以来圣贤也都是如此，难道看不见旷野上一座连一座的荒坟？

【鼪】黄鼠狼。
【城】指坟墓。

古文 呜呼曼卿！盛衰之理，吾固知其如此，而感念畴（chóu）昔，悲凉凄怆，不觉临风而陨涕者，有愧乎太上之忘情。尚飨（xiǎng）！

译文 唉，曼卿！盛衰生死的道理，我本来就知道是如此，而思念过去的情景，悲凉凄怆，禁不住临风落泪，惭愧不能像圣人那样超脱忘情。希望你来享用祭品！

【畴昔】从前，过去。
【陨涕】落泪。
【太上之忘情】出自《世说新语·伤逝》："圣人忘情，最下不及情，情之所钟，正在我辈。"
【尚飨】祭文套语，希望死者来享用祭品。

古今异义

古 **仿佛** 今

依稀想见。 似乎，差不多。

特殊句式

判断句：

生而为英，死而为灵。

其同乎万物生死，而复归于无物者，暂聚之形；不与万物共尽，而卓然其不朽者，后世之名。

倒装句：

致祭于亡友曼卿之墓下。→于亡友曼卿之墓下致祭。

而吊之以文。→而以文吊之。

历史背景

本篇是欧阳修在挚友石曼卿去世二十六年后所写的祭文。

石延年，字曼卿，一字安仁，北宋文学家、书法家。对契丹和西夏的威胁非常关心，曾上谏加强国防，但是朝廷没有采纳。

欧阳修在《石曼卿墓表》中写道，他"以气自豪，读书不治章句，独慕古人奇节伟行非常之功，视世俗屑屑无足动其意者"。他喜欢饮酒，人称"酒仙"，四十七岁就去世了。

作者介绍

配套阅读：《文言文其实很简单·景物抒情卷》中的《醉翁亭记》。

文化常识

祭文是为祭奠死者而写的文章，内容主要是哀悼、祷祝、追忆死者的生前经历、颂扬死者的品德业绩、激励生者。

祭文的格式比较固定，以"维"或"哀维"开头，紧接着写明吊祭时间、吊祭者、死者姓名。语言通常简明扼要，句尾押韵，可以一韵到底，也可以换韵。以"伏维尚飨"或"尚飨"结尾。

谏院题名记

—— （北宋）司马光

原文
逐句翻译
生僻字注音
字词意思解释

古文

古者谏无官，自公卿大夫至于工商，无不得谏者。汉兴以来，始置官。

译文

古时候没有专门的谏官，上自公卿大夫，下到工匠和商贩，没有谁不能进谏。汉朝建立以后，才设立了谏官。

古文

夫以天下之政，四海之众，得失利病，萃于一官使言之，其为任亦重矣。

译文

将天下的各种政事，四海之内的众多百姓，国家的得失利弊，都集中到谏官身上，让他去进言，责任也够重大了。

【萃】集中，聚拢。

69

古文 居是官者，当志其大，舍其细；先其急，后其缓；专利国家，而不为身谋。彼汲汲于名者，犹汲汲于利也，其间相去何远哉！

译文 担任这一官职的人，应当专注大事，舍弃细枝末节；先考虑紧急事务，然后处理没那么要紧的事务；只为国家谋利，而不为一己打算。那些热衷于获得名声的人，同热衷于获得利益的人没什么区别，离真正的谏官差得多么远呀！

【汲汲】心情急切的样子。

古文 天禧初，真宗诏置谏官六员，责其职事。庆历中，钱君始书其名于版，光恐久而漫灭，嘉祐八年，刻著于石。

天禧初年，真宗下旨设立六名谏官，并规定了他们的职责。庆历年间，钱君开始将他们的名字写在壁版上，我担心日子久了，字迹会模糊不清，于是在嘉祐八年，将这些名字刻在石头上。

【责】要求，规定。

后之人将历指其名而议之曰："某也忠，某也诈，某也直，某也曲。"呜呼，可不惧哉！

以后的人就会一个一个指着名字，议论道："这个人忠诚，这个人狡诈，这个人正直，这个人品行不端。"唉，难道能不心存戒惧吗！

【曲】不正派，邪佞。

倒装句：

彼汲汲于名者，犹汲汲于利也。→彼于名汲汲者，犹于利汲汲也。

司马光，字君实，号迂（yū）叟，世称涑（sù）水先生。北宋政治家、史学家、文学家。历仕仁宗、英宗、神宗、哲宗四朝，神宗时因反对王安石变法，离开朝廷十五年，编纂了中国最大的一部编年体通史《资治通鉴》。哲宗即位，太皇太后高氏临朝，召他入京主持国政，数月间尽废新法，史称"元祐更化"。去世后追赠温国公，谥号文正。

北宋仁宗年间，司马光任天章阁待制兼侍讲，同知谏院。嘉祐六年（1061）升为起居舍人，同知谏院。在此期间，他直言进谏，敢于对仁宗立嗣等国家大事提出看法，也得到了采纳。

中国古代的谏官制度是怎样的？

相传，周朝设立了"保氏"，"掌谏王恶"。春秋时期，齐桓公设立了"大谏"，其他国家也有类似的官职。战国时期，赵、魏、韩设立了左右"司过"，负责纠正君主的错误。

秦朝设立了"谏大夫"，西汉沿用，东汉光武帝时改称"谏议大夫"，负责议论得失、劝谏皇帝。光禄大夫、博士、议郎等官员也可以进言。

隋朝设立了纳言，唐朝又设立了左右拾遗与左右补阙。

宋朝将补阙改称司谏，将拾遗改称正言，专门设立了谏院。其他官员若带"知谏院""同知谏院"头衔，就也有进谏之责。

此前，谏官和御史是分立的，谏官负责监督政府、指出皇帝过失，御史负责监督官吏、指出大臣过失。唐朝御史不得言事，谏官也不得纠弹。到了宋朝，谏官的权限扩大，这种区分也逐渐模糊。

明清时期，负责进谏的是"给事中"和御史，不管是皇帝还是大臣的错误，都可以直言纠正。

寄欧阳舍人书

—— （北宋）曾巩

原文
逐句翻译
生僻字注音
字词意思解释

古文

去秋人还，蒙赐书及所撰先大父墓碑铭。反复观诵，感与惭并。

译文

去年秋天，我派去的人回来，承蒙您给我写信，还为先祖父撰写墓碑铭文。我反复观览诵读，又感激又惭愧。

【先大父】去世的祖父。

古文

夫铭志之著于世，义近于史，而亦有与史异者。盖史之于善恶，无所不书，而铭者，盖古之人有功德、材行、志义之美者，惧后世之不知，则必铭而见之。或纳于庙，或存于墓，一也。苟其人之恶，则于铭乎何有？此其所以与史异也。

73

译文 墓志铭这种文体之所以受到世人重视，是因为意义与史传相近，然而也有与史传不同的地方。大致来说，史传对人的善恶，没有不加以记载的，而铭，或许是古代那些功业道德、才能操行、志向义气出众的人，害怕后世不知道，所以一定要立碑刻铭来显扬自己。有的放置在家庙里，有的保存在墓穴中，用意是一样的。假如这是个恶人，那么有什么好立碑刻铭的？这就是它与史传不同的地方。

> 【志】记述死者生平的散文部分。
> 【铭】最后的韵文部分。

古文 其辞之作，所以使死者无有所憾，生者得致其严。而善人喜于见传，则勇于自立；恶人无有所纪，则以愧而惧。至于通材达识、义烈节士，嘉言善状，皆见于篇，则足为后法。警劝之道，非近乎史，其将安近？

译文 撰写铭文，是为了让死者没有遗憾，生者以此表达自己的尊敬和哀思。行善的人乐于让自己的事迹得到记载、流传后世，就会发奋建立功业；作恶的人没有什么可以记载的，就会感到惭愧和恐惧。至于那些博学多才、见识通达之人，忠义英烈、节操高尚之士，他们美好的言行都体现在铭文里，就足以成为后人的楷模。铭文警诫劝勉的作用，不与史传相近，又与什么相近呢！

> 【严】尊敬，庄重。

及世之衰，为人之子孙者，一欲襃扬其亲而不本乎理。故虽恶人，皆务勒铭以夸后世。立言者既莫之拒而不为，又以其子孙之所请也，书其恶焉，则人情之所不得，于是乎铭始不实。后之作铭者当观其人，苟托之非人，则书之非公与是，则不足以行世而传后。故千百年来，公卿大夫至于里巷之士，莫不有铭，而传者盖少。其故非他，托之非人，书之非公与是故也。

等到世风衰微的时候，为人子孙的，一味想要襃扬他们死去的亲人，而不依据事理。所以即使是恶人，也一定要立碑刻铭，用来向后世夸耀。撰写铭文的人既不能推辞不作，又因为受到死者子孙的请求，但如果直书死者的恶行，就人情而言过不去，于是铭文开始出现不实之辞。后世想请人给死者撰写碑铭的人，应当观察作者的为人，如果托付的人不妥当，那么撰写的碑铭不公正、不符合事实，就不能在当世流行、在后世传扬。所以千百年来，上至公卿大夫，下至里巷小民，谁死后都有碑铭，传下来的却不多。原因没有别的，正是托付的人不妥当，撰写的铭文不公正、不符合事实。

古文

然则孰为其人而能尽公与是欤？非畜道德而能文章者，无以为也。盖有道德者之于恶人，则不受而铭之，于众人则能辨焉。而人之行，有情善而迹非，有意奸而外淑，有善恶相悬而不可以实指，有实大于名，有名侈于实。犹之用人，非畜道德者，恶能辨之不惑，议之不徇（xùn）？不惑不徇，则公且是矣。而其辞之不工，则世犹不传，于是又在其文章兼胜焉。故曰，非畜道德而能文章者无以为也，岂非然哉？

译文

那么，什么样的人才能做到全然公正、符合事实呢？不是道德高尚、文章高明的人，是做不到的。因为道德高尚的人对于恶人，不会接受撰写铭文的请求；对于普通人，能够加以辨别。而人们的品行，有内心善良而事迹看上去不见得的，有内心奸恶而外表良善的，有善行恶行相差悬殊而难以确指的，有实际大过名望的，有名望大过实际的。就好比用人，如果不是道德高尚的人，怎么能够辨别清楚而不受迷惑，议论公允而不徇私情？不受迷惑、不徇私情，就是公正且符合事实了。但是如果铭文的辞藻不华美，那么依然无法传世，因此他的文章也要高明。所以说，不是道德高尚、文章高明的人是做不到的，难道不是这样吗？

然畜道德而能文章者，虽或并世而有，亦或数十年或一二百年而有之。其传之难如此，其遇之难又如此。若先生之道德文章，固所谓数百年而有者也。先祖之言行卓卓，幸遇而得铭，其公与是，其传世行后无疑也。

然而道德高尚、文章高明的人，虽然有时会同时出现，但也许有时数十年甚至一两百年才出现一个。铭文的流传是如此困难，遇上这种理想的作者又是如此困难。像先生您的道德文章，正是所说的数百年才会出现的。我先祖的言论和行为都很杰出，有幸遇上您，获得了铭文，它公正又符合事实，毫无疑问将在当世流行、在后世传扬。

【卓卓】杰出，卓越。

而世之学者，每观传记所书古人之事，至其所可感，则往往盖（xì）然不知涕之流落也，况其子孙也哉？况巩也哉？其追睎（xī）祖德而思所以传之之由，则知先生推一赐于巩而及其三世。其感与报，宜若何而图之？

世上的读书人，每当阅览传记所写的古人事迹时，看到感人之处，就常常难过得不知不觉地流下眼泪，何况是死者的子孙呢？又何况是我曾巩呢？我追怀仰慕先祖的德行，思考能够流传后世的原因，就知道先生您惠赐一篇铭文，恩泽将推及我家祖孙三代。这感激与报答之情，我应当怎样表达呢？

> 【**蹙然**】悲伤痛苦的样子。　【**睎**】仰慕，希望。

古文

抑又思若巩之浅薄滞拙，而先生进之，先祖之屯（zhūn）蹶否（pǐ）塞以死，而先生显之，则世之魁闳（hóng）豪杰不世出之士，其谁不愿进于门？潜遁幽抑之士，其谁不有望于世？善谁不为，而恶谁不愧以惧？为人之父祖者，孰不欲教其子孙？为人之子孙者，孰不欲宠荣其父祖？此数美者，一归于先生。既拜赐之辱，且敢进其所以然。所谕世族之次，敢不承教而加详焉？

愧甚，不宣。巩再拜。

译文

又想到，像我这样学识浅薄、才能庸陋的人，却得到了先生您的推荐、鼓励，我先祖处境艰难、穷愁潦倒而死，先生您却让他扬名，那么世上才能超群、难得一见的豪杰之士，谁不愿意拜在您的门下？避世隐居、郁郁不得志之士，谁不希望名声流传于世？好事谁不想做，恶事谁不感到惭愧和恐惧？当父亲和祖父的，谁不想好好教育子孙？做子孙的，谁不想让自己的父祖荣耀显扬？这件件美事，全应当归功于先生您。我荣幸地得到您的恩赐，并且冒昧地向您陈述之所以感激的道理。来信所论及的关于我家族世系的情况，怎敢不遵照您的教诲，详细地研究审核呢？

惭愧万分，书不尽怀，曾巩再拜上。

> 【**屯蹶否塞**】处境困顿险厄。屯、否，是《易经》的卦名，表示艰难恶劣。
> 【**魁闳**】器宇不凡，气量宏大。

则必铭而见之：通"现"，展现，显扬。

盖古之人有功德、材行、志义之美者／至于通材达识：通"才"，才能，才华。

非畜道德而能文章者：通"蓄"，积聚，存留。

恶能辨之不惑，议之不徇：通"乌"，哪，何。

判断句：

而铭者，盖古之人有功德、材行、志义之美者，惧后世之不知，则必铭而见之。

或纳于庙，或存于墓，一也。

苟其人之恶，则于铭乎何有？此其所以与史异也。

其故非他，托之非人，书之非公与是故也。

非畜道德而能文章者，无以为也。

非畜道德者，恶能辨之不惑，议之不徇？

不惑不徇，则公且是矣。

非畜道德而能文章者无以为也，岂非然哉？

若先生之道德文章，固所谓数百年而有者也。

倒装句：

夫铭志之著于世，义近于史。→夫铭志之于世著，义于史近。

则于铭乎何有？→则有何于铭乎？

其将安近？→其将近安？

立言者既莫之拒而不为。→立言者既莫拒之而不为。

被动句：

而善人喜于见传。

恶能辨之不惑。／不惑不徇。

北宋仁宗庆历六年（1046）夏天，二十八岁的曾巩写信给欧阳修，请他为已故的祖父曾致尧写一篇铭文。没过多久，欧阳修就完成了《尚书户部郎中赠右谏议大夫曾公神道碑铭》。第二年，曾巩写了这封致谢信。

曾巩，字子固，世称南丰先生。北宋文学家，"唐宋八大家"之一。师从欧阳修，和王安石是好友，积极参与北宋诗文革新运动，主张"文以明道"，风格古雅平正。此外，他为政廉洁奉公，关心民生疾苦，颇受百姓爱戴。

"三不朽"指什么？

《左传·襄公二十四年》记载："太上有立德，其次有立功，其次有立言，虽久不废，此之谓不朽。"

"立德"指道德品行完美；"立功"指建立伟大的功勋业绩；"立言"指思想或文采超群绝伦。

古人的终极追求，就是能够实现"三不朽"之一，名垂青史。

送东阳马生序

—— （明）宋濂

原文
逐句翻译
生僻字注音
字词意思解释

古文

余幼时即嗜学。家贫，无从致书以观，每假借于藏书之家，手自笔录，计日以还。天大寒，砚冰坚，手指不可屈伸，弗之怠。录毕，走送之，不敢稍逾约。以是人多以书假余，余因得遍观群书。

译文

我小时候就热爱学习。家里贫穷，无法得到书来看，常常向藏书的人家借，亲手抄录，计算着日期送还。冬天非常寒冷，砚台里的墨汁都结了坚冰，手指冻得不能弯曲和伸直，即使这样也不懈怠。抄写完毕后，赶快跑着送回去，不敢稍微超过约定的期限。因此很多人都把书借给我，于是我能够遍观群书。

【嗜】爱好。
【致】得到。
【逾】超过。

古文 既加冠，益慕圣贤之道。又患无<u>硕师</u>名人与游，尝趋百里外，从乡之先达执经叩问。<u>先达</u>德隆望尊，门人弟子填其室，未尝稍降辞色。余立侍左右，援疑质理，俯身倾耳以请。或遇其<u>叱咄</u>（chì duō），色愈恭，礼愈<u>至</u>，不敢出一言以复。俟其欣悦，则又请焉。故余虽愚，卒获有所闻。

译文 成年以后，更加仰慕古代圣贤的思想。又苦于不能同学识渊博的老师和名人交游，曾经赶到百里以外，拿着经书向乡里有德行和学问的前辈求教。前辈德高望重，门人弟子挤满了屋子，言辞与脸色从未放得稍微温和委婉些。我站着陪侍在他左右，提出疑难，询问道理，俯下身子，专心侧耳倾听，认真地请教。有时遇到他训斥呵责，我的表情更加恭顺，礼节更加周到，不敢说一句反驳的话。等到他高兴了，就又去请教。所以我虽然愚笨，最终却学到了不少东西。

【硕师】学问渊博的老师。

【先达】有德行和学问的前辈。由于闻道更早，所以这样称呼。

【叱咄】训斥，呵责。

【至】周到。

古文 当余之从师也，负箧（qiè）曳屣（xǐ）行深山巨谷中。穷冬烈风，大雪深数尺，足肤皲（jūn）裂而不知。至舍，四支僵劲不能动，媵（yìng）人持汤沃灌，以衾（qīn）拥覆，久而乃和。

当我跟随老师学习时，背着书箱，拖着鞋子，在深山巨谷之中行走。隆冬时节，寒风猛烈，大雪有好几尺深，脚上的皮肤冻裂了都不知道。到了学舍，四肢僵硬，动弹不得，服侍的人拿热水替我浸洗，用被子裹着我，很久才暖和过来。

【箧】箱子。　　　　　　　　【皲裂】皮肤因寒冷干燥而开裂。
【屦】鞋子。　　　　　　　　【媵人】服侍的人。
【穷冬】隆冬。　　　　　　　【衾】被子。

寓逆旅，主人日再食，无鲜肥滋味之享。同舍生皆被绮绣，戴朱缨宝饰之帽，腰白玉之环，左佩刀，右备容臭（xiù），烨（yè）然若神人；余则缊（yùn）袍敝衣处其间，略无慕艳意。以中有足乐者，不知口体之奉不若人也。盖余之勤且艰若此。

住在旅店里，老板每天供应两顿饭，享受不到鱼肉之类的美味佳肴。同学都穿着锦绣衣服，戴着有红色穗子和珠宝装饰的帽子，腰间挂着白玉环，左边佩着宝刀，右边悬着香囊，光彩鲜明，像神仙一样；而我穿着破旧的衣服处在他们中间，毫无羡慕的意思。因为心中有足够令我感到快乐的事情，所以不觉得吃穿享受不如别人。我的辛勤和艰苦大致就像这样。

【逆旅】旅店。　　　　　　　【容臭】香囊。
【鲜肥】鱼肉之类的佳肴。　　【缊】乱麻，旧棉絮。
【缨】帽带，穗子。　　　　　【慕艳】羡慕，艳羡。

今虽耄（mào）老，未有所成，犹幸预君子之列，而承天子之宠光，缀公卿之后，日侍坐备顾问，四海亦谬称其氏名，况才之过于余者乎？

如今我虽然年老，没有什么成就，尚且有幸置身于君子的行列当中，承受天子的恩宠荣光，跟在公卿后面，每天陪侍皇上，准备应对垂询，四海之内也不恰当地称颂我的姓名，更何况才能超过我的人呢？

【耄】八九十岁，指年老。当时宋濂六十九岁。
【预】参与。
【缀】跟随。
【侍坐】陪侍尊长。
【谬】谦辞，不恰当，错误。

今诸生学于太学，县官日有廪（lǐn）稍之供，父母岁有裘葛之遗（wèi），无冻馁（něi）之患矣；坐大厦之下而诵诗书，无奔走之劳矣；有司业、博士为之师，未有问而不告、求而不得者也；凡所宜有之书，皆集于此，不必若余之手录，假诸人而后见也。其业有不精、德有不成者，非天质之卑，则心不若余之专耳，岂他人之过哉？

　　如今学生们在太学里学习，朝廷天天供给膳食，父母年年赠送冬天的皮衣和夏天的葛衣，没有冻饿的忧虑了；坐在大厦之下诵读诗书，没有奔走的劳苦了；有司业和博士当老师，没有询问而不告诉、求教而一无所获的了；凡是应当有的书籍，都集中在这里，不必像我一样亲手抄录、自别人那里借来，然后才能看到。他们中学业不精通、品德没养成的，如果不是天资低下，就是用心不像我一样专注，难道是别人的过错吗？

【县官】指朝廷。
【遗】赠送，接济。

【馁】饥饿。

　　东阳马生君则，在太学已二年，<u>流辈</u>甚称其贤。余朝京师，生以乡人子谒余，撰长书以为贽（zhì），辞甚畅达。与之论辩，言和而夷。自谓少时用心于学甚劳，是可谓善学者矣。

　　东阳马生名叫君则，在太学里已经学习两年了，同辈人非常称赞他的德行。我到京师朝见皇上时，马生以同乡晚辈的身份拜访我，写了一封长信当见面礼，文辞非常顺畅通达。同他论辩时，他的言语温和、态度谦恭。他说自己少年时在学习上花了很多心思、很刻苦，这可以说是善于学习的人了。

【流辈】同辈人。
【贽】初次拜见尊长时赠送的礼物。
【夷】平和，平易。

古文 其将归见其亲也，余故道为学之难以告之。谓余勉乡人以学者，余之志也；诋（dǐ）我夸际遇之盛而骄乡人者，岂知予者哉？

译文 他将要回家探望双亲，我有心将自己治学的艰难告诉他。说我勉励同乡努力学习，这是我的意向；诋毁我夸耀自己时运极好，在同乡面前骄傲，难道是了解我的人吗？

【故】有心，存心。　【诋】说坏话，抹黑。

古今异义

古 **臭** 今

味道的总称，可以指香气。

难闻的味道。

古 **博士** 今

官职名称，太学里的教师。

学位的最高一级。

四支僵劲不能动：通"肢"，肢体。

同舍生皆被绮绣：通"披"，穿着，身披。

判断句：

其业有不精、德有不成者，非天质之卑，则心不若余之专耳，岂他人之过哉？

谓余勉乡人以学者，余之志也；诋我夸际遇之盛而骄乡人者，岂知予者哉？

倒装句：

每假借于藏书之家。→每于藏书之家假借。

弗之怠。→弗怠之。

今诸生学于太学。→今诸生于太学学。

自谓少时用心于学甚劳。→自谓少时于学用心甚劳。

明朝一建国，就在洪武元年（1368）设立国子学，洪武十五年（1382）改称国子监。习惯上，这个机构也称作太学，是国家最高学府，负责培养文职人才。

明太祖还听取了皇后马氏的建议，设立红板仓，用其中储存的粮食和财物资助太学生的家属。太学生一家的基本开销，都由国库承担。

本篇撰写于洪武十一年（1378），当时宋濂已经告老还乡。

宋濂，初名寿，字景濂，号潜溪，别号玄真子、玄真道士、玄真遁叟。元末明初文学家、史学家，曾被明太祖誉为"开国文臣之首"，《朱元璋奉天讨元北伐檄文》就出自他笔下。他担任过太子朱标的老师，同高启、刘基并称"明初诗文三大家"。后来因长孙宋慎卷入左丞相胡惟庸谋反一案，被流放茂州（现在的四川北川、汶川一带），途中病死于夔州（现在的重庆奉节一带）。

古时候，男子年满二十岁行冠礼，称作"加冠"，表示进入成年。与之相对应，女子年满十五岁行笄（jī）礼，称作"及笄"。

写作文时能从这篇学到什么？

如果需要告诫、鼓励他人，应尽量避免用大道理"空对空"地说教，以免感觉像老生常谈，甚至引起反感。最好能够根据具体事例展开，注重细节，这样更容易激发兴趣，引起共鸣，也更容易被人接受。

本篇中，宋濂在劝学时回顾了自己当年的辛酸艰险，同后来太学生的优越条件形成鲜明对比，既直观，又有冲击力、感染力。这种写法也拉近了他同读者之间的距离，润物无声，令读者乐意主动照着他的意见去做。

报刘一丈书

—— (明) 宗臣

原文
逐句翻译
生僻字注音
字词意思解释

古文　数千里外，得长者时赐一书，以慰长想，即亦甚幸矣。何至更辱馈遗（kuì wèi），则不才益将何以报焉？书中情意甚殷，即长者之不忘老父，知老父之念长者深也。

译文　我在数千里以外，时常收到您老人家的信，来安慰我的长久想念，这已经非常幸运了。竟然还承蒙您赠送礼物，我更加不知道拿什么来报答了。信中流露的情意非常恳切，可见您不曾忘记我的老父亲，我也能理解为什么我的老父亲对您深深惦念。

> 【馈遗】馈赠，送礼。
> 【不才】没有才能的人，对自己的谦称。

89

古文 至以"上下相孚（fú），才德称位"语（yù）不才，则不才有深感焉。夫才德不称，固自知之矣；至于不孚之病，则尤不才为甚。

译文 至于信中用"上下互相信任，才能、品德同职位相符"的话劝勉我，我正对此有很深的感触。我的才能、品德同职位不相符，本来自己就知道；说到不能让上司信任的毛病，在我身上特别严重。

> 【孚】信任，信服。
> 【语】对……说，告诉。

古文 且今之所谓孚者，何哉？日夕策马，候权者之门。门者故不入，则甘言媚词，作妇人状，袖金以私之。即门者持刺入，而主人又不即出见；立厩中仆马之间，恶气袭衣裾，即饥寒毒热不可忍，不去也。

译文 况且当今所说的受到上司的信任，是什么情况呢？从早到晚骑着马，在权贵门前恭候。守门人故意不让他进去，就甜言蜜语献媚，装得跟妇人一样，袖子里藏着钱，偷偷塞给守门人。守门人拿着他的名帖进去通报，可主人又不立刻出来接见，他就站在马棚里的仆人和马匹中间，臭气熏着衣襟，哪怕饥饿、寒冷或酷热不能忍受，也不离开。

> 【刺】名刺，就是名帖，类似现在的名片。　　　　【毒热】酷热，闷热。

古文　抵暮，则前所受赠金者出报客曰："相公倦，谢客矣，客请明日来！"即明日，又不敢不来。夜披衣坐，闻鸡鸣，即起盥栉（guàn zhì），走马抵门。门者怒曰："为谁？"则曰："昨日之客来。"则又怒曰："何客之勤也！岂有相公此时出见客乎？"客心耻之，强忍而与言曰："亡奈何矣，姑容我入！"门者又得所赠金，则起而入之；又立向所立厩中。

译文　等到傍晚，先前那个收钱的守门人才出来，告诉他："相公累了，谢绝会客，请明天再来！"到了第二天，他又不敢不来。头天晚上披着衣服枯坐，一听见鸡叫就起身梳洗，骑马快跑到权贵门前。守门人生气地问："你是谁？"他就说："昨天的客人来了。"守门人又生气地说："你这个客人怎么这么勤快！难道相公会在这时候出来见客吗？"他心里觉得非常丢人，强忍着怒气对守门人说："没有办法呀，您姑且容我进去吧！"守门人又收到他赠送的钱，于是起身放他进去；他又站在之前待过的马棚里。

【盥栉】洗脸梳头。

古文　幸主者出，南面召见，则惊走，匍匐（pú fú）阶下。主者曰："进！"则再拜，故迟不起；起则上所上寿金。主者故不受，则固请。主者故固不受，则又固请，然后命吏内之。则又再拜，又故迟不起；起则五六揖始出。出揖门者曰："官人幸顾我，他日来，幸无阻我也！"门者答揖。

译文 幸好主人出来，面朝南坐着召见他，于是他慌慌张张跑过去，趴在台阶下。主人说："进来！"他就拜了又拜，故意迟迟不站起来；站起来以后，就献上要给主人的礼金。主人故意不接，他就坚决请求收下。主人又故意坚决不接，他就又坚决请求收下，然后主人才叫小吏接着。他就再次拜了又拜，又故意迟迟不站起来；站起来以后，作了五六个揖才出来。出来以后，给守门人作揖说："有幸蒙您关照，以后再来，希望您不要阻拦我！"守门人也还了一揖。

【匍匐】躯体贴地，缓慢爬行。
【再拜】古代一种隆重的礼节，拜两次，表示恭敬。

古文 大喜奔出，马上遇所交识，即扬鞭语曰："适自相公家来，相公厚我，厚我！"且虚言状。即所交识，亦心畏相公厚之矣。相公又稍稍语人曰："某也贤，某也贤！"闻者亦心计交赞之。

译文 高高兴兴地跑出来，骑在马上，遇到相识的人，就扬起鞭子说："我刚从相公家出来，相公对我很好，对我很好！"而且编造相公厚待自己的情状。和他相识的人，心里也敬畏他能得到相公的厚待。相公又偶尔对别人说："某人好，某人好！"听到这话的人也在心里盘算着，交口称赞他。

【适】刚才。

92

古文

此世所谓上下相孚也，长者谓仆能之乎？前所谓权门者，自岁时伏腊一刺之外，即经年不往也。间道经其门，则亦掩耳闭目，跃马疾走过之，若有所追逐者，斯则仆之褊（biǎn）衷，以此长不见怡于长吏，仆则愈益不顾也。每大言曰："人生有命，吾惟守分而已。"长者闻之，得无厌其为迂乎？

译文

这就是世间所说的上下互相信任，您老人家说，我能这样行事吗？前面提到的那位权贵，我除了逢年过节投一张名帖，常年不去拜谒。偶尔途经他家门口，也是捂着耳朵闭着眼，策马赶紧跑过去，就像后面有什么人在追我。这是我内心褊狭的地方，因此常常不被长官喜欢，我却越来越不理不睬。还常常大言不惭："人生际遇都是由命运决定的，我只是守自己的本分罢了。"您老人家听了这样的话，能不讨厌我的迂腐固执吗？

【岁时伏腊】四季时节更换，指逢年过节。岁时：一年。伏腊：夏祭和冬祭，泛指节日。
【迂】迂腐，言行观念陈旧不合时宜。

古文

乡园多故，不能不动客子之愁。至于长者之抱才而困，则又令我怆然有感。天之与先生者甚厚，亡论长者不欲轻弃之，即天意亦不欲长者之轻弃之也，幸宁心哉！

译文

家园屡屡遭遇灾祸，不能不触动离乡之人的愁思。至于您老人家拥有才华却陷入困境，也使我心情悲伤、有所感怀。上天赋予先生您的才华和福分非常优厚，别说您老人家不想轻易抛弃，就是天意也不想让您轻易抛弃呀，希望您能安心！

【乡园】家乡，家园。

通假字

亡奈何矣 / 亡论长者不欲轻弃之：通"无"，没有，不要。

然后命吏内之：通"纳"，接受。

特殊句式

判断句：

此世所谓上下相孚也。

斯则仆之褊衷。

倒装句：

则不才益将何以报焉？→则不才益将以何报焉？

被动句：

以此长不见怡于长吏。

作者介绍

宗臣，明朝文学家。字子相，号方城山人。嘉靖年间进士，官至吏部稽勋员外郎。杨继盛因直言弹劾严嵩而被处决，他出资帮助办理丧事，得罪了严嵩，被外放为福建布政使参议。后来抵御倭寇有功，升为福建提学副使，在任上去世。诗文主张复古，同李攀龙等人齐名，是"后七子"之一。

文化常识

古人以南为尊，天子、诸侯见群臣，卿大夫见僚属，都面南背北而坐，正房也坐北朝南。"南面"指称帝，或泛指居于官位、尊位。与之相对，"北面"指称臣。

历史背景

嘉靖年间，严嵩父子当权，朝政腐败，官场风气黑暗，势利之徒热衷钻营，清廉君子遭到排挤。宗臣性格耿直，不愿卑躬屈膝，非常憎恶污浊不堪的现实。

刘一丈，名介，字国珍，号墀石，同宗臣的父亲是至交。"一"表明排行老大，"丈"是对男性长辈的尊称。

参考文献

[1] 钟基，李先银，王身钢. 古文观止 [M]. 北京：中华书局，2011 年.

[2] 吴楚材，吴调侯. 古文观止 [M]. 浙江：浙江古籍出版社，2010 年.

[3] 阙勋吾，许凌云，张孝美等. 古文观止 [M]. 湖南：岳麓书社，2001 年.

[4] 关永礼. 古文观止·续古文观止鉴赏辞典 [M]. 上海：同济大学出版社，1994 年.

[5] 王充闾. 古文今赏 [M]. 辽宁：万卷出版公司，2016 年.

[6] 王力. 古代汉语 [M]. 北京：中华书局，1999 年.

[7] 王力. 中国古代文化常识：插图修订第 4 版 [M]. 北京：北京联合出版公司，2014 年.

[8] 曹伯韩. 国学常识 [M]. 北京：中华书局，2010 年.

字字落实 段段直译

文言文其实很简单
景物卷

王大绩（北京市语文特级教师）/力荐

王宸/编著　马丹红/绘

郭炜/声音演绎

电子工业出版社

Publishing House of Electronics Industry

北京·BEIJING

步入古代文学殿堂的向导

小学开始恋书。无论春夏秋冬，夜晚躺到枕上，总要读一会儿才能入睡。忘了从哪里得到两本《古文观止》——20世纪50年代中华书局的版本，真是让我这个少年一往情深，这两本书一次次伴我在陶醉感奋中进入梦乡。从垫枕，到插架，多少次搬家，现在依旧静静立在巨大书柜的最外层。

这次又翻阅它，在第一篇《郑伯克段于鄢》"其乐也融融……其乐也洩洩"旁边，看到自己注的一句话："克段，所以融融；段奔，竟也洩洩。"那会儿没看太懂，但似乎也触摸到权力旋涡中的人心。此刻，突然又跳出另一晚的回忆：读到《与韩荆州书》的"请给纸笔，兼之书人"，我忍不住大笑起来。母亲诧异，我又高声诵读这八个字。意外地，母亲自言自语："大了……"

其实，我那会儿并没有大。《古文观止》是供成年人阅读的选本。少年时，有些选文读不大懂；有些选文没有注释，也只是浮光掠影，一知半解。但依然在为人生涂上清晰的底色：文明的底色、文化的底色、民族的底色。

《文言文其实很简单》这套丛书大不一样了。经典文言文是经由历史审核的，《古文观止》是清康熙年间的选本；这套丛书又多了三百年的清点筛选。它专为少年选文，适合少年的口味和需求；并有翔实的注释、精确的译文和充满趣味的插图。名副其实，用这套丛书学习文言文，真的会很简单。

正如白话文是现代中国人的口语习惯，文言文则是古代中国人的口语习惯。这套丛书如同一位现代向导，引领当代少年轻松自如地步入古代文学的殿堂，领略古代社会生活，洞察古代的政治、文化、风土、人情，触摸古人的生活、心志、品性、作为，从而明了自己从哪里来，以便更坚定地走向理想的未来。

白话文只有一百年历史，文言文已有几千年的承载和积淀。从文辞字句到思想内涵，从"景语"到"情语"；物华天宝于其内，人杰地灵出其中；语言建构珠圆玉润，民族魂魄清莲秀竹。

"却顾所来径，苍苍横翠微"，《文言文其实很简单》助力中华少年成长，相信会是撑起中华栋梁的一块文化基石。

北京市语文特级教师

目录 | contents

备注：本书可按照撰文的时间顺序阅读与使用，也可按照文章的难易程度阅读与使用。

■ 红色 – 难度 1 级，■ 黄色 – 难度 2 级，■ 绿色 – 难度 3 级，■ 紫色 – 难度 4 级

归去来兮辞

—— （东晋）陶渊明

原文
逐句翻译
生僻字注音
字词意思解释

古文

　　归去来兮！田园将芜胡不归？既自以心为形役，奚惆怅而独悲？悟已往之不谏，知来者之可追。实迷途其未远，觉今是而昨非。舟遥遥以轻飏（yáng），风飘飘而吹衣。问征夫以前路，恨晨光之熹微。

译文

　　回去吧！田园快要荒芜了，为什么不回去呢？既然自己让心灵为形体所役使，为什么还要失意而独自伤悲？我认识到过去的错误不可挽救，但知道未来还可以弥补。其实走入迷途还不算远，觉悟到现在正确而以往错误。船在水上飘荡，轻快地前进，微风吹拂着衣裳。向行人打听前面的路，遗憾晨光曚昽天不亮。

【胡】何，为什么。
【奚】相当于"胡"，为什么。
【谏】止，挽救。
【追】补救。
【遥遥】飘荡。
【征夫】行人，不指出征的士兵。

2

古文 乃瞻衡宇，载（zài）欣载奔。僮仆欢迎，稚子候门。三径就荒，松菊犹存。

译文 终于望见简陋的家门，我高兴地向前飞奔。僮仆欢快地迎接，年幼的孩子守候在门口。院里的小路长满了荒草，松树和菊花还生长着。

【瞻】望见。
【载】且、又。

古文 携幼入室，有酒盈樽（zūn）。引壶觞以自酌，眄（miǎn）庭柯以怡颜。倚南窗以寄傲，审容膝之易安。园日涉以成趣，门虽设而常关。策扶老以流憩（qì），时矫首而遐（xiá）观。

译文 带着孩子进了屋，备好的美酒已经盛了满杯。我端起酒壶、酒杯自斟自饮，欣赏着庭院里的树，露出了笑颜。倚着南窗寄托傲然自得的情怀，确实感觉这狭小之地容易使我心安。每天在园中散步，趣味无穷，虽然装了门，却常常关着。拄着手杖走走歇歇，时不时抬头观望远方的天空。

【眄】斜视。
【柯】树枝。
【审】明白，深知。
【容膝】形容居室狭小，仅能容膝。
【策】拄着。
【扶老】手杖，拐杖。
【流憩】到处游玩，稍作休息。
【矫首】抬头。
【遐观】远望。

3

古文 云无心以出岫（xiù），鸟倦飞而知还。景（yǐng）翳（yì）翳以将入，抚孤松而盘桓。

译文 白云自然而然地冒出山头，小鸟飞倦了也知道回到巢中；日光暗淡，天快黑了，我依然抚着孤松徘徊流连。

> 【岫】有洞穴的山，这里泛指山峰。
> 【翳翳】阴暗的样子。

古文 归去来兮！请息交以绝游。世与我而相违，复驾言兮焉求？悦亲戚之情话，乐琴书以消忧。农人告余以春及，将有事于西畴（chóu）。

译文 回去吧！我要跟世俗之人断绝交游。他们的一切都同我志趣不合，再驾车出去又有什么可以追求？跟亲眷谈心是那样快乐，弹琴读书能消解忧愁。农夫告诉我春天到了，将要去西边的田地耕作。

> 【畴】田地。

或命巾车，或棹（zhào）孤舟。既窈窕（yǎo tiǎo）以寻壑（hè），亦崎岖而经丘。木欣欣以向荣，泉涓涓而始流。善万物之得时，感吾生之行休。

有时驾着巾车，有时划着孤舟，既沿着幽深曲折的溪水探寻沟谷，又走过高低不平的山丘。树木欣欣向荣，泉水细细开始流动，我羡慕万物各得其时，感叹自己的一生将要走到尽头。

【巾车】有帷幕的小车。
【善】形容词意动用法（表示主观感受），喜好，羡慕。
【行休】将要结束。指死亡。

已矣乎！寓形字内复几时，曷（hé）不委心任去留？胡为乎遑（huáng）遑欲何之？富贵非吾愿，帝乡不可期。

算了吧！寄身天地之间还有多少时光，为什么不按照自己的心意决定去留？为什么心神不定，还想到哪里去？荣华富贵不是我所求的，升入仙界也没有希望。

【遑遑】心神不定的样子。
【帝乡】天帝之乡，指仙界。

古文 怀良辰以孤往,或植杖而耘籽(yún zǐ)。登东皋(gāo)以舒啸,临清流而赋诗。聊乘化以归尽,乐夫天命复奚疑!

译文 爱惜良辰美景,我独自去欣赏,或者将手杖插在地上,除草培苗。登上东边山冈放声长啸,来到清澈的溪边尽情赋诗。姑且顺应大自然的运转变化了结一生,高高兴兴地接受天命,还有什么好疑虑的!

> 【植杖】将手杖插在地上。
> 【耘】在田地里除草。
> 【籽】培土。
> 【皋】水边高地。
> 【归尽】归向死亡。

古今异义

古 **情话** 今

知心话。

谈情说爱。

古 **窈窕** 今

水路深远曲折。

女子文静美好。

乃瞻**衡**宇：通"横"。用横木当门，形容房屋简陋。

景翳翳以将入：通"影"，日光。

曷不委心任去留：通"何"，为什么。

倒装句：

问征夫以前路。→以前路问征夫。

复驾言兮焉求？→复驾言兮求焉？

农人告余以春及，将有事于西畴。→农人以春及告余，将于西畴有事。

胡为乎遑遑欲何之？→胡为乎遑遑欲之何？

乐夫天命复奚疑！→乐夫天命复疑奚！

被动句：

既自以心为形役。

"为"表示被动。

配套阅读：《文言文其实很简单·人物卷》中的《五柳先生传》。

陶渊明四十一岁时，最后一次出仕，当上了彭泽令。然而没过多久，郡里的一位督邮（代表太守督察县乡、宣达政令的小官）前来巡视，小吏提醒陶渊明穿上官服去迎接，以示敬意。他气愤地说："我不愿为五斗米折腰，向乡里小儿示敬！"他很快辞官，还写下了这篇《归去来兮辞》，表明心志。

西汉时，蒋诩曾担任兖（yǎn）州刺史，以刚直清廉闻名。王莽掌权以后，他告病回乡，从此隐居，在屋前开了三条小路，只与隐士求仲、羊仲二人（并称"求羊"）交往。后来，"三径"成为隐居生活的象征。

辞，是介于散文与诗歌之间的一种文体，起源于战国时期的楚国，所以又称楚辞。屈原所作的《离骚》是这种文体的代表作，所以又称骚体。

辞和诗相近，但与诗相比，辞的押韵和句式都更加自由。辞比散文整齐，常会出现语气词"兮"，富有浪漫色彩。

三峡

—— （北魏）郦道元

原文
逐句翻译
生僻字注音
字词意思解释

古文 自三峡七百里中，两岸连山，略无阙处。

译文 在七百里长的三峡中，两岸都是相连的高山，中间全然没有中断的地方。

【自】在，从。
【略无】毫无。

古文 重岩叠嶂（zhàng），隐天蔽日，自非亭午夜分，不见曦（xī）月。

译文 岩峰重重叠叠，像屏障一样，遮住了天空和太阳。如果不是正午或半夜，就看不到太阳和月亮。

【嶂】险峻高大、像屏障一样的山峰。
【自非】如果不是。
【亭午】正午。
【夜分】半夜。
【曦】日光，指太阳。

8

古文 至于夏水
襄（xiāng）陵，
沿溯（sù）阻绝。

译文 到了夏天江水涨上丘陵的时候，顺流而下和逆流而上的船都被阻断了航路，无法通行。

【襄】升到高处。
【沿】顺流而下。
【溯】逆流而上。

【或】有时。
【宣】宣布，传达。
【奔】飞奔的马。
【御】驾驭，乘着。

古文 或王命急宣，有时朝发白帝，暮到江陵，其间千二百里，虽乘奔御风，不以疾也。

译文 有时君王的命令要紧急传达，早上从白帝城出发，傍晚就到了江陵，这中间隔着一千二百里，即使骑着飞奔的马，驾驭着风，速度也不如船快。

古文 春冬之时，则素湍（tuān）绿潭，回清倒影，<u>绝巘</u>（yǎn）多生怪柏，悬泉瀑布，飞漱其间，清荣峻茂，良多趣味。

译文 到了春天和冬天，就可以看见白色的急流回旋着清波，碧绿的潭水映出了（山石林木的）倒影。非常高的峰峦上生长着许多奇形怪状的柏树，悬挂着的泉水、瀑布飞泻下来，在山间冲荡，水清、树荣、山高、草盛，实在趣味无穷。

【绝巘】极高的山峰。

【漱】冲荡。
【荣】茂盛。

古文 每至晴初霜旦，林寒涧肃，常有高猿长啸，属（zhǔ）引凄异，空谷传响，哀转久绝。故渔者歌曰："巴东三峡巫峡长，猿鸣三声泪沾裳。"

每到秋雨刚晴的时候和降霜的早晨，树林山涧里一片清寒肃杀，常常有猿猴在高处长啸，声音连续不断、凄凉怪异，在空荡荡的山谷里回响，悲哀婉转，很长时间才消失。所以打鱼的人唱道："巴东三峡巫峡长，猿猴鸣叫几声，眼泪就沾湿了衣裳。"

【晴初】天刚放晴。
【旦】早晨。
【属引】连续不断。属：连接。引：延长。
【响】回声。

古今异义

（古）**疾**（今）

快。

生病。

（古）**良**（今）

实在，真的。

好。

略无阙处：通"缺"，缺口，空缺。

哀转久绝：通"啭"，婉转。

互文：

重岩叠嶂，隐天蔽日。→重叠岩嶂，隐蔽天日。

自非亭午夜分，不见曦月。→自非亭午，不见曦；自非夜分，不见月。

林寒涧肃。→林涧寒肃。

互文是指上下两句或一句话中的两个部分看似各说一件事，实际上互相呼应，结合起来表达一个完整的意思，不能拆开理解。互文可以让句子更加简洁，避免重复叙述，也方便对仗和押韵。

三峡，是长江上游的瞿（qú）塘峡、巫峡和西陵峡的合称，西起重庆奉节白帝城，东到湖北宜昌南津关，全长 193 千米，并没有"七百里"。

瞿塘峡非常险峻，峡口有块大石头，叫滟滪（yàn yù）堆，附近水流很急，一不小心就会船毁人亡，是著名的险滩，所以商旅都害怕它，诗词里也经常写到它。1958 年整治航道时，它被炸平了。

巫峡是三峡中最幽深秀丽的，巫山十二峰（特别是神女峰）相当著名。

西陵峡是三峡中最长的，滩多水急。

三峡大坝蓄水以后，淹没了许多险滩，行船更加安全了。随着水位上涨，水势由湍急变得平缓，现在的风景也和古人看到的很不一样了。

本篇出自《水经注·江水》。"江"最早仅指长江，"河"仅指黄河，后来才演变成一般性的称呼，也可以指其他河流。

《水经注》是郦（lì）道元为《水经》这本书作的注。

《水经》是中国第一部描述水系的专著，可能成书于东汉到西晋时期，记载了137条河流。《水经注》中增补到1252条，篇幅相当于原书的20倍。全书共40卷，集中国6世纪以前地理学著作之大成，详细记载了水道流经的山川、城镇和相关的历史古迹、风土人情，还订正了原书的许多错误。

郦道元，字善长，北魏地理学家、散文家。他少年时就喜欢游历，做了官以后，经常在工作之余进行实地调查，掌握了很多一手资料。他还非常喜欢读书，搜集了很多历史文献，和亲眼所见的情形进行对照、比较。《水经注》中引用了400多种前人著作，这些著作中的不少已经散佚（yì）了，没能完整保留到今天；有了《水经注》的转录，我们才能了解其中的一部分内容。

古书里的数字常常是泛指，形容很多，特别是"三""五""六""九"等。

举例：三思而后行、三人行必有我师、三令五申、五冬六夏、九死一生……

可写的东西太多的时候，该怎样选择内容呢？

三峡美景数不胜数，足以写成厚厚一本书。然而，郦道元只选择了几个最有代表性的场景，以点带面，展现了春夏秋冬四季的不同韵致。既然一年到头都有让人印象深刻的风光，三峡之美、之奇也就不言而喻了。

滕王阁序

—（唐）王勃

原文
逐句翻译
生僻字注音
字词意思解释

古文

豫章故郡，洪都新府。星分翼轸（zhěn），地接衡庐。襟三江而带五湖，控蛮荆而引瓯（ōu）越。物华天宝，龙光射牛斗之墟；人杰地灵，徐孺下陈蕃之榻。

译文

南昌在旧时是豫章郡的治所，如今是洪州都督府所在地。天上属于翼、轸两座星宿的分野，地下连结着衡山和庐山。以三江为衣襟、五湖为衣带，控制着荆楚，连接着瓯越。这里万物生光、天赐珍宝，名剑的精气上冲于天，到了牛、斗两座星宿之间；人物杰出、土地灵秀，陈蕃特意为徐稚设下几榻。

【豫章故郡，洪都新府】豫章郡设置于汉朝，唐朝初年改为洪州。

【星分翼轸】古人习惯将天上星宿与地上区域对应，称为"某地在某星之分野"。翼、轸，对应的是楚地。

【衡】衡山，代指衡州（治所是现在的湖南衡阳）。

【庐】庐山，代指江州（治所是现在的江西九江）。

【三江】说法不一。可能指太湖的支流松江、娄江、东江，泛指长江中下游的河流；也可能指荆江、松江、浙江。

【五湖】说法不一。可能指太湖、鄱阳湖、青草湖、丹阳湖、洞庭湖；也可能指菱湖、游湖、莫湖、贡湖、胥湖，都在太湖东岸。泛指南方大湖。

【蛮荆】楚地，现在的湖北、湖南一带。

【引】连接。

【瓯越】现在的浙江南部和福建一带。古代东越王建都于东瓯（现在的浙江永嘉），境内有瓯江。

古文

　　雄州雾列，俊采星驰。台隍（huáng）枕夷夏之交，宾主尽东南之美。都督阎公之雅望，棨（qǐ）戟遥临；宇文新州之懿（yì）范，襜（chān）帷暂驻。十旬休假，胜友如云；千里逢迎，高朋满座。腾蛟起凤，孟学士之词宗；紫电青霜，王将军之武库。家君作宰，路出名区；童子何知，躬逢胜饯（jiàn）。

译文

　　雄伟的大州像雾一样涌起，杰出的人才像众星一般。城池位于中原与南夷交界处，扼守要害；（来赴这次宴会的）客人与主人都是东南的俊杰。都督阎公声望崇高，仪仗远道而来；宇文州牧是美德的楷模，他的车马暂时在此地停留。趁着十日一次的假期，才华出众的好友云集；迎接千里之外的来宾，座上贵客很多身在高位。孟学士是文坛宗主，文章就像腾起的蛟龙、飞舞的凤凰；王将军胸中满是韬略，如藏有紫电、青霜这种名剑的兵器仓库。由于父亲在交趾做县令，我得以在探亲途中经过这座名城；我年幼无知，却有幸参加这场盛大的宴会。

【宇文新州】新州（现在的广东新兴）刺史，复姓宇文，名字不详。
【懿范】良好榜样。
【襜帷】车上的帷幕，这里代指车马。
【十旬休假】唐朝规定，十天为一旬，官员休沐（放假）一天。
【紫电青霜】指名剑。《古今注》记载："吴大皇帝（孙权）有宝剑六，二曰紫电。"《西京杂记》记载："高祖（刘邦）斩白蛇剑，刃上常带霜雪。"
【武库】兵器仓库。也可能是指西晋军事家杜预，他被誉为"杜武库"。

古文

时维九月，序属三秋。潦（lǎo）水尽而寒潭清，烟光凝而暮山紫。俨骖䩣（cān fēi）于上路，访风景于崇阿（ē）。临帝子之长洲，得天人之旧馆。层峦耸翠，上出重霄；飞阁流丹，下临无地。鹤汀凫（fú）渚（zhǔ），穷岛屿之萦回；桂殿兰宫，列冈峦之体势。

译文

时令正当九月，季节属于深秋。雨后的积水消尽，寒凉的潭水清澈，天空凝结着淡淡的云烟，暮霭中的山峦呈现紫色。驾着车在高高的道路上前行，去崇山峻岭中访求风景。登临昔日帝子的长洲，找到仙人曾经居住的宫殿。山峦高耸，层层叠叠一片青翠，直插云霄；楼阁凌空，飞檐上朱红的漆彩鲜艳欲滴，向下看不到地面。仙鹤、野鸭栖息的河滩和沙洲，极尽岛屿的萦绕回环之势；以丹桂和木兰修造的宫殿华丽威严，看上去就如起起伏伏的山峦。

【序】时序，即春夏秋冬。
【三秋】古人称七、八、九月为孟秋、仲秋、季秋，三秋即季秋。
【潦水】雨后的积水。
【俨】整齐的样子。
【骖䩣】驾车的马匹，左称骖，右称䩣。

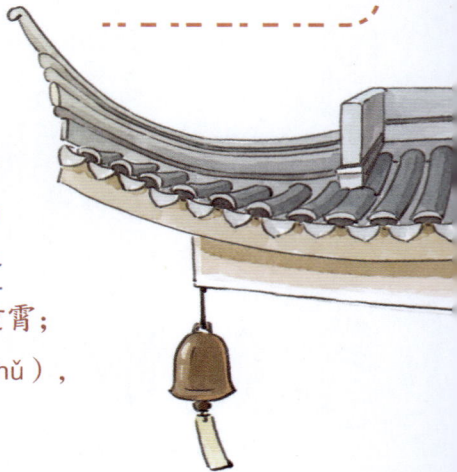

【崇阿】高大的山陵。

【帝子、天人】都指修建滕王阁的滕王李元婴，他是唐高祖的儿子，担任过洪州都督。

【长洲】指滕王阁前的沙洲。

【旧馆】指滕王阁。

【丹】红漆，泛指彩绘。

【凫】野鸭。

【渚】水中小洲。

古文

披绣闼（tà），俯雕甍（méng），山原旷其盈视，川泽纡（yū）其骇瞩。闾阎（lú yán）扑地，钟鸣鼎食之家；舸（gě）舰弥津，青雀黄龙之舳（zhú）。

译文

推开绘有华美图案的阁门，俯瞰雕刻精致的屋脊，视野空旷辽阔，山峰平原尽收眼底，河流湖泽曲折得让人惊讶。遍地是里巷宅舍，许多钟鸣鼎食的富贵人家；舰只挤满了渡口，都是装饰着青雀、黄龙头形的大船。

【披】开。

【闼】小门。

【甍】屋脊。

【纡】迂回曲折。

【骇瞩】对所见的景物感到惊骇。

【闾阎】里巷的门，这里代指房屋。

【扑】满。

【钟鸣鼎食】古代贵族鸣钟列鼎而食，所以"钟鸣鼎食"代指名门望族。

【舸】大船。

【弥】满。

【舳】船尾把舵处，这里代指船只。

古文 云销雨霁(jì)，彩彻区明。落霞与孤鹜(wù)齐飞，秋水共长天一色。渔舟唱晚，响穷彭蠡之滨；雁阵惊寒，声断衡阳之浦(pǔ)。

译文 云消雨停，阳光普照，天空晴朗。晚霞和孤独的野鸭一齐飞翔，秋日的江水和辽阔的天空浑然连成一色。傍晚渔船上的歌声，响彻鄱阳湖畔；雁群感到寒意发出惊叫，直到衡阳的水滨。

【霁】雨雪停止，天放晴。
【彩】日光。
【区】天空。
【声断衡阳之浦】衡阳境内有回雁峰，相传秋雁到此就不再南飞，等到春天返回。断：止。浦：水边。

古文 遥襟甫畅，逸兴遄(chuán)飞。爽籁发而清风生，纤歌凝而白云遏。睢(suī)园绿竹，气凌彭泽之樽；邺水朱华，光照临川之笔。四美具，二难并。穷睇眄(dì miǎn)于中天，极娱游于暇日。

译文 放眼远望，胸襟顿时感到舒畅，超逸的兴致迅速升起。宴会上，排箫声响起，好像清风徐来；柔细的歌声慢慢拉长，飘动的白云为之停驻。

今日盛宴好比当年梁孝王睢园绿竹之会，气势超过了陶渊明的酒兴；参加聚会的文人学士就像邺水雅集时的曹植，写出"朱华冒绿池"这样的佳句，风流文采映照着谢灵运的诗笔。音乐、饮食、文章和言语四种美好的事物已经齐备，贤明的主人、出色的宾客两个难得的条件也凑在了一起。向天空极目远眺，在假日尽情欢娱。

【甫】顿时。

【遄】迅速。

【籁】排箫，一种由多根竹管编排而成的管乐器。

【白云遏】出自《列子·汤问》："薛谭学讴（ōu，唱歌）于秦青，未穷青之技，自谓尽之，遂辞归。秦青弗止，饯于郊衢（qú，四通八达的道路）。抚节悲歌，声振林木，响遏行云。"形容歌声优美动人。

【睢园绿竹】《水经注》记载："睢水又东南流，历于竹圃……世人言梁王竹园也。"西汉时梁孝王刘武（汉文帝的儿子，景帝的同母弟弟）曾在园中聚集文人，饮酒赋诗。

【凌】超过。

【邺水】邺城是曹魏兴起之处，"三曹"常常在此雅集。

【朱华】荷花。曹植《公宴诗》写道："秋兰被长坂，朱华冒绿池。"

【临川】郡名，治所是现在的江西抚州。代指曾任临川内史的谢灵运，《宋书》本传称他"文章之美，江左莫逮"。

【四美】音、味、文、言。例如刘琨的《答卢谌》一诗："音以赏奏，味以殊珍，文以明言，言以畅神。之子之往，四美不臻。"另一种说法是，良辰、美景、赏心、乐事。例如谢灵运的《拟魏太子邺中集诗序》："天下良辰、美景、赏心、乐事，四者难并。"

【二难】指贤主、嘉宾。

【睇眄】顾盼。

古文　天高地迥（jiǒng），觉宇宙之无穷；兴尽悲来，识盈虚之有数。望长安于日下，目吴会（kuài）于云间。地势极而南溟（míng）深，天柱高而北辰远。关山难越，谁悲失路之人？萍水相逢，尽是他乡之客。怀帝阍（hūn）而不见，奉宣室以何年？

译
苍天高远，大地寥廓，感觉到宇宙无穷无尽；欢乐逝去，悲伤袭来，意识到万事万物消长盛衰自有定数。在阳光下远望长安，自云雾间指点吴郡。地理形势偏远至极，南方大海异常幽深；昆仑山上天柱高耸，北极星遥遥悬于夜空。险关和群山难以越过，有谁同情郁郁不得志的人？像水中浮萍那样偶然相逢，都是漂泊他乡的客人。怀念着皇帝的宫门，却不被召见，什么时候才能像贾谊那样到宣室侍奉君王？

【迥】远。

【盈虚】消长盛衰，指变化。

【数】定数，命运。

【日下】也指京城。

【云间】也指华亭（现在的上海）。这里可能用了《世说新语·排调》中的典故：西晋时陆云、荀隐互通姓名，一个说"云间陆士龙"，另一个说"日下荀鸣鹤"。

【南溟】南方的大海。出自《庄子·逍遥游》。

【天柱】《神异经》记载："昆仑之山，有铜柱焉。其高入天，所谓天柱也。"

【北辰】北极星，比喻国君。出自《论语·为政》："为政以德，譬如北辰，居其所而众星共（拱）之。"

【帝阍】天帝的守门人。屈原的《离骚》写道："吾令帝阍开关兮，倚阊阖（chāng hé，传说中的天门）而望予。"这里借指皇帝的宫门。

【奉宣室】指入朝做官。贾谊迁谪长沙四年后，汉文帝又命他回长安，于宣室中谈话到半夜。宣室：西汉未央宫前殿正室，是皇帝召见大臣议事之处。

古文
嗟乎！时运不齐，命途多舛（chuǎn）。冯唐易老，李广难封。屈贾谊于长沙，非无圣主；窜梁鸿于海曲，岂乏明时？所赖君子见机，达人知命。老当益壮，宁移白首之心？穷且益坚，不坠青云之志。酌贪泉而觉爽，处涸辙以犹欢。北海虽赊（shē），扶摇可接；东隅已逝，桑榆非晚。孟尝高洁，空余报国之情；阮籍猖狂，岂效穷途之哭？

译
唉！时运不顺利，命途多坎坷。冯唐容易衰老，李广立功无数却难以封侯。让贾谊屈居于长沙，并不是没有圣明的君主；令梁鸿逃匿到偏远的海滨，难道缺乏政治昌明的时代？所依仗的是，君子能够察觉细微的迹象，通达的人知道自己的命运。年岁老了，志气应当更加壮盛，怎能在白发苍苍时改变心意？处境恶劣却更加坚定，不放弃自己的凌云之志。即使喝了贪泉的水，心境依然清爽；身在干涸的车辙中，胸怀依然开朗。北海虽然遥远，乘着旋风照样可以到达；晨光已经逝去，然而珍惜黄昏也不晚。孟尝品行高洁，徒然怀有报效国家的热情；阮籍狂放不羁，怎能学他在无路可走时放声痛哭？

【舛】错乱，违背。

【冯唐易老】冯唐在汉文帝、景帝时不得重用，汉武帝时被举荐，已经九十多岁，不能再当官了。

【梁鸿】东汉隐士，作《五噫歌》讽刺朝廷，因此得罪汉章帝，避居齐鲁、吴中。

【见机】事前洞察事物的动向。机：预兆。

【知命】出自《易·系辞上》："乐天知命故不忧。"

【老当益壮】出自《后汉书·马援传》："丈夫为志，穷当益坚，老当益壮。"

【坠】坠落，这里指放弃。

【酌贪泉而觉爽】贪泉，在广州附近的石门，传说喝下这里的水就会贪得无厌。《晋书·吴隐之传》记载，清官吴隐之担任广州刺史，饮贪泉之水，并作诗："古人云此水，一歃（shà，啜饮）怀千金。试使（伯）夷（叔）齐饮，终当不易心。"

【涸辙】干涸的车辙，比喻困厄的处境，出自《庄子·外物》。

【赊】遥远。

【扶摇】旋风。出自《庄子·逍遥游》。

【东隅】日出处，表示早上，这里指早年。

【桑榆】日落处，表示傍晚，这里指晚年。出自《后汉书·冯异传》："失之东隅，收之桑榆。"鼓励人们珍惜时光、发愤图强。

【孟尝】字伯周，东汉名士。曾任合浦（现在的广西合浦）太守，以廉洁奉公著称，后来因病隐居。桓帝时，虽然屡次被荐举，却一直未获任用，七十岁时老死于家中。

【阮籍】字嗣宗，魏晋名士，"竹林七贤"之一。他不满世事，佯装狂放，喜欢独自驾车出游，不沿常规道路，走不通时就痛哭而返。

勃，三尺微命，一介书生。无路请缨，等终军之弱冠；有怀投笔，慕宗悫（què）之长风。舍簪笏于百龄，奉晨昏于万里。非谢家之宝树，接孟氏之芳邻。他日趋庭，叨（tāo）陪鲤对；今兹捧袂（mèi），喜托龙门。杨意不逢，抚凌云而自惜；钟期既遇，奏流水以何惭？

译文

我王勃地位卑微，不过是个书生。虽然年龄和终军相等，却没有立功报国的机会；怀着班超那样投笔从戎的豪情，羡慕宗悫乘风破浪的壮志。如今我抛开一辈子的功名，不远万里去朝夕侍奉父亲。虽然不是谢玄那样的出色人才，却结交了贤德之士，像孟母不惜三迁才选定的好邻居那样。过些日子到父亲身边，像孔鲤那样接受教诲；今天恭恭敬敬拜见阎公，高兴得如同登上龙门。假如遇不上杨得意一样的引荐人，就只能捧着文章自我惋惜；已经碰到了钟子期这般的知音，弹奏一曲《流水》又有什么好羞愧的？

【三尺】衣带下垂部分（称为绅）的长度，因地位不同而有所区别，士规定为三尺。

【微命】即"一命"，根据《周礼》，官阶由低至高，自一命到九命。

【一介】一个，谦辞。

【终军】字子云，汉武帝时只有二十来岁，出使南越，表示"愿受长缨，必羁南越王而致之阙下"。

【弱冠】古人二十岁举行冠礼，表示成年。

【宗悫】字元干，南朝宋时的将领，年少时对叔父自述志向，表示"愿乘长风，破万里浪"。后来果然立下战功。

【簪笏】官员上朝要用到的冠簪和手板，这里代指官职、地位。

【百龄】百年，即一生。

【奉晨昏】早晚问候，指侍奉父母。《礼记·曲礼上》记载："凡为人子之礼……昏定而晨省。"

【谢家之宝树】指谢玄。《世说新语·言语》记载："谢太傅（安）问诸子侄：'子弟亦何预人事，而正欲使其佳？'诸人莫有言者。车骑（谢玄）答曰：'譬如芝兰玉树，欲使其生于庭阶耳。'"

古文

呜呼！胜地不常，盛筵难再，兰亭已矣，梓（zǐ）泽丘墟。临别赠言，幸承恩于伟饯；登高作赋，是所望于群公。敢竭鄙怀，恭疏短引，一言均赋，四韵俱成。请洒潘江，各倾陆海云尔。

译文

唉！名胜之地不能常存，盛大的筵席难以再逢。王羲之的兰亭雅集已经成了陈迹，石崇的金谷园也变为废墟。承蒙隆重宴会的恩赐，让我临别时作了序文；至于登高赋诗，这要指望在座诸公。请允许我冒昧地倾吐心意，恭敬地写下短短的引言。每个人都作诗一首，我的四韵八句也写好了。请各位像潘岳、陆机那样，展现江海般的文才吧。

古今异义

 古 **逢迎** 今

迎接。

说话做事故意迎合别人。

 古 **上路** 今

高高的道路。

出发，启程。

 古 **猖狂** 今

狂放，随心所欲，不受束缚。

贬义词，肆无忌惮。

云销雨霁：通"消"，消散。

所赖君子见机：通"几"，细微的预兆。

接孟氏之芳邻：通"结"，结交。

唐高宗统治时期，洪州都督阎公（名字不详）重修滕王阁，并于重九日在阁上大宴群僚和宾客。他让自己的女婿事先写好了序文，准备到时候大出风头。没想到王勃南下探亲路过，参加筵席，大胆地主动接下了这个任务。

阎公愤然离席后，找人盯着王勃，看他写了什么内容。听到"豫章故郡，洪都新府"，阎公觉得"亦是老生常谈"；接下来"台隍枕夷夏之郊，宾主尽东南之美"，他沉吟不言；等到"落霞与孤鹜齐飞，秋水共长天一色"，大惊道："此真天才，当垂不朽矣！"于是出来，站在王勃身边看他写完，非常欣赏，尽欢而散。

在本篇之后，王勃还写了一首《滕王阁诗》：

滕王高阁临江渚，佩玉鸣鸾罢歌舞。画栋朝飞南浦云，珠帘暮卷西山雨。闲云潭影日悠悠，物换星移几度秋。阁中帝子今何在？槛外长江空自流。

王勃，字子安，唐朝诗人。同杨炯、卢照邻、骆宾王齐名，世称"初唐四杰"。自幼聪敏好学，十六岁时及第，授职朝散郎，又任沛王府修撰，却由于一篇游戏之作《檄英王鸡文》触怒唐高宗，被赶出沛王府。后来当上虢（guó）州参军，得罪同僚，遭到坑害，又丢了官。上元三年（676）八月，去交趾探望过父亲，渡海返回时不幸溺水，惊悸而死，享年只有二十七八岁。

滕王阁、黄鹤楼、岳阳楼并称"江南三大名楼"。

它们都因诗文而名垂千古：王勃的《滕王阁序》、崔颢（hào）的《登黄鹤楼》、范仲淹的《岳阳楼记》。

本篇是骈（pián）文。

它又叫骈体文、骈俪文或骈偶文，同散文相对。"骈"是两马并驾的意思。这种文体起源于汉末，形成并盛行于南北朝。

特点是以双句（又称俪句、偶句）为主，讲究对仗工整、声律铿锵、辞藻华丽、运用典故。由于常用四字句和六字句，也称"四六文"或"骈四俪六"。

它过于注重形式，一定程度上流于套路，限制了对内容的表达。后来，"唐宋八大家"发起古文运动，提倡创作更加灵活、真挚的散文，骈文逐渐衰落。

写作文时能从这篇学到什么？

本篇中的名句"落霞与孤鹜齐飞，秋水共长天一色"，其实化用了南朝文学家庾（yǔ）信《马射赋》中的"落花与芝盖同飞，杨柳共春旗一色"。

古代观念和现在不完全相同，诗词中经常出现化用，算是用典的一种，有人甚至因"无一字无出处"而得意，不能看作抄袭。而且，当时读者和作者的文化背景、知识储备相近，找到被化用的原句也是一种默契的文字游戏，值得会心一笑，不像剽窃那样存在故意隐瞒出处的情况。

在今天，扩大阅读量、积累前人的好词好句，也是提高写作水平的必经之路。不过在使用这些素材时要结合实际进行改动，不能生搬硬套。

春夜宴桃李园序

—（唐）李白

原文
逐句翻译
生僻字注音
字词意思解释

古文

夫天地者，万物之逆旅；光阴者，百代之过客。而浮生若梦，为欢几何？古人秉烛夜游，良有以也。

译文

天地，是万物的旅店；时光，是百代的过客。而人生漂泊无常，好像梦境，有多少欢乐呢？古人拿着蜡烛，在夜晚抓紧时间游乐，确实是有原因的。

【夫】句首发语词，无实际意义，领起下文议论。
【逆旅】旅店。逆：迎接。
【浮生】动荡不定的人生，像水面上的浮萍。
【秉】拿，举。
【以】原因。

27

况阳春召我以烟景，大块假我以文章。

何况灿烂明媚的春天以美好的景色来召引我们，大自然又给我们提供了一派绚丽风光。

【阳春】明媚温暖的春天。

【烟景】春天的美好景色，像弥漫着烟雾一样。

【假】提供，借助。

会桃李之芳园，序天伦之乐事。群季俊秀，皆为惠连；吾人咏歌，独惭康乐。

我们在桃李芬芳的园子里聚会，畅谈兄弟间的乐事。诸位贤弟都聪明多才，比得上谢惠连；只有我吟咏的诗歌，自愧不如谢灵运。

【序】欢叙，畅谈。

【天伦】父子、兄弟等亲属关系。

【季】指弟弟。古人兄弟排行，由大到小是伯、仲、叔、季。

古文

幽赏未已，高谈转清。开琼筵（yán）以坐花，飞羽觞（shāng）而醉月。

译文

还没有静静欣赏完春夜的景色，纵情的谈论又转向清雅玄妙。摆开盛筵坐在花丛当中，推杯换盏，在月光之下沉醉。

【幽】沉静，闲适。
【已】结束，停止。
【琼筵】贵重华美的筵席。
【飞】使动用法，形容不断举杯。
【羽觞】又称羽杯、耳杯，古代的一种盛酒器具，外形椭圆、浅腹、平底，有半月形双耳，就像鸟的双翼，所以叫这个名字。

古文

不有佳作，何伸雅怀？如诗不成，罚依金谷酒数。

译文

没有好的作品，怎能抒发风雅的情怀？谁要是写不完诗，就依照金谷园的先例，罚酒三杯。

【伸】抒发，伸张。
【金谷酒数】用了西晋石崇的典故。他在金谷园招待宾客，不能赋诗的，罚酒三大杯。

29

古今异义

 古 **几何** 今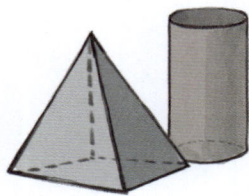

多少。

数学的一门分科，就物体的形状、大小和位置，研究其相互关系。

 古 **大块** 今

天地，大自然。

大片，大团。

 古 **文章** 今

错杂美丽的色彩。

篇幅不长、独立成篇的文字。

判断句：

夫天地者，万物之逆旅；光阴者，百代之过客。

"逆旅"和"过客"后面省略了虚词"也"，这句话其实是"……者，……也"式的判断句，可以翻译成"……，是……"。

群季俊秀，皆为惠连。

"为"可以翻译成"是"。

倒装句：

阳春召我以烟景，大块假我以文章。→阳春以烟景召我，大块以文章假我。

省略句：

开琼筵以坐花，飞羽觞而醉月。→开琼筵以坐（于）花，飞羽觞而醉（于）月。

本篇可能写于开元二十一年（733），正值盛唐，士人整体而言乐观豁达、心态明朗。当时李白 33 岁，在安陆（位于湖北）遇到了堂弟们，宴饮赋诗。

李白，字太白，号青莲居士，又称"谪（zhé）仙人"，唐代杰出的浪漫主义诗人，被后世誉为"诗仙"，与杜甫并称"李杜"。

"古人秉烛夜游"出自东汉末年的乐府诗《古诗十九首》：

生年不满百，常怀千岁忧。昼短苦夜长，何不秉烛游。为乐当及时，何能待来兹？愚者爱惜费，但为后世嗤。仙人王子乔，难可与等期。

南朝著名诗人谢灵运是东晋名将谢玄的孙辈，继承了康乐公的爵位，所以人们叫他"谢康乐"。谢惠连是他的族弟，也很有才华，十岁就能写诗作文。

谢灵运非常欣赏谢惠连，两个人的感情也非常好。有一次，谢灵运冥思苦想好几天，写不出满意的诗，迷迷糊糊见到谢惠连，就有了灵感，写出了"池塘生春草，园柳变鸣禽"的佳句。他说，这两句诗"有神助，非吾语也"。

吊古战场文

—— （唐）李华

原文
逐句翻译
生僻字注音
字词意思解释

古文

浩浩乎！平沙无垠（yín），夐（xiòng）不见人。河水萦带，群山纠纷。黯兮惨悴，风悲日曛（xūn）。蓬断草枯，凛若霜晨。鸟飞不下，兽铤（tǐng）亡群。

译文

辽阔呀！莽莽平沙，无边无际，四下空旷，不见一人。河水萦绕如带，群山交错纵横。景色一片黯淡凄惨，风声悲凉，日色昏黄，飞蓬折断，野草枯萎，寒气凛冽，如降霜的清晨。鸟儿飞过也不愿落下，野兽奔窜，和同伴失散。

【垠】边际。　【曛】赤黄色，形容日色昏暗。
【夐】远。　【铤】疾走。

古文

亭长告余曰："此古战场也，常覆三军。往往鬼哭，天阴则闻。"伤心哉！秦欤汉欤？将近代欤？

译文

亭长告诉我："这里是古代的战场，将士经常在这里全军覆没。往往有鬼哭的声音，天阴时就能听到。"真令人痛心啊！是秦朝、汉朝，还是近代的事情呢？

【亭长】秦汉时每十里为一亭，设亭长一人，掌管缉捕盗贼，汉高祖刘邦就当过泗水亭长。这里指地方小吏。

古文

吾闻夫齐魏徭（yáo）戍，荆韩召募。万里奔走，连年暴（pù）露。沙草晨牧，河冰夜渡。地阔天长，不知归路。寄身锋刃，膉（bì）臆谁诉？

【徭】古代统治者强制人民承担的无偿劳动。
【荆】楚国的别称。
【膉臆】心情苦闷。

译文

我听说战国时期，齐、魏、楚、韩各国征集壮丁戍边，招募兵员备战。士卒万里跋涉，年复一年经受日晒雨淋。清早寻觅沙漠中的水草放牧，夜晚渡过结冰的黄河。地远天长，不知道归家的道路在哪里。性命交托给了刀枪，苦闷的心情向谁倾诉？

古文

秦汉而还，多事四夷，中州耗敦（dù），无世无之。古称戎夏，不抗王师。文教失宣，武臣用奇。奇兵有异于仁义，王道迂阔而莫为。呜呼噫嘻！

译文

秦汉以来，四方边境战事频繁，因此中原地区承受损耗破坏，哪个世代都不例外。古人说，外夷中夏都不和王者之师为敌。后来不再宣扬礼乐教化，武将使用奇谋诡计。奇兵和仁义不同，王道被认为是迂腐不切实际的，谁也不去实行。唉，可悲可叹！

【敦】损耗，败坏。

33

吾想夫北风振漠，胡兵伺便。主将骄敌，期门受战。野竖旌旗，川回组练。法重心骇，威尊命贱。利镞（zú）穿骨，惊沙入面，主客相搏，山川震眩。声析江河，势崩雷电。至若穷阴凝闭，凛冽海隅，积雪没胫，坚冰在须。鸷（zhì）鸟休巢，征马踟蹰。缯纩（zēng kuàng）无温，堕指裂肤。

译文

我想象着，北风席卷沙漠，胡兵乘机来袭。主将骄傲轻敌，胡兵已到营门才仓皇应战。原野上竖起各种旗帜，将士们沿着河谷来回奔驰。军法森严，使人心惊胆战；主将威权重大，士卒性命微贱。锋利的箭镞刺穿骨头，飞扬的沙粒直扑脸面。敌我两军激烈搏斗，就连山川都被撼动得头昏眼花。声音之大，足以让江河之水震得分开；来势汹汹，如同雷鸣电闪。至于隆冬之时，彤云密布，寒气凛冽的瀚海边上，积雪没过小腿，胡须上结了坚冰。凶猛的鸷鸟藏进巢里休息，惯战的军马也徘徊不前。绵衣毫无暖意，人冻得手指掉落、肌肤开裂。

【期门】军营的大门。还有一种说法，汉朝负责宿卫宫廷的武官叫作"期门"，这里可能泛指武将。

【组练】即"组甲被练"，战士的衣甲。这里指军队。

【析】分离，劈开。

【穷阴】隆冬，极寒之时。南朝鲍照的《舞鹤赋》有，"穷阴杀节，急景凋年"。

【缯】丝织品的总称。

【纩】丝绵。唐朝时棉花尚未普及，絮衣都用丝绵。

古文　当此苦寒，天假强胡，<u>凭陵</u>杀气，以相剪屠。径截辎（zī）重，横攻士卒。都尉新降，将军复没。尸踣（bó）巨港之岸，血满长城之窟。无贵无贱，同为枯骨。可胜（shēng）言哉！鼓衰兮力竭，矢尽兮弦绝，白刃交兮宝刀折，两军蹙（cù）兮生死决。降矣哉，终身夷狄；战矣哉，暴骨沙砾。

译文　在这苦寒之际，老天却帮助强大的胡兵，凭借肃杀之气，前来抢掠屠戮。直接截下军用物资，拦腰冲断士兵队伍。都尉刚投降，将军又战死。尸身僵卧在大河两岸，鲜血淌满了长城下的洞窟。不管是高贵还是卑贱，同样成为枯骨。此情此景，语言无法尽述。鼓声微弱啊，战士已经精疲力竭；箭已射尽啊，弓弦也断绝。白刃拼杀啊，宝刀折断；两军迫近啊，生死对决。投降吗？将终身沦为异族；战斗吗？尸骨将暴露在大漠。

【凭陵】凭借，倚仗。　　　　【胜】尽。
【辎重】军用物资的总称。　　【蹙】迫近，接近。
【踣】身体僵硬地倒下。

古文　鸟无声兮山寂寂，夜正长兮风淅（xī）淅。魂魄结兮天沉沉，鬼神聚兮云幂（mì）幂。日光寒兮草短，月色苦兮霜白。伤心惨目，有如是耶！

译文　鸟儿无声啊，群山沉寂；夜正长啊，悲风淅淅。魂魄凝结啊，天色昏暗；鬼神聚集啊，阴云厚积。日光惨淡啊，百草不长；月色凄苦啊，映着白霜。竟然有这样让人心碎、不忍目睹的景况呀！

【幂】阴暗深沉。

　　吾闻之：牧用赵卒，大破林胡，开地千里，遁逃匈奴。汉倾天下，财殚（dān）力痛（pū）。任人而已，岂在多乎！周逐猃狁（xiǎn yǔn），北至太原。既城朔方，全师而还。饮至策勋，和乐且闲。穆穆棣（dì）棣，君臣之间。秦起长城，竟海为关。荼（tú）毒生民，万里朱殷（yān）。汉击匈奴，虽得阴山，枕骸遍野，功不补患。

　　我听说：战国时的名将李牧统率赵军，大败林胡，开辟千里疆土，匈奴望风远逃。而汉朝倾全国之力和匈奴作战，反而民疲财尽。关键在于用人，哪能只看兵力多少！西周驱逐猃狁，往北一直追到太原。在朔方筑城防御之后，军队不受损失地凯旋。在宗庙举行祭祀和饮宴，记功授爵，大家和睦愉快又安适。君臣之间，恭敬谨肃，雍容有礼。而秦朝修筑长城，关塞一直建到海边，残害百姓，万里血染。汉朝出兵攻击匈奴，虽然占领了阴山，留下的骸骨却遍布旷野、互相枕藉，功绩抵不过祸患。

【林胡】匈奴的一支，在今天的山西北部和内蒙古一带活动。

【殚】尽。

【痛】劳倦，病苦。

【猃狁】也作"荤粥""獯鬻""荤允"等，古代北方少数民族，可能是匈奴的前身。这两句出自《诗经·小雅·六月》："薄伐猃狁，至于太原。"这里的"太原"是现在的甘肃固原北界。

【饮至】古代盟会、征伐归来后，在宗庙告祭祖先，举行饮宴。

【穆穆】仪容美好、行止端庄恭敬，多用来形容天子。

【棣棣】雍容闲雅的样子。

【荼毒】残害。

【殷】带黑的红色。

苍苍蒸民，谁无父母？提携捧负，畏其不寿。谁无兄弟？如足如手。谁无夫妇？如宾如友。生也何恩，杀之何咎？

天下的众多百姓，谁没有父母？尽心尽力地奉养，生怕他们不能安享天年。谁没有亲如手足的兄弟？谁没有相敬如宾的妻子？百姓活着，受过什么恩惠？又因为犯了什么罪过而遭杀害？

【苍苍】指上天。

其存其没，家莫闻知。人或有言，将信将疑。悁悁（yuān）心目，寤寐见之。布奠倾觞，哭望天涯。天地为愁，草木凄悲。吊祭不至，精魂无依。必有凶年，人其流离。呜呼噫嘻！时耶命耶？从古如斯。为之奈何？守在四夷。

他们是死是活，家中无从知道。即使听到有人传讯，也将信将疑。忧愁郁闷、触目伤心，时时刻刻记挂他们。亲人们摆下祭品，洒酒痛哭，远望天涯。天地为之忧愁，草木也凄凉悲苦。死者的在天之灵感知不到吊祭，他们的精魂也无处归依。何况战争之后，一定会出现灾荒年景，百姓难免流离失所。唉，可悲可叹！这是时势造成，还是命运导致？自古就是如此。怎样才能避免战争呢？只有宣扬教化、施行王道仁义，使四方民族都来替天子守卫疆土。

【悁悁】忧愁郁闷的样子。
【寤寐】醒和睡，指日夜、无时无刻。
【凶年】出自《老子》："大军之后，必有凶年。"
【守在四夷】出自《左传·昭公二十三年》："古者天子，守在四夷。"

古今异义

古 纠纷 今

交错纵横。

争执的事情。

通假字

苍苍蒸民：通"烝"，众多。

特殊句式

判断句：

此古战场也，常覆三军。

互文：

吾闻夫齐魏徭戍，荆韩召募。

历史背景

唐玄宗在统治中后期骄傲自满、好大喜功，驻守边疆的将帅为了升官领赏，频繁挑起对少数民族的战争，士兵伤亡惨重。例如，天宝八年（749），哥舒翰攻打吐蕃石堡城，唐军战死数万；天宝十年（751），鲜于仲通讨伐南诏，大败，唐军战死六万；同年，安禄山率军六万，讨伐契丹，结果已经降服的奚又叛变了，同契丹夹击唐军，安禄山大败，几乎全军覆没。

本篇名为"吊古"，其实讽今，表达了对不义战争的批判，对民众悲苦的同情。

作者介绍

李华，字遐叔，唐代散文家。天宝年间任监察御史，由于弹劾不法权贵，遭到忌恨，被降职为右补阙。"安史之乱"时被俘虏，出任凤阁舍人，收复长安后被贬为杭州司户参军。第二年因病去职，隐居山阳，唐代宗大历元年（766）病故。

他与萧颖士齐名，世称"萧李"。同萧颖士、颜真卿等人共倡古义，开韩愈、柳宗元古文运动之先河。他的文章主张"尊经""载道"，"大抵以五经为泉源""非夫子之旨不书"。

文化常识

开元天宝年间，不少著名诗人都有着和李华相近的情感、立场，指责朝廷穷兵黩武、不顾民生。

高适写下了《燕歌行》：

汉家烟尘在东北，汉将辞家破残贼。男儿本自重横行，天子非常赐颜色。摐（chuāng）金伐鼓下榆关，旌旆（pèi）逶迤碣石间。校尉羽书飞瀚海，单于猎火照狼山。山川萧条极边土，胡骑凭陵杂风雨。战士军前半死生，美人帐下犹歌舞！大漠穷秋塞草腓（féi），孤城落日斗兵稀。身当恩遇恒轻敌，力尽关山未解围。铁衣远戍辛勤久，玉箸应啼别离后。少妇城南欲断肠，征人蓟北空回首。边庭飘飖那可度，绝域苍茫更何有！杀气三时作阵云，寒声一夜传刁斗。相看白刃血纷纷，死节从来岂顾勋？君不见沙场征战苦，至今犹忆李将军！

李白写下了《战城南》：

去年战，桑干源；今年战，葱河道。洗兵条支海上波，放马天山雪中草。万里长征战，三军尽衰老。匈奴以杀戮为耕作，古来唯见白骨黄沙田。秦家筑城避胡处，汉家还有烽火燃。烽火燃不息，征战无已时。野战格斗死，败马号鸣向天悲。乌鸢啄人肠，衔飞上挂枯树枝。士卒涂草莽，将军空尔为。乃知兵者是凶器，圣人不得已而用之。

杜甫写下了《兵车行》：

车辚辚，马萧萧，行人弓箭各在腰。爷娘妻子走相送，尘埃不见咸阳桥。牵衣顿足拦道哭，哭声直上干云霄。道旁过者问行人，行人但云点行频。或从十五北防河，便至四十西营田。去时里正与裹头，归来头白还戍边。边庭流血成海水，武皇开边意未已。君不闻汉家山东二百州，千村万落生荆杞（qǐ）。纵有健妇把锄犁，禾生陇亩无东西。况复秦兵耐苦战，被驱不异犬与鸡。长者虽有问，役夫敢申恨？且如今年冬，未休关西卒。县官急索租，租税从何出？信知生男恶，反是生女好。生女犹得嫁比邻，生男埋没随百草。君不见，青海头，古来白骨无人收。新鬼烦冤旧鬼哭，天阴雨湿声啾啾。

陋室铭

—— （唐）刘禹锡

原文
逐句翻译
生僻字注音
字词意思解释

【铭】古代刻在器物上用来警戒自己或称述功德的文字。后来成为一种文体，通常用骈句，讲究对偶，文句整齐，辞藻华丽，朗朗上口。

古文　山不在高，有仙则名。水不在深，有龙则灵。

译文　山不在于高，有了神仙就会有名气。水不在于深，有了龙就会有灵气。

【在】在于。
【名】出名，著名。
【灵】神异。

古文　斯是陋室，惟吾德馨。

译文　这是简陋的房间，只是由于我品德高尚，就不觉得简陋了。

【斯】此，这。

41

古文 苔痕上阶绿，草色入帘青。

译文 苔痕爬到台阶上，使它透着绿意；草色映入帘子，让室内染上青色。

古文 谈笑有鸿儒，往来无白丁。

译文 在这里说说笑笑的都是博学的读书人，来来往往的没有谁胸无点墨。

【鸿儒】大学问家，指博学又品德高尚的读书人。
【白丁】平民，指没有功名的人。

古文 可以调素琴，阅金经。无丝竹之乱耳，无案牍（dú）之劳形。

译文 可以弹奏不加装饰的琴，阅读佛经。没有嘈杂的音乐声扰乱耳朵，没有官府的公文让身体劳累。

【调】调弄，指弹奏。
【金经】指佛经（佛经用泥金书写）。
【丝竹】乐器的总称，"丝"指弦乐器，"竹"指管乐器。
【案牍】官府的公文，泛指公务。
【劳】使动用法，让……劳累。
【形】形体，身体。

古文 南阳诸葛庐，西蜀子云亭。孔子云："何陋之有？"

译文 南阳有诸葛亮的草庐，西蜀有扬子云的"草玄亭"。孔子说："有什么简陋的呢？"

古今异义

古 **云** 今

说。　　　　　　　　　　云彩。

倒装句：

何陋之有？→有何陋？

"之"是助词，宾语前置的标志，无实际意义。

中唐时期，顺宗李诵继位，年号永贞，他重用亲信王叔文、王伾（pī）等人，实行改革，史称"永贞革新"。

刘禹锡一直有让朝政清明的抱负，所以他和柳宗元一道，成了革新集团的核心人物。然而，改革触动了藩镇、宦官和大官僚的利益，没多久就失败了。

刘禹锡被贬出京，在地方上当小官，生活条件恶劣，于是写下这篇《陋室铭》，托物言志。

刘禹锡，字梦得，中唐著名文学家，有"诗豪"之称。他和韩愈、柳宗元、白居易是好朋友。

南阳诸葛庐：三国时蜀汉丞相诸葛亮出山前，曾在南阳隆中隐居，"三顾茅庐"的故事就发生在那里。

西蜀子云亭：子云，是西汉时文学家扬雄的字。他是蜀郡成都人，博览群书，安贫乐道，给自己的书斋起名为"草玄亭"。

这两句的意思是，诸葛庐和子云亭都很简陋，然而居住的人很有名，照样受到大家的景仰。所以要效仿诸葛亮和扬雄，保持高洁的品格，看淡荣辱，不同流合污。

名人名言、典故如果用得贴切，可以起到"画龙点睛"的作用，几个字就能表达需要几十甚至上百字才能讲清楚的内容，让立论更有根据，也让言外之意更加丰富，令人回味无穷。

本篇最后援引了《论语·子罕》中的"君子居之，何陋之有"，不光表明这种想法、做法完全符合"圣人之道"，还暗指自己是"君子"。

小石潭记

—（唐）柳宗元

原文
逐句翻译
生僻字注音
字词意思解释

古文 从小丘西行百二十步，隔篁（huáng）竹，闻水声，如鸣珮（pèi）环，心乐（lè）之。

译文 从小丘向西走一百二十步，隔着竹林，听到了水声，就像人身上的环珮之类的玉饰相碰发出的响动，心里为之高兴。

【篁竹】竹林。
【乐】形容词意动用法（表示主观感受），以……为乐。

古文 伐竹取道，下见小潭，水尤清冽（liè）。全石以为底，近岸，卷（quán）石底以出，为坻（chí），为屿，为嵁（kān），为岩。

译文 砍掉竹子，开辟出道路，顺着往下走，看见一处小潭，其中的水格外清凉。小潭以整块石头为底，靠近岸边，石底有些部分翻卷过来露出水面，形成了水中高地、小岛、不平的石块、岩丘等。

【尤】格外，特别。
【清冽】清澈，清凉。
【坻】水中高地。
【嵁】不平的石块。

古文 青树翠蔓，蒙络摇缀，参（cēn）差（cī）披拂。

译文 青绿的树木，翠绿的藤蔓，遮掩缠绕，摇动下垂，参差不齐，随风飘拂。

古文 潭中鱼可百许头，皆若空游无所依。日光下澈，影布石上，佁（yǐ）然不动，俶（chù）尔远逝，往来翕（xī）忽，似与游者相乐。

译文 小潭中的鱼有一百来条，都好像在空中游动，没有什么凭依。阳光往下一直照到潭底，鱼的影子映在石头上。它们呆呆地静止不动，忽然又向远处游去，来来往往轻快敏捷，好似在跟游人逗着玩。

【可】大约。
【佁然】静止不动的样子。
【俶尔】忽然。
【翕忽】轻快敏捷的样子。

古文

潭西南而望，斗折蛇行，明灭可见。其岸势犬牙差互，不可知其源。

译文

向小潭西南边望去，溪流像北斗七星那样曲折，又像蛇那样蜿蜒前行，时隐时现，忽明忽暗。它两岸的形状像狗牙那样参差不齐，不知道源头在哪里。

古文

坐潭上，四面竹树环合，寂寥无人，凄神寒骨，悄（qiǎo）怆（chuàng）幽邃（suì）。以其境过清，不可久居，乃记之而去。

【寂寥】寂静寥落。
【凄】使动用法，让……觉得凄凉。
【寒】使动用法，让……觉得寒冷。
【悄怆】凄凉。
【邃】深远。

译文

坐在小潭旁边，四面被竹子和树木包围着，静悄悄的，空无一人。这氛围让人觉得心神凄凉、寒气透骨，幽静深远，弥漫着忧伤的气息。由于环境太过清冷，不能长时间停留，就记下这里的景致，离开了。

古文 　　同游者：吴武陵，龚（gōng）古，余弟宗玄。隶（lì）而从者，崔氏二小生，曰恕己，曰奉壹（yī）。

译文 　　一同游玩的有吴武陵、龚古和我弟弟柳宗玄。跟着去的还有两个姓崔的年轻人，一个叫恕己，另一个叫奉壹。

【隶】附属，随从。

古今异义

古　**闻**　今

听到。

用鼻子感受气味。

 古 **许** 今

用在数词后，表示大约。

允许。

 古 **居** 今

停留。

居住。

 古 **小生** 今

年轻人。

戏曲中的一种行当，扮演青年男子。

特殊句式

倒装句：

如鸣珮环。→如珮环鸣。

全石以为底。→以全石为底。

卷石底以出。→石底卷以出。

作者介绍

配套阅读：《文言文其实很简单·人物卷》中的《柳子厚墓志铭》。

历史背景

柳宗元被贬官以后，为了排遣内心的愤懑和忧伤，常常寻访山水。永州的景致幽深秀丽，却由于太过偏僻荒芜，一直遭到世人漠视。

这激起了柳宗元的共鸣，他寓情于景，写了八篇游记：《始得西山宴游记》、《钴鉧（gǔ mǔ，熨斗）潭记》、《钴鉧潭西小丘记》、《至小丘西小石潭记》（即本篇）、《袁家渴（hè，水的支流）记》、《石渠记》、《石涧记》、《小石城山记》，并称"永州八记"。

黔之驴

—— （唐）柳宗元

原文
逐句翻译
生僻字注音
字词意思解释

古文 黔（qián）无驴，有好事者船载以入。至则无可用，放之山下。

译文 黔这个地方本来没有驴，有喜欢多事的人用船运进来一头。到了以后却没什么用处，就把它放去山下。

【黔】即唐朝的黔中道，治所是现在的重庆彭水，辖区相当于贵州大部，加上重庆、湖北、湖南的一部分。现在是贵州省的别称。

古文 虎见之，庞然大物也，以为神，蔽林间窥之。稍出近之，慭（yìn）慭然，莫相知。

译文 老虎看到它个头很大，觉得是神奇的东西，便躲在树林里偷偷看它。后来渐渐出来靠近它，谨慎而疑惑，不知道它有什么本领。

【慭慭然】惊恐疑惑、小心谨慎的样子。

51

【且】将要，就要。

古文 他日，驴一鸣，虎大骇，远遁（dùn）；以为且噬（shì）己也，甚恐。

译文 某天，驴叫了一声，老虎非常惊骇，跑得远远的；它觉得驴就要吞噬自己，非常害怕。

古文 然往来视之，觉无异能者；益习其声，又近出前后，终不敢搏。

译文 然而来来往往地观察它，觉得并没有特别的能力。老虎越来越熟悉驴的叫声，又前前后后地靠近它，可是终究不敢同它搏斗。

古文 稍近，益狎（xiá），
荡倚冲冒。驴不胜怒，
蹄之。

译文 老虎渐渐地靠近驴，态度越
来越轻侮，它尝试碰撞、倚
靠、冲去、冒犯驴。驴禁不
住发怒，用蹄子踢它。

> 【狎】态度亲近而
> 不庄重。
> 【荡】碰撞。

古文 虎因喜，计之曰："技止此耳！"
因跳踉（liáng）大㘎（hǎn），断
其喉，尽其肉，乃去。

> 【㘎】吼叫。

译文 老虎因此很高兴，盘算道："它的本领只不过如
此罢了！"于是跳起来大吼一声，咬断了驴的喉
咙，吃光了它的肉，然后才离开。

53

古文

噫！形之庞也类有德，声之宏也类有能。向不出其技，虎虽猛，疑畏，卒不敢取。今若是焉，悲夫！

译文

唉！外形庞大好像有德行，声音洪亮好像有能耐。当初如果不使出它的本领，老虎即使凶猛，却多疑、畏惧，终究不敢猎取它。如今落得这么个下场，真是可悲啊！

【类】好像。
【向】以前，当初。

历史背景

柳宗元被贬为永州司马期间，写了一组题为《三戒》的寓言，包括《临江之麋（mí）》《黔之驴》《永某氏之鼠》，讽刺的是某些仗势欺人、得意忘形却并无本领的上层人物。他警示世人，要是没有自知之明，只会胡作非为，必然会招来祸患。

文化常识

成语"黔驴技穷"就源自这里，形容有限的一点儿本领也用完了。

爱莲说

—— （北宋）周敦颐

原文
逐句翻译
生僻字注音
字词意思解释

古文 水陆草木之花，可爱者甚蕃（fán）。

译文 水生陆生、草本木本的花，值得喜爱的非常多。

【蕃】多。

古文 晋陶渊明独爱菊。

译文 东晋的陶渊明只喜欢菊花。

自李唐来，世人盛爱牡丹。

译文 自唐朝以来，世人极其喜欢牡丹。

古文 予独爱莲之出淤泥而不染，濯（zhuó）清涟（lián）而不妖，中通外直，不蔓不枝，香远益清，亭亭净植，可远观而不可亵（xiè）玩焉。

译文 我只喜欢莲花从淤泥中长出来，却不被污染；在清水中洗涤过，不显得妖艳。它的茎中间是空的，外面挺直，没有多余的枝蔓，香气远播，越发让人感觉清雅，洁净地在水中亭亭玉立，可以远远地观赏，却不能随意玩弄。

【濯】洗涤。
【涟】水面上的波纹。
【亵玩】亲近而轻慢地玩弄。

古文 予谓菊，花之隐逸者也；牡丹，花之富贵者也；莲，花之君子者也。

译文 在我看来，菊花是花中的隐士；牡丹是花中的富贵者；而莲花，是花中品德高尚的君子。

古文 噫！菊之爱，陶后鲜（xiǎn）有闻。莲之爱，同予者何人？牡丹之爱，宜乎众矣。

译文 唉！对菊花的喜爱，陶渊明以后几乎没有听说。对莲花的喜爱，同我一样的还有谁呢？对牡丹的喜爱，当然就有很多人了。

【鲜】少。
【宜】当然，应该。

古今异义

古 **植** 今

立。

栽种。

特殊句式

判断句：

予谓菊，花之隐逸者也；牡丹，花之富贵者也；莲，花之君子者也。

作者介绍

周敦颐，字茂叔，世称濂（lián）溪先生，北宋哲学家。著有《太极图说》《通书》等。南宋宁宗赐他谥号"元"，所以又称周元公。

他被公认为理学的重要创始人，他提出的无极、太极、阴阳、五行、动静、性命、至诚、无欲、顺化等基本概念，在后世被反复讨论，是理学体系中的重要内容。

他生前学术地位并不高，然而是著名理学家"二程"（程颐、程颢兄弟）的老师，南宋时的理学大家朱熹也对他非常推崇。到理宗朝，他从祀孔庙，正式得到了朝廷认可。

陶渊明的不少诗里都提到了菊花——

《饮酒（其五）》：结庐在人境，而无车马喧。问君何能尔？心远地自偏。采菊东篱下，悠然见南山。山气日夕佳，飞鸟相与还。此中有真意，欲辨已忘言。

《饮酒（其七）》：秋菊有佳色，裛（yì，沾湿）露掇（duō，采摘）其英。泛此忘忧物，远我遗世情。一觞虽独进，杯尽壶自倾。日入群动息，归鸟趋林鸣。啸傲东轩下，聊复得此生。

唐诗中提到牡丹的篇目也很多——

刘禹锡《赏牡丹》：庭前芍药妖无格，池上芙蕖（qú，莲花）净少情。唯有牡丹真国色，花开时节动京城。

白居易《买花》：帝城春欲暮，喧喧车马度。共道牡丹时，相随买花去。贵贱无常价，酬值看花数：灼灼百朵红，戋戋（jiān）五束素。上张幄幕庇，旁织笆篱护。水洒复泥封，移来色如故。家家习为俗，人人迷不悟。有一田舍翁，偶来买花处。低头独长叹，此叹无人喻：一丛深色花，十户中人赋！

罗隐《牡丹花》：似共东风别有因，绛罗高卷不胜春。若教解语应倾国，任是无情亦动人。芍药与君为近侍，芙蓉何处避芳尘。可怜韩令功成后，辜负秾（nóng）华过此身。

岳阳楼记

—— （北宋）范仲淹

原文
逐句翻译
生僻字注音
字词意思解释

古文

庆历四年春，滕子京谪（zhé）守巴陵郡。越明年，政通人和，百废具兴。

译文

庆历四年春天，滕子京被降职为岳州知州。到了第二年，政务通达顺利，百姓和乐，各种荒废的事业都兴办起来了。

【谪】降职，贬官。
【守】指做州郡的太守。
【巴陵郡】隋唐时地名，即现在的湖南岳阳，宋朝称为岳州。古人提到地名、官名时，会借用历史更悠久的称呼来增加文章的底蕴。

古文

乃重修岳阳楼，增其旧制，刻唐贤今人诗赋于其上，属予作文以记之。

译文

于是重新修建岳阳楼，扩大它原有的规模，把唐朝名家和当代文人的诗赋刻在上面，嘱托我写一篇文章，来记述这件事。

予观夫巴陵胜状，在洞庭一湖。衔远山，吞长江，浩浩汤（shāng）汤，横无际涯，朝晖夕阴，气象万千，此则岳阳楼之大观也，前人之述备矣。然则北通巫峡，南极潇湘，迁客骚人，多会于此，览物之情，得无异乎？

照我看，岳州的美好景色全在洞庭这一个湖上。它衔接着远方的山峦，吞吐着壮阔的长江，浩浩荡荡，无边无际，早上阳光灿烂，傍晚浓云笼罩，气象开阔，千变万化。这就是岳阳楼的雄伟景象，前人的记述已经很详尽了。然而它向北通到巫峡，向南直抵潇湘二水，被贬谪的官吏和来来往往的诗人，大多在这里相聚，他们观赏景物触发的感情，只怕会有所不同吧？

【浩浩汤汤】水势壮阔的样子。
【横】广远。
【际涯】边界。
【晖】日光。

【骚人】诗人。战国时期屈原作《离骚》，因此得名。
【览】观看，欣赏。

若夫淫雨霏霏，连月不开，阴风怒号（háo），浊浪排空；日星隐曜（yào），山岳潜形；商旅不行，樯（qiáng）倾楫（jí）摧；薄暮冥冥，虎啸猿啼。登斯楼也，则有去国怀乡，忧谗畏讥，满目萧然，感极而悲者矣。

在那种阴雨连绵、接连几个月不放晴的日子里，阴惨的风怒吼，浑浊的浪冲向天空；太阳和星辰收敛起光芒，山岳隐藏了巍峨的形体；商人和旅客不能前行，桅杆倒下，船桨折断；傍晚天色昏黑，老虎长啸，猿猴悲啼。登上这座楼，就会觉得离开国都、怀念家乡，担心别人说坏话，惧怕批评指责，满眼萧条景象，感慨到了极点，心情悲凉。

【若夫】用在一段话的开头，引起下文。
【淫雨】连绵不断的雨。
【霏霏】雨或雪繁密的样子。
【曜】光芒，日光。
【山岳潜形】山岳隐没了形体。岳：高大的山。
潜：隐没。形：形迹。

【樯】桅杆。
【楫】船桨。
【摧】折断。
【薄】迫近。
【冥冥】昏暗的样子。
【斯】这。

至若春和景明，波澜不惊，上下天光，一碧万顷，沙鸥翔集，锦鳞游泳，岸芷（zhǐ）汀（tīng）兰，郁郁青青。

到了春风和煦、阳光明媚的时节，水面平静，没有惊涛骇浪，天色湖光相连，一片碧绿，广阔无际。沙鸥时而飞翔、时而停歇，斑斓的鱼儿或浮或沉，岸上的香草和小洲上的兰花颇为繁茂，青翠欲滴。

【至若】类似前面的"若夫"。
【景】日光。
【集】鸟停息在树上。
【游】浮在水面上。
【泳】潜入水里。
【汀】小洲，水边平地。
【郁郁】草木茂盛的样子。

而或长烟一空，皓月千里，浮光跃金，静影沉璧，渔歌互答，此乐何极！登斯楼也，则有心旷神怡，宠辱偕（xié）忘，把酒临风，其喜洋洋者矣。

【极】穷尽。
【偕】一起。

有时大片烟雾完全消散，皎洁的月光朗照千里，水波闪动着金色，静静的月影像沉入水中的璧玉，渔夫用歌声互相应答，这种乐趣真是无穷无尽！登上这座楼，就会感到心胸开阔、精神爽朗，光荣和屈辱一起忘掉，端着酒杯，迎着和风，真是喜气洋洋。

嗟夫！予尝求古仁人之心，或异二者之为，何哉？不以物喜，不以己悲。居庙堂之高则忧其民，处江湖之远则忧其君。

63

译文 唉！我曾经探求古时候品德高尚之人的思想感情，或许和以上这两种并不相同，为什么呢？原来他们不会因外物的好坏和自己的得失而或喜或悲。在朝廷任职就担忧百姓生活不安稳，在民间闲居就担忧君王施政不清明。

【庙堂】宗庙和殿堂，指朝廷。
【江湖】三江五湖，泛指四方之地、远离统治阶层的民间、隐士所居之处。后来也指侠客、草莽英雄的活动场所。

古文　是**进**亦忧，**退**亦忧。然则何时而乐耶？其必曰"先天下之忧而忧，后天下之乐而乐"乎。噫！微斯人，吾谁与归？

时六年九月十五日。

译文　这样的话，他们无论当不当官都会担忧。那么什么时候才会快乐呢？他们一定会说"在天下人担忧之前先担忧，在天下人快乐之后才快乐"。唉！如果没有这种人，我同谁一道呢？

写于庆历六年九月十五日。

【进】在朝廷做官，对应上文的"居庙堂之高"。
【退】不在朝廷做官，对应上文的"处江湖之远"。

古今异义

 古 **制** 今

规模。

制度。

_____

_____

 古 **去** 今

离开。

前往。

_____

_____

 古 **尝** 今

曾经。

尝试，品尝。

_____

_____

古 微 今

（如果）没有。

小，弱。

通假字

百废具兴：通"俱"，全，都。

属予作文以记之：通"嘱"，嘱托。

特殊句式

判断句：

此则岳阳楼之大观也。

倒装句：

刻唐贤今人诗赋于其上。→于其上刻唐贤今人诗赋。

迁客骚人，多会于此。→迁客骚人，多于此会。

微斯人，吾谁与归？→微斯人吾与谁归？

互文：

不以物喜，不以己悲。

范仲淹，字希文，北宋政治家、文学家，谥号文正。他幼年时父亲早逝，家境贫寒，母亲无奈再嫁，他随继父姓氏，取名朱说。数年寒窗苦读之后，他中了进士，改回原名。

他直言敢谏，致力于革除弊政，因此仕途不算顺利，多次被贬。然而不管在什么职位上，他都能干出一番事业。例如，坐镇西北边关期间，他赏罚严明，西夏不敢轻易来犯。

"庆历新政"失败后，他一直担任地方官，没能再进入朝廷中枢，七年后去世，享年六十四岁。

历史背景

北宋仁宗庆历年间，针对腐败盛行、军队战斗力差、法令冗杂等问题，皇帝任用范仲淹、富弼、韩琦、欧阳修等人实行改革，主要措施有整顿吏治、重视农桑、加强军备、减轻百姓负担等，史称"庆历新政"。

改革颇得民心，也提高了行政效率。然而，它触动了高官、大地主和大商人的利益，面临着很大的阻力。皇帝后来动摇了，不过一年多，主持改革的臣子就接连被逐出朝廷。范仲淹被免掉了参知政事的职务，贬到邓州。"庆历新政"以失败告终。

滕子京名叫宗谅，是范仲淹的好友，他性情豪爽，乐善好施。反对改革的那些大臣为了找到攻击范仲淹等人的理由，陷害滕宗谅，给他扣上罪名、监禁审讯，然后贬官。

文化常识

岳阳楼在唐朝时就堪称名胜，不少诗人都留下了描绘它的佳作。

孟浩然《望洞庭湖赠张丞相》：

八月湖水平，涵虚混太清。气蒸云梦泽，波撼岳阳城。欲济无舟楫，端居耻圣明。坐观垂钓者，徒有羡鱼情。

杜甫《登岳阳楼》：

昔闻洞庭水，今上岳阳楼。吴楚东南坼（chè，裂开），乾坤日夜浮。亲朋无一字，老病有孤舟。戎马关山北，凭轩涕泗流。

醉翁亭记

—— （北宋）欧阳修

原文
逐句翻译
生僻字注音
字词意思解释

古文

环滁（chú）皆山也。其西南诸峰，林壑（hè）尤美，望之蔚然而深秀者，琅琊（láng yá）也。

译文

环绕着滁州城，四面都是山。西南方的几座峰峦，林子和山谷格外美好。远远望去，树木茂盛、又幽深又秀丽的，是琅琊山。

【滁】现在的安徽滁州。
【壑】山谷，深沟。
【尤】格外，特别。
【蔚然】草木茂盛的样子。

古文

山行六七里，渐闻水声潺（chán）潺，而泻出于两峰之间者，酿泉也。峰回路转，有亭翼然临于泉上者，醉翁亭也。

译文

沿着山路走六七里，渐渐听到潺潺的流水声，自两座峰峦之间倾泻而出的，就是酿泉。山势回环，路也随之拐弯，有一座亭子跟飞鸟展翅似的高高架在泉上，就是醉翁亭。

【翼然】像鸟张开翅膀一样。然：……的样子。

作亭者谁？山之僧智仙也。名之者谁？太守自谓也。太守与客来饮于此，饮少辄醉，而年又最高，故自号曰醉翁也。醉翁之意不在酒，在乎山水之间也。山水之乐，得之心而寓之酒也。

建造亭子的是谁？山里的和尚智仙。给它取名的是谁？自号"醉翁"的滁州太守。太守和宾客来这里喝酒，只喝一点儿就醉了，而且年纪又最大，所以给自己起了个别号"醉翁"。醉翁的情趣不在于喝酒，而在于欣赏美好的山水。欣赏美好山水的乐趣，领会于心间，寄托在酒上。

【太守】州郡的长官。
【寓】寄托。

若夫日出而林霏开，云归而岩穴暝，晦（huì）明变化者，山间之朝暮也。野芳发而幽香，佳木秀而繁阴，风霜高洁，水落而石出者，山间之四时也。朝而往，暮而归，四时之景不同，而乐亦无穷也。

太阳升起时，林间的雾霭消散；云雾聚拢，山谷就显得昏暗了。这种明暗变化，就是山中的早上和傍晚。在春天，野花绽放，幽香沁人心脾；在夏天，美好的树木枝繁叶茂，形成一大片绿荫；在秋天，天高气爽，霜色洁白；在冬天，水位回落，露出石头。这就是山中的四季。早上前去，傍晚归来，四季景色不同，乐趣也无穷无尽。

【晦】昏暗。
【秀】茂盛，繁茂。

至于负者歌于途，行者休于树，前者呼，后者应，伛偻（yǔ lǚ）提携，往来而不绝者，滁人游也。

至于背着东西的人在路上唱歌，行路的人在树下休息，前面的招呼，后面的答应，老人弯着腰，小孩子由大人领着，来来往往不断，是滁州人在游山玩水。

【伛偻】弯腰驼背的样子，指老年人。
【提携】指小孩子，需要由大人牵着或抱着。

古文 临溪而渔，溪深而鱼肥；酿泉为酒，泉香而酒洌（liè）。山肴野蔌（sù），杂然而前陈者，太守宴也。宴酣之乐，非丝非竹，射者中，弈者胜，觥（gōng）筹交错，起坐而喧哗者，众宾欢也。苍颜白发，颓然乎其间者，太守醉也。

译文 到溪边捕鱼，溪水挺深，鱼肉肥美；用酿泉造酒，泉水香，酒也清醇。山珍野菜，横七竖八地摆在面前，是太守设下的宴席。宴会喝酒酣畅的乐趣，不在于音乐；投壶的中了，下棋的赢了，酒杯和酒筹交互错杂；时起时坐大声喧闹的，是欢乐的宾客们。有个人容颜苍老、头发花白，醉醺醺地靠在大家中间，是喝醉了的太守。

【洌】清。
【蔌】蔬菜。
【觥】酒杯。
【筹】酒筹，宴席上行令或游戏时饮酒计数的筹码。
【颓然】原意是精神不振的样子，这里形容醉态，倒下的样子。

古文 已而夕阳在山，人影散乱，太守归而宾客从也。树林阴翳，鸣声上下，游人去而禽鸟乐也。

译文 不久，太阳下山了，人影散乱，宾客跟随太守回去了。树林浓密，遮蔽光线，上上下下一片鸟鸣，游人离开后，它们欢唱。

【已而】不久。

古文 然而禽鸟知山林之乐，而不知人之乐；人知从太守游而乐，而不知太守之乐其乐也。醉能同其乐，醒能述以文者，太守也。太守谓谁？庐陵欧阳修也。

译文 但是禽鸟知道山林中的快乐，并不知道人们的快乐；人们知道跟随太守游玩的快乐，并不知道太守以他们的快乐为快乐。醉了能和大家一起享受乐趣，酒醒后能用文章记述这件事的人，就是太守。太守是谁呢？是庐陵欧阳修。

特殊句式

本篇的一大特色，是从头到尾运用"……者，……也"，它们都属于判断句。

倒装句：

至于负者歌于途，行者休于树。→至于负者于途歌，行者于树休。

醒能述以文者，太守也。→醒能以文述（之）者，太守也。
同时是省略句，翻译时需要将指代这件事的"之"补充出来。

本篇的写作时间是北宋仁宗庆历五年（1045），当时欧阳修担任滁州太守。之前他积极参与"庆历新政"，因此得罪了反对改革的那些人，被贬出京。

到滁州以后，他发展生产，让当地人过上了相对安定丰足的生活。可是，他照样因朝廷不思进取、暮气沉沉而担忧，只能纵情山水、与民同乐，来排遣苦闷的心情。自号"醉翁"时，他不到四十岁，其实还是盛年。

本篇末尾，作者自称"庐陵欧阳修"。他是吉州永丰（现在的江西永丰）人，吉州原先叫作庐陵郡，欧阳家是那里的大族。

用籍贯或郡望（魏晋隋唐时每郡的显贵世家）来自称或称呼他人，在诗文中相当常见，如"杜陵叟"（杜甫）、"柳河东"（柳宗元）、"韩昌黎"（韩愈）等。

"六一居士"是哪"六一"？

欧阳修对朋友说："吾家藏书一万卷，集录三代以来金石遗文一千卷，有琴一张，有棋一局，而常置酒一壶。以吾一翁，老于此五物之间，是岂不为六一乎？"

欧阳修，字永叔，号醉翁，又号六一居士，谥号文忠。北宋政治家、文学家、史学家。参与合修《新唐书》，独自撰写《新五代史》。北宋古文运动的倡导者和领袖，与韩愈、柳宗元、王安石、苏洵、苏轼、苏辙、曾巩合称"唐宋八大家"。

据说在初稿开头，欧阳修列举了滁州四面许多山的名字，然而在我们看到的定稿里，只留下了五个字："环滁皆山也。"

写作文时要注意详略，将笔墨花在最需要重点展开的地方。和主旨无关的内容哪怕再有趣，也要严格控制篇幅，以免喧宾夺主。

秋声赋

—— （北宋）欧阳修

原文
逐句翻译
生僻字注音
字词意思解释

古文

欧阳子方夜读书，闻有声自西南来者，悚（sǒng）然而听之，曰："异哉！"初淅沥以萧飒，忽奔腾而砰湃，如波涛夜惊，风雨骤至。其触于物也，鏦（cōng）鏦铮铮，金铁皆鸣；又如赴敌之兵，衔枚疾走，不闻号令，但闻人马之行声。

译文

欧阳先生夜里正在读书，听到有声音从西南方向传来，心里不禁悚然，一听，惊讶道："奇怪啊！"初听时像淅淅沥沥的雨声，还夹杂着萧萧飒飒的风吹树木声，而后忽然变得汹涌澎湃，像是江河夜间波涛突起、风雨骤然而至。它碰到物体上，叮叮当当，发出铿锵之声，好像金属撞击；又好像衔枚迅速推进、去袭击敌人的军队，听不到任何号令，只听见人马前行的声音。

【悚然】惊惧的样子。
【鏦鏦铮铮】金属相击的声音。
【衔枚】行军或袭击敌军时，让士兵衔枚，以防止出声。枚的形状像竹筷，衔在口中，两端有带子，系在脖颈上。

古文

余谓童子："此何声也？汝出视之。"

童子曰："星月皎洁，明河在天，四无人声，声在树间。"

译文

我对书童说："这是什么声音？你出去看看。"

书童回答道："月色皎皎、星光灿烂，浩瀚银河高悬中天，四下没有人的声音，那声音来自树林间。"

【明河】天河，银河。

古文

余曰："噫嘻悲哉！此秋声也，胡为而来哉？盖夫秋之为状也：其色惨淡，烟霏云敛；其容清明，天高日晶；其气栗冽，砭（biān）人肌骨；其意萧条，山川寂寥。故其为声也，凄凄切切，呼号愤发。"

译文

我叹息道："唉，可悲啊！这就是秋声呀，它为何而来呢？秋天大概是这样的：它的色调暗淡，云气烟霭飘散；它的形貌清新明净，天空高远，日色明亮；它的气息寒冷，刺人肌骨；它的意境萧瑟苍凉，山河寂寞空旷。所以它发出的声音时而凄切低沉，时而呼啸激烈。"

【状】模样，情状。
【晶】明亮。
【栗冽】凛冽，寒冷。
【砭】古代用来治病的石针，这里是刺的意思。

"丰草绿缛（rù）而争茂，佳木葱茏（cōng lóng）而可悦。草拂之而色变，木遭之而叶脱。其所以摧败零落者，乃其一气之余烈。"

【缛】繁密，繁茂。
【一气】指构成天地万物的太一混然之气。
【余烈】余威。

译文

"绿草浓密丰美，争相繁茂；美好的树木青翠茂盛，让人感觉快乐。然而，一旦秋风拂过，草就要变色，树就要落叶。它之所以能让花草树木摧折凋零，是因为它有一种肃杀秋气的余威。"

古文

"夫秋，刑官也，于时为阴；又兵象也，于行用金，是谓天地之义气，常以肃杀而为心。天之于物，春生秋实，故其在乐也，商声主西方之音，夷则为七月之律。商，伤也，物既老而悲伤；夷，戮也，物过盛而当杀。"

译文

"秋天，在职官上对应刑罚之官，在季节上属于阴；又象征着用兵，在五行上属于金。这就是所谓的'天地之义气'，常常以肃杀为本心。大自然对于万物，是要它们在春天生长，秋天结实。所以，秋天在音乐的五声中属于商声。商声是代表西方的调子，夷则是七月的曲律。商，也就是'伤'，事物衰老了就会悲伤；夷，是杀戮的意思，事物过了繁盛期就会遭到摧折。"

【义气】刚正之气。

"嗟乎！草木无情，有时飘零。人为动物，惟物之灵，百忧感其心，万事劳其形，有动于中，必摇其精。而况思其力之所不及，忧其智之所不能；宜其渥（wò）然丹者为槁木，黟（yī）然黑者为星星。奈何以非金石之质，欲与草木而争荣？念谁为之戕（qiāng）贼，亦何恨乎秋声！"

"唉！草木本来无情，尚有衰败零落之时。人是动物，在万物中又最有灵性，万千忧愁煎熬心绪，无数琐碎烦恼的事来让身体劳累，只要内心被外物触动，就一定会耗费精神。更何况常常思考自己的力量所做不到的事情，忧虑自己的智慧所不能解决的问题；自然会使红润的面色变得苍老枯槁，乌黑的须发变得花白。人为什么要用并非金石的肌体，去同草木竞争一时的荣盛呢？仔细思量自己究竟是被什么摧残伤害，又何必去怨恨这秋声！"

【摇】耗费。
【渥】红润。
【黟】黑。
【戕贼】伤害，残害。

童子莫对，垂头而睡。但闻四壁虫声唧唧，如助予之叹息。

书童没有回答，低头沉沉睡去。只听到四壁虫鸣唧唧，像是在附和我的叹息。

古今异义

古 **星星** 今

鬓发花白的样子。

夜空中发光的天体。

通假字

忽奔腾而砰湃：通"澎湃"，波涛汹涌的样子。

有动于中：通"衷"，内心。

特殊句式

判断句：

此何声也？

此秋声也。

其所以摧败零落者，乃其一气之余烈。

夫秋，刑官也，于时为阴；又兵象也，于行为金。

夷则为七月之律。

商，伤也，物既老而悲伤；夷，戮也，物过盛而当杀。

人为动物，惟物之灵。

倒装句：

胡为而来哉？→为胡而来哉？

有动于中。→于中有动。

被动句：

念谁为之戕贼。

本篇写于北宋仁宗嘉祐四年（1059），欧阳修五十三岁。他晚年回京任职，虽然身居高位，却经历了好几次政治变动，回首往事，心情郁结，感慨人生短暂。

《周礼》把职官同天、地、春、夏、秋、冬相配，称为"六官"。

天官冢宰，是百官之长，六卿之首。也称太宰，掌管王家财务及宫内事务。后世指吏部尚书。

地官司徒，掌管教化。后世指户部尚书。

春官宗伯，掌管礼仪祭祀。后世指礼部尚书。

夏官司马，掌管军政。后世指兵部尚书。

秋官司寇，掌管刑罚。后世指刑部尚书。

冬官司空，掌管工程营建。后世指工部尚书。

在古人看来，春夏为阳，秋冬为阴。

季节和五行、颜色、方位、五脏、五声、四神分别对应，体现了"天人合一"的思想：

春属木，为绿色，对应东方，肝，角，青龙；

夏属火，为红色，对应南方，心，徵，朱雀；

秋属金，为白色，对应西方，肺，商，白虎；

冬属水，为黑色，对应北方，肾，羽，玄武。

石钟山记

—— （北宋）苏轼

原文
逐句翻译
生僻字注音
字词意思解释

古文

《水经》云："彭蠡（lǐ）之口有石钟山焉。"郦元以为下临深潭，微风鼓浪，水石相搏，声如洪钟。是说也，人常疑之。今以钟磬（qìng）置水中，虽大风浪不能鸣也，而况石乎！

译文

《水经》说："鄱阳湖口有一座石钟山。"郦道元认为，它得名的原因是下面对着深潭，微风鼓动波浪，湖水和石头互相拍打，发出的声音好像大钟。这种说法，人们常常怀疑。现在把钟和磬放在水中，即使大风大浪也不能让它们发出声响，何况石头呢！

> 【彭蠡】鄱阳湖的别称。
> 【磬】古代的一种打击乐器，形状像曲尺，用玉或石制成。

古文

至唐李渤始访其遗踪，得双石于潭上，扣而聆（líng）之，南声函胡，北音清越，桴（fú）止响腾，余韵徐歇。自以为得之矣。然是说也，余尤疑之。石之铿（kēng）然有声者，所在皆是也，而此独以钟名，何哉？

译文 到了唐朝，李渤才开始寻访石钟山的所在地，在深潭边找到两块石头，敲击它们，聆听声音，南边那块发出的声音厚重而模糊，北边那块发出的声音清脆而响亮，鼓槌停止敲击，声音还在传播，余音慢慢消失。他认为自己找到了石钟山得名的原因。但是这种说法，我更加怀疑。敲击后能发出铿锵声响的石头，到处都是，可只有这座山用钟来命名，这是为什么呢？

【李渤】号白鹿先生，后世的白鹿洞书院就是在他隐居、读书的地方兴建的。曾出任江州刺史、给事中等，博学多才，有"李万卷"之称。曾写过《辨石钟山记》。
【遗踪】旧址，这里指所在地。
【桴】鼓槌。

古文 元丰七年六月丁丑，余自齐安舟行适临汝，而长子迈将赴饶之德兴尉，送之至湖口，因得观所谓石钟者。寺僧使小童持斧，于乱石间择其一二扣之，硿（kōng）硿焉，余固笑而不信也。

译文 元丰七年（1084）六月初九，我从齐安坐船到临汝去，大儿子苏迈将要就任饶州德兴的县尉，我送他到湖口，因而得以看到石钟山。庙里的和尚让小童拿着斧头，在乱石中间选一两块敲打，发出硿硿的声响，我只是笑笑，并不相信。

【齐安】现在的湖北黄冈西北。
【适】到，往。
【临汝】即汝州，现在的河南临汝。
【赴】赴任、就职。
【硿硿】拟声词。
【焉】相当于"然"。

至莫夜月明，独与迈乘小舟，至绝壁下。大石侧立千尺，如猛兽奇鬼，森然欲搏人；而山上栖鹘（hú），闻人声亦惊起，磔（zhé）磔云霄间；又有若老人咳且笑于山谷中者，或曰："此鹳鹤也。"

到了晚上，月光明亮，单独同苏迈坐着小船，到绝壁下面。巨大的山石立在旁边，高达千尺，好像凶猛的野兽和奇异的鬼怪，阴森森地想要攻击人；山上栖息着鹘鹰，听到人声也受惊飞起来，在云霄间磔磔鸣叫；又有像老人在山谷中咳嗽并且大笑的声音，有人说："这是鹳鹤。"

【鹘】一种猛禽，即隼。

余方心动欲还，而大声发于水上，噌吰（chēng hóng）如钟鼓不绝。舟人大恐。徐而察之，则山下皆石穴罅（xià），不知其浅深，微波入焉，涵澹澎湃而为此也。

82

我正心里害怕，想要回去，却听到水上发出巨大的声音，洪亮连续，像是敲钟击鼓。船夫非常惊恐。我慢慢地观察，原来山下都是石头的孔洞和缝隙，不知道有多深，微小的水波涌进去，在里面激荡澎湃，因而制造出这种声音。

【噌吰】形容钟声洪亮。
【舟人】船夫。
【罅】裂缝。

古文

舟回至两山间，将入港口，有大石当中流，可坐百人，空中而多窍，与风水相吞吐，有窾（kuǎn）坎镗（tāng）鞳（tà）之声，与向之噌吰者相应，如乐作焉。因笑谓迈曰："汝识（zhì）之乎？噌吰者，周景王之无射（yì）也；窾坎镗鞳者，魏庄子之歌钟也。古之人不余欺也！"

译文

船回到两山之间，将要进入港口，有块大石头挡在水流中央，上面能坐百人，中间是空的，还有许多窟窿，风卷着水灌进去，一吞一吐，发出窾坎镗鞳的响声，同先前的噌吰相互应和，好像演奏乐曲。于是我笑着对苏迈说："你知道吗？那噌吰的响声，是周景王的无射钟；窾坎镗鞳的响声，是魏庄子的歌钟。古人没有欺骗我啊！"

【窍】窟窿。
【识】知道。

事不目见耳闻，而臆断其有无，可乎？郦元之所见闻，殆与余同，而言之不详；士大夫终不肯以小舟夜泊绝壁之下，故莫能知；而渔工水师虽知而不能言。此世所以不传也。

凡事不亲眼看到、亲耳听到，只凭主观想象去猜测有还是没有，可以吗？郦道元的所见所闻大概和我一样，但是描述得不详细；士大夫终究不乐意夜里乘着小船停泊在绝壁下面，所以没有谁能知道真相；渔人和船夫虽然知道，却不能用文字记载。这就是石钟山得名的缘故未能流传于世的原因。

【殆】大概。

而陋者乃以斧斤考击而求之，自以为得其实。余是以记之，盖叹郦元之简，而笑李渤之陋也。

然而浅陋的人竟然用斧头敲打石头，来寻求石钟山得名的原因，自以为找到了的真相。我因此记下这件事，叹惜郦道元的简略，嘲笑李渤的浅陋。

【考】敲打。

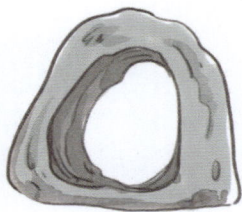

古 **空中** 今

中间是空的。

天空当中。

古 **心动** 今

心惊，害怕。

内心有所触动，常常表示喜欢、钟情。

古 **水师** 今

水手，船夫。

海军。

通假字

南声函胡，北音清越：通"含糊"，厚重而模糊。

至莫夜月明：通"暮"，晚上。

特殊句式

判断句：

或曰："此鹳鹤也。"

则山下皆石穴罅。

噌吰者，周景王之无射也；窾坎镗鞳者，魏庄子之歌钟也。

此世所以不传也。

倒装句：

得双石于潭上。→于潭上得双石。

石之铿然有声者。→铿然有声之石。

又有若老人咳且笑于山谷中者。→又有若老人于山谷中咳且笑者。

而大声发于水上。→而大声于水上发。

古之人不余欺也。→古之人不欺余也。

余是以记之。→余以是记之。

历史背景

宋朝人的诗文，重视立意创新，哪怕是写景、写事也要加入哲理，不停留在表面上，力图以小见大。苏轼、王安石等名家的游记类作品，充分体现了这一点。

作者介绍

配套阅读：《文言文其实很简单·史论卷》中的《贾谊论》。

文化常识

根据《国语》，周景王二十三年（前522）铸成了"无射"钟。

根据《左传》，鲁襄公十一年（前561），郑国以歌钟和其他乐器献给晋侯，晋侯将一半赐给了大夫魏绛（庄子就是他的谥号）。

古代音乐，有"五音十二律""八声"的说法。

五音：宫、商、角（jué）、徵（zhǐ）、羽，依次相当于现在的 do、re、mi、so、la。

十二律：定音方法。从低到高依次为黄钟、大吕、太簇、夹钟、姑洗、中吕、蕤宾、林钟、夷则、南吕、无射、应钟。

八声：用金（金属，如钟、铃、铙）、石（石或玉，如磬）、土（泥土烧制，如埙、缶）、革（兽皮，如鼓）、丝（蚕丝做弦，如琴、瑟）、木（木材，如响板、木鱼）、匏（páo，葫芦，如葫芦丝、笙、竽）、竹（竹子，如箫、笛）八类不同材料制成的乐器，又称"八音"。

前赤壁赋

—— （北宋）苏轼

原文
逐句翻译
生僻字注音
字词意思解释

古文

壬戌（rén xū）之秋，七月既望，苏子与客泛舟游于赤壁之下。清风徐来，水波不兴。举酒属客，诵明月之诗，歌窈窕之章。

译文

元丰五年（1082）秋天，七月十六日，我和客人在赤壁下坐船游玩。清风舒缓吹来，水面波澜不起。举杯向同伴劝酒，吟诵《诗经·陈风·月出》中"窈窕"这一章。

【既望】农历十六日。既：过了。望：农历十五日。
【徐】舒缓地。
【兴】起，作。
【明月之诗】指《诗经·陈风·月出》。它的首章是"月出皎兮，佼人僚兮，舒窈纠兮，劳心悄兮"。"窈纠"通"窈窕"，所以又叫"窈窕之章"。

古文 少焉，月出于东山之上，徘徊于斗（dǒu）牛之间。白露横江，水光接天。纵一苇之所如，凌万顷之茫然。浩浩乎如冯虚御风，而不知其所止；飘飘乎如遗世独立，羽化而登仙。

译文 不一会儿，明月自东山上升起，在斗宿与牛宿间逗留不前。白茫茫的水汽横贯江面，水光连着天际。放任我们的一苇轻舟随意漂流，越过无边无际的万顷烟波。江面浩瀚，好像乘风凌空而行，不知道会停在哪里；飘飘摇摇，好像要离开尘世，自由自在，羽化成仙。

> 【一苇】形容很小的船。例如《诗经·卫风·河广》："谁谓河广，一苇杭（通"航"）之。"
> 【虚】太空。

古文 于是饮酒乐甚，扣舷（xián）而歌之。歌曰："桂棹（zhào）兮兰桨，击空明兮溯流光。渺渺兮予怀，望美人兮天一方。"客有吹洞箫者，倚歌而和（hè）之。其声呜呜然，如怨如慕，如泣如诉；余音袅袅，不绝如缕。舞幽壑之潜蛟，泣孤舟之嫠（lí）妇。

88

译文 在这时，喝酒非常高兴，敲着船边唱起歌来。歌词是："丹桂船棹啊木兰船桨，击打着月光浮动的清澈江水，逆流而上。我的情思啊，悠远茫茫，眺望美人啊，在天的另一方。"有客人吹起了洞箫，随着歌声伴奏。箫声呜呜咽咽，像哀怨又像思慕，像啜泣也像倾诉，余音婉转绵长，和细丝一样迟迟不断。能使深谷中的蛟龙为之起舞，孤舟上的寡妇为之饮泣。

【舷】船的左右两侧。

【棹】一种划船的工具，前推的是桨，后推的是棹。

【倚】随着，遵循。

【嫠】孤居的妇女，指寡妇。

古文 苏子愀（qiǎo）然，正襟危坐而问客曰："何为其然也？"客曰："'月明星稀，乌鹊南飞'，此非曹孟德之诗乎？西望夏口，东望武昌，山川相缪，郁乎苍苍，此非孟德之困于周郎者乎？方其破荆州，下江陵，顺流而东也，舳舻（zhú lú）千里，旌旗蔽空，酾（shī）酒临江，横槊（shuò）赋诗，固一世之雄也，而今安在哉？"

译文 我的神色也忧愁起来，理好衣襟端正地坐着，问客人："箫声为什么这样哀怨呢？"客人回答道："'月明星稀，乌鹊南飞'，这不正是曹孟德的诗吗？向西可以望到夏口，向东可以望到武昌，山河相互盘绕，草木茂盛青翠，这里不正是曹孟德被周瑜所围困的地方吗？当初他攻陷荆州，夺得江陵，顺长江东下，战船首尾相连延绵千里，旌旗遮天蔽日，面对江水举杯痛饮，横执长矛吟诗，真是当时数一数二的英雄人物，然而如今又在哪里呢？"

【愀然】容色改变的样子。

【危坐】端坐。

【月明星稀，乌鹊南飞】出自曹操的《短歌行》。孟德是他的字。

【舳舻】首尾相连的船。舳：船后掌舵处。舻：船前摇棹处。

【酾酒】斟酒。

【槊】马背上所用的长矛。

古文

"况吾与子渔樵于江渚之上，侣鱼虾而友麋（mí）鹿，驾一叶之扁舟，举匏（páo）樽以相属。寄蜉蝣（fú yóu）于天地，渺沧海之一粟。哀吾生之须臾（yú），羡长江之无穷。挟飞仙以遨游，抱明月而长终。知不可乎骤得，托遗响于悲风。"

译文

"何况我与你在江中的小洲上捕鱼砍柴，以鱼虾为侣，以麋鹿为友，驾着一叶扁舟，举起葫芦做的杯盏相互敬酒。在广阔的天地中寄托我们蜉蝣般的短暂生命，汪洋大海里，我们不过是渺小的一粒粟米。哀叹我们的生命不过匆匆片刻，羡慕长江的流水无穷无尽。希望拉着仙人一同遨游，拥抱着明月永存世间。知道这些不可能立刻实现，只有借箫声将遗恨托付给悲凉的秋风。"

> 【匏】葫芦的一种。
> 【蜉蝣】一种昆虫，夏秋之交出现在水边，生命短暂，往往只有数小时。经常被用来比喻人生苦短。
> 【须臾】片刻，形容时间极短。

古文

苏子曰："客亦知夫水与月乎？逝者如斯，而未尝往也；盈虚者如彼，而卒莫消长也。盖将自其变者而观之，则天地曾不能以一瞬；自其不变者而观之，则物与我皆无尽也，而又何羡乎？且夫天地之间，物各有主，苟非吾之所有，虽一毫而莫取。惟江上之清风，与山间之明月，耳得之而为声，

目遇之而成色，取之无禁，用之不竭。是造物者之<u>无尽藏</u>（zàng）也，而吾与子之所共适。"

译文 我说："你也知道江水和月亮吗？江水是这样昼夜东流，其实却不曾逝去；月亮是那样时圆时缺，其实却并无增减。大概说来，如果从事物易变的一面去观察，整个天地就没有一瞬间静止不动；从事物不变的一面去观察，那么万物和我们都是永恒的，又有什么可羡慕呢？何况天地之间，万物各有主宰，若不是我们拥有的，哪怕一分一毫也不能取得。只有江上的清风和山间的明月，我们耳朵听到，便成了美好的声音，眼睛看到，就成了动人的图画。取得这些不会有谁禁止，享用这些也不会穷尽。这是大自然恩赐的宝藏，源源不竭，我和你可以共同尽情享受。"

【逝者如斯】出自《论语·子罕》："子在川上曰：'逝者如斯夫，不舍昼夜。'"
【无尽藏】佛教用词，指无穷无尽的宝藏。

客喜而笑，洗盏更酌。<u>肴核</u>既尽，杯盘狼藉（jí）。相与枕藉（jiè）乎舟中，不知东方之既白。

客人高兴地笑了，洗净杯盏重新饮酒。菜肴果品都已吃完，杯子盘子杂乱一片。大家互相枕着垫着睡在船上，连天亮了也不知道。

【肴核】泛指下酒菜。肴：荤菜。核：果品。

古今异义

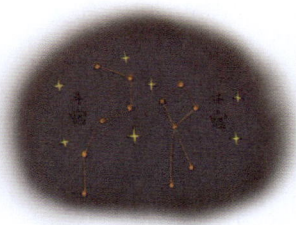 古 **斗牛** 今

指斗宿与牛宿，
二十八宿中的两个，
属于北方玄武七宿。

一种人同牛或牛同牛相
斗的竞技娱乐方式。

通假字

浩浩乎如冯虚御风：通"凭"，乘着。

山川相缪：通"缭"，环绕。

特殊句式

判断句：

是造物者之无尽藏也。

固一世之雄也。

此非曹孟德之诗乎？

"非"可以表示否定判断，"此非孟德之困于周郎者乎"也是这种句式。

倒装句：

苏子与客泛舟游于赤壁之下。→苏子与客于赤壁之下泛舟游。

月出于东山之上，徘徊于斗牛之间。→月于东山之上出，于斗牛之间徘徊。

凌万顷之茫然。→凌茫然万顷。

渺渺兮予怀。→予怀渺渺兮。

何为其然也？→其为何然也？

而今安在哉？→而今在安哉？

况吾与子渔樵于江渚之上。→况吾与子于江渚之上渔樵。

而又何羡乎？→而又羡何乎？

文言文中，"谁""何""奚""安"等疑问代词当宾语时，往往放在动词前面。

被动句：

此非孟德之困于周郎者乎？

元丰二年（1079），苏轼被诬作诗"谤讪朝廷"，遭御史弹劾，被捕入狱，史称"乌台诗案"。

他经历了许多折磨，差点儿丢掉性命。后来由于多方营救，他在当年十二月获释，贬为黄州团练副使，然而"不得签署公事，不得擅去安置所"，事实上处于半囚犯状态。

虽然环境艰苦，苏轼却保持着乐观旷达的胸怀，在艺术创作方面"更上一层楼"，完成了一系列熠熠生辉的杰作，如被誉为"天下第三行书"的《寒食帖》。

元丰五年，他先后于七月十六、十月十五泛舟赤壁，写下了《前赤壁赋》和《后赤壁赋》。

苏东坡的"赤壁"，是孙、刘联军击败曹操的古战场吗？

其实，他游览的赤壁位于黄州（现在的湖北黄冈），又名赤鼻矶。而赤壁古战场位于现在的湖北咸宁（另一种说法是湖北嘉鱼）。

后世将两篇《赤壁赋》描写的地点称为"文赤壁"，而将古战场称为"武赤壁"。

后赤壁赋

—— （北宋）苏轼

原文
逐句翻译
生僻字注音
字词意思解释

古文 是岁十月之望，步自雪堂，将归于临皋。二客从予过黄泥之坂（bǎn）。霜露既降，木叶尽脱，人影在地，仰见明月，顾而乐之，行歌相答。

> 【雪堂】苏轼在黄州所建的新居，画雪景于四壁，因此得名。
> 【临皋】亭名，在黄冈以南的长江边上。初到黄州时，苏轼住在定惠院，不久迁到这里。
> 【坂】斜坡，山坡。

译文 这年十月十五日，我从雪堂步行出来，准备回临皋亭。有两位客人跟随我，一同经过黄泥坂。霜露已经降下，树叶全脱落了。我们的身影倒映在地上，抬头望见明月高悬。主客相顾，心里十分快乐，一路走一路唱歌，相互酬答。

古文 已而叹曰："有客无酒，有酒无肴，月白风清，如此良夜何！"客曰："今者薄暮，举网得鱼，巨口细鳞，状似松江之鲈（lú）。顾安所得酒乎？"归而谋诸妇。妇曰："我有斗酒，藏之久矣，以待子不时之需。"

过了一会儿，我叹息道："有客人却没有酒，有酒却没有菜肴。月色皎洁，清风吹拂，这样美好的夜晚，我们怎么度过呢？"一位客人说："今天傍晚，撒网捕到了鱼，大嘴巴，细鳞片，像松江鲈鱼。不过，哪里才能弄到酒呢？"我回家和妻子商量。妻子说："我有一斗酒，已经收藏很久了，以备您什么时候需要。"

于是携酒与鱼，复游于赤壁之下。江流有声，断岸千尺；山高月小，水落石出。曾日月之几何，而江山不可复识矣。予乃摄衣而上，履巉（chán）岩，披蒙茸，踞虎豹，登虬（qiú）龙，攀栖鹘之危巢，俯冯（píng）夷之幽宫。盖二客不能从焉。划然长啸，草木震动，山鸣谷应，风起水涌。

就这样，我们带着酒和鱼，再次到赤壁下面游览。江水奔流，发出声响，陡峭的江岸高耸千尺；山势很高，月亮显得小了，水位降低，礁石露出。才隔了多少日子，江景山色竟变得认不出来了。我于是撩起衣襟上岸，踏着险峻的山岩，拨开丛生的杂乱野草，蹲在虎豹形状的怪石上，拉住如同虬龙的树枝，攀上猛禽栖息筑巢的悬崖，俯视水神冯夷的深宫。两位客人都不能跟着我到这里。我大声长啸，草木被震动了，高山共鸣，深谷回应，大风刮起，波浪汹涌。

古文 予亦悄然而悲，肃然而恐，凛乎其不可留也。反而登舟，放乎中流，听其所止而休焉。时夜将半，四顾寂寥。适有孤鹤，横江东来。翅如车轮，玄裳缟（gǎo）衣，戛（jiá）然长鸣，掠予舟而西也。

译文 我也不禁感到忧愁悲哀，因恐惧而静默屏息，觉得这里寒气凛冽，让人畏惧，不能久留。回到船上，把船划到江心，任凭它漂流到哪里，就在哪里停泊。这时快到半夜，望望四周，一片寂寞冷清。正好有只孤独的鹤，横穿江面自东边飞来，翅膀张开有车轮那么大，羽毛的颜色像是穿着黑裙白衫。它戛然一声长鸣，掠过我们的船，向西飞去。

【肃然】因恐惧而收敛的样子。
【裳】下服。
【衣】上衣。

古文 须臾客去，予亦就睡。梦一道士，羽衣翩跹（piān xiān），过临皋之下，揖予而言曰："赤壁之游乐乎？"问其姓名，俛而不答。"呜呼！噫嘻！我知之矣。畴（chóu）昔之夜，飞鸣而过我者，非子也邪？"道士顾笑，予亦惊寤（wù）。开户视之，不见其处。

96

过了一会儿，客人离开，我也回家睡觉。梦见一位道士，穿着羽毛编织成的衣裳，轻快地走来，经过临皋亭下面，向我作揖说："你们去赤壁游览，快乐吗？"我问他的姓名，他低头不回答。"噢！哎呀！我知道你的底细了。昨天夜里，长鸣着飞过我们船边的，不就是你吗？"道士回头笑了起来，我也自梦中惊醒。开门一看，却找不到他在什么地方。

【翩跹】飞舞或行动轻快的样子。
【畴昔】昨天。畴：语首助词，无实际意义。
【顾】回头。
【寤】醒来。

古今异义

古 **披** 今

拔开。

披散。

通假字

反而登舟：通"返"，返回。

俛而不答：通"俯"，低头。

特殊句式

如此良夜何？

"如……何"，和"奈……何"，都是"怎样对待……"的意思。

判断句：

畴昔之夜，飞鸣而过我者，非子也邪？

倒装句：

步自雪堂。→自雪堂步。

复游于赤壁之下。→复于赤壁之下游。

文化常识

除了这两篇《赤壁赋》，苏轼还写过一首著名的《念奴娇·赤壁怀古》：

大江东去，浪淘尽，千古风流人物。故垒西边，人道是，三国周郎赤壁。乱石穿空，惊涛拍岸，卷起千堆雪。江山如画，一时多少豪杰。

遥想公瑾当年，小乔初嫁了，雄姿英发。羽扇纶巾，谈笑间，樯橹灰飞烟灭。故国神游，多情应笑我，早生华发。人生如梦，一尊还酹江月。

游褒禅山记

—— （北宋）王安石

原文
逐句翻译
生僻字注音
字词意思解释

古文

褒（bāo）禅山亦谓之华山，唐浮图慧褒始舍于其址，而卒葬之；以故其后名之曰"褒禅"。今所谓慧空禅院者，褒之庐冢（zhǒng）也。

译文

褒禅山也叫作华山。唐朝的和尚慧褒开始在这里筑室居住，去世后又葬在那里；因此后人给这座山起名为"褒禅"。现在所说的慧空禅院，就是慧褒的弟子在他墓旁盖的屋舍。

【褒禅山】在安徽含山北十五里。
【浮图】梵语音译，对佛、佛塔或佛教徒的称呼。也写作"浮屠"或"佛图"。
【庐冢】古人为守丧而在父母或师长墓旁搭建的屋舍，也叫作"庐墓"。

99

距其院东五里，所谓<u>华山洞</u>者，以其乃华山之阳名之也。距洞百余步，有碑仆（pū）道，其文<u>漫灭</u>，独其为文犹可识曰"花山"。今言"华"如"华实"之"华（huá）"者，盖音<u>谬</u>也。

距离这座禅院东边五里，是人们所说的华山洞，得名的原因是它在华山南面。距离山洞一百多步，有座石碑倒在路旁，上面的文字已经剥蚀损坏，几乎磨灭了，只有几个字还能辨认出来，写着"花山"。如今将"华"字念成"华实"的"华"，大概是读音错误。

【华山洞】另一个版本写作"华阳洞"，同下文更加相符。
【仆】倒下。
【漫灭】指因风化剥落而模糊不清。
【谬】错误。

其下平旷，有泉侧出，而记游者甚众，所谓前洞也。由山以上五六里，有穴<u>窈</u>（yǎo）<u>然</u>，入之甚寒，问其深，则其好游者不能<u>穷</u>也，谓之后洞。

它下面平坦而空阔，有一股山泉从旁边涌出，在这里游览并题字留念的人很多，就是所说的"前洞"。沿着山路向上走五六里，有个幽深的洞穴，进去就感到寒气逼人，要问它有多深，连那些喜欢游山玩水的人也不能走到尽头，就是所说的"后洞"。

【窈然】深远幽暗的样子。
【穷】穷尽。

余与四人拥火以入，入之愈深，其进愈难，而其见愈奇。有怠而欲出者，曰："不出，火且尽。"遂与之俱出。盖余所至，比好游者尚不能十一，然视其左右，来而记之者已少。盖其又深，则其至又加少矣。

我和四个人举着火把进去，进去得越深，前行就越困难，所见到的景象也越奇妙。有个人懈怠了想退出，说："再不出去，火把就要熄灭了。"于是我们全跟他一块儿退了出来。我们到达的深度，和那些喜欢游山玩水的人相比，大概还不足十分之一，然而看看左右的石壁，来到这里并题字留念的人已经不多了。大概洞越深，来到的人就越少。

【拥】持，拿。
【怠】懈怠。

方是时，余之力尚足以入，火尚足以明也。既其出，则或咎其欲出者，而余亦悔其随之，而不得极夫游之乐也。

当决定退出时，我的体力还足够往里走，火把也还足够继续照明。我们出洞以后，就有人责怪想退出的那位，我也后悔跟着出来，没能尽情享受游览的乐趣。

【咎】责备，怪罪。
【极】尽，这里指尽兴。

于是余有叹焉。古人之观于天地、山川、草木、虫鱼、鸟兽，往往有得，以其求思之深而无不在也。夫夷以近，则游者众；险以远，则至者少。而世之奇伟瑰怪、非常之观，常在于险远，而人之所罕至焉，故非有志者不能至也。有志矣，不随以止也，然力不足者，亦不能至也。有志与力，而又不随以怠，至于幽暗昏惑而无物以相（xiàng）之，亦不能至也。然力足以至焉，于人为可讥，而在己为有悔；尽吾志也而不能至者，可以无悔矣，其孰能讥之乎？此余之所得也。

译文

因此我有所感慨。古人观察天地、山川、草木、虫鱼、鸟兽，往往有心得体会，是由于他们探究、思考得深入且广泛。平坦又近的地方，游览的人就多；险峻又远的地方，前来的人就少。但是世上奇妙雄伟、瑰丽怪异、非同寻常的景观，常常是在艰险偏远且很少有人抵达的地方，意志不坚强的人无法抵达。有了坚强的意志，也不跟着别人停止，然而体力不足，也不能抵达。有了坚强的意志和充沛的体力，也不跟着别人懈怠，但是到了那幽深昏暗而让人感到迷惑的地方，如果没有必要的外物辅助，也不能抵达。可要是体力足够抵达（却没做到），在别人看来是可以讥笑的，对自己而言也有所懊悔；尽了自己的主观努力而没能抵达，就可以不必懊悔，难道有谁能讥笑吗？这就是我的收获。

【夷】平坦。
【焉】兼词，即"于此"。
【相】帮助，辅助。
【其】加强反问语气的副词，难道。

古文

余于仆碑，又以悲夫古书之不存，后世之谬其传而莫能名者，何可胜（shēng）道也哉！此所以学者不可以不深思而慎取之也。

译文

我对那座倒下的石碑，又感叹古代刻写的文献没保存下来，后世以讹传讹、无人能弄清真相的事，怎么说得完呢！这就是做学问的人不能不深入思考、谨慎选择的缘故。

【胜】尽。

四人者：庐陵萧君圭（guī）君玉，长乐王回深父，余弟安国平父、安上纯父。<u>至和元年</u>七月某日，临川王某记。

同游的四个人是：庐陵人萧君圭，字君玉；长乐人王回，字深甫；我的弟弟王安国，字平甫；王安上，字纯甫。至和元年七月，临川人王安石记。

【圭】古代帝王或诸侯在举行典礼时拿的一种玉器。
【至和元年】北宋仁宗的年号，公元1054年。

古今异义

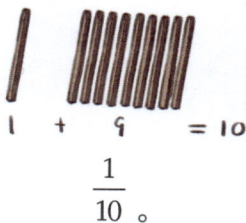

$1 + 9 = 10$

$\dfrac{1}{10}$。

古 **十一** 今

11。

古 **非常** 今

不同寻常。

表示程度的副词，十分，很。

通假字

余弟安国平**父**、安上纯**父**：通"甫"，古代对男子的美称。

作者介绍

配套阅读：《文言文其实很简单·史论卷》中的《读孟尝君传》。

特殊句式

判断句：

今所谓慧空禅院者，褒之庐冢也。

所谓华山洞者，以其乃华山之阳名之也。

今言"华"如"华实"之"华"者，盖音谬也。

此余之所得也。

此所以学者不可以不深思而慎取之也。

倒装句：

唐浮图慧褒始舍于其址。→唐浮图慧褒始于其址舍。

古人之观于天地、山川、草木、虫鱼、鸟兽，往往有得。→古人于天地、山川、草木、虫鱼、鸟兽之观，往往有得。

文化常识

古代地名有这样的规律：山南水北叫"阳"，如洛阳（在洛水之北）、衡阳（在衡山之南）；山北水南叫"阴"，如江阴（在长江之南）、华阴（在华山之北）。

古人的名和字，往往要形成呼应。

有意义相同的：像本篇中的萧君圭，字君玉；再如东汉科学家张衡，字平子；诸葛亮，字孔明；周瑜，字公瑾。

有意义相反的：像唐朝诗人王绩，字无功；韩愈，字退之；北宋词人晏殊，字同叔；南宋理学家朱熹，字元晦；明末清初思想家顾炎武，字宁人。

有意义相辅相成的：像王维，字摩诘，维摩诘是佛经里提到的著名居士；《茶经》的作者陆羽，字鸿渐，出自《周易》中的"鸿渐于陆，其羽可用为仪"；岳飞，字鹏举；陆游，字务观。

项脊轩志

—— （明）归有光

原文
逐句翻译
生僻字注音
字词意思解释

古文

项脊轩，旧南阁子也。室仅方丈，可容一人居。百年老屋，尘泥渗漉（lù），雨泽下注；每移案，顾视无可置者。又北向，不能得日，日过午已昏。

译文

项脊轩，是过去的南阁子。室内面积只有一丈见方，可以容纳一个人居住。它是座百年老屋，屋顶和墙头的泥土朝下漏，雨水也朝下倾泻；我每次移动书桌，环视四周，都没有可以安置它的地方。屋子又朝北，照不到阳光，一过了中午，室内就已然昏暗了。

【漉】漏下。

古文

余稍为修葺（qì），使不上漏。前辟四窗，垣（yuán）墙周庭，以当南日，日影反照，室始洞然。又杂植兰桂竹木于庭，旧时栏楯（shǔn），亦遂增胜。

　　我稍稍修理了一下，使它不自上面漏土漏雨。在前面开了四扇窗子，环绕庭院砌上围墙，用来挡住南面的阳光，阳光反射，照进室内，才明亮起来。又在庭院里错杂地种上兰花、桂树、竹子和其他树木，于是旧日的栏杆也增加了光彩。

【修葺】修缮，修补。
【洞然】明亮的样子。
【栏楯】栏杆。纵的叫栏，横的叫楯。

借书满架，偃（yǎn）仰啸歌，冥然兀坐，万籁（lài）有声；而庭阶寂寂，小鸟时来啄食，人至不去。三五之夜，明月半墙，桂影斑驳，风移影动，珊珊可爱。

　　借来的书摆满了架子，我或俯或仰长啸作歌，又静静独自端坐，聆听大自然中各种各样的声音；庭院和台阶悄然无声，小鸟不时飞下来啄食，人走到它附近也不离开。农历十五的夜晚，明月高挂天际，照亮半截墙壁，桂树的影子错落驳杂，微风吹过，影子摇动，美好可爱。

【偃】俯下。
【仰】仰起。
【珊珊】晶莹飘逸的样子。

然余居于此，多可喜，亦多可悲。先是，庭中通南北为一。迨（dài）诸父异爨（cuàn），内外多置小门，墙往往而是，东犬西吠（fèi），客逾庖（páo）而宴，鸡栖于厅。庭中始为篱，已为墙，凡再变矣。

然而我住在这里，有许多值得高兴的事情，也有许多悲伤的事情。在此之前，庭院南北相通，连成一体。等到伯父、叔父们分家，里外设置了许多小门，墙到处都是。分家后，东边的狗对着西边叫，把原先住在同一庭院里的人当作陌生人，客人要越过厨房去吃饭，鸡在厅堂里栖息。庭院里开始用篱笆分隔，然后砌了墙，总共变了两次。

【迨】等到。
【诸父】伯父、叔父的统称。
【异爨】分灶做饭，意思是分家。
【往往】到处，处处。
【逾】越过。
【庖】厨房。
【已】已而，随后不久。

家有老妪（yù），尝居于此。妪，先大母婢也，乳二世，先妣（bǐ）抚之甚厚。室西连于中闺，先妣尝一至。妪每谓余曰："某所，而母立于兹。"妪又曰："汝姊在吾怀，呱呱（gū gū）而泣；娘以指叩门扉曰：'儿寒乎？欲食乎？'吾从板外相为应答。"语未毕，余泣，妪亦泣。

家中有个老婆婆，曾经在这里居住。这个老婆婆，是我已经去世的祖母的婢女，抚育过两代人，已经去世的母亲当年对她很好。项脊轩的西边和内室相连，母亲曾经来过。老婆婆常常对我说："这个地方，你母亲当年站过。"老婆婆又说："你姐姐在我怀中，呱呱地哭泣；你母亲用手指敲着房门说：'孩子是冷呢，还是想吃东西呢？'我隔着门一一回答。"话还没有说完，我就哭起来，老婆婆也流下了眼泪。

> 【妪】老年女性。
> 【大母】祖母。
> 【妣】已经去世的母亲。

余自束发读书轩中，一日，大母过余曰："吾儿，久不见若影，何竟日默默在此，大类女郎也？"比去，以手阖（hé）门，自语曰："吾家读书久不效，儿之成，则可待乎！"顷之，持一象笏（hù）至，曰："此吾祖太常公宣德间执此以朝，他日汝当用之！"瞻顾遗迹，如在昨日，令人长号不自禁。

我自十五岁起就在项脊轩里读书，有一天，祖母来看我，说："我的孩子，好久没见到你的身影，为什么整天默默待在这里，非常像个女孩子呀？"等到离开时，用手关上门，自言自语道："我们家很久没有谁靠念书出人头地了，孩子的成功，就指日可待了啊！"没过多久，拿着个象笏过来，说："这是我祖父太常公宣德年间拿着去上朝的，以后你一定会用到它！"瞻仰回顾旧日事物，就像发生在昨天，让人忍不住放声大哭。

> 【束发】古代男孩十五岁时束发为髻，称作"成童"；二十岁时举行冠礼，正式成年。
> 【若】你，你的。
> 【竟日】一天到晚。竟：从头到尾。
> 【效】功用，成果。这里指在科举考试中取得功名。
> 【笏】古代大臣上朝拿着的手板，用玉、象牙或竹片制成，上面可以记事。

轩东故尝为厨，人往，从轩前过。余扃（jiōng）牖（yǒu）而居，久之，能以足音辨人。轩凡四遭火，得不焚，殆有神护者。项脊生曰："蜀清守丹穴，利甲天下，其后秦皇帝筑女怀清台；刘玄德与曹操争天下，诸葛孔明起陇中。方二人之昧（mèi）昧于一隅也，世何足以知之？余区区处败屋中，方扬眉瞬目，谓有奇景。人知之者，其谓与<u>坎井之蛙</u>何异？"

项脊轩的东边曾经是厨房，人们到那里去，要从轩前经过。我关着窗子住在里面，时间长了，能够通过脚步声辨别是谁。项脊轩总共遭受过四次火灾，得以不被焚毁，大概是有神灵在保护着吧。项脊生（作者自称）说："巴蜀寡妇名叫清的，守着出产朱砂的矿井，获得的利润天下第一，后来秦始皇为了表彰她，修筑了女怀清台；刘备和曹操争夺天下，诸葛亮本来务农，出山建功立业。当这两个人无声无息地住在偏僻角落时，世人凭什么知道他们？我生活在这小小的破屋中，正扬眉眨眼、沾沾自喜，觉得有奇异的景观。知道的人，是不是要说我跟见识匮乏的浅井之蛙有什么区别？"

【扃】（从内）关闭。
【牖】窗户。
【甲】第一。

【坎井之蛙】出自《庄子·秋水》："夫坎井之蛙乎，谓东海之鳖曰：'吾乐与！出跳梁乎井干之上。'"后来比喻见识浅薄的人。

余既为此志，后五年，吾妻来归，时至轩中，从余问古事，或凭几（jī）学书。吾妻归宁，述诸小妹语曰："闻姊家有阁子，且何谓阁子也？"其后六年，吾妻死，室坏不修。其后二年，余久卧病无聊，乃使人复葺南阁子，其制稍异于前。然自后余多在外，不常居。

译文 我写这篇文章以后，过了五年，我妻子嫁进来，时常到轩中，向我问一些旧时的事情，有时伏在几案上学写字。我妻子回娘家探亲，回来转述小妹妹们的话："听说姐姐家有个阁子，那么，什么叫阁子呢？"又过了六年，我妻子去世，项脊轩破败，没有整修。又过了两年，我生病卧床很长时间，精神上空虚愁闷，就让人再次修理南阁子，格局跟过去稍有不同。然而这以后我总在外面，不常在这里居住。

【几】小或矮的桌子。
【归宁】出嫁的女儿回娘家省亲。

古文 庭有枇杷树，吾妻死之年所手植也，今已亭亭如盖矣。

译文 庭院里有一棵枇杷树，是我妻子在去世那年亲手种植的，如今已经高高耸立，树冠浓密得像伞盖一样。

古今异义

 古 **凡** 今

总共。

平凡。

 古 **归** 今

女子出嫁。古人觉得，夫家才是女子最终的归宿，在娘家只是暂时居住。

回去。

特殊句式

判断句：

项脊轩，旧南阁子也。

妪，先大母婢也。

此吾祖太常公宣德执此以朝，他日汝当用之。

轩东故尝为厨。

庭有枇杷树，吾妻死之年所手植也。

通假字

而母立于兹：通"尔"，你的。

倒装句:

杂植兰桂竹木于庭。→于庭杂植兰桂竹木。

家有老妪,尝居于此。→家有老妪,尝于此居。

室西连于中闺。→室西于中闺连。

鸡栖于厅。→鸡于厅栖。

其制稍异于前。→其制于前稍异。

被动句:

得不焚。

作者介绍

归有光,明朝散文家。字熙甫,又字开甫,别号震川,又号项脊生。嘉靖年间举人,会试落第八次,移居嘉定安亭江上,读书谈道,学徒众多。六十岁才中进士,担任过长兴知县、顺德通判、南京太仆寺丞等官职,参与编纂《世宗实录》。归有光被誉为"今之欧阳修",后人称赞他的散文是"明文第一"。和唐顺之、王慎中都推崇内容扎实、文字朴实的唐宋古文,并称"嘉靖三大家"。

历史背景

本篇分两次写成。

"余既为此志"前面的部分写于明世宗嘉靖三年(1524)归有光十八岁时,重点在于表达对祖母和母亲的怀念。经历了妻子去世、郁郁不得志等人生变故后,嘉靖十八年时,他又增添了补记,重点在于对妻子的追忆。

文化常识

项脊轩为什么叫这个名字?

一种说法是,因为归有光的远祖归道隆住在太仓的项脊泾。另一种说法是,"项"指脖颈,"脊"指后背,这两者中间非常狭窄,所以用来形容轩面积之小。

写作文时能从这篇学到什么?

同本卷里其他文章描写的著名景物相比,项脊轩可以说是平平无奇,历史和审美价值都谈不上。然而,本篇还是能深深打动我们,这是为什么呢?

作者擅长体验日常生活,选取那些感受最深的细节和场面,不光写出了人物的风貌,也含蓄地表达了内心对亲人的深情。"一切景语皆情语",有了真实而深刻的感触,寻常景物就变成了回忆的载体,被赋予更加丰富、温柔的意蕴。

而且,作者用的是再质朴不过的语言,没有铺张的渲染和修饰,平平淡淡像是家常聊天,让我们毫无距离感,轻易被带进了文章描绘的情境里。"繁华落尽见真淳",这种准确、平实、明白的文风,其实比华丽的辞藻更需要功底。

湖心亭看雪

—— （明）张岱

原文
逐句翻译
生僻字注音
字词意思解释

古文

崇祯（zhēn）五年十二月，余住西湖。大雪三日，湖中人鸟声俱绝。

译文

崇祯五年十二月，我住在西湖边。大雪接连下了好几天，湖中人迹全无，连鸟雀的声音也消失了。

【崇祯五年】明思宗的年号，公元1632年。

古文 是日更定矣，余挐（ná）一小舟，拥毳（cuì）衣炉火，独往湖心亭看雪。

译文 这天初更以后，我撑着一叶小舟，裹着细毛皮衣，带着火炉，独自前往湖心亭看雪。

【更定】晚上八点钟左右，敲鼓报告初更开始。
【挐】牵引，这里是撑船的意思。另一种说法是通"桡"，念 ráo，也是划船的意思。
【毳】鸟兽的细毛。

古文 雾凇（sōng）沆砀（hàng dàng），天与云与山与水，上下一白。湖上影子，惟长堤一痕、湖心亭一点，与余舟一芥（jiè）、舟中人两三粒而已。

译文 湖面上一片冰花，白气弥漫，天、云、山、水，浑然一体，上上下下全是白茫茫的。湖上的影子，只有隐隐约约露出的一痕长堤、湖心亭的一点轮廓，和我的一叶小舟、舟中的两三粒人罢了。

【雾凇】俗称树挂，是低温时空气中的水汽直接凝华，或过冷雾滴直接冻结在物体上，形成的乳白色冰晶沉积物。
【沆砀】白气弥漫的样子。
【一】全，都，一概。
【芥】小草，比喻细小的事物。

古文 到亭上,有两人铺毡对坐,一童子烧酒炉正沸。

译文 到了湖心亭上,有两个人铺着毡子相对而坐,一个童子正把炉子上的酒烧得滚烫。

古文 见余,大喜曰:"湖中焉得更有此人!"拉余同饮。余强(qiǎng)饮三大白而别。问其姓氏,是金陵人,客此。

译文 他们看见我,非常高兴地说:"想不到湖中还会有您这样风雅的人!"拉着我一同饮酒。我尽力喝了三大杯,然后和他们道别。问他们的姓氏,得知是金陵人,在此地客居。

【焉得】哪能。
【更】还。
【强】尽力,勉力。另一种说法是高兴地,兴奋地。

古文 及下船,舟子喃喃曰:"莫说相公痴,更有痴似相公者。"

译文 等到下船的时候,船夫喃喃地说:"别说相公您痴,还有像相公您一样痴的人啊。"

【相公】对宰相的尊称,后来变成了对年轻人、士人的尊称。

古今异义

罚酒用的酒杯，也泛指酒杯。

古 **白** 今

白色。

历史背景

本篇出自张岱的回忆录《陶庵梦忆》，是他在明朝灭亡以后撰写的。

他在序言中写道："国破家亡，无所归止，披发入山……因想余生平，繁华靡丽，过眼皆空，五十年来，总成一梦。遥思往事，忆即书之，持向佛前，一一忏悔。偶拈一则，如游旧径，如见故人。"

书中的山水小品，看似风轻云淡、不着痕迹，其实融入了对故国往事的深刻怀恋。

作者介绍

张岱，又名维城，字宗子，又字石公，号陶庵、天孙，别号蝶庵居士、古剑老人，晚年号六休居士。明末清初文学家、史学家。出生于仕宦世家，前半生是富贵公子，精于玩乐、享受，明亡后穷困潦倒，入山著书以终。作品有《陶庵梦忆》《西湖梦寻》《夜航船》《石匮书》等。

文化常识

古代将自黄昏到拂晓的一夜划分成五个更次，一更又叫初更、一鼓、甲夜，大致为19：00—21：00，戌时；二更又叫人定、二鼓、乙夜，大致为21：00—23:00，亥时；三更又叫夜半、三鼓、丙夜，大致为23：00—1:00，子时；四更又叫鸡鸣、四鼓、丁夜，大致为1:00—3:00，丑时；五更又叫平旦、五鼓、戊夜，大致为3：00—5:00，寅时。

恰到好处地运用量词，可以让文章增色不少。

写作文时能从这篇学到什么？

基本要求是准确，如一"幢"楼房、一"尊"佛像、一"羽"鸽子、一"尾"鱼、一"棵"树、一"颗"珠子、一"支"笔、一"枝"花等。写文章时一"个"到底，虽不算大错，但表现力会受影响。

更进一步的要求是灵动，就像本篇里的"湖上影子，惟长堤一痕、湖心亭一点，与余舟一芥、舟中人两三粒而已"。用词独特，很不常规，想一想却合情合理；而且寥寥几笔，就是一幅墨色淡远的写意山水。

病梅馆记

—— （清）龚自珍

原文
逐句翻译
生僻字注音
字词意思解释

古文 江宁之龙蟠（pán）、苏州之邓尉、杭州之西溪，皆产梅。

译文 江宁的龙蟠里、苏州的邓尉山、杭州的西溪，都出产梅。

古文 或曰："梅以曲为美，直则无姿；以欹（qī）为美，正则无景；以疏为美，密则无态。"固也。此文人画士心知其意，未可明诏大号，以绳天下之梅也；又不可以使天下之民斫（zhuó）直、删密、锄正，以夭梅、病梅为业，以求钱也。

译文 有人说："梅要弯曲才是美丽的，笔直了就没有风姿；枝干倾斜才是美丽的，端正了就没有可以欣赏的影子；疏朗才是美丽的，繁密了就没有情态。"本来就是这样。对此，文人画家在心里明白意思，却不便公开宣告、大声疾呼，用以上标准来约束天下的梅；又不能让天下的种梅人砍削笔直的主干，除去繁密的花叶，锄掉端正的枝条，将摧折梅，以让梅呈现病态作为职业，来谋求钱财。

【欹】倾斜。
【固】本来。
【明】公开。
【诏】告诉，通常指上对下。
【斫】砍削。

118

古文 梅之欹、之疏、之曲，又非蠢蠢求钱之民能以其智力为也。有以文人画士孤癖（pǐ）之隐明告鬻（yù）梅者，斫其正，养其旁条，删其密，夭其稚枝，锄其直，遏其生气，以求重价，而江浙之梅皆病。文人画士之祸之烈至此哉！

译文 梅枝干的倾斜、花叶的疏朗、形态的弯曲，又不是那些忙于赚钱的无知平民能靠他们的智慧和力量做到的。有人把文人、画家这种隐藏在心中的特别嗜好明明白白地告诉卖梅的人，让他们砍削端正的主干，培育旁逸斜出的枝条，除去繁密的花叶，摧折它的嫩枝，锄掉笔直的枝干，阻碍它的生机，以此来谋求高价，于是江浙地区的梅都变成了病态的。文人、画家造成的祸害，严重到这个地步啊！

> 【蠢蠢】无知的样子。
> 【孤癖】特别嗜好。癖：对事物的偏爱成为习惯。
> 【隐】隐衷，隐藏在心中的想法。
> 【鬻】卖。

古文 予购三百盆，皆病者，无一完者。

译文 我买了三百盆，都是病梅，没有一盆完好的。

119

古文 既泣之三日，乃誓疗之：纵之、顺之，毁其盆，悉埋于地，解其棕缚；以五年为期，必复之全之。予本非文人画士，甘受诟（gòu）厉，辟病梅之馆以贮之。

译文 我为它们流了好几天泪，发誓要治疗它们：放开它们，让它们顺其自然地生长，毁掉那些盆子，把梅全部种在地里，解开捆绑它们的棕绳；以五年为期限，必定使它们恢复、完好。我本来不是文人、画家，心甘情愿受到辱骂，开设一间病梅馆，来贮存它们。

【悉】全。
【棕缚】棕绳的束缚。
【诟厉】讥评，辱骂。

古文 呜呼！安得使予多暇日，又多闲田，以广贮江宁、杭州、苏州之病梅，穷予生之光阴以疗梅也哉！

译文 唉！怎么能让我多一些空闲时间，又多拥有一些没耕种的田地，来广泛贮存南京、杭州、苏州的病梅，竭尽我毕生的时间来治疗梅呢！

【安得】怎么能。

古今异义

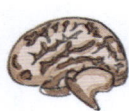 ⊕  古 **智力** 今

智慧和力量。

理解客观事物并运用知识、经验解决问题的能力，包括记忆、观察、想象、思考、判断等。

 古 **绳** 今

木匠用的墨线，指衡量、约束。

绳子。

通假字

正则无景：通"影"，影子。北宋林和靖写的咏梅诗中有一句"疏影横斜水清浅"，指的就是这种意境。还有种说法，"景"可以解释成"景致"，就不是通假字。

以夭梅、病梅为业：通"夭"，早死，这里是摧折的意思。

特殊句式

判断句：

梅之欹、之疏、之曲，又非蠢蠢求钱之民能以其智力为也。
而江浙之梅皆病。
予购三百盆，皆病者，无一完者。
予本非文人画士。

被动句：

甘受诟厉。

本篇作于道光十九年（1839），正是鸦片战争前夕，龚自珍辞官南归。

清中期以后，封建统治进一步僵化。一方面大兴文字狱，镇压知识分子；另一方面将形式刻板的八股文定为科举考试的标准文体，以束缚思想。

科举考试中，要求字体是端正规矩的馆阁体，偏好"黑大光圆"。龚自珍虽然很有才华和见识，却由于不擅长馆阁体，27岁才中举人，38岁才中进士，殿试时名次也被压低了，仕途一直不顺。

他对这种思想统治严酷、人才遭受摧折的情况非常不满，在本篇中借物议政，将被病态社会禁锢的人才比作"病梅"，将封建统治集团顽固派和专制主义者比作"文人画士"，隐晦地表达了革新政治和社会风气的愿望。

龚自珍，字瑟（sè）人，号定盦（一作定庵），晚年又号羽琌（líng，通"陵"）山民。清朝思想家、文学家。曾任内阁中书、宗人府主事、礼部主事等官职，主张革除弊政，抵制外国侵略，曾支持林则徐禁烟。他的诗文主张"更法""改图"，倡导思想解放，被柳亚子誉为"三百年来第一流"。

在同样作于道光十九年的《己亥杂诗》中，龚自珍表达了和本篇类似的情怀："九州生气恃风雷，万马齐喑（yīn，哑）究可哀。我劝天公重抖擞，不拘一格降人才。"

另一首也非常有名："浩荡离愁白日斜，吟鞭东指即天涯。落红不是无情物，化作春泥更护花。"

参考文献

[1] 钟基，李先银，王身钢．古文观止 [M]．北京：中华书局，2011年．

[2] 吴楚材，吴调侯．古文观止 [M]．浙江：浙江古籍出版社，2010年．

[3] 阙勋吾，许凌云，张孝美等．古文观止 [M]．湖南：岳麓书社，2001年．

[4] 关永礼．古文观止·续古文观止鉴赏辞典 [M]．上海：同济大学出版社，1994年．

[5] 王充闾．古文今赏 [M]．辽宁：万卷出版公司，2016年．

[6] 王力．古代汉语 [M]．北京：中华书局，1999年．

[7] 王力．中国古代文化常识：插图修订第4版 [M]．北京：北京联合出版公司，2014年．

[8] 曹伯韩．国学常识 [M]．北京：中华书局，2010年．

字字落实 段段直译

文言文其实很简单

人物卷

王大绩（北京市语文特级教师）／力荐

王宸／编著　孙强／绘

郭炜／声音演绎

电子工业出版社

Publishing House of Electronics Industry

北京·BEIJING

步入古代文学殿堂的向导

小学开始恋书。无论春夏秋冬，夜晚躺到枕上，总要读一会儿才能入睡。忘了从哪里得到两本《古文观止》——20世纪50年代中华书局的版本，真是让我这个少年一往情深，这两本书一次次伴我在陶醉感奋中进入梦乡。从垫枕，到插架，多少次搬家，现在依旧静静立在巨大书柜的最外层。

这次又翻阅它，在第一篇《郑伯克段于鄢》"其乐也融融……其乐也泄泄"旁边，看到自己注的一句话："克段，所以融融；段奔，竟也泄泄。"那会儿没看太懂，但似乎也触摸到权力旋涡中的人心。此刻，突然又跳出另一晚的回忆：读到《与韩荆州书》的"请给纸笔，兼之书人"，我忍不住大笑起来。母亲诧异，我又高声诵读这八个字。意外地，母亲自言自语："大了……"

其实，我那会儿并没有大。《古文观止》是供成年人阅读的选本。少年时，有些选文读不大懂；有些选文没有注释，也只是浮光掠影，一知半解。但依然在为人生涂上清晰的底色：文明的底色、文化的底色、民族的底色。

《文言文其实很简单》这套丛书大不一样了。经典文言文是经由历史审核的，《古文观止》是清康熙年间的选本；这套丛书又多了三百年的清点筛选。它专为少年选文，适合少年的口味和需求；并有翔实的注释、精确的译文和充满趣味的插图。名副其实，用这套丛书学习文言文，真的会很简单。

正如白话文是现代中国人的口语习惯，文言文则是古代中国人的口语习惯。这套丛书如同一位现代向导，引领当代少年轻松自如地步入古代文学的殿堂，领略古代社会生活，洞察古代的政治、文化、风土、人情，触摸古人的生活、心志、品性、作为，从而明了自己从哪里来，以便更坚定地走向理想的未来。

白话文只有一百年历史，文言文已有几千年的承载和积淀。从文辞字句到思想内涵，从"景语"到"情语"；物华天宝于其内，人杰地灵出其中；语言建构珠圆玉润，民族魂魄清莲秀竹。

"却顾所来径，苍苍横翠微"，《文言文其实很简单》助力中华少年成长，相信会是撑起中华栋梁的一块文化基石。

北京市语文特级教师

目录 | contents

备注：本书可按照撰文的时间顺序阅读与使用，也可按照文章的难易程度阅读与使用。

■ 红色－难度1级，■ 黄色－难度2级，■ 绿色－难度3级，■ 紫色－难度4级

项羽本纪赞

—（西汉）司马迁

原文
逐句翻译
生僻字注音
字词意思解释

古文

太史公曰：吾闻之周生曰，"舜目盖重瞳（tóng）子"。又闻项羽亦重瞳子。羽岂其苗裔（yì）邪？何兴之暴也！

译文

太史公说："我从周生那里听说，舜的眼睛大概有两个瞳仁。又听说项羽也有两个瞳仁。项羽难道是舜的后裔吗？兴起得为什么这样迅猛呢！

【周生】当时的儒生，姓周，具体名字、事迹不详。
【盖】大概，表示推测。
【苗裔】后代子孙。
【暴】迅猛，急骤，突然。

古文

夫秦失其政，陈涉首难（nàn），豪杰蜂起，相与并争，不可胜（shēng）数。

霸王

译文 秦朝施政混乱，丢掉了民心，陈涉首先发难，各路英雄豪杰纷纷起来反秦，你争我夺，人多得数不清。

【夫】句首发语词，无实际意义，领起下文议论。
【蜂起】像蜜蜂那样纷纷而起，形容数量之多。
【胜】尽，全部。

古文 然羽非有尺寸，乘势起陇（lǒng）亩之中，三年，遂将五诸侯灭秦，分裂天下而封王侯，政由羽出，号为霸王，位虽不终，近古以来，未尝有也。

译文 然而项羽没有一尺一寸的封地，趁着时势自民间兴起，不过三年，就率领五国诸侯灭掉了秦朝，分割天下，封王封侯，政令都由项羽颁布，自号"霸王"，这个位子虽然没能维持到最后，可是近古以来，没有过这样的人物。

【尺寸】指封地。
【陇亩】田地、山野，指民间。
【将】统率、带领。
【五诸侯】齐、赵、魏、燕、韩，加上项羽自己代表的楚，就是战国时的六国。
【终】到最后。
【近古以来】指春秋战国以来。

及羽背关怀楚，放逐义帝而自立，怨王侯叛己，难矣。

译文 等到项羽因怀恋故乡楚地而放弃关中、定都彭城，放逐了义帝自立为王，怨恨那些王侯背叛自己时，想成大事就困难了。

【背】舍弃。
【义帝】楚怀王的孙子，名叫心，是项羽的叔父项梁所立的楚王。项羽先尊他为义帝，后来把他放逐到长沙，派人暗杀了他。

古文 自矜功伐，奋其私智而不师古，谓霸王之业，欲以力征经营天下，

译文 自己夸耀战功，逞弄个人的才智，却不借鉴古人的经验，认为霸王的事业要靠武力来征服、统治天下，

【矜】夸耀，骄傲自大。
【奋】振作，鼓动。这里指极力施展。

【师】以……为师，借鉴，效法。

古文 五年，卒亡其国，身死东城，尚不觉寤（wù），而不自责，过矣。

译文 用了五年，终于使国家灭亡了，自己死在东城，还没有明白过来，不肯责备自己，这当然是错误的。

> 【卒】到底，终于。
> 【东城】现在的安徽定远东南。
> 【尚】还。
> 【过】过失，错误。

古文 乃引"天亡我，非用兵之罪也"，岂不谬哉！

译文 居然找借口说"是天要灭亡我，不是我用兵的过错"，难道不荒唐吗？

> 【乃】居然。
> 【引】援引，这里有找借口的意思。

经营

古

统治。

今

筹划、管理。

起陇亩之中：通"垄"，田埂。

尚不觉寤：通"悟"，明白、醒悟。

本篇是《史记·项羽本纪》最后的赞语。

"太史公曰"是司马迁自己的议论，内容主要是阐述本篇主旨、褒贬人物或补记传闻轶事。各篇赞语加在一起，就形成了司马迁系统的史学观点。

《史记》中的"本纪"有十二篇，记载的大都是帝王的事迹。

不过有两个例外：《项羽本纪》和《吕太后本纪》。他们并没有帝王身份，实质上却号令天下，掌握帝王权力。

史书中记载的具有"重瞳子"的人有多少？

这是一种眼病，由于非常少见，在古人看来是异相、贵相。除了舜和项羽，传说中造字的仓颉（jié）、南唐后主李煜都有"重瞳子"的相关记载。

"重瞳子"不一定是真的，或许是人们出于崇拜编造的传闻，目的是让这些人显得更加神奇，其文化意义大于实际意义。司马迁也只把这件事写进了赞语，来渲染项羽的不同寻常。

司马迁，字子长，西汉史学家、文学家。曾担任太史令，所以又称"太史公"。

他撰写的《史记》原先题名《太史公书》，是中国第一部纪传体通史、"二十四史"之首，被鲁迅誉为"史家之绝唱，无韵之离骚"。

配套阅读：《文言文其实很简单·应用卷（上）》中的《报任安书》一章。

孔子世家赞

—（西汉）司马迁

原文
逐句翻译
生僻字注音
字词意思解释

古文 太史公曰：《诗》有之："高山仰止，景行（háng）行止。"

引文出自《诗经·小雅·车辖（xiá）》。
【仰】敬仰，仰慕。
【行】效法。
【止】句末语气助词，无实际意义。

译文 太史公说：《诗经》里有这样的句子："像高山那样的品德让人敬仰，像大道那样的行为让人效法。"

古文 虽不能至，然心乡往之。

译文 虽然不能达到以上境界，却心怀向往。

8

古文 余读孔氏书，想见其·为人。

译文 我读了孔子的书，就能想象出他为人处世的风范。

> 【余】人称代词，我。

古文 适鲁，观仲尼庙堂车服礼器，诸生·以时习礼其家，余低回留之，不能去云。

译文 到了鲁地，参观孔子的庙堂、车驾、服饰、礼器，儒生们按时在孔子家庙里演习礼仪，我在那里徘徊流连，舍不得离开。

> 【适】到、往。
> 【以时】按时。
> 【低回】徘徊，沉思。

古文 天下君王至于贤人众矣，当时则荣，没（mò）则已焉。

译文 天下的君王以及贤人有很多，在世时非常荣耀，可去世以后就湮没无闻了。

古文 孔子布衣，传十余世，学者宗之。

译文 孔子是个平民，传下去十几代，做学问的人都师法他。

【布衣】平民，没有官职的人。

古文 自天子王侯，中国言"六艺"者折中于夫子，可谓至圣矣！

译文 从天子、王侯算起，中国谈论"六艺"的人都以孔夫子的观点为标准，可以说是至高无上的圣人了！

【折中】调和，取其中正，作为判断是非的依据。

古今异义

做学问的人。 **古** 学者 **今** 在学术上有一定成就的人。

然心乡往之：通"向"。

本篇是《史记·孔子世家》的赞语。

孔子名丘，字仲尼，春秋末期鲁国人。曾在鲁国担任大司寇，掌管司法。后来为了向诸侯推广自己的学说，带着弟子周游列国。是著名的教育家、思想家，儒家学派的创始人。

《史记》中的"世家"有三十篇，记载了世袭的王公诸侯的事迹。孔子当时只是平民，也列入"世家"，这不光是因为司马迁推崇他，也是因为司马迁敏锐地意识到，孔子的思想在中国历史上至关重要。

不过，后世一直给孔子"加官进爵"：汉武帝"罢黜百家、独尊儒术"以后，孔子的地位水涨船高。
西汉末年，孔子被追封为公爵，称"褒成宣尼公"。
隋文帝尊孔子为"先师尼父"。
唐太宗尊孔子为"宣父"。唐高宗尊孔子为"太师"。唐玄宗升孔子为王爵，谥号"文宣"，称"文宣王"。
北宋真宗加封孔子为"至圣文宣王"。西夏仁宗尊孔子为"文宣帝"。
元武宗尊孔子为"大成至圣文宣王"。
清顺治帝尊孔子为"至圣先师"。

北宋仁宗封孔子后人为"衍圣公"，这个头衔沿用到民国年间。

司马迁在鲁地看到的"其家"，经过历代整修、扩建，保留到了今天，就是山东曲阜的孔庙、孔府（衍圣公的府邸）和孔林（孔氏家族的墓地，也是规模巨大的园林），并称"三孔"，是世界文化遗产。

这里的"六艺"指《易》《诗》《书》《礼》《乐》《春秋》六经。除《乐》失传外，其余五经都保留到了今天。

"六艺"也可以指礼、乐、射（射箭）、御（驾车）、书（写字）、数（算术），是《周礼》中要求官学弟子掌握的六种基本技能。

屈原列传（节选）

—— （西汉）司马迁

原文
逐句翻译
生僻字注音
字词意思解释

古文

屈原者，名平，楚之同姓也，为楚怀王左徒。博闻强志，明于治乱，娴于辞令。入则与王图议国事，以出号令；出则接遇宾客，应对诸侯。王甚任之。

译文

屈原，名叫平，是楚王的同姓，担任楚怀王的左徒。他知识广博，记忆力很强，明白国家治乱的道理，擅长外交辞令。对内，同楚怀王谋划国家大事，颁发号令；对外，接待宾客，同诸侯应酬对答。楚怀王很信任他。

【左徒】楚国官名，仅次于最高行政长官令尹。
【娴】熟练，擅长。

13

古文 　　上官大夫与之同列，争宠而心害其能。怀王使屈原造为<u>宪令</u>，屈平属（zhǔ）草稿未定，上官大夫见而欲夺之，屈平不与。因谗之曰："王使屈平为令，众莫不知。每一令出，平伐其功，曰以为'非我莫能为'也。"王怒而疏屈平。

译文 　　上官大夫和他同朝为官，想要争夺楚怀王的宠信，在心里嫉妒屈原的贤能。楚怀王让屈原制定国家的重要法令，屈原撰写了草稿，还没有修订完成，上官大夫看见了，想抢过去，屈原不给他。上官大夫就诋毁他："君王让屈原制定法令，大家没有谁不知道。每一道法令出来，屈原就炫耀自己的功劳，说'除了我，没有人能做到'。"楚怀王很生气，因而疏远了屈原。

> 【宪令】国家的重要法令。
> 【属】撰写。

屈平疾王听之不聪也，谗谄（chǎn）之蔽明也，邪曲之害公也，方正之不容也，故忧愁幽思而作《离骚》。离骚者，犹离忧也。夫天者，人之始也；父母者，人之本也。人穷则反本，故劳苦倦极，未尝不呼天也；疾痛惨怛（dá），未尝不呼父母也。屈平正道直行，竭忠尽智以事其君，谗人间之，可谓穷矣。信而见疑，忠而被谤，能无怨乎？

屈原痛心楚怀王听信谗言、不能分辨是非，谄媚之徒遮蔽了国君的明察，邪恶的小人危害了公道无私的人，端方正直的人不被容纳，所以忧愁深思，创作了《离骚》。离骚，就是遭遇忧愁的意思。上天，是人的原始；父母，是人的根本。人要是处境困难，就想回到本原，所以劳累疲倦至极时，没有不呼叫上天的；病痛哀伤时，没有不呼叫父母的。屈原遵循正道、行为光明，竭尽忠心、用尽智慧来侍奉君王，却被进谗的小人离间，可以说是处境困难了。诚信却被怀疑，尽忠却被诽谤，能没有怨愤吗？

【聪】听得清楚。
【惨怛】忧伤。

15

屈平之作《离骚》，盖自怨生也。上称帝喾（kù），下道齐桓，中述汤、武，以刺世事。明道德之广崇，治乱之条贯，靡不毕见。其文约，其辞微，其志洁，其行廉。其称文小而其指极大，举类迩（ěr）而见义远。其志洁，故其称物芳；其行廉，故死而不容。自疏濯淖（zhuó nào）污泥之中，蝉蜕于浊秽，以浮游尘埃之外，不获世之滋垢，皭（jiào）然泥而不滓者也。推此志也，虽与日月争光，可也。

屈原创作《离骚》，是怨愤引起的。远古提到帝喾，近古提到齐桓公，中古提到商汤、周武王，来讽刺当时的政事。阐明了道德的广大崇高、治乱的条理准则，无不完全表现出来。他的文字简约，语言含蓄，志趣高洁，行为廉正。所写的事物微小，旨趣却非常大，所举的例子近在眼前，表达的意思却很深远。他的志趣高洁，所以作品中多用美人香草打比方；他的行为廉正，所以至死不苟且取容。自动地远离污泥脏水，像蝉蜕壳那样摆脱污秽的环境，在尘埃之外遨游，不沾染世间的污垢，洁白干净，出污泥而不染。推究这种志向情操，即使同日月争光，都可以。

【帝喾】上古传说中的"五帝"之一，是黄帝的曾孙，号高辛氏。

【条贯】条理，道理。

【迩】近。

【疏】离开。

【濯淖】浸渍，肮脏。

【皭然】洁白干净的样子。

【滓】污黑。

屈平既绌，其后秦欲伐齐，齐与楚从亲。惠王患之，乃令张仪佯去秦，厚币委质事楚，曰："秦甚憎齐，齐与楚从亲，楚诚能绝齐，秦愿献商、於（wū）之地六百里。"楚怀王贪而信张仪，遂绝齐，使使如秦受地。张仪诈之曰："仪与王约六里，不闻六百里。"楚使怒去，归告怀王。

屈原被罢免以后，秦国想攻打齐国，齐国和楚国结盟合纵、相互亲善。秦惠文王很担忧，就派张仪假装离开秦国，带着丰厚的礼物献给楚怀王，表示甘心投靠，说："秦国非常憎恨齐国，齐国与楚国却结盟合纵、相互亲善，如果楚国确实能和齐国绝交，秦国愿意献上六百里商、於之地。"楚怀王起了贪心，相信张仪，于是和齐国绝交，派使者到秦国接受土地。张仪欺骗他说："我和楚王约定的是六里，没听说过六百里。" 楚国使者愤怒地离开了，回去报告楚怀王。

【商】现在的陕西商州东南。
【於】现在的河南内乡以东。

怀王怒，大兴师伐秦。秦发兵击之，大破楚师于丹、淅（xī），斩首八万，虏楚将屈匄（gài），遂取楚之汉中地。怀王乃悉发国中兵，以深入击秦，战于蓝田。魏闻之，袭楚至邓。楚兵惧，自秦归。而齐竟怒，不救楚，楚大困。

译文　楚怀王盛怒，大规模出动军队，去讨伐秦国。秦国发兵攻击，在丹水和淅水一带大破楚军，杀了八万人，俘虏了楚国将领屈匄，于是夺取了楚国的汉中之地。于是楚怀王发动全国的兵力，深入秦国出击，在蓝田交战。魏国听说了这种情况，袭击楚国，一直打到邓地。楚军恐惧，自秦国撤退。齐国终于因生楚国的气而不来援救，楚国的处境非常困窘。

【蓝田】现在的陕西蓝田以西。
【邓】现在的河南邓州一带。

古文　明年，秦割汉中地与楚以和。楚王曰："不愿得地，愿得张仪而甘心焉。"张仪闻，乃曰："以一仪而当汉中地，臣请往如

楚。"如楚，又因厚币用事者臣靳（jìn）尚，而设诡辩于怀王之宠姬郑袖。怀王竟听郑袖，复释去张仪。是时屈平既疏，不复在位，使于齐，顾反，谏怀王曰："何不杀张仪？"怀王悔，追张仪，不及。

第二年（楚怀王十八年），秦国割让汉中之地，同楚国讲和。楚怀王说："我不愿得到土地，只愿得到张仪，就甘心了。"张仪知道了，就说："用一个张仪去抵汉中之地很划算，臣下我请求到楚国去。"到了楚国，又用丰厚的礼物贿赂当权的大臣靳尚，让他在楚怀王的宠姬郑袖面前巧言诡辩。楚怀王竟然听信郑袖，又放走了张仪。当时屈原已经被疏远，不在朝中任职，去齐国出使了，回来后，他劝谏楚怀王："为什么不杀掉张仪？"楚怀王后悔了，派人去追张仪，已经撵不上了。

其后诸侯共击楚，大破之，杀其将唐眛（mò）。时秦昭王与楚婚，欲与怀王会。怀王欲行，屈平曰："秦，虎狼之国，不可信。不如毋行。"怀王稚子子兰劝王行："奈何绝秦欢？"怀王卒行。入武关，秦伏兵绝其后，因留怀王，以求割地。怀王怒，不听。亡走赵，赵不内。复之秦，竟死于秦而归葬。长子顷襄王立，以其弟子兰为令尹。

译文 后来，诸侯联合攻打楚国，大败楚军，杀了楚国将领唐昧。当时秦昭襄王与楚国通婚，要求和楚怀王会面。楚怀王想去，屈原说："秦国是虎狼一样的国家，不能信任，不如别去。"楚怀王的幼子子兰劝他去，说："为什么要断绝和秦国的友好关系？"楚怀王终于前往。一进入武关，秦国的伏兵就截断他的后路，扣留了他，要求割让土地。楚怀王盛怒，不听从秦国。他逃往赵国，赵国不肯接纳。只好又到秦国去，最后死在秦国，尸体运回楚国安葬。长子顷襄王即位，任命自己的弟弟子兰为令尹。

【武关】秦国的南关，位于现在的陕西商州以东。

古文 楚人既咎子兰以劝怀王入秦而不反也，屈平既嫉（jí）之，虽放流，眷顾楚国，系心怀王，不忘欲反，冀幸君之一悟，俗之一改也。其存君兴国而欲反复之，一篇之中三致志焉。然终无可奈何，故不可以反。卒以此见怀王之终不悟也。

译文 楚国人都指责子兰，因为是他劝楚怀王入秦，最终却没能回来。屈原也怨恨子兰，他虽然被流放在外，却依然眷恋楚国，挂念怀王，念念不忘返回朝廷，希望国君有朝一日能醒悟，世俗有朝一日能改变。屈原惦记君王，想要振兴国家，扭转不利的局势，一篇作品中再三流露出这种意愿。然而终归无可奈何，所以不能返回朝廷。由此可以看出，楚怀王始终没有醒悟。

人君无愚智贤不肖，莫不欲求忠以自为，举贤以自佐。然亡国破家相随属，而圣君治国累世而不见者，其所谓忠者不忠，而所谓贤者不贤也。怀王以不知忠臣之分，故内惑于郑袖，外欺于张仪，疏屈平而信上官大夫、令尹子兰。兵挫地削，亡其六郡，身客死于秦，为天下笑。此不知人祸也。

译文

国君无论愚笨或明智、贤德或昏庸，没有谁不想求得忠臣来为自己服务，选拔贤才来辅助自己。然而国破家亡的事情接连发生，圣明的君主、治理良好的国家却多少世代都没有出现，这是由于所谓的忠臣并不忠，所谓的贤臣并不贤。怀王由于不知道忠臣是什么样子，所以在内被郑袖迷惑，在外被张仪欺骗，疏远屈原而信任上官大夫、令尹子兰，使军队受挫，国土削减，失去六个郡，自己也死在秦国，成了天下人的笑柄。这就是不能知人善任带来的恶果。

【客死】在他乡或外国死去。

古文

令尹子兰闻之，大怒，卒使上官大夫短屈原于顷襄王，顷襄王怒而迁之。

译文　　令尹子兰听说屈原怨恨他，非常愤怒，终于指使上官大夫在顷襄王面前说屈原的坏话。顷襄王发怒，放逐了屈原。

古文　　屈原至于江滨，被发行吟泽畔，颜色憔悴，形容枯槁。渔父见而问之曰："子非三闾大夫欤？何故而至此？"屈原曰："举世混浊而我独清，众人皆醉而我独醒，是以见放。"渔父曰："夫圣人者，不凝滞于物，而能与世推移。举世混浊，何不随其流而扬其波？众人皆醉，何不餔（bū）其糟而啜其醨（lí）？何故怀瑾握瑜，而自令见放为？"屈原曰："吾闻之，新沐者必弹冠，新浴者必振衣。人又谁能以身之察察，受物之汶汶（mén）者乎？宁赴常流而葬乎江鱼腹中耳，又安能以皓皓之白，而蒙世之温蠖（huò）乎？"乃作《怀沙》之赋，于是怀石，遂自投汨罗以死。

译文　　屈原到了江滨，披散着头发，在水泽边一面走，一面吟咏。脸色憔悴，形体容貌像枯木一般毫无生气。渔父看见他，问道："您不是三闾大夫吗？为什么来到这里？"屈原说："全天下都是混浊的，只有我一人清白；大家都沉醉，只有我一人清醒。因此被放逐。"渔父说："圣人不拘泥于外物，而能随着世俗变化。全天下都混浊，为什么不随着大流推波助澜？大家都沉醉，为什么不吃点儿酒糟，喝点儿薄酒？为什么要怀抱美玉一般的节操，却让自己被放逐呢？"屈原说："我听说，刚洗过头的人一定要掸去帽子上的灰尘，刚洗过澡的人一定要抖掉衣服上的脏东西。谁又能让自己干净的躯体蒙受外物的污染呢？宁可投入永远流动的江水，葬身鱼腹，又怎么能让自己清白的品质蒙受世俗的尘垢呢？"他就写了《怀沙》这篇赋，于是抱着石头，投汨罗江自尽。

【三闾大夫】楚国掌管公族昭、屈、景三姓事务的官职。屈原此前曾任此职。

【餔】吃。

【醨】薄酒。

【瑾、瑜】美玉。

【察察】洁净的样子。

【汶汶】浑浊的样子。

【皓皓】皎洁的样子。

【温蠖】尘垢。

古文

屈原既死之后，楚有宋玉、唐勒、景差之徒者，皆好辞而以赋见称；然皆祖屈原之从容辞令，终莫敢直谏。其后楚日以削，数十年，竟为秦所灭。

译文

屈原死去以后，楚国还有宋玉、唐勒、景差这些人，都爱好文学，由于擅长写赋，受到人们的称赞；然而都效法屈原的辞令适度得体，始终不敢直言进谏。此后楚国的领土一天天缩小，几十年后，终于被秦国灭亡了。

【祖】效法，承袭。

古今异义

 古 **嫉** 今

憎恨。

妒忌。

 古 **反复** 今

扭转，恢复。

一遍又一遍。

 古 **颜色** 今

脸色。

色彩。

 古 **形容** 今

形体、容貌。

对事物的形象或性质加以描述。

 古 **从容** 今

言语、举动适度得体。

沉着、镇定。

人穷则反本 / 顾反 / 楚人既咎子兰以劝怀王入秦而不反也 / 不忘欲反 / 故不可以反：通"返"，返回。

犹离忧也：通"罹"，遭受。

靡不毕见：通"现"，出现，体现。

其称文小而其指极大：通"旨"，主旨，旨趣。

屈平既绌：通"黜"，降职，罢免。

齐与楚从亲：通"纵"，合纵。

厚币委质事楚：通"贽"，见面礼。

赵不内：通"纳"，接纳。

被发行吟泽畔：通"披"，披散。

特殊句式

判断句：

屈原者，名平，楚之同姓也。

离骚者，犹离忧也。

夫天者，人之始也；父母者，人之本也。

屈平之作《离骚》，盖自怨生也。

秦，虎狼之国，不可信。

然亡国破家相随属，而圣君治国累世而不见者，其所谓忠者不忠，而所谓贤者不贤也。

此不知人祸也。

倒装句：

大破楚师于丹、淅。→于丹、淅大破楚师。

战于蓝田。→于蓝田战。

而设诡辩于怀王之宠姬郑袖。→而于怀王之宠姬郑袖设诡辩。

莫不欲求忠以自为，举贤以自佐。

→莫不欲求忠以为自，举贤以佐自。

卒使上官大夫短屈原于顷襄王。

→卒使上官大夫于顷襄王短屈原。

而自令见放为。→而令自见放为。

被动句：

方正之不容也。

信而见疑，忠而被谤，能无怨乎？

故内惑于郑袖，外欺于张仪。

为天下笑。

是以见放。

皆好辞而以赋见称。

竟为秦所灭。

　　楚国王室本姓芈（mǐ），熊氏。楚武王熊通的儿子瑕被封在屈这个地方，他的后代就以屈为氏。景氏、昭氏的情况也类似，所以说都是楚王的同姓，归"三闾大夫"管辖。

　　先秦时期，姓是有共同血缘的家族标记，氏是由姓衍生出来的分支，通常源自担任的官职、技艺、受封的国名或采邑名、祖先的谥号、居住地等。

　　本篇出自《史记·屈原贾生列传》。

　　楚辞，是采用楚国方言创作的诗歌体裁，以屈原为代表。它多用语气词"兮"，具有浓郁的神话色彩和地域特色，想象力丰富，感情外露。《诗经》是中国现实主义诗歌的源头，楚辞则是浪漫主义诗歌的源头。

　　楚辞中最为著名的是屈原的《离骚》，所以楚辞又被称为"骚体"。屈原的作品还有《九歌》（包括《东皇太一》《东君》《云中君》《湘君》《湘夫人》《大司命》《少司命》《河伯》《山鬼》《国殇》《礼魂》，是祭神的乐歌）、《九章》（包括《惜诵》《涉江》《哀郢》《抽思》《怀沙》《思美人》《惜往日》《橘颂》《悲回风》，是短篇抒情诗集）、《天问》等。

苏武传（节选）

—— （东汉）班固

原文
逐句翻译
生僻字注音
字词意思解释

古文

武，字子卿，少以父任，兄弟并为郎。稍迁至栘（yí）中厩监。时汉连伐胡，数通使相窥观。匈奴留汉使郭吉、路充国等，前后十余辈。匈奴使来，汉亦留之以相当。

天汉元年，且鞮（jū dī）侯单（chán）于初立，恐汉袭之，乃曰："汉天子我丈人行（háng）也。"尽归汉使路充国等。

译文

苏武，字子卿，少年时因父亲做了高官而被任用，兄弟都做了郎官。他逐渐升迁为管理汉宫栘园中马厩的官员。当时汉朝不断讨伐匈奴，多次派遣使节，互相暗中侦察。匈奴扣留了汉朝使节郭吉、路充国等，前后十多批。匈奴使节前来，汉朝廷也扣留他们以相抵。

天汉元年（前100），且鞮侯单于刚刚继位，他害怕受到汉军的袭击，于是说："汉朝皇帝是我的长辈。"全部送还了汉朝使节路充国等。

【郎】皇帝的侍从，负责护卫陪侍、提出建议、听从差遣等。汉朝制度，二千石以上的官员可以保举子弟为郎。

【辈】批。

【单于】匈奴首领的称号。

武帝嘉其义，乃遣武以中郎将使持节送匈奴使留在汉者，因厚赂单于，答其善意。武与副中郎将张胜及假吏常惠等募士斥候百余人俱，既至匈奴，置币遗单于；单于益骄，非汉所望也。

译文

汉武帝赞许他这种合乎道义的做法，于是派遣苏武以中郎将的身份出使，持着旄节送被扣留在汉地的匈奴使者回去，顺便赠给单于丰厚的礼物，答谢他的好意。苏武同副中郎将张胜、临时委派的属官常惠等，加上招募来的士卒、侦察人员，百余人一同前往，到了匈奴以后，置备了一些礼物赠给单于。单于越发骄横，不是汉朝希望的那样。

【节】使节所持的信物，以竹为杆，拴上旄牛尾，又称旄节。
【假吏】临时委派的属官。
【斥候】在军中担任警卫的侦察人员。

古文

方欲发使送武等，会缑（gōu）王与长水虞常等谋反匈奴中。缑王者，昆邪（hún yé）王姊子也，与昆邪王俱降汉；后随浞（zhuó）野侯没胡中，及卫律所将降者，阴相与谋劫单于母阏氏（yān zhī）归汉。会武等至匈奴，虞常在

汉时，素与副张胜相知，私候胜曰："闻汉天子甚怨卫律，常能为汉伏弩射杀之，吾母与弟在汉，幸蒙其赏赐。"张胜许之，以货物与常。

译文

匈奴正要派使节送苏武他们回去时，恰巧匈奴国内缑王与原长水校尉虞常等在匈奴内部谋反。缑王是昆邪王姐姐的儿子，同昆邪王一起投降汉朝，后来又跟随浞野侯陷没在匈奴。以及卫律所统领的一些被迫投降匈奴的人，暗中共同策划绑架单于的母亲阏氏归附汉朝。恰巧碰上苏武他们到了匈奴。虞常在汉地时，素来同副使张胜相熟，私下拜访张胜，说："听说汉朝皇帝很怨恨卫律，我虞常能为汉朝埋伏弩弓，将他射死。我的母亲和弟弟都在汉地，希望能得到皇帝的赏赐。"张胜答应了他，把财物送给虞常。

【昆邪王】也写作浑邪王，匈奴一个部落的王，领地在河西（现在的甘肃西北部）。于汉武帝元狩二年（前121）投降。

【浞野侯】汉朝将领赵破奴的封号。汉武帝太初二年（前103）率二万骑击匈奴，兵败，全军或死或投降。

【卫律】本来是长水胡人，在汉地长大，被协律都尉李延年推荐，出使匈奴。回来后，李延年因罪全家被捕，卫律害怕受到牵连，又逃奔匈奴，被封为丁零王。

【阏氏】匈奴王后的称号。

古文

后月余，单于出猎，独阏氏子弟在。虞常等七十余人欲发，其一人夜亡，告之。单于子弟发兵与战。缑王等皆死，虞常生得。单于使卫律治其事，张胜闻之，恐前语发，以状语（yù）武。武曰："事如此，此必及我，见犯乃死，重负国。"欲自杀，胜、惠共止之。虞常果引张胜。

单于怒，召诸贵人议，欲杀汉使者。左伊秩訾（zī）曰："即谋单于，何以复加？宜皆降之。"

译文 一个多月以后，单于外出打猎，只有阏氏和单于的子弟在家。虞常等七十余人想要动手，他们当中有一个人夜里跑出来，告发了这件事情。单于的子弟发兵同他们交战，缑王等都死了，虞常被活捉。单于派卫律审理这个案子。张胜听到消息，害怕他和虞常之前说的那些话泄露，便把事情经过告诉了苏武。苏武说："事情到了这个地步，必定会牵连我们。受到侮辱才死，更加对不起国家。"他想要自杀。张胜、常惠一起制止了他。虞常果然供出了张胜。单于大怒，召集贵族们商议，想杀掉汉朝使节。左伊秩訾说："假如是谋害单于，又该用什么更加严酷的刑法呢？应当让他们都投降。"

【左伊秩訾】匈奴贵族的一种称号。

古文 单于使卫律召武受辞。武谓惠等："屈节辱命，虽生，何面目以归汉！"引佩刀自刺。卫律惊，自抱持武，驰召医。凿地为坎，置煴（yūn）火，覆武其上，蹈其背以出血。武气绝，半日复息。惠等哭，舆归营。单于壮其节，朝夕遣人候问武，而收系张胜。

31

单于派卫律召苏武来受审。苏武对常惠等说："丧失气节、玷辱使命，哪怕活着，还有什么脸面回到汉朝！"拔出佩刀自刎。卫律大惊，亲自抱住苏武，派人骑快马去找医生。医生在地上挖了一个坑，里面点起微火，把苏武脸朝下放在上面，轻轻敲打他的背，让淤血流出来。苏武本来已经断了气，过了好半天才重新开始呼吸。常惠等哭泣着，用车子把苏武载回营帐。单于钦佩苏武的气节，早晚派人探望、问候苏武，而逮捕监禁了张胜。

【受辞】受审。
【抱持】搂抱，抱住。
【煴】燃着微火的火堆。

【蹈】轻轻敲打。
【收系】逮捕，监禁。

武益愈，单于使使晓武，会论虞常，欲因此时降武。剑斩虞常已，律曰："汉使张胜谋杀单于近臣，当死。单于募降者赦罪。"举剑欲击之，胜请降。律谓武曰："副有罪，当相坐。"武曰："本无谋，又非亲属，何谓相坐？"复举剑拟之，武不动。

苏武慢慢痊愈了。单于派遣使者通知苏武，一起来审判处理虞常，想借这个机会让苏武投降。用剑斩杀虞常以后，卫律说："汉使张胜谋杀单于亲近的大臣，应当处死。单于招降的人，可以赦免罪行。"举剑要杀张胜，张胜请求投降。卫律对苏武说："副使有罪，你应当连坐。"苏武说："我本来就没有参加策划，又不是他的亲属，怎么谈得上连坐？"卫律又举剑对准苏武比画，苏武一动不动。

【相坐】连带治罪。古代法律规定，一人犯法（主要是谋反等大罪），家属、亲朋、邻居等要跟着受罚。
【拟】比画，做出砍刺的样子。

古文

　　律曰："苏君，律前负汉归匈奴，幸蒙大恩，赐号称王，拥众数万，马畜弥山，富贵如此！苏君今日降，明日复然。空以身膏草野，谁复知之！"武不应。律曰："君因我降，与君为兄弟；今不听吾计，后虽复欲见我，尚可得乎？"武骂律曰："汝为人臣子，不顾恩义，畔主背亲，为降虏于蛮夷，何以汝为见？且单于信汝，使决人死生，不平心持正，反欲斗两主，观祸败。南越杀汉使者，屠为九郡。宛王杀汉使者，头县北阙。朝鲜杀汉使者，即时诛灭。独匈奴未耳。若知我不降明，欲令两国相攻。匈奴之祸，从我始矣。"

译文

　　卫律说："苏君，我卫律以前背弃汉朝，归顺匈奴，幸运地蒙受单于的大恩，赐我封号，让我称王，麾下有数万人，马和其他牲畜满山遍野，这样富贵！苏君你今天投降，明天也会这样。白白用身体给野草做肥料，又有谁知道呢！"苏武毫无反应。卫律说："你通过我投降，我和你结为兄弟；今天不听我的安排，以后即使再想见我，还能有机会吗？"苏武痛骂卫律道："你当别人的臣下，不顾恩德道义，背叛主君、抛弃亲人，在异族那里当投降的俘虏，我为什么要见你！况且单于信任你，让你决定别人的生死，你却不能居心公平、主持正道，反而想让汉朝皇帝和匈奴单于相斗，旁观两国的灾祸和损失！南越杀掉汉朝使者，结果被平定，划分成九个郡。大宛王杀掉汉朝使者，自己的头颅被悬挂在宫殿北面的门楼上。朝鲜杀掉汉朝使者，随即遭到消灭。唯独匈奴还没有被惩罚。你明明知道我不会投降，想要让汉朝和匈奴互相攻打。匈奴的灾祸，将从杀死我苏武开始。"

【弥】充满。

【膏】肥沃，这里是使动用法，使（土地等）肥沃。

【南越杀汉使者】根据《史记·南越列传》，元鼎五年（前112），南越国相吕嘉杀了国王、太后和汉朝使者，反叛。武帝发兵讨伐，灭南越国，设南海、苍梧、郁林、合浦、交趾、九真、日南、珠崖、儋（dān）耳九郡。

【宛王杀汉使者】根据《史记·大宛列传》，太初元年（前104），大宛王毋寡杀了前来索要良马的汉朝使者。武帝命令李广利讨伐大宛，贵族们杀了毋寡，投降。

【朝鲜杀汉使者】根据《史记·朝鲜列传》，元封二年（前109）涉何出使朝鲜，暗害了伴送他的朝鲜人，谎称杀的是朝鲜武将，因此获封辽东东部都尉。朝鲜王卫右渠杀了涉何。武帝发兵讨伐，朝鲜相杀了卫右渠，投降。

古文

律知武终不可胁，白单于。单于愈益欲降之，乃幽武置大窖中，绝不饮食。天雨（yù）雪，武卧啮雪，与旃毛并咽之，数日不死。匈奴以为神。乃徙武北海上无人处，使牧羝（dī），羝乳乃得归。别其官属常惠等各置他所。武既至海上，廪食不至，掘野鼠去（jǔ）草实而食之。杖汉节牧羊，卧起操持，节旄尽落。

积五六年，单于弟於靬（wū jiān）王弋射海上。武能网纺缴，檠（qíng）弓弩，於靬王爱之，给其衣食。三岁余，王病，赐武马畜、服匿、穹庐。王死后，人众徙去。其冬，丁令盗武牛羊，武复穷厄。

34

卫律知道终究不能胁迫苏武投降，报告了单于。单于越发想让苏武投降，就把他囚禁起来，关在大窖里面，不给他吃的、喝的。天下雪，苏武卧着嚼雪，同毡毛一起吞下充饥，好些天没有死。匈奴人觉得非常神奇，于是将苏武迁移到北海边没有人的地方，让他放牧公羊，公羊生了小羊才能回来。将他的属官常惠等分开，安排到别处。苏武到北海以后，公家发给的粮食不来，就挖掘野鼠收藏的草实吃。拄着汉朝的节牧羊，不管躺下还是起来都拿着，系在节上的牦牛尾的毛全部脱落了。

总共过了五六年，单于的弟弟於靬王到北海打猎。苏武擅长结网，纺制系在箭尾的丝绳，矫正弓弩，於靬王器重他，给他提供衣服和食物。过了三年多，於靬王得病，赐给苏武马匹和牲畜、盛酒酪的瓦罐、圆顶的大帐篷。於靬王死后，他麾下的人都迁走了。这年冬天，丁令部落偷走了苏武的牛羊，苏武又陷入穷困。

【雨】动词，落下。
【北海】在匈奴北境，就是现在的贝加尔湖。
【羝】公羊。
【乳】生育。

【弋射】射猎。
【缴】系在箭尾的丝绳。
【檠】矫正弓箭的工具。
【丁令】也写作丁灵、丁零，匈奴族的一支。

初，武与李陵俱为侍中。武使匈奴，明年，陵降，不敢求武。久之，单于使陵至海上，为武置酒设乐。因谓武曰："单于闻陵与子卿素厚，故使陵来说足下，虚心欲相待。终不得归汉，空自苦亡人之地，信义安所见乎？前长君为奉车，从至雍棫（yù）阳宫，扶辇（niǎn）下除，触柱折辕，劾大不敬，伏剑自刭，赐钱二百万以葬。孺（rú）卿从祠河东后土，宦骑与黄门驸马争船，推堕驸马河中溺死，宦骑亡，诏使孺卿逐捕，不得，惶恐饮药而死。来时太夫人已不幸，陵送葬至阳陵。子卿妇年少，闻已更嫁矣。独有女弟二人、两女一男，今复十余年，存亡不可知。人生如朝露，何久自苦如此！"

当初，苏武与李陵都担任侍中。苏武出使匈奴的第二年，李陵投降，不敢访求苏武。过了很久，单于派遣李陵去北海，给苏武安排了酒宴和歌舞。李陵趁机对苏武说："单于听说我和你的交情一向深厚，所以派我来劝导你，愿意谦和诚恳地对你。你终究不能回汉地了，白白在荒无人烟的地方受苦，你的信义怎么能彰显呢？以前你大哥苏嘉当奉车都尉，跟随皇上到雍地的棫阳宫，扶着皇帝的车驾下殿阶，撞到柱子，折断了车辕，被指控犯了大不敬的罪，拔剑自杀，只不过赐钱二百万用来下葬。你弟弟苏贤跟随皇上去祭祀河东后土，一个骑马的宦官同黄门驸马争抢船只，驸马被推下去，掉进河里淹死了，骑马的宦官逃亡，皇上命令苏贤去追捕，没有抓到，因害怕而服毒自杀。我离开长安时，你母亲已经去世，我送葬到阳陵。你夫人年纪还轻，听说已经改嫁了。你家中只有两个妹妹、两个女儿和一个儿子，现在又过了十多年，生死不知。人生像清早的露水一样短暂，何必长久地这样折磨自己！"

【李陵】字少卿，"飞将军"李广之孙。天汉二年出征匈奴，先胜后败，寡不敌众，无奈投降，被封为右校王。

【辇】皇帝的车驾。

【除】宫殿的台阶。

【劾】揭发，弹劾。

【黄门驸马】宫中掌管车驾、马匹的官员。

【阳陵】位于现在的陕西咸阳东边，是汉景帝刘启的陵寝，后来也有贵族在那里安葬。

【女弟】妹妹。

"陵始降时,忽忽如狂,自痛负汉,加以老母系<u>保宫</u>。子卿不欲降,何以过陵?且陛下春秋高,法令亡常,大臣亡罪夷灭者数十家,安危不可知,子卿尚复谁为乎?愿听陵计,勿复有云。"武曰:"武父子亡功德,皆为陛下所成就,位<u>列将</u>,爵<u>通侯</u>,兄弟亲近,常愿肝脑涂地。今得杀身自效,虽蒙<u>斧钺(yuè)汤镬(huò)</u>,诚甘乐之。臣事君,犹子事父也。子为父死,无所恨,愿勿复再言!"

"我刚刚投降时,精神恍惚,像是发狂,痛心自己对不起汉朝,加上老母拘禁在保宫。你不想投降的心情,怎么能超过我呢!而且皇上年纪大了,法令随时变更,大臣无罪而被灭族的有几十家,安危不可预料,你还打算为谁苦守下去呢?希望你听从我的劝告,别再说什么了。" 苏武说:"我苏武父子没有功劳和德行,都是陛下栽培提拔起来的,官位升到列将,爵位获封通侯,兄弟三人都是皇帝的近臣,常常愿意为朝廷牺牲一切。现在得到了牺牲自己来效忠国家的机会,即使遭受斧钺和汤镬这样的极刑,也真的心甘情愿。臣子侍奉君王,就像儿子侍奉父亲,儿子为父亲而死,没有什么可遗憾的,希望你别再说了!"

【保宫】原本叫居室,太初元年更名,属于少府,是囚禁犯罪大臣和家眷的监狱。

【列将】一般将军的总称。

【通侯】汉朝爵位,原本叫彻侯,避武帝刘彻讳,所以改名。苏武的父亲苏建曾获封平陵侯。

【斧钺汤镬】两种残酷的死刑。斧钺:以大斧砍杀。汤镬:把人放在盛沸水的大锅中烹杀。

古文 陵与武饮数日，复曰："子卿壹听陵言！"武曰："自分已死久矣！王必欲降武，请毕今日之欢，效死于前！"陵见其至诚，喟然叹曰："嗟乎，义士！陵与卫律之罪，上通于天！"因泣下霑衿（jīn），与武决去。

译文 李陵与苏武喝了几天酒，又说："子卿你一定要听我的话！"苏武说："我把自己当成死人，已经很久了。右校王您一定要逼我投降，就请结束今天的欢宴，让我死在你面前！"李陵看到苏武无比真诚，慨然长叹："唉，义士！我李陵与卫律罪孽深重，天都不容！"于是眼泪直流，浸湿了衣襟，告别苏武离去。

【壹】一定。

古文 昭帝即位，数年，匈奴与汉和亲。汉求武等，匈奴诡言武死。后汉使复至匈奴，常惠请其守者与俱，得夜见汉使，具自陈道。教使者谓单于，言"天子射上林中，得雁，足有系帛书，言武等在某泽中"。使者大喜，如惠语以让单于。单于视左右而惊，谢汉使曰："武等实在。"

译文

汉昭帝即位，几年后，匈奴同汉朝达成和议。汉朝寻找苏武他们，匈奴谎称苏武已经去世。后来汉朝使节又到了匈奴，常惠请求看守他的人一起过去，趁着夜色见到了汉朝使节，原原本本地讲述了这些年在匈奴的情况。告诉使节，让他对单于说："天子在上林苑中射猎，打到一只大雁，脚上系着帛书，说苏武他们在北海。"使节非常高兴，按照常惠所教的话去责备单于。单于看着身边的人，很惊讶，对汉朝使节道歉："苏武他们的确还活着。"

【具】详细。

单于召会武官属，前以降及物故，凡随武还者九人。武以始元六年春至京师。武留匈奴凡十九岁，始以强壮出，及还，须发尽白。

译文

单于召集苏武的部下，除了以前投降和去世的，跟随苏武回去的总共九人。苏武于始元六年（前81）春天回到都城长安。苏武被扣留在匈奴总共十九年，当初出使时是壮年，等到回来时，胡须和头发全都白了。

【物故】死亡。

（古）**相当**（今）

相抵。

非常。

（古）**丈人**（今）

父辈，长辈。

岳父。

（古）**会**（今）

恰巧，适逢。

聚会，集合。

古 **白** 今

告诉。

白色。

_____

_____

古 **货物** 今

财物。

供出售的物品。

_____

_____

古 **操持** 今

拿着，握着。

料理，筹划。

_____

_____

古 **春秋** 今

年纪。

春秋时期，或春秋两季。

古 **让** 今

责备。

请，使。

通假字

畔主背亲：通"叛"，背叛。

且单于信女：通"汝"，你。

头县北阙：通"悬"，悬挂。

与旃毛并咽之：通"毡"，毛织品。

掘野鼠去草实而食之：通"弆"，收藏。

空自苦亡人之地／法令亡常／大臣亡罪夷灭者数十家／武父子亡功德／子为父死亡所恨：通"无"，没有。

信义安所见乎：通"现"，展现，彰显。

与武决去：通"诀"，告别。

42

判断句：

汉天子，我丈人行也。

单于益骄，非汉所望也。

缑王者，昆邪王姊子也。

倒装句：

乃遣武以中郎将使持节送匈奴使留在汉者。→乃遣武以中郎将使持节送留在汉（之）匈奴使。

会缑王与长水虞常等谋反匈奴中。→会缑王与长水虞常等（于）匈奴中谋反。

何以复加？→以何复加？

为降虏于蛮夷。→于蛮夷为降虏。

何以汝为见？→以何见汝为？

若知我不降明。→若明知我不降。

空自苦亡人之地。→空（于）亡人之地自苦。

何以过陵？→以何过陵？

子卿尚复谁为乎？→子卿尚复为谁乎？

被动句：

缑王等皆死，虞常生得。

见犯乃死，重负国。

劾大不敬。

大臣亡罪夷灭者数十家。

皆为陛下所成就。

武留匈奴凡十九岁。

本篇出自《汉书·李广苏建传》。

《汉书》又称《前汉书》，是由班固编撰的中国第一部纪传体断代史，也是"二十四史"之一，同《史记》《后汉书》《三国志》并称"前四史"。

《汉书》记载了西汉高祖元年（前206）到新朝王莽地皇四年（23）的历史，以后历朝正史都沿袭了《汉书》的体裁。

班固还没有完成《汉书》就去世了。其中的"八表"和《天文志》，是由他妹妹班昭、班昭的门生马续完成的。

班固，字孟坚，东汉著名史学家、文学家，曾任兰台令史。出身儒学世家，父亲班彪、伯父班嗣都是著名学者，弟弟班超官拜西域都护，获封定远侯。

班固是"汉赋四大家"之一，他创作的《两都赋》被列为《昭明文选》第一篇。他还编纂了《白虎通义》（又称《白虎通德论》），该书集当时经学之大成，引入当时流行的谶（chèn）纬迷信，令儒家思想进一步神学化。

苏武和李陵有一组赠答诗，可能为后世托名，未必是他们的作品，然而感人至深，且对五言诗产生了很大影响。"诗圣"杜甫就表示："李陵苏武是吾师"。

下面选了两首：

结发为夫妻，恩爱两不疑。欢娱在今夕，嬿婉及良时。征夫怀往路，起视夜何其。参辰皆已没，去去从此辞。行役在战场，相见未有期。握手一长叹，泪为生别滋。努力爱春华，莫忘欢乐时。生当复来归，死当长相思。

嘉会难再遇，三载为千秋。临河濯长缨，念子怅悠悠。远望悲风至，对酒不能酬。行人怀往路，何以慰我愁？独有盈觞酒，与子结绸缪。

广陵绝响

——《世说新语》

原文
逐句翻译
生僻字注音
字词意思解释

古文 嵇（jī）中散临刑东市，神气不变。索琴弹之，奏《广陵散》。

译文 中散大夫嵇康在东市将要被处决，神色不变。他索要古琴来弹，演奏了一曲《广陵散》。

【中散】官职名。嵇康曾担任中散大夫，所以这样称呼他。

45

曲终，曰："袁孝尼尝请学此散，吾靳（jìn）固不与。《广陵散》于今绝矣！"

一曲终了，他说："袁孝尼曾经请求学习这首曲子，我舍不得，没有教给他。从今以后，《广陵散》就失传了！"

【袁孝尼】袁准，字孝尼，魏晋时期官员、政治理论家，有《仪礼丧服经注》《袁子正论》《正书》等著作。

【尝】曾经。

【靳固】吝惜，舍不得。

古文 太学生三千人上书，请以为师，不许。

译文 三千名太学生上书朝廷，请求拜嵇康为师，好让他免于一死，没有获得允许。

古文 文王亦寻悔焉。

译文 嵇康死后没多久，文王司马昭也后悔了。

【文王】司马昭的谥（shì）号。
【寻】不久。

嵇康、阮籍、山涛、刘伶、向秀、阮咸、王戎，并称"竹林七贤"，是魏晋玄学的代表人物。他们喜欢喝酒，个性张扬，不受礼法拘束。

嵇康轻视权贵，刚直高傲，主张"非汤武而薄周孔"（商汤、周武王、周公、孔子，都是儒家尊崇的圣贤），得罪了掌握大权的司马昭，于是被杀。

本篇出自《世说新语·雅量》。

《世说新语》是南朝宋宗室刘义庆组织一批文人编写的。他受封临川王，爱好文学，还组织编写了志怪小说集《幽明录》。

《世说新语》是中国最早的志人小说集，也是"笔记小说"的代表作。主要记载了汉魏到东晋名士的言行，内容分为德行、言语、政事、文学、方正、雅量等三十六类，虽然不一定符合史实，却反映了这段时间里士人们的生活方式、精神面貌。后世对"魏晋风流"的理解，很大程度上就来自《世说新语》。

《广陵散》大约产生于东汉末年，是一首调子激昂的古琴曲，据说讲述的是战国时期聂政的故事。

《史记·刺客列传》记载，聂政为报韩国大臣严仲子的知遇之恩，等母亲去世、守孝结束后，替严仲子刺杀了韩相侠累。

到东汉时，故事情节发生了变化：聂政的父亲为韩王铸剑，没能及时交付，所以被杀。聂政长大后在山中遇到仙人，学会了弹琴的绝艺，因此被韩王召见。聂政拔出藏在琴中的剑，刺杀了韩王，为父报仇。

咏雪

——《世说新语》

原文
逐句翻译
生僻字注音
字词意思解释

古文 谢太傅寒雪日<u>内集</u>，与儿女讲论文义。

译文 一个寒冷的雪天，太傅谢安举办家庭聚会，和子侄辈的人谈论文章义理。

【内集】把家人聚集在一起。

古文 俄而雪骤，公欣然曰："白雪纷纷何所似？"

译文 没过多久，雪下得急了，太傅高兴地说："这纷纷扬扬的白雪像什么？"

【俄而】不久，一会儿。
【骤】急迫，迅速。

49

古文 兄子胡儿曰："撒盐空中差可拟。"

译文 他哥哥的儿子胡儿（小名，本名谢朗，字长度，谢安二哥谢据的长子）说："差不多可以比作把盐撒在空中。"

> 【差】大致，差不多。
> 【拟】相比。

古文 兄女曰："未若柳絮因风起。"公大笑乐。

译文 他哥哥的女儿说："不如说是柳絮乘风而起。"太傅高兴地大笑起来。

> 【因】凭借，乘着。

古文 即公大兄无奕女，左将军王凝之妻也。

译文 她叫谢道韫（yùn），就是太傅的大哥谢无奕（本名谢奕，字无奕）的女儿、左将军王凝之的妻子。

古今异义

儿女

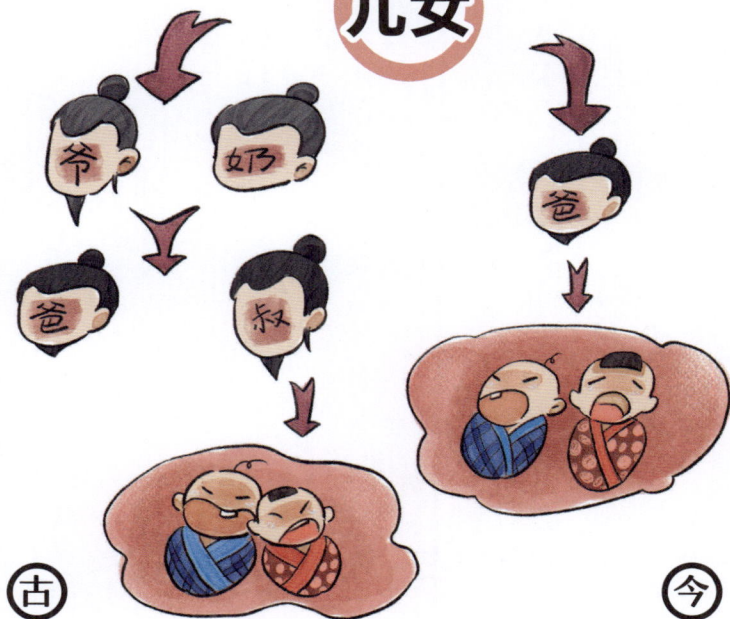

古 子侄辈的人。

今 亲生子女。

判断句：

即公大兄无奕女，左将军王凝之妻也。

"即"翻译成"就是"。

倒装句：

白雪纷纷何所似？ →白雪纷纷所似何？

琅琊王氏、陈郡谢氏，是东晋和南朝的高门望族，聚居在秦淮河畔的乌衣巷。

王、谢两家出了许多重臣。例如谢安，他在淝（féi）水之战中指挥谢玄（谢奕的儿子，谢道韫的弟弟）等子侄，以八万兵力击败了前秦苻（fú）坚号称百万的大军。

王、谢两家也非常重视教育，富有文化修养，出了大书法家王羲之（王凝之的父亲）和王献之、诗人谢灵运、谢朓（tiǎo）等名人。

由于谢道韫的典故，后世常常用"咏絮之才"形容才女。

本篇出自《世说新语·言语》。

王、谢两家到了唐朝，都已经衰落了。中唐诗人刘禹锡途经金陵（现在的南京），写下了怀古名篇《乌衣巷》："朱雀桥边野草花，乌衣巷口夕阳斜。旧时王谢堂前燕，飞入寻常百姓家。"

五柳先生传

—— （东晋）陶渊明

古文

先生不知何许人也，亦不详其姓字。宅边有五柳树，因以为号焉。

译文

先生不知道是哪里的人，也不知道姓名和字号。他的房子边有五棵柳树，就以此为号。

【何许】何处，哪里。许：处所。

古文

闲静少言，不慕荣利。好读书，不求甚解；每有会意，便欣然忘食。

译文 他性情安闲宁静，很少说话，不羡慕荣华利禄。爱好读书，只求领会要旨，不在一字一句的解释上过分深究；每当对书中的内容有所领会，就高兴得忘了吃饭。

【甚】深入，过分。
【会】领会，体会。

古文 性嗜（shì）酒，家贫不能常得。亲旧知其如此，或置酒而招之；造饮辄（zhé）尽，期在必醉。既醉而退，曾（zēng）不吝（lìn）情去留。

译文 他天性喜欢喝酒，但家境贫寒，不能经常得到。亲戚和老朋友知道他这样，有时就备下酒，邀请他来喝；他去了就喝个尽兴，期望一定喝醉。喝醉以后就回去，脾气率真，竟没有舍不得离开。

【旧】故旧、旧友。
【或】有时。
【造】往，到。
【辄】就。

【曾不】竟不。
【吝情】舍不得，顾惜。
【去留】偏义复词，只有"去"表示意义，另一个字是陪衬。

环堵萧然，不蔽风日；短褐（hè）穿结，箪（dān）瓢屡（lǚ）空，晏（yàn）如也。

简陋的居室里空空荡荡，挡不住风吹日晒；粗麻布短衣上不是洞就是补丁，盛饭的篮子和舀水的瓢里经常是空的，他却安然自若。

【环堵】四周都是土墙，形容居室简陋。
【萧然】空寂的样子。
【短褐】用粗麻布做的短上衣。
【屡】经常。

常著文章自娱，颇示己志。忘怀得失，以此自终。

经常写文章自娱自乐，稍微表达自己的志趣。忘掉世俗的得失，就这样过完一生。

【颇】略微，稍微。

古文 赞曰：黔娄（qián lóu）之妻有言："不戚戚于贫贱，不汲（jí）汲于富贵。"其言兹（zī）若人之俦（chóu）乎？

译文 赞辞说：黔娄的妻子说过："不因贫贱而愁眉不展，不为富贵而急切奔波。"这句话指的大概就是五柳先生这类人吧？

【戚戚】忧虑的样子。
【汲汲】心情急切的样子。
【俦】辈，同类。

古文 衔觞（shāng）赋诗，以乐其志。无怀氏之民欤（yú）？葛天氏之民欤？

译文 一边喝酒一边作诗，以此抒发自己的情志。是无怀氏时代的百姓呢？还是葛天氏时代的百姓呢？

【觞】酒杯。
【无怀氏、葛天氏】都是传说中的上古帝王。在他们的时代，百姓生活安乐不争，社会风气淳朴恬淡。

以为

今 觉得，认为。

古 以（之）为，将它当作。

不求甚解

古 只求领会要旨，不在一字一句的解释上过分深究，褒义。诸葛亮的读书方法也是"观其大略"，不求精熟。

今 只求懂个大概，不去深刻理解，贬义。

特殊句式

倒装句：

先生不知何许人也。→不知先生何许人也。

不戚戚于贫贱，不汲汲于富贵。→不于贫贱戚戚，不于富贵汲汲。

历史背景

东晋末年到南朝宋初年，时局动荡不安，战乱频繁。朝廷偏安江南，门阀制度森严，各大家族争权夺利，官场险恶。出身很大程度上决定了一个人能够担任的官职，所以许多有志之士无法施展抱负。

作者介绍

陶渊明，字元亮，晚年改名潜，私谥靖节。东晋杰出文学家，田园诗派的开创者，对唐宋诗人影响深远。

"五柳先生"是陶渊明自拟的称号。这篇文章虽然用的是第三人称，实际上却是自传。后世有不少人模仿这种写法，如白居易的《醉吟先生传》。

配套阅读：《文言文其实很简单·景物抒情卷》中的《归去来兮辞》。

文化常识

黔娄，战国时鲁国（也有说法称齐国）人。鲁恭公曾遣使者致礼，赐粟三千钟，想聘他为相，他坚辞不受。齐王又派人送去黄金百斤，聘他为卿，他也不答应。

他家境一直贫寒，去世后，遮盖尸体的布被非常窄小，盖住头就盖不住脚，盖住脚却又盖不住头。曾子去吊唁他，看到这一幕，说："把被子斜过来就能整个儿盖上。"黔娄的妻子却说："斜而有余，不如正而不足也。"

陶渊明在《咏贫士》中曾写道："安贫守贱者，自古有黔娄。"

写作文时能从这篇学到什么？

人都是复杂多面的，怎样才能在篇幅有限的情况下，将某个人写得活灵活现呢？

最关键的是抓住那个人的代表性特点，具体展开。想要面面俱到，可都蜻蜓点水，只会使你描写的人看上去和别人没有多少不同。

本篇重点渲染的就是五柳先生的爱好：读书、喝酒、写文章。还有性格：安贫乐道，独立于世俗之外。这些是他最重要的品质，也能给读者留下深刻印象。后世人们一说起隐士，就难免想到陶渊明。

祭十二郎文

——（唐）韩愈

原文
逐句翻译
生僻字注音
字词意思解释

古文 年、月、日，季父愈闻汝丧之七日，乃能衔哀致诚，使建中远具时羞之奠，告汝十二郎之灵：

译文 某年、某月、某日，小叔父韩愈在听说你去世后的第七天，才得以忍着哀痛向你表达真情，让建中（可能是家中的仆人）远远赶去，备办了时鲜祭品，在你十二郎灵位前祷告：

【季父】最小的叔父。
【羞】美味的食物。

59

呜呼！吾少孤，及长，不省（xǐng）所怙（hù），惟兄嫂是依。中年，兄殁南方，吾与汝俱幼，从嫂归葬河阳。既又与汝就食江南，零丁孤苦，未尝一日相离也。吾上有三兄，皆不幸早世。承先人后者，在孙惟汝，在子惟吾。两世一身，形单影只。嫂尝抚汝指吾而言曰："韩氏两世，惟此而已！"汝时尤小，当不复记忆；吾时虽能记忆，亦未知其言之悲也。

唉！我自幼丧父，等到长大，不知道父亲是什么模样，只有兄嫂可以依靠。哥哥才中年就在南方去世，我和你都还小，跟随嫂子把灵柩送回河阳老家安葬。后来又和你到江南谋生，孤苦伶仃，没有分开过一天。我上面有三个哥哥，都不幸早早去世。承续先人后代的，在孙子辈里只有你，在儿子辈里只有我。韩家子孙两代各剩一人，孤孤单单。嫂子曾经抚摸着你，指着我说："韩家两代人，就只有你们俩了！"那时你比我更小，应当记不得了；那时我虽然能够记事，但也还不能体会她话中的悲凉。

【省】知道，觉悟。
【怙】《诗经·小雅·蓼莪（lù é）》写道："无父何怙，无母何恃。"因此后世用"怙"代指父亲，"恃"代指母亲。
【河阳】现在的河南孟县以西，是韩氏祖坟所在地。
【早世】过早去世，夭折。

吾年十九，始来京城。其后四年，而归视汝。又四年，吾往河阳省坟墓，遇汝从嫂丧来葬。又二年，吾佐董丞相于汴州，汝来省吾，止一岁，请归取其孥（nú）。明年，丞相薨，吾去汴州，汝不果来。是年，吾佐戎（róng）徐州，使取汝者始行，吾又罢去，汝又不果来。吾念汝从于东，东亦客也，不可以久；图久远者，莫如西归，将成家而致汝。呜呼！孰谓汝遽（jù）去吾而殁乎！

我十九岁时，第一次来到京城。四年以后，才回去看你。又过了四年，我去河阳祭扫祖先坟墓，碰上你护送嫂子的灵柩来安葬。又过了两年，我在汴州辅佐董丞相，你来探望我，留下住了一年，你请求回去接妻子儿女。第二年，董丞相去世，我离开汴州，你没来成。这一年，我在徐州辅佐军务，派去接你的人刚刚动身，我就被免职，你又没来成。我想，你跟我在东边的汴州、徐州，也是客居，不可能久住；长远考虑，我不如回到西边的故乡，等在那里安下家再接你来。唉！谁能料到你竟突然离开我去世了呢？

【视】古时候探亲，上对下称"视"，下对上称"省"。

【董丞相】指董晋，贞元十二年（796），以检校尚书左仆射、同中书门下平章事任宣武军节度使，汴、宋、亳（bó）、颍等州观察使。

【孥】家眷，妻子儿女。

【戎】军队，军事。

【遽】突然，迅速。

古文 　吾与汝俱少年，以为虽暂相别，终当久相与处。故舍汝而旅食京师，以求斗斛之禄。诚知其如此，虽万乘之公相，吾不以一日辍汝而就也。

译文 　我和你都还年轻，总以为虽然暂时分别，终究会长久在一起的。因此我离开你，去京城谋生，指望赚到微薄的俸禄。要是早知道会这样，即使让我做尊荣无比的公卿宰相，也不愿离开你一天去赴任啊。

【辍】停止。

古文 　去年，孟东野往，吾书与汝曰："吾年未四十，而视茫茫，而发苍苍，而齿牙动摇。念诸父与诸兄，皆康强而早世，如吾之衰者，其能久存乎？吾不可去，汝不肯来，恐旦暮死，而汝抱无涯之戚也。"孰谓少者殁而长者存，强者夭而病者全乎？

译文　去年，孟东野到你那里，我在写给你的信中说："我年纪还不到四十，然而视力模糊，头发花白，牙齿松动。想起父亲叔伯和各位兄长，都身体好好的却早早去世，像我这样衰弱的人，难道能长久活在世上吗？我不能离开，你又不肯来，生怕我早晚去世，你就会心怀无穷无尽的悲伤。"谁能料到年轻的先死了，年老的反而还活着，强壮的夭折，病弱的反而保全了？

> 【孟东野】即孟郊。配套阅读：《应用卷（下）·送孟东野序》。
>
> 【戚】悲伤。

古文　呜呼！其信然邪？其梦邪？其传之非其真邪？信也，吾兄之盛德而夭其嗣乎？汝之纯明而<u>不克蒙其泽</u>乎？少者强者而夭殁，长者衰者而存全乎？未可以为信也！梦也，传之非其真也，东野之书，耿兰之报，何为而在吾侧也？呜呼！其信然矣！吾兄之盛德而夭其嗣矣，汝之纯明宜业其家者，不克蒙其泽矣。所谓天者诚难测，而神者诚难明矣。所谓理者不可推，而寿者不可知矣。

译文　唉！这是真的吗？还是在做梦呢？还是传来的消息不可靠呢？如果是真的，我哥哥有那么美好的品德，儿子却夭折了？你这样纯良聪明，却不能蒙受先人的恩泽？年轻强壮的早早死去，年老衰弱的反而健在，这让人不敢相信啊！如果是梦，传来的消息不可靠，东野的来信、耿兰（当时宣州韩氏别业的管家人）的报丧，却又为什么在我身边呢？唉！大概是真的了！我哥哥有那么美好的品德，儿子却夭折了，你纯良聪明，本来应当继承家业，却不能蒙受先人的恩泽。这正是所说的苍天确实难以揣测，而神意确实难以知道。也就是所说的天理不可推求，而寿命长短不可预知。

古文

虽然，吾自今年来，苍苍者或化而为白矣，动摇者或脱而落矣，毛血日益衰，志气日益微，几何不从汝而死也？死而有知，其几何离？其无知，悲不几时，而不悲者无穷期矣。

译文

尽管如此，我自今年以来，花白的头发全要变白了，松动的牙齿有的已经脱落，气血越来越衰弱，精神也越来越差了，还有多久就要随你死去了？如果死后有知，那么我们又要分离多久呢？如果死后无知，那么我也不能悲痛多少时间了，不悲痛的时间却无穷无尽。

古文

汝之子始十岁，吾之子始五岁，少而强者不可保，如此孩提者，又可冀其成立邪？呜呼哀哉！呜呼哀哉！

汝去年书云："比（bì）得软脚病，往往而剧。"吾曰："是疾也，江南之人常常有之。"未始以为忧也。呜呼，其竟以此而殒其生乎？抑别有疾而至斯极乎？

你的儿子才十岁，我的儿子才五岁，年轻强壮的尚且不能保全，像这么小的孩子，又怎么能指望他们成人立业呢？唉，真是悲痛！唉，真是悲痛！

你去年写信说："近来得了软脚病，每每严重发作。"我说："这种病，江南人常常得。"并没有为此忧虑。唉，难道竟然会因此去世吗？还是有别的病导致这样的不幸？

【孩提】需人提携、怀抱的幼儿，通常指两三岁的幼儿。
【比】近来。

【软脚病】可能是脚气病（维生素B1缺乏症），足以危及生命。
【往往】时常，每每。

汝之书，六月十七日也；东野云，汝殁以六月二日；耿兰之报无月日。盖东野之使者不知问家人以月日，如耿兰之报，不知当言月日。东野与吾书，乃问使者，使者妄称以应之耳。其然乎？其不然乎？

你的信是六月十七日写的；东野说，你是六月二日去世的；耿兰报丧时没有说月日。大概是东野的使者不知道向家人问明死期，耿兰报丧的信不知道应当讲清月日。东野给我写信时，才去问使者，使者胡乱说个时间应付罢了。是这样吗？不是这样吗？

古文 今吾使建中祭汝，吊汝之孤与汝之乳母。彼有食可守以待终丧，则待终丧而取以来；如不能守以终丧，则遂取以来。其余奴婢，并令守汝丧。吾力能改葬，终葬汝于先人之兆，然后惟其所愿。

译文 现在我派建中来祭奠你，安慰你的孩子和你的乳母。如果他们有粮食，能够守到三年丧期结束，就等丧期结束再接他们来；如果不能守到丧期结束，就马上接他们来。剩下的奴婢，叫他们一起给你守丧。如果我有能力改葬，终究会把你安葬在祖坟里，这样以后，才算了却心愿。

【终丧】守满三年丧期。
【兆】墓地。

古文 呜呼！汝病吾不知时，汝殁吾不知日，生不能相养以共居，殁不能抚汝以尽哀，敛不凭其棺，窆（biǎn）不临其穴。吾行负神明，而使汝夭。不孝不慈，而不得与汝相养以生，相守以死。一在天之涯，一在地之角，生而影不与吾形相依，死而魂不与吾梦相接，吾实为之，其又何尤！彼苍者天，曷其有极！自今已往，吾其无意于人世矣！当求数顷之田于伊、颍（yǐng）之上，以待余年。教吾子与汝子，幸其成；长吾女与汝女，待其嫁，如此而已。

唉！你生病我不知道时间，你去世我不知道日子，在世时不能住在一起互相照顾，去世后我不能抚尸痛哭，入殓时没在棺前守灵，下葬时又没亲临你的墓穴。我的行为辜负了神明，才让你夭折，我对上不孝，对下不慈，既不能和你互相照顾着生活，又不能和你一道死去。我们一个在天涯，一个在地角。你在世时不能和我形影相依，死后魂灵也不在我梦中出现，这都是我造成的，又能抱怨谁呢！苍天呀，我的悲痛哪里有尽头！从今以后，我对人世已经没什么好留恋的了！打算在伊水和颍水上置办几项地，度过余生。教养我的儿子和你的儿子，希望他们成才；抚养我的女儿和你的女儿，等到她们出嫁，不过这样罢了。

【窆】下葬，入土。
【伊、颍】伊水和颍水，都流经现在的河南省。这里指故乡。
【长】这里用作动词，抚养。

呜呼！言有穷而情不可终，汝其知也邪？其不知也邪？呜呼哀哉！尚飨（xiǎng）！

唉！话有说完的时候，哀痛的心情却不能终止，你知道吗？还是不知道呢？唉，真是悲痛！希望你来享用祭品！

（古）**成家**（今）

安家，建立家业。

结婚。

（古）**志气**（今）

精神。

做成某事的决心和勇气。

（古）**成立**（今）

成人自立。

创立，设立，有根据。

敛不凭其棺：通"殓"，给尸体穿上寿衣，装进棺材。

判断句：

东亦客也。

倒装句：

惟兄嫂是依。→惟依兄嫂。

吾佐董丞相于汴州。→吾于汴州佐董丞相。

吾佐戎徐州。→吾于徐州佐戎。（也是省略句）

何为而在吾侧也？→为何而在吾侧也？

其又何尤！→其又尤何！

当求数顷之田于伊、颍之上。→当于伊、颍之上求数顷之田。

韩愈的父亲名叫韩仲卿，担任过秘书郎，在韩愈三岁时就去世了。韩愈由兄长韩会、嫂子郑氏抚养成人。

大历十二年（777），韩会被获罪的宰相元载牵连，贬为韶州（现在的广东韶关、曲江一带）刺史，到任没多久就去世了，年仅四十三岁。建中二年（781），北方藩镇李希烈叛乱，韩愈的嫂子带着全家避居宣州（现在的安徽宣城），韩氏在那里置有别业。

韩愈还有两个哥哥，一个叫韩介，另一个没等起名就夭折了。十二郎名叫韩老成，在族中排行第十二，其实是韩介的儿子，过继到没有后嗣的韩会名下。

韩老成有两个儿子，长子韩湘（"八仙"中韩湘子的原型），次子韩滂（pāng），过继到韩老成的哥哥韩百川名下。

韩愈，字退之，自称郡望昌黎，世称韩昌黎、昌黎先生。中唐大臣、文学家、思想家，官至吏部侍郎，世称韩吏部。去世后追赠礼部尚书，谥号文，世称韩文公。韩愈是唐朝古文运动的倡导者，被后人尊为"唐宋八大家"之首，誉为"文章巨公""百代文宗"。同柳宗元并称"韩柳"，同柳宗元、欧阳修、苏轼并称"千古文章四大家"。倡导"文道合一""气盛言宜""务去陈言""文从字顺"等写作理论，影响深远。

南宋学者赵与时高度评价本篇，在《宾退录》中写道："读诸葛孔明《出师表》而不堕泪者，其人必不忠。读李令伯《陈情表》而不堕泪者，其人必不孝。读韩退之《祭十二郎文》而不堕泪者，其人必不友。"

这里的"友"指兄弟友爱的情谊，是儒家道德之一。

柳子厚墓志铭

—— （唐）韩愈

古文

子厚，讳宗元。七世祖庆，为拓跋魏侍中，封济阴公。曾伯祖奭（shì），为唐宰相，与褚（chǔ）遂良、韩瑗（yuàn）俱得罪武后，死高宗朝。皇考讳镇，以事母弃太常博士，求为县令江南。其后以不能媚权贵，失御史。权贵人死，乃复拜侍御史。号为刚直，所与游皆当世名人。

译文

柳子厚，名叫宗元。七世祖柳庆，是北魏时的侍中，受封济阴公。高伯祖柳奭，在唐朝担任宰相，同褚遂良、韩瑗都得罪了皇后武则天，在高宗时被处死。父亲柳镇，为了侍奉母亲，放弃了太常博士的官位，请求到江南做县令。后来由于不乐意向权贵献媚，丢掉了御史的职位。直到权贵死了，才重新被任命为侍御史。人们都说他刚毅正直，所交往的都是当时很有名望的人。

【讳】死者的名字，有尊敬的意味。

【七世祖庆】史书记载，柳庆是北魏时的侍中，在北周受封平齐公。他的儿子名叫柳旦，是北周时的中书侍郎，受封济阴公。这里可能有字句遗漏。

70

古文

子厚少精敏，无不通达。逮（dài）其父时，虽少年，已自成人，能取进士第，崭然见头角，众谓柳氏有子矣。其后以博学宏词授集贤殿正字。俊杰廉悍，议论证据今古，出入经史百子，踔（chuō）厉风发，率常屈其座人。名声大振，一时皆慕与之交。诸公要人争欲令出我门下，交口荐誉之。

译文

子厚少年时就聪明敏捷，没有什么事理不通晓。父亲还在世的时候，他虽然很年轻，却已经自立成人，能够考中进士，显露了出众的才华，大家都说柳家有个能光大门楣的儿子。后来又通过博学宏词科考试，被授予集贤殿正字的官职。他才智突出、清廉刚毅，发表议论时能引今古事例为依据，对经史典籍、诸子百家融会贯通，精神振奋、意气风发，常常使在座的人叹服。因此名声非常响亮，一时间人人都想和他交游。那些公卿贵人争着要将他招揽到自己门下，众口一辞地称赞、举荐他。

【逮其父时】 柳镇去世于贞元九年（793），柳宗元二十一岁，同年进士及第。

【崒然】 高峻、突出的样子。

【踔厉】 精神振奋，言论纵横。

【率】 每每。

【屈】 使动用法，让……服气。

【交口】 众口，齐声。

古文

　　贞元十九年，由蓝田尉拜监察御史。顺宗即位，拜礼部员外郎。遇用事者得罪，例出为刺史。未至，又例贬永州司马。居闲，益自刻苦，务记览，为词章，泛滥停蓄，为深博<u>无涯涘</u>（sì）。而自肆于山水间。

译文

　　贞元十九年（803），子厚由蓝田县尉升任监察御史。顺宗即位后，他出任礼部员外郎。遇到当权的人获罪，他按例被贬出京城当刺史，还未到任，又按例被贬为永州司马。身处闲职，他更加刻苦上进，专心记诵、阅览，写作诗文，文笔汪洋恣肆、凝练深沉，像无边的海水那样精深博大，可也只能纵情于山水之间而已。

【无涯涘】 无边际。涯、涘，都指水边。

元和中，尝例召至京师，又偕出为刺史，而子厚得柳州。既至，叹曰："是岂不足为政邪？"因其土俗，为设教禁，州人顺赖。其俗以男女质钱，约不时赎，子本相侔（móu），则没为奴婢。子厚与设方计，悉令赎归。其尤贫力不能者，令书其佣，足相当，则使归其质。观察使下其法于他州，比（bì）一岁，免而归者且千人。衡、湘以南为进士者，皆以子厚为师，其经承子厚口讲指画为文词者，悉有法度可观。

元和年间，他和一起被贬的那些人曾经按例被召回京城，又一起被遣出当刺史，子厚被分在柳州。到任以后，他慨叹道："这里难道不值得做出政绩吗？"他顺应当地风俗，制定了劝导和禁止的政令，全州百姓都听从并信赖他。当地有这样的风俗：用儿女当抵押向别人借钱，约定如果不能按时赎回，到利息与本金相等时，子女就要沦为债主的奴婢。子厚替借钱的人想方设法，让他们全把子女赎回。那些特别穷困、没有能力赎回子女的，就让债主记下子女当佣工应得的酬劳，到足够还债时，就让债主放回被抵押的人质。观察使在其他州推广这种办法，等到一年后，免除了奴婢身份、可以回家的将近一千人。衡山、湘水以南准备考进士的人，都把子厚当作老师，那些经过子厚亲自讲授、指点的人所写的文章，都合乎规矩，技巧相当不错。

【质】典当，抵押。
【子】子金，即利息。
【本】本金。
【相侔】相等。
【悉】全，都。
【比】等到。
【且】将近。

古文

　　其召至京师而复为刺史也，<u>中山</u>刘梦得禹锡亦在遣中，当诣（yì）播州。子厚泣曰："<u>播州非人所居</u>，而梦得亲在堂，吾不忍梦得之穷，无辞以白其大人；且万无母子俱往理。"请于朝，将拜疏，愿以柳易播，虽重（chóng）得罪，死不恨。遇有以梦得事白上者，梦得于是改刺<u>连州</u>。呜呼！士穷乃见节义。今夫平居里巷相慕悦，酒食游戏相<u>征逐</u>，诩（xǔ）诩强（qiǎng）笑语以相取下，握手出肺肝相示，指天日涕泣，誓生死不相背负，真若不信。一旦临小利害，仅如毛发比，反眼若不相识，落陷阱（jǐng），不一引手救，反挤之，又下石焉者，皆是也。此宜禽兽夷狄所不忍为，而其人自视以为得计。闻子厚之风，亦可以少愧矣。

译文

　　他被召回京城、又再次外派当刺史时，中山人刘禹锡（字梦得）也在被遣之列，应当去播州。子厚流着泪说："播州不是人能住的地方，况且梦得有老母在堂，我不忍心看到梦得陷入困境，没有办法向他的老母交待；况且万万没有母子一同前往的道理。"他向朝廷请求，准备呈递奏章，情愿拿自己的柳州换播州，即使因此再度获罪，也死而无憾。正好遇上有人将梦得的情况报告了皇帝，梦得因此改任连州刺史。唉！士人到了穷途末路时，才看得出节操和义气。现在一些人，平日无事时和街坊互相仰慕讨好，你来我往邀请吃喝玩乐，夸夸其谈、强颜欢笑表示谦卑，握着手做出肝胆相照的样子，对天发誓、痛哭流涕，说到死也不背弃朋友，简直像真的一样可信。然而一旦遇到小小的利害冲突，哪怕只有毛发那么微不足道，就翻脸像是不认识，朋友落入陷坑也不伸出援手，反而乘机排挤、落井下石，这样的人到处都是。如此恶劣的事，恐怕连禽兽和野蛮人都不忍心去做，那些人却自以为得计。他们听说子厚的高风亮节，也应该有点儿惭愧了。

【中山】现在的河北定县一带。
【诣】到，往。
【播州】现在的贵州遵义。
【连州】现在的广东连县一带。

【征逐】往来频繁。
【诩诩】夸大的样子。另一种说法是，和谐地聚集在一起的样子。
【少】稍微。

古文

子厚前时少年，勇于为（wèi）人，不自贵重顾籍，谓功业可立就，故坐废退。既退，又无相知有气力得位者推挽，故卒死于穷裔，材不为世用，道不行于时也。使子厚在台省时，自持其身，已能如司马刺史时，亦自不斥；斥时，有人力能举之，且必复用不穷。然子厚斥不久，穷不极，虽有出于人，其文学辞章，必不能自力，以致必传于后如今，无疑也。虽使子厚得所愿，为将相于一时，以彼易此，孰得孰失，必有能辨之者。

子厚之前年轻时，勇于帮助别人，不看重和爱惜自己，认为功名事业可以轻易成就，所以受到牵连，被贬斥。被贬斥以后，又没有熟识而有力量、有地位的人拉他一把，所以最终在荒僻的边远之地死去，才干不能为世间所用，抱负不能在当时施展。如果子厚在御史台、尚书省做官时，能谨慎约束自己，已经像当司马、刺史时那样，也自然不会被贬斥；被贬斥以后，如果有人能推举他，他必定会再次被任用，不会陷入困境。然而如果子厚被贬斥的时间不久，没有陷入极端的困境，虽然能在官场上出人头地，在文学辞章上却必定不能下这么多功夫，以至于像今天一样必定流传后世，毫无疑问。即使让子厚实现他的愿望，一度出将入相，拿那个换这个，何者为得，何者为失？必定有人能辨别清楚。

【推挽】推荐，提携。

子厚以元和十四年十一月八日卒，年四十七。以十五年七月十日，归葬万年先人墓侧。子厚有子男二人：长曰周六，始四岁；季曰周七，子厚卒乃生。女子二人，皆幼。其得归葬也，费皆出观察使河东裴君行立。

行立有节概，重然诺，与子厚结交，子厚亦为之尽，竟赖其力。葬子厚于万年之墓者，舅弟卢遵。遵，涿（zhuō）人，性谨慎，学问不厌。自子厚之斥，遵从而家焉，逮其死不去。既往葬子厚，又将<u>经纪</u>其家，<u>庶几</u>有始终者。

译文　　子厚在元和十四年十一月初八去世，享年四十七岁。灵柩被运回，十五年七月初十安葬在万年县他祖先墓旁。子厚有两个儿子：大的叫周六，才四岁；小的叫周七，子厚去世后才出生。还有两个女儿，都还年幼。他的灵柩之所以能够运回安葬，费用都是观察使河东裴行立出的。行立为人有节操和气概，重视承诺，与子厚是朋友，子厚也对他尽心尽力，最终仰赖他的力量处理后事。把子厚安葬在万年县墓地的，是他的表弟（舅父的儿子）卢遵。卢遵是涿州人，性情谨慎，做学问永不满足。自子厚被贬斥算起，卢遵就跟随他，住在一起，直到他去世都没有离开。去安葬子厚以后，又准备安置子厚的家属，真可以说是有始有终的人。

【经纪】经营、料理。　　【庶几】近似，差不多。

古文　　铭曰：是惟子厚之室，既固既安，以利其嗣人。

译文　　铭文写道：这里是子厚的墓室，既牢固又安适，对他的后人会有好处。

古今异义

及，到。

（古） 逮 （今）

捕捉。

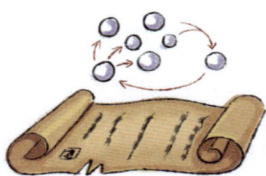

深入浅出，融会贯通。

（古） 出入 （今）

进出

父母。

（古） 大人 （今）

成年人。

定罪，因……而获罪。

古 **坐** 今

坐下。

陷入困境，无路可走。

古 **穷** 今

贫困，缺钱（古文中表示这个意思的字是"贫"）。

最终，终究。

古 **竟** 今

竟然。

古 **厌** 今

满足。

厌倦，讨厌。

通假字

崭然见头角：通"现"，显露、展现。

特殊句式

判断句：

所与游皆当世名人。

倒装句：

不自贵重顾籍。→不贵重顾籍自。

故卒死于穷裔。→故卒于穷裔死。

道不行于时也。→道不于时行也。

被动句：

材不为世用。

亦自不斥。

历史背景

关于"永贞革新"，可参见《文言文其实很简单·景物抒情卷》中的《陋室铭》一章。

革新集团当中，王叔文、王伾史称"二王"；改革失败后，韦执谊、韩泰、陈谏、柳宗元、刘禹锡、韩晔（yè）、凌准、程异都被贬为州司马，史称"八司马"。

韩愈对"永贞革新"的态度比较复杂，既赞成某些革除弊政的举措（如取消强夺百姓财物的"宫市"、裁减宫中闲杂人员），又瞧不起"二王"、韦执谊的品行，写了一首《永贞行》，说他们"夜作诏书朝拜官，超资越序曾无难。公然白日受贿赂，火齐磊落堆金盘"。所以替柳宗元写墓志铭时，他对影响好友一生的这件事，只是寥寥几笔带过。

文化常识

墓志铭，是古代的一种文体，要刻在石头上，埋进墓内或树在墓旁，表示对死者的纪念。

通常由两部分组成：

前一部分是"志"，散文，记录死者的姓名、家世、生平事迹、子女和安葬情况等。

后一部分是"铭"，韵文，表示对死者的哀悼和称颂。本篇的"铭"很短，也不符合通常格式（应当全是四字句），然而语浅意深，不受套路拘束，表达了韩愈对柳宗元的真心祝愿。

种树郭橐驼传

— （唐）柳宗元

原文
逐句翻译
生僻字注音
字词意思解释

古文

郭橐（tuó）驼，不知始何名。病偻（lǔ），隆然伏行，有类橐驼者，故乡人号之"驼"。驼闻之曰："甚善，名我固当。"因舍其名，亦自谓"橐驼"云。

译文

郭橐驼，不知道最初叫什么名字。他有驼背的毛病，脊背高高隆起，弯着腰走路，就像骆驼一样，所以乡里人给他起外号叫"驼"。郭橐驼听说后，说："很好，这样称呼我确实恰当。"于是舍弃了原来的名字，也自称起"橐驼"来。

【偻】脊背弯曲。
【名】给……起名字，称呼。
【固】确实，的确。

其乡曰丰乐乡，在长安西。驼业种树，凡长安豪富人为观游及卖果者，皆争迎取养。视驼所种树，或移徙，无不活；且硕茂，蚤实以蕃。他植者虽窥伺效慕，莫能如也。

他的家乡叫丰乐乡，在长安城西边。郭橐驼的职业是种树，凡是长安城里种植花木以供观赏游玩的有钱人、做水果买卖的人，都争着接他到家中供养。大家看到郭橐驼所种的树或移植的树，没有不成活的；而且长得高大茂盛，果实结得又早又多。其他种树的人即使暗中观察、羡慕效仿，也没有谁能比得上他。

【蕃】多。
【窥伺】暗中观察。

有问之，对曰："橐驼非能使木寿且孳（zī）也，能顺木之天，以致其性焉尔。凡植木之性，其本欲舒，其培欲平，其土欲故，其筑欲密。

既然已，勿动勿虑，去不复顾。其莳（shì）也若子，其置也若弃，则其天者全而其性得矣。故吾不害其长而已，非有能硕茂之也；不抑耗其实而已，非有能蚤而蕃之也。"

有人问他树种得好的原因，他回答说："我并不能使树木寿命长久而且枝繁叶茂，不过是能顺应树木的自然生长规律，使它的本性充分发展而已。大凡种植的树木，本性是这样：它的树根要舒展，培土要均匀，根上要带旧土，筑土要紧实。这样做了之后，就不要再去动它、忧虑它，头也不回地离开。种树时要像对待子女一样细心，栽好后要像丢弃它一样不管，那么就顺应了树木的自然生长规律，它的本性也能得到充分发展。所以我只是不妨害它的生长罢了，并没有能使它高大茂盛的办法；只是不去抑制、减少它所结的果实罢了，并没有使它果实结得又早又多的办法。"

【孳】滋生，繁衍。
【致】使达到。
【本】树根。
【莳】栽种。
【害】妨害，妨碍。

"他植者则不然，根拳而土易，其培之也，若不过焉则不及。苟有能反是者，则又爱之太恩，忧之太勤。旦视而暮抚，已去而复顾。甚者爪其肤以验其生枯，摇其本以观其疏密，而木之性日以离矣。虽曰爱之，其实害之；虽曰忧之，其实仇之；故不我若也。吾又何能为哉？"

"其他种树的人却不是这样，树根还拳曲着，就又换了新土；培土时不是太紧就是太松。如果有能和这种做法相反的人，却又过于爱惜树木，担忧得太过分。早上去看了，晚上又去摸摸；已经离开了，又回来看看。更严重的会掐破树皮来检查它是死是活，摇动树根来看培土是松还是紧，这样就日益背离树木的天性了。虽说是喜爱它，实际上是祸害它；虽说是担忧它，实际上是仇视它。所以他们都比不上我。我又有什么特殊本领呢？"

【苟】如果。
【恩】有情义，感情深厚。

问者曰："以子之道，移之官理，可乎？" 驼曰："我知种树而已，官理非吾业也。然吾居乡，见长（zhǎng）人者好烦其令，若甚怜焉，而卒以祸。旦暮吏来而呼曰：'官命促尔耕，勖（xù）尔植，督尔获，早缫（sāo）而绪，早织而缕，字而幼孩，遂而鸡豚。'鸣鼓而聚之，击木而召之。"

问他的人说："把你种树的方法，转用到做官治民上，可以吗？" 郭橐驼说："我只知道种树罢了，做官治民不是我的职业。然而我住在乡里，看见那些做官的喜欢不断发号施令，好像非常怜爱百姓，结果却给百姓带来祸患。从早到晚，小吏过来大喊：'官府有令，催促你们耕地，勉励你们种植，督促你们收获，早些煮茧抽丝，早些织你们的布，养好你们的孩子，喂好你们的鸡和猪！'一会儿打鼓一会儿敲梆子地召唤，让大家聚到一起。"

【理】治理百姓。
【长人者】统辖民众的地方官。
【勖】勉励。
【缲】煮茧抽丝。
【绪】丝头。

【缕】线。
【字】抚育。
【遂】顺利成长。
【豚】小猪。

古文　　"吾小人辍飧（sūn）饔（yōng）以劳吏者，且不得暇，又何以蕃吾生而安吾性邪？故病且怠。若是，则与吾业者其亦有类乎？"

译文　　"我们小老百姓不吃饭去慰劳小吏，尚且不得空闲，又靠什么来让人丁兴旺、生活安定呢？所以困苦疲劳。像这样，那么与我的同行大概也有相似的地方吧？"

【飧】晚饭。
【饔】早饭。
【病】困苦。
【其】大概。

问者曰："嘻，不亦善夫！吾问养树，得养人术。"传（zhuàn）其事以为官戒。

问他的人说："哈，不也很好吗！我问种树的方法，得到了治民的方法。"我将这件事记载下来，作为官吏们的鉴戒。

【传】作传。

古今异义

其实

它的果实。

承上文转折，表示所说的是实际情况。

小人

地位不高的人，指平民百姓。

品行恶劣的人。

蚤实以蕃：通"早"，时间靠前。

早缫而绪，早织而缕，字而幼孩，遂而鸡豚：通"尔"，你的。

柳宗元，文学家、思想家。因为是河东（现在的山西运城）人，所以被称作柳河东；又因为在柳州刺史任上去世，所以被称作柳柳州。与韩愈同为中唐古文运动的领导人物，并称"韩柳"。

判断句：

官理非吾业也。

倒装句：

不知始何名。→不知始名何。

故不我若也。→故不若我也。

吾又何能为哉？→吾又能为何哉？

又何以蕃吾生而安吾性邪？→又以何蕃吾生而安吾性邪？

古代规定，为了体现对君王、圣贤、长辈的尊重和敬畏，在说话时要避免直呼其名，在行文中也要避免直写其名，要用别的字代替。这种做法叫"避讳"。

唐太宗名叫李世民，所以"民"字用"人"字代替，例如本篇里的"得养人术"；唐高宗名叫李治，所以"治"字用"理"字代替，例如"官理非吾业也"。

柳宗元参加"永贞革新"前两年，曾任监察御史里行（不是正官，俸禄比监察御史要少，权限却大致相同），可以"分察百僚，巡按郡县，纠视刑狱，肃整朝仪"。他看到官吏扰民的不良现象，就写下了这篇文章，加以讽喻。

写到有典型意义的人物时，不光要靠生动具体的描述，让人物"立起来"，也要恰如其分地点出人物的内涵，使其成为一类人的代表，阐明更加通用的道理。这样一来，人物形象就更丰满了，不光有深度，也有广度。

义田记

—— （北宋）钱公辅

原文
逐句翻译
生僻字注音
字词意思解释

古文

范文正公，苏人也，平生好施与，择其亲而贫、疏而贤者，咸施之。

译文

范仲淹，谥号文正，是苏州人氏。他一生乐善好施，挑选那些关系亲近而贫困、关系疏远而贤良的人，都给予帮助。

古文

方贵显时，置负郭常稔（rěn）之田千亩，号曰"义田"，以养济群族之人。日有食，岁有衣，嫁娶凶葬，皆有赡。

在富贵显达的时候，他购买了靠近外城、常年丰收的良田一千亩，起名为"义田"，用来赡养接济同族的人。让他们每天有饭吃，每年有衣穿，遇到嫁娶、丧葬，都有补助。

【负郭】靠近外城。负：倚靠。
【稔】庄稼成熟。

择族之长而贤者主其计，而时共出纳焉。日食，人一升；岁衣，人一缣（jiān）。嫁女者五十千，再嫁者三十千，娶妇者三十千，再娶者十五千，葬者如再嫁之数，葬幼者十千。族之聚者九十口，岁入给稻八百斛（hú）。以其所入，给其所聚，沛然有余而无穷。屏（bǐng）而家居俟（sì）代者与焉；仕而居官者罢其给。此其大较也。

选择家族里年长而且贤良的人主管账目，按时收支财物。每天给每人发一升米做饭，每年给每人发一匹细绢做衣服。嫁女儿的发五十贯钱，改嫁的发三十贯钱；娶媳妇的发三十贯钱，再娶的发十五贯钱；丧葬发的费用和再嫁的数目相同，安葬孩子的发十贯钱。聚居在这里的族人有九十口，义田每年收入可供分配的稻子有八百斛，用这份收入供给聚居在这里的族人，相当充裕，还有结余，不会枯竭。丢了官回家闲居、等待新职务的人参与分配，出仕为官的人则停止。这就是义田的大致情况。

【千】古代把一千个铜钱串在一起，称作一贯。
【斛】古代的计量单位，相当于十斗（一百升）。

【屏】排斥，退隐。
【俟】等待。

古文

初，公之未贵显也，尝有志于是矣，而力未逮者二十年。既而为西帅，及参大政，于是始有禄赐之入，而终其志。公既殁（mò），后世子孙修其业，承其志，如公之存也。公虽位充禄厚，而贫终其身。殁之日，身无以为敛，子无以为丧，唯以施贫活族之义，遗其子而已。

译文

起初，范文正公还没有富贵显达的时候，就曾经有志于此，却无力实现，长达二十年之久。后来做了西北边关的统帅，又做了参知政事，才开始有了俸禄、赏赐收入，终于实现了自己的愿望。他去世之后，后代子孙经管他的产业，继承他的志向，和他还在世时一样。他虽然地位尊贵、俸禄丰厚，却一辈子过着清贫的生活。去世的时候，甚至没有钱财装殓，子孙也没有钱财替他办像样的丧事，他只是把救济贫苦、养活亲族的道义，留传给子孙罢了。

【逮】达到。

昔晏平仲敝车
赢（léi）马，桓子曰：
"是隐君之赐也。"
晏子曰："自臣之贵，
父之族无不乘车者，
母之族无不足于衣
食者，妻之族无冻
馁（něi）者。齐国
之士待臣而举火者
三百余人。如此，
而为隐君之赐乎？彰君之赐乎？"于是齐侯以晏子之觞而觞桓子。

古时候，晏平仲乘破车、驾瘦马。桓子说："这是隐瞒君王的赏赐啊。"
晏子说："自从我显贵以后，父系的亲族没有不坐车的，母系的亲族没
有衣食不足的，妻子的亲族没有挨饿受冻的。齐国的士人等到我接济才
能生火做饭的有三百多名。像这样，是隐瞒君王的赏赐呢，还是彰显君
王的赏赐呢？"于是齐国君王用晏子的酒杯，罚桓子饮酒。

【赢】瘦弱。

予尝爱晏子好仁，齐侯知贤，
而桓子服义也。又爱晏子之仁有
等级，而言有次第也：先父族，
次母族，次妻族，而后及其疏远
之贤。孟子曰："亲亲而仁民，
仁民而爱物。"晏子为近之。今观文正之义田，贤于平仲，其规模远举，
又疑过之。

译文

我曾经仰慕晏子好行仁德，齐国君王了解贤者，而桓子服膺大义。又仰慕晏子的仁德有亲疏等级，而言辞有井然的次序：先说父系的亲族，再说母系的亲族，再说妻子的亲族，最后提到关系疏远的贤者。孟子说："能善待自己的亲族，才能施仁德于民众；能施仁德于民众，才能爱惜世间万物。"晏子的作为差不多就是这样。现在从范文正公设立义田的事来看，他比晏平仲还要贤明。义田规模之大、影响之久远，恐怕要超过晏子。

引文出自《孟子·尽心上》。

古文

呜呼！世之都三公位，享万钟禄，其邸第之雄、车舆之饰、声色之多、妻孥（nú）之富，止乎一己而已，而族之人不得其门者，岂少也哉？况于施贤乎！其下为卿，为大夫，为士，廪（lǐn）稍之充、奉养之厚，止乎一己而已，而族之人操瓢囊为沟中瘠者，又岂少哉？况于他人乎！是皆公之罪人也。

译文

唉！当今世上那些身居三公高位、享受万钟禄米的人，他们宅第雄伟，车驾华丽，歌童舞女众多，妻儿富有，仅仅满足自己的私欲而已，本族的亲人不能登门的，难道还少吗？何况是资助疏远的贤者呢！地位在他们之下的有卿、大夫、士，他们禄米充足、待遇优厚，也仅仅满足自己的私欲而已，本族的亲人拿着瓢勺与食袋行乞、成为沟中饿殍的，难道少吗？何况是对其他人呢！这些人都是范文正公的罪人啊。

【都】身居，处在。
【钟】古代的计量单位，相当于六斛四斗。
【廪稍】公家给予的粮食。
【瓢囊】出自《荀子·荣辱》：“粮食大侈，不顾其后，俄则屈安穷矣。是其所以不免于冻饿，操瓢囊为沟壑中瘠者也。”指行乞所用的器具。

古文

公之忠义满朝廷，事业满边隅(yú)，功名满天下，后必有史官书之者，予可无录也。独高其义，因以遗于世云。

译文

范文正公的忠义誉满朝廷，事业遍布边陲，功名响彻天下，后世一定会有史官记载的，我可以不用赘述了。我唯独推崇他的道义，因而记载了义田这件事，留给世人作为榜样。

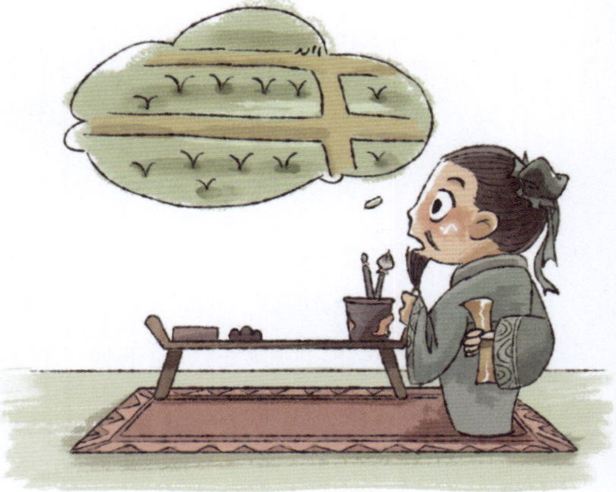

【隅】角落，靠边的地方。

古今异义

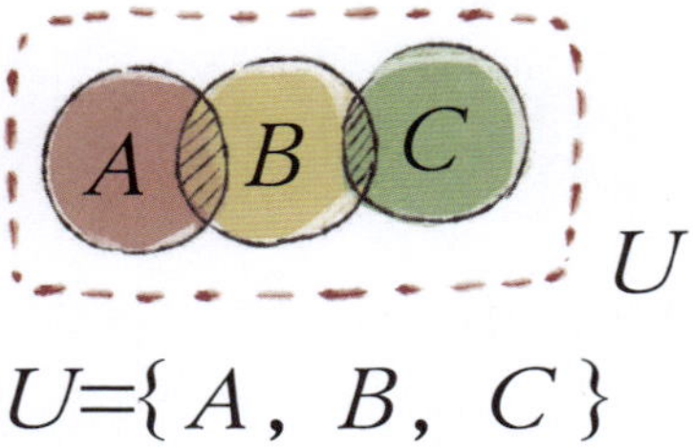

$U=\{A, B, C\}$

古 **咸** 今

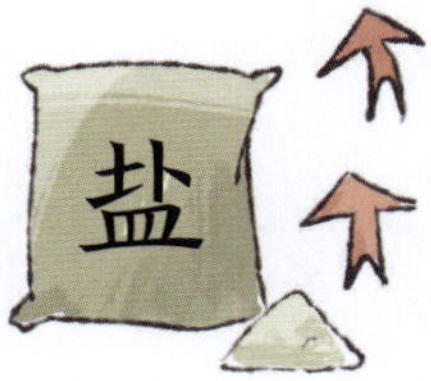

全，都。

含盐多的。

身无以为敛：通"殓"，给尸体穿上寿衣，送进棺材。

而族之人操瓢囊为沟中瘠者：通"胔（zì）"，人或动物带有腐肉的残骨。

倒装句：

贤于平仲。→于平仲贤。

范仲淹的生平事迹参见《文言文其实很简单·景物抒情卷》中的《岳阳楼记》。

钱公辅，字君倚，北宋诗人。曾任知制诰，英宗即位后被贬为滁州团练使。神宗继位后又升为天章阁待制、知制诰。由于不满王安石变法，离开中央，先后在江宁府（现在的南京）和扬州做官，五十二岁时病故。

晏子，名婴，字仲，谥号平，所以又称晏平仲。春秋时期齐国著名政治家、思想家、外交家。在齐灵公、庄公、景公三朝担任上大夫，辅政长达五十多年。

据说晏子身材矮小、其貌不扬，但是头脑机敏、能言善辩。他对内屡次劝谏齐王，对外屡次充当使节，维护了齐国的尊严。他的思想和故事主要记载在《晏子春秋》一书中。

桓子名无宇，谥号桓，是田氏家族的首领之一，在齐国担任大夫。史称陈桓子、田桓子。

本篇里提到的"齐侯"是齐景公。齐是周天子所封的侯爵，所以国君称齐侯。

写人时，如果善于运用对比，便能够事半功倍，让大家更加深刻而鲜明地感觉到你所写的这个人有多么不同寻常，能够做到别人难以做到的事情。

本篇就将范仲淹与晏子和其他享受高位厚禄者进行了对比，分别从正面、反面衬托出了范仲淹胸襟的博大、人品的高尚。

徐文长传

—— （明）袁宏道

原文
逐句翻译
生僻字注音
字词意思解释

古文

徐渭，字文长，为山阴诸生，声名籍甚。薛公蕙校越时，奇其才，有国士之目。然数奇（jī），屡试辄蹶。中丞胡公宗宪闻之，客诸幕。文长每见，则葛衣乌巾，纵谈天下事，胡公大喜。

译文

徐渭，字文长，是山阴的生员，名气很大。薛蕙当绍兴府乡试官时，惊异于他的才华，将他看成国士。然而他命途多舛，屡次应试却屡次落第。中丞胡宗宪听说后，聘他为幕僚。徐渭每次参见胡公，总是身着葛布长衫，头戴乌巾，毫无拘束地谈论天下大事，胡公非常赞赏。

【山阴】现在的浙江绍兴。

【薛公蕙】即薛蕙，字君采，正德年间进士，学者称他为西原先生。

【校】考核。

【目】看待，品评。

【数奇】命运不好，遇事不顺。

【蹶】挫败。

【胡公宗宪】即胡宗宪，字汝贞，嘉靖年间进士，曾任右佥（qiān）都御史，巡抚浙江。他曾抗击倭寇，立下不少功劳。

古文

是时公督数边兵，威镇东南，介胄（zhòu）之士，膝语蛇行，不敢举头，而文长以部下一诸生傲之，议者方之刘真长、杜少陵云。会得白鹿，属文长作表，表上，永陵喜。公以是益奇之，一切疏计，皆出其手。文长自负才略，好奇计，谈兵多中，视一世事无可当意者。然竟不偶。

译文

当时胡公统率几个边镇的军队，威震东南沿海，麾下将士在他面前总是跪着回话，像蛇一样爬着前进，不敢抬头仰视。可是徐渭凭着帐下一介生员的身份，傲视胡公，议论的人将他比作刘真长、杜少陵。恰巧胡公猎到白鹿，觉得是祥瑞，嘱托徐渭写贺表，贺表呈上以后，嘉靖皇帝很满意。胡公因此更加器重徐渭，所有奏疏簿册之类的文书都交由他处理。徐渭自信才能过人、谋略出众，谈论军情往往切中要害，觉得世间万物没有合乎他心意的，然而总是没有一展抱负的机会。

【介胄之士】顶盔披甲的武士。介：甲衣。胄：头盔。

【刘真长】即刘惔（dàn），东晋著名清谈家，受到简文帝司马昱（yù）的赏识。

【杜少陵】即杜甫，自号少陵野老。

【永陵】嘉靖皇帝朱厚熜（cōng）的陵号。

【疏】奏疏。

【计】谋略。

【不偶】不得志。在古人看来，奇数不吉利，偶数吉利。

古文 文长既已不得志于有司，遂乃放浪曲糵（niè），恣情山水，走齐鲁燕赵之地，穷览朔漠。其所见山奔海立、沙起云行、雨鸣树偃、幽谷大都、人物鱼鸟，一切可惊可愕（è）之状，一一皆达之于诗。

译文 徐渭在官场不得志，于是放浪形骸，爱好饮酒，纵情山水，游历了齐、鲁、燕、赵等地，又饱览了塞外大漠风光。看到的山势奔腾、海浪壁立、黄沙飞扬、云彩舒卷、雷声轰鸣、树木倒伏、山谷幽静、闹市繁华、奇人异士、飞鸟游鱼，一切令人惊讶的景观，他都写进了诗中。

【曲糵】酒曲，代指酒。

古文 其胸中又有勃然不可磨灭之气，英雄失路、托足无门之悲，故其为诗，如嗔（chēn）如笑，如水鸣峡，如种出土，如寡妇之夜哭，羁人之寒起。虽其体格时有卑者，然匠心独出，有王者气，非彼巾帼（guó）而事人者所敢望也。文有卓识，气沉而法严，不以模拟损才，不以议论伤格，韩、曾之流亚也。

译文

　　他胸中始终郁结着强烈的不平和抗争精神，以及英雄报国无门的悲凉，所以他写的诗，嬉笑怒骂，像水奔流出峡谷，像春芽破土，像寡妇深夜的悲哭，像旅人冒着严寒起身。虽然他诗作的格调有时不怎么高明，但是匠心独运，有王者之气，不是那种跟以色侍人的女子一般媚俗的诗作赶得上的。他的文章有真知灼见，气势沉稳，法度精严，不因模拟前人而压抑才华，也不因无节制地议论而损伤格调，是和韩愈、曾巩同类的人物。

　　【嗔】发怒；生气。
　　【羁人】旅客。
　　【巾帼】古时候女子的头巾和发饰，借指女子。
　　【流亚】同类的人物。

古文

　　文长既雅不与时调合，当时所谓骚坛主盟者，文长皆叱（chì）而奴之，故其名不出于越，悲夫！喜作书，笔意奔放如其诗，苍劲中姿媚跃出，<u>欧阳公</u>所谓"妖韶女，老自有余态"者也。间以其余，旁溢为花鸟，皆超逸有致。

徐渭素来不同时俗合拍，当时所谓的文坛领袖，他一概加以抨击，视那些人为奴仆，所以他的名声局限在浙江一带，可悲啊！他喜好书法，用笔奔放，就如作诗一样，苍劲豪迈之中又有妩媚的姿态，跃然纸上，正是欧阳公所说的"美人迟暮，别有一种韵味"。偶尔将多余的精力倾注到花鸟画上，也都高超飘逸，自有情致。

【欧阳公】即欧阳修。他在《水谷夜行寄子美、圣俞》中称赞苏舜卿的诗："譬如妖韶女，老自有余态。"

卒以疑杀其继室，下狱论死。张太史元忭（biàn）力解，乃得出。晚年愤益深，佯狂益甚，显者至门，或拒不纳。时携钱至酒肆，呼下隶与饮。或自持斧击破其头，血流被面，头骨皆折，揉之有声。或以利锥锥其两耳，深入寸余，竟不得死。

后来，徐渭由于猜疑误杀了继配妻子，被捕入狱，判处死刑。太史张元忭极力营救，他才得以获释。他晚年更加愤世嫉俗，装疯卖傻更加严重，达官贵人登门拜访，他有时会拒而不见。常常带着钱到酒店，招呼下人仆役一起喝酒。曾拿斧头砍破自己的头，血流满面，头骨折断，用手揉搓，能听到咔咔声。还曾拿尖利的锥子扎入自己双耳一寸多深，居然没死。

【张太史元忭】即张元忭，徐渭的同乡。隆庆年间进士，出任翰林院修撰。
【佯】假装。

周望言，晚岁诗文益奇，无刻本，集藏于家。余同年有官越者，托以抄录，今未至。余所见者，《徐文长集》《阙编》二种而已。然文长竟以不得志于时，抱愤而卒。

周望说，徐渭的诗文到晚年愈发奇异，没有刻本，稿子都藏在家中。我有同年在浙江做官，拜托他抄录，至今没有送来。我所见到的，只有《徐文长集》《阙编》两种而已。然而徐渭竟由于不得志、不合时宜，抱恨长终。

【周望】即陶望龄，字周望，号石篑（kuì）。现存的三十卷《徐文长集》就是他搜集整理的。
【同年有官越者】指绍兴府推官孙应祥。科举同一榜考中者，称作同年。

石公曰："先生数奇不已，遂为狂疾；狂疾不已，遂为图圄（líng yǔ）。古今文人牢骚困苦，未有若先生者也。虽然，胡公间世豪杰，永陵英主，幕中礼数异等，是胡公知有先生矣；表上，人主悦，是人主知有先生矣，独身未贵耳。先生诗文崛起，一扫近代芜秽之习，百世而下，自有定论，胡为不遇哉？"

我说："先生命途一直多舛，导致激愤，得了狂病；狂病不断发作，因此身陷牢狱。自古到今，文人的牢骚和苦难，没有像先生一样的。尽管如此，照样有胡公这样几十年难遇的豪杰、嘉靖皇帝这样英明的君主赏识他。在胡公幕府中受到特殊礼遇，这说明胡公了解先生；贺表呈上，皇帝很高兴，这说明皇帝也了解先生，唯一遗憾的就是自身没能显贵。先生诗文崛起，一扫近代文坛芜杂污浊的风气，百世之后，历史自有定论，怎么能说他生不逢时呢？"

【图圄】监狱。
【间世】相隔几十年。三十年为一世。

古文 　梅客生尝寄予书曰："文长吾老友，病奇于人，人奇于诗。"余谓文长无之而不奇者也。无之而不奇，斯无之而不奇也。悲夫！

译文 　梅客生曾经写信给我说："徐文长是我的老朋友，他的病比本人更奇特，本人比他的诗更奇特。"我觉得，徐渭无一处不奇特。正由于无一处不奇特，所以注定他到了哪里都不能得志。可悲啊！

【梅客生】即梅国桢（zhēn），万历年间进士，官至兵部右侍郎。

古今异义

平素，素来。

古 **雅** 今

高雅，雅致。

属文长作表：通"嘱"，嘱咐，嘱托。

血流被面：通"披"，覆盖。

特殊句式

判断句：

徐渭，字文长，为山阴诸生，声名籍甚。

非彼巾帼而事人者所敢望也。

韩、曾之流亚也。

欧阳公所谓"妖韶女，老自有余态"者也。

文长吾老友，病奇于人，人奇于诗。

倒装句：

文长既已不得志于有司。→文长既已于有司不得志。

胡为不遇哉？→为胡不遇哉？

历史背景

徐渭，号青藤老人，自称"南腔北调人"，明朝著名文学家、书画家、戏曲家、军事家。

当时由于"前七子"和"后七子"的提倡，出现了拟古风潮，徐渭对此非常不满，认为严重限制了文学艺术的发展，指责复古派是"鸟之为人言"。他主张独创一格，表达个人的实际情感，对袁宏道等后辈影响深远。

他擅长画泼墨葡萄，曾经在上面题了一首诗："半生落魄已成翁，独立书斋啸晚风。笔底明珠无处卖，闲抛闲掷野藤中。"

作者介绍

袁宏道，字中郎，又字无学；号石公，又号六休。在文学上反对"文必秦汉，诗必盛唐"的复古风气，提出"独抒性灵，不拘格套"的"性灵说"，风格清新活泼。他的哥哥袁宗道、弟弟袁中道都有才名，兄弟三人并称"公安（现在的湖北公安）三袁"。

文化常识

《牡丹亭》的作者汤显祖称赞徐渭的杂剧《四声猿》："乃词坛飞将，辄为之演唱数通，安得生致文长，自拔其舌！"

郑板桥非常推崇徐渭的画，刻了一方印章"青藤门下走狗"。

齐白石也表示："余心极服之，恨不生前三百年，为诸君（徐渭、八大山人、石涛）磨墨理纸。诸君不纳，余于门之外，饿而不去，亦快事故。"

祭妹文

—— （清）袁枚

原文
逐句翻译
生僻字注音
字词意思解释

古文

　　乾隆丁亥冬，葬三妹素文于上元之羊山，而奠以文曰：

　　呜呼！汝生于浙，而葬于斯，离吾乡七百里矣；当时虽觭（jī）梦幻想，宁知此为归骨所耶？

译文

　　乾隆三十二年（1767）冬天，将三妹素文安葬在上元的羊山，写了这篇文章来致祭：

　　唉！你生在浙江，却葬在此地，距离我们的故乡七百里了；当时哪怕做了怪异的梦，又怎么会知道，这里竟是你的埋骨之所呢？

【上元】现在的江苏南京。
【觭梦】怪异的梦。

104

汝以一念之贞，遇人仳（pǐ）离，致孤危托落，虽命之所存，天实为之，然而累汝至此者，未尝非予之过也。予幼从先生授经，汝差（cī）肩而坐，爱听古人节义事；一旦长成，遽躬蹈之。呜呼！使汝不识诗书，或未必艰贞若是。

你由于坚守从一而终的贞节观念，嫁了一个品德败坏的丈夫，遭到遗弃，以致陷入孤苦落拓的处境，虽然这是命中注定，实际上是天意安排，然而连累你到这种地步，未尝不是我的过错。我幼年时跟老师诵读四书五经，你同我并肩而坐，喜欢听古人的节义故事；一旦长大成人，你立即亲身实践了。唉！要是你不懂得诗书，也许未必会苦守贞节到这种地步。

【遇人仳离】遇人不淑，因此分离。仳离：女子被丈夫遗弃。
【托落】落拓，贫困失意。
【差肩】并肩。

古文

余捉蟋蟀，汝奋臂出其间；岁寒虫僵，同临其穴。今予殓汝葬汝，而当日之情形，憬（jǐng）然赴目。予九岁，憩书斋，汝梳双髻，披单缣（jiān）来，温《缁（zī）衣》一章；适先生奓（zhà）户入，闻两童子音琅琅然，不觉莞（wǎn）尔，连呼则则，此七月望日事也。汝在九原，当分明记之。

译文

我捉蟋蟀，你也张开手臂来到那里；冬天蟋蟀死了，你又同我一起挖坑安葬它们。今天我收殓你的尸体、给你下葬，当年的种种情景，清晰地浮现在眼前。我九岁时，在书房里休息，你梳着双髻，披着细绢单衣进来，与我共同温习《诗经》中的《缁衣》一章；刚好老师开门进来，听到两个孩子琅琅的读书声，不禁微笑起来，啧啧称赞不已。这是七月十五日的事情。你在九泉之下，应当清楚地记得。

【憬然】醒悟的样子。
【憩】休息。
【单缣】细绢制成的单衣。
【温】温习。
【《缁衣》】《诗经·郑风》中的一章。缁：黑色。
【适】刚好。
【奓户】开门。
【琅琅然】清脆流畅的样子。
【莞尔】微笑。
【则则】相当于"啧啧"，赞叹声。
【九原】春秋时期晋国卿大夫的墓地。后来泛指墓地。

106

古文

予弱冠粤行，汝掎（jǐ）裳悲恸。逾三年，予披宫锦还家，汝从东厢扶案出，一家瞠（chēng）视而笑，不记语从何起，大概说长安登科、函使报信迟早云尔。凡此琐琐，虽为陈迹，然我一日未死，则一日不能忘。旧事填膺，思之凄梗，如影历历，逼取便逝。悔当时不将婴媀（yīní）情状，罗缕记存。然而汝已不在人间，则虽年光倒流，儿时可再，而亦无与为证印者矣。

译文

我二十岁时去两广，你牵住我的衣裳，悲伤痛哭。过了三年，我考中进士，衣锦还乡，你从东厢房扶着长桌出来，一家人瞪着眼相视而笑，记不得话头自哪里开始，大概说的是在京城考中进士的经过、报信人来得早还是晚等。所有这些琐碎的事情，虽然已经成为过去，但是只要我一天不死，就一天也不能忘却。往事填满胸中，想起来，心头就悲切得如同被堵塞一般。它们像是影子，似乎非常清晰，真要靠近了去抓住，却又消失了。我后悔当年没有把儿时的情状，一条一条细细记录下来。然而你已不在人间了，那么就算时光可以倒流，儿时可以重新来过，也没有人和我一起对照证实了。

【掎】拉住，牵引。
【云尔】如此罢了。
【婴媀】婴儿时期，幼年。

古文

汝之**义绝**高氏而归也，堂上阿奶，仗汝扶持；家中文墨，**眹**汝办治。尝谓女流中最少明经义、**谙**雅故者。汝嫂非不**婉嫕**（yì），而于此微缺然。故自汝归后，虽为汝悲，实为予喜。予又长汝四岁，或人间长者先亡，可将身后托汝；而不谓汝之先予以去也！

译文

你同高家断绝关系后回到娘家，堂上的老母，要靠你照料扶持；家中的文书事务，都指望你办理。我曾经说，女子中最缺少明白经书要义、熟知文章典故的人。你嫂嫂并非不温柔和顺，然而在这方面略有不足。所以自你回家以后，虽然为你悲伤，对我自己来说却实在高兴。我又比你年长四岁，或许像世间常见的那样，年长的先去世，就可以将身后之事托付给你；却没想到你比我先撒手人寰！

【**义绝**】离婚，断绝关系。
【**眹**】正确写法是"眣"（shùn），用眼色示意。这里指期望。
【**谙**】熟知。
【**婉嫕**】娴静，温柔和顺。

古文

前年予病，汝终宵刺探，减一分则喜，增一分则忧。后虽小**差**（chài），犹尚**殗殜**（yè dié），无所娱遣，汝来床前，为说稗（bài）官野史可喜可愕之事，聊资一欢。呜呼！今而后，吾将再病，教从何处呼汝耶？

　　前年我生病，你整夜都在探问病情，减轻一分就高兴，加重一分就担忧。后来虽然稍有好转，但是还半卧半坐，没什么可以取乐消遣的，你来到床前，给我讲稗官野史中好笑和让人惊奇的故事，姑且带来一些欢乐。唉！自今以后，我如果再生病，让我从哪里呼唤你呢？

【殗殜】病不甚重，半卧半坐。

　　汝之疾也，予信医言无害，远吊扬州。汝又虑戚吾心，阻人走报。及至绵惙（chuò）已极，阿奶问："望兄归否？"强（qiǎng）应曰："诺。"已予先一日梦汝来诀，心知不祥，飞舟渡江，果予以未时还家，而汝以辰时气绝。四支犹温，一目未瞑，盖犹忍死待予也。呜呼痛哉！早知诀汝，则予岂肯远游？即游，亦尚有几许心中言要汝知闻、共汝筹画也。而今已矣！除吾死外，当无见期。吾又不知何日死，可以见汝；而死后之有知无知，与得见不得见，又卒难明也。然则抱此无涯之憾，天乎，人乎，而竟已乎！

你的病，我相信医师的话，以为不要紧，所以才远游去扬州。你又担心我为此忧虑，不让别人赶来报信。等病情严重到极点时，母亲问你："盼望哥哥回来吗？"你才硬撑着回答："好。"就在你死前一天，我已经梦见你来诀别，心里知道不吉利，急忙乘快船过江。果然，我在未时到家，而你在辰时停止了呼吸。四肢还有余温，一只眼睛没有闭紧，大概还不甘心断气，在勉力等我回来吧。唉！痛心啊！早知道要和你诀别，我怎么肯离家远游？即使外出，也还有多少心里话要让你知晓、同你一起商量安排。如今完了！除非我死，应当不会有相见的日子了。可我又不知道哪一天死，才可以见到你；而死后到底有知觉还是没有，以及能相见还是不能，又终究难以明白。既然如此，那么我怀着这无穷的遗恨，天啊，人啊，竟然这样结束了啊！

【吊】凭吊，游览。
【戚】忧愁。
【绵惙】病情垂危。
【强】勉强，硬撑着。

【未时】下午 1:00—3:00。
【辰时】上午 7:00—9:00。
【忍死】临终不肯气绝，有所期待。

　　汝之诗，吾已付梓（zǐ）；汝之女，吾已代嫁；汝之生平，吾已作传；惟汝之窀穸（zhūn xī），尚未谋耳。先茔（yíng）在杭，江广河深，势难归葬，故请母命而宁汝于斯，便祭扫也。其傍葬汝女阿印；其下两冢，一为阿爷侍者朱氏，一为阿兄侍者陶氏。羊山旷渺，南望原隰（xí），西望栖霞，风雨晨昏，羁魂有伴，当不孤寂。

你的诗，我已经付印了；你的女儿，我已经替你嫁了出去；你的生平，我已经写了传记；只有你的墓穴，还没安排好。咱们家祖坟在杭州，但是要经过又宽又深的长江和运河，势必难以将你送回那里安葬，所以请示母亲的意见，将你安葬在这里，以便祭奠扫墓。在你的墓旁，葬着你的女儿阿印；下面还有两座坟墓，一座是父亲的侍妾朱氏，一座是我的侍妾陶氏。羊山空旷辽阔，朝南远望是一片宽广的平地，朝西远望是栖霞山；风风雨雨，清晨黄昏，你这个寄居他乡的魂魄有了伴侣，应当不会孤独寂寞。

【付梓】付印。梓：一种树，这里指印刷书籍用的雕板。
【窀穸】墓穴。
【先茔】祖坟。
【原隰】宽广的平地。高而平的地叫"原"，低湿的地叫"隰"。

所怜者，吾自戊寅年读汝哭侄诗后，至今无男；两女牙牙，生汝死后，才周晬（zuì）耳。予虽亲在未敢言老，而齿危发秃，暗里自知；知在人间，尚复几日？阿品远官河南，亦无子女，九族无可继者。汝死我葬，我死谁埋？汝倘有灵，可能告我？

译文　让人伤心的是，我自戊寅年读了你写的哭侄诗以后，至今没有儿子；两个牙牙学语的女儿，在你去世后出生，才一周岁而已。我虽因母亲健在而不敢说自己年老，但是牙齿摇动，头也秃了，背地里自己知道，在这人世间还能活几天呢？弟弟阿品远在河南当官，也没有子女，九族之内没有可以继承的人。你去世后由我安葬，我死后由谁来埋掉？你如果有灵，能不能告诉我？

【周晬】周岁。
【阿品】袁枚的堂弟袁树，字东芗（xiāng），号芗亭，小名阿品，当时出任河南正阳县令。

古文　呜呼！生前既不可想，身后又不可知；哭汝既不闻汝言，奠汝又不见汝食。纸灰飞扬，朔风野大，阿兄归矣，犹屡屡回头望汝也。呜呼哀哉！呜呼哀哉！

译文　唉！生前的事既不能细想，死后的事又不能知道；哭你既听不到你的回话，祭你又看不到你来享用。纸钱的灰烬飞扬，北风在旷野里刮得凶猛，我回去了，可还屡屡回过头去看你。唉，真是悲痛！唉，真是悲痛！

探问，打听。　　㊤ **刺探** ㊦　　暗中侦察，获取情报。

通假字

予幼从先生授经：通"受"，学习，受教育。

后虽小差：通"瘥"，病愈。

四支犹温：通"肢"，肢体。。

特殊句式

判断句：

所宁知此为归骨所耶？

虽命之所存，天实为之，然而累汝至此者，未尝非予之过也。

此七月望日事也。

其下两冢，一为阿爷侍者朱氏，一为阿兄侍者陶氏。

倒装句：

而奠以文曰。→而以文奠曰。

袁机，字素文，别号青琳居士，是袁家姐妹中最端庄美丽的。

她年纪很小时，就由父亲做主，同高家订下了亲事。然而未婚夫高绎祖品行恶劣、屡教不改，高家长辈都看不下去，托言他有病，希望解除婚约。然而，袁机受封建礼教的影响太深，竟然绝食明志，坚持嫁给高绎祖，被称赞为"贞妇"。

二十五岁出嫁后，她孝敬公婆，深得喜爱，有"贤妇"的美誉。然而丈夫相貌丑陋、性格暴戾、花天酒地，不光败尽了家产，还向袁机强行索要嫁妆，不答应就百般欺凌，甚至连前来保护儿媳的母亲一起殴打。后来，高绎祖赌输了大笔钱财，竟然要卖掉袁机抵债。她无奈之下逃到尼姑庵，写信回娘家求助。她的父亲告到官府，官府判决离婚，她和女儿便回到娘家，那时候她成亲不过四年。后来，她在娘家又生活了十年，郁郁而终。

袁枚，字子才，号简斋，晚年又自号仓山居士、随园老人等。清朝文学家、评论家、美食家。同赵翼、蒋士铨并称"乾嘉三大家"，同纪昀（yún，字晓岚）并称"南袁北纪"。著有《小仓山房诗文集》《随园诗话》《随园食单》《子不语》等。

他擅长经营，富有生活情趣，广收弟子，精于社交。提出"性灵说"诗论，主张"诗写性情"，反对复古主义、形式主义，影响广泛。

贞节，是封建礼教对女子的要求：忠诚地附属于丈夫（自订婚算起，不一定需要真正成亲），无论如何都要从一而终，如果丈夫去世或离异，不能再嫁，称为"守节"。如果因保持贞节或殉夫而自杀，则被称作"烈女"。

明清时期，官方对"节妇烈女"非常鼓励，以"贞节牌坊"的形式加以表彰，造成了许多悲剧。

参考文献

[1] 钟基，李先银，王身钢．古文观止 [M]．北京：中华书局，2011 年．
[2] 吴楚材，吴调侯．古文观止 [M]．浙江：浙江古籍出版社，2010 年．
[3] 阙勋吾，许凌云，张孝美等．古文观止 [M]．湖南：岳麓书社，2001 年．
[4] 关永礼．古文观止·续古文观止鉴赏辞典 [M]．上海：同济大学出版社，1994 年．
[5] 王充闾．古文今赏 [M]．辽宁：万卷出版公司，2016 年．
[6] 王力．古代汉语 [M]．北京：中华书局，1999 年．
[7] 王力．中国古代文化常识：插图修订第 4 版 [M]．北京：北京联合出版公司，2014 年．
[8] 曹伯韩．国学常识 [M]．北京：中华书局，2010 年．

文言文
其实很简单

史论卷

王大绩（北京市语文特级教师）/力荐

王宸／编著　孙强／绘

郭炜／声音演绎

电子工业出版社

Publishing House of Electronics Industry

北京·BEIJING

步入古代文学殿堂的向导

小学开始恋书。无论春夏秋冬，夜晚躺到枕上，总要读一会儿才能入睡。忘了从哪里得到两本《古文观止》——20 世纪 50 年代中华书局的版本，真是让我这个少年一往情深，这两本书一次次伴我在陶醉感奋中进入梦乡。从垫枕，到插架，多少次搬家，现在依旧静静立在巨大书柜的最外层。

这次又翻阅它，在第一篇《郑伯克段于鄢》"其乐也融融……其乐也泄泄"旁边，看到自己注的一句话："克段，所以融融；段奔，竟也泄泄。"那会儿没看太懂，但似乎也触摸到权力旋涡中的人心。此刻，突然又跳出另一晚的回忆：读到《与韩荆州书》的"请给纸笔，兼之书人"，我忍不住大笑起来。母亲诧异，我又高声诵读这八个字。意外地，母亲自言自语："大了……"

其实，我那会儿并没有大。《古文观止》是供成年人阅读的选本。少年时，有些选文读不大懂；有些选文没有注释，也只是浮光掠影，一知半解。但依然在为人生涂上清晰的底色：文明的底色、文化的底色、民族的底色。

《文言文其实很简单》这套丛书大不一样了。经典文言文是经由历史审核的，《古文观止》是清康熙年间的选本；这套丛书又多了三百年的清点筛选。它专为少年选文，适合少年的口味和需求；并有翔实的注释、精确的译文和充满趣味的插图。名副其实，用这套丛书学习文言文，真的会很简单。

正如白话文是现代中国人的口语习惯，文言文则是古代中国人的口语习惯。这套丛书如同一位现代向导，引领当代少年轻松自如地步入古代文学的殿堂，领略古代社会生活，洞察古代的政治、文化、风土、人情，触摸古人的生活、心志、品性、作为，从而明了自己从哪里来，以便更坚定地走向理想的未来。

白话文只有一百年历史，文言文已有几千年的承载和积淀。从文辞字句到思想内涵，从"景语"到"情语"；物华天宝于其内，人杰地灵出其中；语言建构珠圆玉润，民族魂魄清莲秀竹。

"却顾所来径，苍苍横翠微"，《文言文其实很简单》助力中华少年成长，相信会是撑起中华栋梁的一块文化基石。

北京市语文特级教师

目录 | contents

备注：本书可按照撰文的时间顺序阅读与使用，也可按照文章的难易程度阅读与使用。

■红色－难度1级，■黄色－难度2级，■绿色－难度3级，■紫色－难度4级

游侠列传序

—— (西汉) 司马迁

原文
逐句翻译
生僻字注音
字词意思解释

古文

韩子曰:"儒以文乱法,而侠以武犯禁。"二者皆讥,而学士多称于世云。至如以术取宰相、卿、大夫,辅翼其世主,功名俱著于春秋,固无可言者。

译文

韩非子说:"儒者利用文章来扰乱国家的法度,而游侠运用武力来违犯国家的禁令。"这两种人都受到他的讥刺,可儒者还是多受世人称道的。至于那些凭着权术当上宰相、卿、大夫等高官并辅佐当世君主的人,他们的功名都记载在史书上,本来就没有什么好说的。

【韩子】指韩非,战国晚期韩国人,法家学派的集大成者。下文那句话出自《韩非子·五蠹(dù)》。
【春秋】泛指史书。

古文 及若季次、原宪，间（lǘ）巷人也，读书怀独行君子之德，义不苟合当世，当世亦笑之。故季次、原宪终身空室蓬户，褐衣疏食不厌。死而已四百余年，而弟子志之不倦。今游侠，其行虽不轨于正义，然其言必信，其行必果，已诺必诚，不爱其躯，赴士之厄困，既已存亡死生矣，而不矜其能，羞伐其德，盖亦有足多者焉。

译文 至于季次、原宪，都是民间百姓，他们埋头读书，具有独善其身的君子节操，坚持道义，不随波逐流，世俗之人也讥笑他们。所以季次、原宪终生居住在四壁空空的茅屋里，连布衣粗食也得不到满足。他们逝世已经有四百多年，但是弟子不断地纪念他们。现在的游侠，他们的行为虽然不符合当时的国家法令，然而说话一定守信用，办事一定果决，答应的事情一定兑现，不吝惜自己的生命，去解救别人的危难。做到让危难的人逃生、施暴的人丧命以后，他们却从来不夸耀自己的本领，羞于宣扬自己对别人的恩德，所以他们也有值得称颂的地方。

【季次、原宪】都是孔子的弟子。公皙哀，字季次，齐国人。原宪，字子思，鲁国人。

【间巷】小街道，泛指乡里民间。

【厌】满足。

【轨】遵循。

古文

且缓急，人之
所时有也。太史公
曰：昔者虞舜窘于
井廪（lǐn），伊尹
负于鼎俎（zǔ），
傅说匿于傅险，吕
尚困于棘津，夷吾
桎梏（zhì gù），百
里饭牛，仲尼畏匡，
菜色陈、蔡。此皆学士所谓有道仁人也，犹然遭此灾，况以中材而涉乱
世之末流乎？其遇害何可胜道哉！

译文

况且危急之事是人们时常会遇到的。太史公说：从前虞舜被困于井
底、粮仓，伊尹背着鼎锅和砧板当过厨师，傅说藏匿在傅险筑墙，吕尚
受困于棘津，管仲遭到囚禁，百里奚给别人喂过牛，孔子曾在匡地受到
生命威胁，还在陈、蔡断了粮，饿得面带菜色。这些都是儒者所说的有
道德的仁人，他们尚且遭到这样的灾难，何况那些仅有中等才能、处在
最黑暗乱世的人呢？他们所承受的祸害又如何说得完呢！

> 【缓急】只取"急"的意思，"缓"是陪衬。这类词叫偏义复词。
> 【廪】粮仓。
> 【俎】砧板。
> 【桎梏】脚镣和手铐，拘束犯人的刑具。

古文

鄙人有言曰："何知仁义，已飨其利者为有德。"故伯夷丑周，饿死首阳山，
而文、武不以其故贬王；跖（zhí）、蹻（qiāo）暴戾，其徒诵义无穷。由
此观之，"窃钩者诛，窃国者侯，侯之门，仁义存"，非虚言也。

译文 乡下人有这样的话："谁知道什么仁义，凡是给我好处的人，就有道德。"因此，伯夷认为侍奉周朝是可耻的，他最终饿死在首阳山，周文王、周武王的声誉却没有因此而降低；盗跖、庄蹻残暴乖戾，党徒却没完没了地称颂他们的义气。由此看来，"偷衣带钩的人要被杀，窃国大盗却做了王侯；王侯的门庭之内，才有仁义存在"，这句话一点儿不假。

【鄙人】乡野粗鄙之人。
【丑】以……为耻，瞧不起。
【跖】盗跖，春秋时期的大盗，据说是贤人柳下惠的弟弟。
【蹻】庄蹻，战国时期反楚起事的领袖，曾率兵攻打郢都。
"窃钩者诛"这四句话，出自《庄子·胠箧（qū qiè，开箱偷东西的意思）》。

古文 今拘学或抱咫尺之义，久孤于世，岂若卑论侪（chái）俗、与世浮沉而取荣名哉！而布衣之徒，设取予、然诺，千里诵义，为死不顾世。此亦有所长，非苟而已也。

故士穷窘而得委命，此岂非人之所谓贤豪间者邪？诚使乡曲之侠，予季次、原宪比权量力，效功于当世，不同日而论矣。要以功见言信，侠客之义，又曷可少哉！

译文

如今拘泥于教条的那些学者，死抱着狭隘的道义，长久地被世俗所孤立，还不如降低论调，接近世俗，顺应时势去猎取功名呢！而那些平民出身的游侠，重视获取和给予的原则，恪守诺言，义气传到千里之外，能够为此而死，不顾世俗议论。这正是他们的长处，不是随随便便就可以做到的。所以有些士人，到了穷困窘迫时，就托身于游侠，这些游侠难道不是人们所说的英雄豪杰吗？如果让乡间的游侠与季次、原宪等儒者比较地位和能力，看他们对当时社会的贡献，那是不能相提并论的。然而，从办事见功效、说话守信用来看，游侠的义气，又怎么能轻视呢！

【呎尺】形容短小狭隘。　　　　　　　【乡曲】乡里，民间。
【侪】同辈，同类。　　　　　　　　　【要】然而，如果。
【设】重视。

古文

　　古布衣之侠，<u>靡得而闻已</u>。近世延陵、孟尝、春申、平原、信陵之徒，皆因王者亲属，藉于有土卿相之富厚，招天下贤者，显名诸侯，不可谓不贤者矣。比如顺风而呼，声非加疾，其势激也。

古时候的民间游侠，已经不得而知了。近代的延陵季子、孟尝君、春申君、平原君、信陵君等人，都因为是国君的亲属，凭借卿相的位子和封地的丰厚财产，招揽天下贤能之士，在诸侯中名声显赫，不能说不是贤者。这就如同顺风呼喊，声音传播的速度本身并没有加快，但乘着风势却可以传播到更远的地方。

【靡得】不得。

至如闾巷之侠，修行砥名，声施（yì）于天下，莫不称贤，是为难耳。然儒、墨皆排摈（bìn）不载。自秦以前，匹夫之侠湮灭不见，余甚恨之。以余所闻，汉兴，有朱家、田仲、王公、剧孟、郭解之徒，虽时扞（hàn）当世之文网，然其私义廉洁退让，有足称者。名不虚立，士不虚附。

至于民间游侠，修炼德行、磨砺名节，声望传遍天下，人们无不称赞他们的贤德，这才是难能可贵的。然而儒家和墨家都排斥、摈弃他们的事迹，不在自己的著作中记载。秦朝以前，民间游侠的事迹都被埋没，无法看到，我非常痛惜。就我所听说的，汉朝兴起以来，有朱家、田仲、王公、剧孟、郭解这些人，他们虽然时常触犯当时的法网，但是就个人的美德而言，他们廉洁谦让，有值得称道的地方。这些人的名声不是凭空建立的，士人也不是凭空归附他们的。

【施】延续，传扬。
【摈】排除，抛弃。
【扞】触犯，违背。

7

古文 至如朋党宗强比周，设财役贫，豪暴侵凌孤弱，恣欲自快，游侠亦丑之。余悲世俗不察其意，而猥以朱家、郭解等令与豪暴之徒同类，而共笑之也。

译文 至于那些结成同党、巴结豪强、狼狈为奸的人，他们倚仗钱财奴役贫民，以野蛮暴力侵害孤弱，放纵贪欲只图自己痛快，游侠也瞧不起这些丑行。我感到难过的是，世俗不了解游侠的用心，却轻率地将朱家、郭解等人看作豪强暴徒的同类，一概加以嘲笑。

【朋党】由于共同利益而结伙。
【比周】互相勾结，狼狈为奸。
【猥】曲，相当于"错误地"。

古今异义

伐

古

炫耀，自夸。

今

砍伐。

多

古

称颂，赞美。

今

数量大。

古	少	今

轻视，瞧不起。 数量小。

已**飨**其利者为有德：通"享"，享受。

又**曷**可少哉：通"何"，怎么能。

特殊句式

判断句：

及若季次、原宪，闾巷人也。

且缓急，人之所时有也。

此皆学士所谓有道仁人也。

已飨其利者为有德。

此亦有所长，非苟而已也。

故士穷窘而得委命，此岂非人之所谓贤豪间者邪？

近世延陵、孟尝、春申、平原、信陵之徒，皆因王者亲属，藉于有土卿相之富厚，招天下贤者，显名诸侯，不可谓不贤者矣。

倒装句：

而学士多称于世云。→而学士多于世称云。

昔者虞舜窘于井廪，傅说匿于傅险，吕尚困于棘津。→昔者虞舜于井廪窘，傅说于傅险匿，吕尚于棘津困。

久孤于世。→久于世孤。

效功于当世。→于当世效功。

历史背景

本篇是《史记·游侠列传》的序言。

其中记载的游侠，不一定像后世的侠客那样武功高强，而是更强调性格和品行：果敢守信、轻财重义、乐于助人。《史记》中的刺客，大多也并非"武林高手"，司马迁更看重的是他们的精神和风骨。

游侠出现于战国时期，秦统一天下后基本销声匿迹。汉朝建立后，放松了管制，游侠又开始活跃。在汉武帝时期，游侠被看作威胁统治的因素，再次遭到打压。

作者介绍

配套阅读：《文言文其实很简单·人物卷》中的《项羽本纪赞》。

文化常识

相传，舜曾经遭到父亲瞽叟（gǔ sǒu，盲眼老头子的意思）和异母弟弟象的迫害。他们让舜修粮仓，趁他在房顶上时放火，企图烧死他；后来又让舜挖井，趁机往井里填土，想活埋他。然而舜一次次逃脱了，后来凭才干得到尧的赏识，成为"五帝"之一。

吕尚，姜姓吕氏，就是姜子牙，又称姜太公、太公望。他辅佐周文王、周武王灭商，立下大功，被分封到齐国。相传，他到七十岁时还穷愁潦倒，在棘津以屠牛和卖饭谋生。

季札是春秋时期的吴国公子，他贤明博学，颇得民心。他的三个哥哥——诸樊、余祭、余眛都是吴王，他排行最末，封地在延陵，所以又被称为延陵季子。

一次，季札路过徐国，国君很喜欢他的佩剑，虽然没有说什么，但是通过神色可以看出来。季札在心里答应将佩剑送给国君，然而由于还要出使别国，所以没有当场这样做。等他完成任务再回到徐国时，国君已经去世了。季札信守承诺，将佩剑挂在国君墓前的树上，离开了。徐国人赞美他，作歌说："延陵季子兮不忘故，脱千金之剑兮带丘墓。"

货殖列传序

—— （西汉）司马迁

原文
逐句翻译
生僻字注音
字词意思解释

【货殖】靠贸易来生财、求利。

古文

老子曰："至治之极，邻国相望，鸡狗之声相闻，民各甘其食，美其服，安其俗，乐其业，至老死不相往来。"必用此为务，挽近世涂民耳目，则几无行矣。

译文

老子说："治理得当到了极点，邻国的百姓彼此望得见，鸡和狗的声音彼此听得见，人们都认为自家的食物香甜、衣裳漂亮，安于本地的习俗，喜欢自己的职业，到老死也不互相往来。"如果一定要以此为目标，那么对于近世来说，等于去堵塞百姓的耳朵与眼睛，就几乎行不通了。

【务】任务，目标。
【涂】堵塞。

太史公曰：夫神农以前，吾不知已。至若《诗》《书》所述，虞、夏以来，耳目欲极声色之好，口欲穷刍豢（chú huàn）之味，身安逸乐，而心夸矜势能之荣，使俗之渐民久矣。虽户说以眇论，终不能化。

太史公说：神农氏以前的事，我已无从得知了。至于像《诗经》《尚书》所记载的，虞、夏以来，人们的耳朵与眼睛要极力享受音乐、美色，嘴巴要尝尽各种美味，身体安于舒适快乐的环境，而心里又羡慕夸耀有权势、有才干的荣光，这种风气浸染民心已经很久了。即使挨家挨户用老子的高妙理论去劝导，到底也不能让他们改变。

【刍豢】指家畜的肉。用草饲养的叫"刍"，如牛、羊；用谷物饲养的叫"豢"，如猪、狗。

故善者因之，其次利道之，其次教诲之，其次整齐之，最下者与之争。

所以，对百姓最好的做法是顺其自然，其次是因势利导，再次是进行教育，再次是用法令来约束他们的行动，使之符合规矩，最坏的做法是与民争利。

古文 夫山西饶材、竹、榖（gǔ）、纑（lú）、旄（máo）、玉石；山东多鱼、盐、漆、丝、声色；江南出楠、梓、姜、桂、金、锡、连、丹沙、犀、玳瑁、珠玑、齿、革；龙门、碣（jié）石北多马、牛、羊、旃、裘、筋、角；铜、铁则千里往往山出棋置。此其大较也。

译文 太行山以西盛产木材、竹子、楮（chǔ）树、野麻、牦牛尾、玉石；太行山以东盛产鱼、盐、漆、丝，还有歌舞和女色；江南出产楠树、梓树、生姜、桂皮、金、锡、铅、朱砂、犀角、玳瑁、珠玑、象牙、皮革；龙门、碣石以北盛产马、牛、羊、毡、毛皮衣服、兽筋、兽角；铜、铁则分布在千里疆土上，各处的山都出产，星罗棋布。这是大概的情形。

【山西、山东】以太行山（也有说法是崤山）为界，范围要大于今天的山西、山东两省。

【连】没有冶炼的铅矿石。

【玑】不圆的珠子，泛指珠子。

【龙门】山名，位于现在的山西稷山和陕西韩城之间，是黄河水流极湍急处之一。

【碣石】山名，位于现在的河北昌黎西北。

【筋、角】兽筋、兽角，是制造弓弩的原料。

古文 皆中国人民所喜好，谣俗被服饮食、奉生送死之具也。故待农而食之，虞而出之，工而成之，商而通之。此宁有政教发征期会哉？人各任其能，竭其力，以得所欲。故物贱之征贵，贵之征贱，各劝其业，乐其事，若水之趋下，日夜无休时，不召而自来，不求而民出之。岂非道之所符，而自然之验邪？

译文 这些都是中原地区的人民喜爱的，是他们根据习俗穿衣吃饭、养生送死所需的东西。因此，大家都靠农民种地才有食物，靠虞人开发山泽中的物产，靠工匠制作各种器具，靠商人使货物流通。这难道是谁发布政令征调百姓，限期让他们集会吗？人们各自发挥才能，竭尽力量，来得到想要的东西。所以，东西贱是贵的征兆，贵是贱的征兆，人们努力从事自己的职业，喜欢自己的工作，就如同水往低处流，昼夜不停。用不着召唤，大家自己就来了；用不着寻求，人民自己就会生产东西。这难道不是符合自然规律，也被自然发展验证了的吗？

【谣俗】民间习俗。
【虞】掌管山林川泽出产的官员，这里指开发山林川泽的人。

古文

《周书》曰："农不出则乏其食，工不出则乏其事，商不出则三宝绝，虞不出则财匮少。"财匮少而山泽不辟矣。此四者，民所衣食之原也。原大则饶，原小则鲜（xiǎn）。上则富国，下则富家。贫富之道，莫之夺予，而巧者有余，拙者不足。

译文

《周书》中说："农民不耕种，粮食就缺乏；工匠不生产，器具就缺乏；商人不转运，粮食、器具、钱财就断绝；虞人不开发山泽，钱财就缺乏。"钱财缺乏，山泽中的物产就不能开发了。农、工、商、虞这四种人的生产，是人民穿衣吃饭的来源。来源大就富足，来源小就贫困。对上可以使国家富强，对下可以使家庭富裕。贫富的规律全靠自己，无人可以夺走或赐予，只是灵巧敏捷的人能使财富有余，笨拙迟钝的人只能使财富不足。

【鲜】稀少。

古文

故太公望封于营丘，地潟（xì）卤，人民寡，于是太公劝其女功，极技巧，通鱼盐，则人物归之，繦（qiǎng）至而辐凑。故齐冠带衣履天下，海岱之间敛袂（mèi）而往朝焉。

译文 所以姜太公被封在营丘，那里都是盐碱地，人口很少。于是姜太公就鼓励妇女刺绣纺织，极力施展技巧，并打通本地鱼盐运输的渠道。因此别处的人和东西就像穿钱的绳子一样接连前来，像车轮中的辐条一样集中到这里。所以齐国产的冠带衣履行销天下，东海和泰山之间的诸侯都整好衣袖，恭恭敬敬地去齐国朝见。

【营丘】现在的山东昌乐东南。第七代国君齐献公时迁都临淄。
【潟卤】盐碱地。

【岱】泰山，又称岱宗。
【敛袂】整好衣袖，以示恭敬。

古文 其后齐中衰，管子修之，设<u>轻重九府</u>，则桓公以霸，九合诸侯，一匡天下；而管氏亦有<u>三归</u>，位在<u>陪臣</u>，富于列国之君。是以齐富强至于威、宣也。

译文 后来，齐国一度衰弱，管仲重整姜太公的事业，设立了主管货币、物价的官署。齐桓公因此得以成就霸业，多次会盟诸侯，让天下的一切都得到匡正；而管仲

也修筑了三归台，虽说处在陪臣之位，却比列国的君王还要富有。所以齐国富强，一直延续到齐威王、齐宣王时代。

古文　故曰："仓廪实而知礼节，衣食足而知荣辱。"礼生于有而废于无。故君子富，好行其德；小人富，以适其力。渊深而鱼生之，山深而兽往之，人富而仁义附焉。富者得势益彰，失势则客无所之，以而不乐。

译文　所以说："仓库充实，百姓才能懂得礼节；衣食丰足，百姓才能分辨荣辱。"礼仪产生于富有，到贫困时就废弃了。因此，君子富有了，就乐意施加仁德；平民富有了，就适当地运用自己的劳力。潭水深了，鱼自然会聚集；山林深了，兽自然会奔去；人富有了，仁义自然归附。富人得了势，声名更加显赫；一旦失势，就会如同客居的人一样没有归宿，因而不快活。

古文 谚曰："千金之子，不死于市。"此非空言也。故曰："天下<u>熙熙</u>，皆为利来；天下<u>攘攘</u>，皆为利往。"夫千乘（shèng）之王、万家之侯、百室之君，尚犹患贫，而况匹夫<u>编户</u>之民乎！

译文 俗话说："家有千金的人，不会由于犯法在闹市上被处决。"这不是空话。所以说："天下的人热热闹闹，都是为财利而来；天下的人拥拥挤挤，都是为财利而去。"兵车千辆的君王、封地万户的列侯、食禄百户的大夫，尚且担心贫穷，更何况普通百姓呢！

【熙熙】和乐的样子。
【攘攘】纷乱的样子。熙熙攘攘：形容人来人往，非常热闹拥挤。
【编户】指被编入户籍的平民。

古今异义

整齐

（古）

（今）

用法令来约束，使之符合规矩。

有秩序、不混乱；大小长短差不多。

劝

（古）

（今）

努力，鼓励。

说服，开导。

挽近世涂民耳目：通"晚"，时间近。

吾不知已：通"矣"，助词，用于句末。

虽户说以眇论：通"妙"，精妙。

其次利道之：通"导"，引导。

龙门、碣石北多马、牛、羊、旃、裘、筋、角：通"毡"，毛毡。

民所衣食之原也。原大则饶，原小则鲜：通"源"，来源。

判断句：

此其大较也。

皆中国人民所喜好，谣俗被服饮食、奉生送死之具也。

岂非道之所符，而自然之验邪？

此四者，民所衣食之原也。

此非空言也。

互文：

天下熙熙，皆为利来；天下攘攘，皆为利往。

本篇是《史记·货殖列传》的序言。

司马迁清晰地表达了经济自由的思想，意识到了生产、交易、财富的重要性。在政府和民间经济的关系上，他主张因势利导，反对与民争利。在两千多年后的今天，这种观点依然具有借鉴意义。

在当时，儒家反对"言利"；道家宣扬"寡欲"，提倡自给自足；法家则主张农本商末、重农抑商。这些主张都不利于经济活动和商业发展。通过对比，更能看出司马迁观点的创新之处。

在司马迁看来，重视商品经济不等于一味放任、忽视农业，而是要在顺其自然的同时，适当加以引导，辅以道德教诲和法规约束。

然而在汉武帝时代，经济政策的主流是重农抑商、与民争利，采取盐铁官营、算缗（mín）告缗等措施，对商人课以重税，这在一定程度上造成了经济萧条、民生凋敝。

自战国到汉朝，全国经济已经呈现出多样性和发展不平衡的特点。

在本篇中，司马迁将全国划分成四大经济区：山东、山西、江南、龙门碣石以北。

山东、山西地区属于黄河流域，是传统的农业区，自然条件相对优越，开发也早，人口密度高，所以长期居于全国经济的中心地位。

江南地区起步较晚，同黄河流域相比，经济实力差距较大。这里物产丰富，然而气候炎热潮湿、疾病流行、地势复杂，不利于开发。在汉朝，这里大部分地区人口稀少、生产技术落后，虽然能基本满足温饱，却不利于财富积累。

龙门碣石以北是传统的畜牧业或半农半牧区，又以长城为界，分为塞内、塞外两部分。西汉时，塞内一度被辟为农业区，然而由于气候寒冷、土地贫瘠，经济实力非常有限。

过秦论

——（西汉）贾谊

原文
逐句翻译
生僻字注音
字词意思解释

【过】过失，过错。

古文

　　秦孝公据崤（xiáo）、函之固，拥雍州之地，君臣固守，以窥周室，有席卷天下、包举宇内、囊括四海之意，并吞八荒之心。当是时也，商君佐之，内立法度，务耕织，修守战之具；外连衡而斗诸侯。于是秦人拱手而取西河之外。

译文

　　秦孝公占据崤山和函谷关的险固地势，拥有雍州的土地，君臣牢固地守卫着，借以窥伺周王室的权力，有席卷天下、并吞世界、征服四海的意图，一统八方的雄心。就在那时候，商鞅辅佐他，对内建立法规制度，发展耕作纺织，修造用于防守和进攻的器械；对外实施连衡策略，令诸侯自相争斗。因此，秦人轻而易举地夺取了西河以外的大片土地。

【宇内、四海、八荒】都指天下，当时所知的整个世界。
【拱手】两手相合，形容毫不费力。
【西河】黄河两岸的地区，原先属于魏国。

孝公既没，惠文、武、昭襄蒙故业，因遗策，南取汉中，西举巴、蜀，东割膏腴（yú）之地，北收要害之郡。诸侯恐惧，会盟而谋弱秦，不爱珍器、重宝、肥饶之地，以致天下之士，合从缔交，相与为一。

秦孝公去世以后，惠文王、武王、昭襄王继承祖先的基业，沿袭前代的策略，向南拿下汉中，向西占领巴、蜀，向东割取肥沃的地区，向北收服地势险要的郡。诸侯惶恐害怕，集会结盟，图谋削弱秦国，不吝惜珍奇器物、重要宝贝、肥沃富饶的土地，来招纳天下的优秀人才，采用合纵的策略订立盟约，互相援助，结为一体。

【蒙】继承。
【因】沿袭，遵循。
【膏腴】比喻土地肥沃。

当此之时，齐有孟尝，赵有平原，楚有春申，魏有信陵。此四君者，皆明智而忠信，宽厚而爱人，尊贤而重士，约从离衡，兼韩、魏、燕、楚、齐、赵、宋、卫、中山之众。于是六国之士，有宁越、徐尚、苏秦、杜赫之属为之谋，齐明、周最、陈轸（zhěn）、召滑、楼缓、翟景、苏厉、乐毅之徒通其意，吴起、孙膑、带佗、倪良、王廖、田忌、廉颇、赵奢之伦制其兵。

就在这时候，齐国有孟尝君，赵国有平原君，楚国有春申君，魏国有信陵君。这四位封君，都睿智而忠诚守信，宽厚而仁爱，尊敬贤良，重用士人，让六国相约合纵，拆散秦国的连横，将韩、魏、燕、楚、齐、赵、宋、卫、中山的军队联合起来。于是六国的士人，有宁越、徐尚、苏秦、杜赫等人为他们出谋划策，齐明、周最、陈轸、召滑、楼缓、翟景、苏厉、乐毅等人为他们互通消息，吴起、孙膑、带佗、倪良、王廖、田忌、廉颇、赵奢等人统率他们的军队。

【伦】辈，类。

古文

尝以什倍之地，百万之众，叩关而攻秦。秦人开关延敌，九国之师逡巡（qūn xún）而不敢进。秦无亡矢遗镞（zú）之费，而天下诸侯已困矣。于是从散约解，争割地而赂秦。秦有余力而制其弊，追亡逐北，伏尸百万，流血漂橹（lǔ）。因利乘便，宰割天下，分裂山河。强国请服，弱国入朝。施（yì）及孝文王、庄襄王，享国之日浅，国家无事。

译文

他们曾经凭着十倍于秦国的土地，以及上百万人的军队，进逼函谷关，去攻打秦国。秦人打开函谷关迎敌，九国的军队却有所顾虑，徘徊犹豫不敢推进。秦人不费一箭，然而天下的诸侯已经窘迫不堪了。因此合纵失败，盟约解除，诸侯争着割地来贿赂秦国。秦有多余的力量，趁着六国困乏制服了它们，追赶败逃的军队，横尸百万，流淌的鲜血让盾牌都漂了起来。秦国乘着有利形势和时机，割取天下的土地，让各国山河分裂。强国请求臣服，弱国去秦国朝见。相沿到孝文王、庄襄王，他们在位时间很短，秦国并没有什么大事发生。

【延】引入，接待。
【逡巡】有所顾虑，徘徊不前。
【镞】箭头。

【北】败北。
【橹】大盾牌。

26

古文

及至始皇，奋六世之余烈，振长策而御宇内，吞二周而亡诸侯，履至尊而制六合，执敲扑而鞭笞（chī）天下，威振四海。南取百越之地，以为桂林、象郡；百越之君俯首系颈，委命下吏。乃使蒙恬北筑长城而守藩篱，却匈奴七百余里。胡人不敢南下而牧马，士不敢弯弓而报怨。

译文

等到秦始皇时，发扬六代人遗留的功业，举起长鞭来驾驭四海，吞并东西二周，消灭诸侯，登上无比尊贵的皇帝宝座来统治全国，拿着杖棒之类的刑具来奴役天下百姓，威风震慑四海。秦始皇向南攻取百越的土地，划为桂林郡和象郡，百越的君主低着头，脖颈上捆着绳子，把性命交给小吏。秦始皇又命令蒙恬在北方修筑长城，守卫边境，让匈奴退却七百多里；胡人不敢南下放牧马匹，勇士不敢拉弓射箭来报仇。

【烈】功绩，功业。

【振】举起。

【二周】战国末年，周王室分裂成西周和东周两个小国，西周的都城是洛（现在的河南洛阳），东周的都城是巩（现在的河南巩县），分别被昭襄王、庄襄王灭掉。

【敲扑】杖棒之类的刑具，短的叫敲，长的叫扑。

【鞭笞】鞭打。

【系颈】脖颈上捆着绳子，表示屈服。

【委命】交托性命，听任支配。

【藩篱】篱笆，这里指边境、屏障。

古文

于是废先王之道，燔（fán）百家之言，以愚黔首；隳（huī）名城，杀豪杰，收天下之兵，聚之咸阳，销锋镝（dí），铸以为金人十二，以弱天下之民。然后践华为城，因河为池，据亿丈之城，临不测之渊，以为固。良将劲弩守要害之处，信臣精卒陈利兵而谁何。天下已定，始皇之心，自以为关中之固，金城千里，子孙帝王万世之业也。

译文

接着，秦始皇废除了古代圣王的治国之道，焚烧诸子百家的著作，来使百姓愚昧；毁坏著名的城池，杀掉英雄豪杰，收缴天下的兵器，集中在咸阳，熔化锋刃和箭头，铸造成十二尊铜人，来削弱百姓的反抗力量。然后凭借华山为城墙，依据黄河为护城河，占据亿丈的高大城墙，下临深不可测的河水，自以为固若金汤。良将拿着强弩，守卫着要害的地方；可靠的官员统领精锐的士卒，拿着锋利的兵器，盘问过往行人。天下已经安定，秦始皇在心里觉得，关中这样坚固，如同千里铜墙铁壁，是子孙万世称帝的基业。

【燔】焚烧。
【黔首】平民百姓。
【隳】毁坏，拆除。
【镝】箭头。

【践】登上，这里是占据的意思。
【池】护城河。
【谁何】稽查盘问。

古文

始皇既没，余威震于殊俗。然陈涉瓮牖（wèng yǒu）绳枢之子，氓隶之人，而迁徙之徒也；才能不及中人，非有仲尼、墨翟之贤，陶朱、猗（yī）顿之富；蹑足行伍之间，倔起阡陌之中，率罢弊之卒，将数百之众，转而攻秦，斩木为兵，揭竿为旗，天下云集响应，赢粮而景从。山东豪俊遂并起，而亡秦族矣。

译文

秦始皇去世之后，余威依然震慑着边远地区。然而陈涉不过是个破瓮做窗户、草绳系门枢的贫家子弟，是低贱的种田人，后来被征，做了戍边的士卒；他的才能不如普通人，并没有孔丘、墨翟那样的贤德，也不像陶朱、猗顿那样富有；他混在军队里，自田野间奋起，带领着疲惫无力的士卒，指挥着几百人的队伍，转头进攻秦朝，砍下树木当武器，举起竹竿当旗帜，天下人像云一样聚集，回声似的应和他，背着粮食像影子一样紧跟他。崤山以东的豪杰于是一齐发难，打垮了秦朝，让它灭族。

【殊俗】不同的风俗，指边远的地方。
【瓮牖】用破瓮当窗户，形容家境贫寒。
【枢】门上的转轴。
【氓隶】低贱之人，对劳动者的蔑称。
【蹑足】插足，参与。这里有"置身于……"的意思。

【倔起】崛起，奋起。
【揭】竖立，举起。
【响】回声。

古文

　　且夫天下非小弱也，雍州之地，崤函之固，自若也。陈涉之位，非尊于齐、楚、燕、赵、韩、魏、宋、卫、中山之君也；锄耰（yōu）棘矜，非铦（xiān）于钩戟长铩（shā）也；谪戍之众，非抗于九国之师也；深谋远虑，行军用兵之道，非及向时之士也。

译文

　　况且天下并没有缩小削弱，雍州的肥沃土地、崤山和函谷关的险固，都和先前一样。陈涉的地位，不比齐、楚、燕、赵、韩、魏、宋、卫、中山的君主更尊贵；锄头木棍，不比钩戟长矛更锋利；迁谪戍边的士卒，战斗力不比九国军队更强大；深谋远虑、行军用兵的策略，也赶不上先前的谋士。

【耰】古代弄碎土块、平整土地的农具。　　　　　　【铩】长矛。

【棘矜】用酸枣木做的棍子。　　　　　　　　　　　【抗】匹敌，相当。

【铦】锋利。

古文

然而成败异变，功业相反，何也？试使山东之国与陈涉度（duó）长絜（xié）大，比权量力，则不可同年而语矣。然秦以区区之地，致万乘之势，招八州而朝同列，百有余年矣。然后以六合为家，崤函为宫。一夫作难而七庙隳，身死人手，为天下笑者，何也？仁义不施而攻守之势异也。

可是条件好者失败，条件差者成事，功业恰恰相反，这是为什么呢？假如让崤山以东的各国跟陈涉比一比长短大小，量一量权势力量，就更不能相提并论了。然而秦国凭着原来的小小一点儿地方，发展出了拥有万辆兵车的国势，攻下六国，令诸侯都来朝见，已经一百多年了。这以后把天下当作家业，把崤山、函谷关当作宫墙。陈涉一人起义，七庙就被摧毁，国家灭亡了，秦王子婴死在项羽手里，这被天下人嘲笑，是为什么呢？就是因为不施行仁义，所以攻和守就面临着完全不同的形势。

【度】计算，测量。

【絜】衡量，比较。

【八州】相传大禹划分九州，秦国占了雍州，其余各国占了另外的八州。

【七庙】帝王的宗庙，供奉太祖及三昭三穆共七代祖先。也可以指代国家、王朝。

迁徙

古 | 今

被征发，去远方服役。

迁移，搬家。

赢

古 | 今

携带，担负。

胜利。

外连**衡**而斗诸侯 / 约从离**衡**：通"横"，连横，秦国同山东六国之一结盟。

威**振**四海：通"震"，震动，震慑。

合**从**缔交 / 约**从**离衡 / 于是**从**散约解：通"纵"，合纵，山东六国内部结盟，对抗秦国。

率**罢**弊之卒：通"疲"，疲惫，疲劳。

赢粮而**景**从：通"影"，影子。

判断句：

此四君者，皆明智而忠信，宽厚而爱人，尊贤而重士。

自以为关中之固，金城千里，子孙帝王万世之业也。

然陈涉瓮牖绳枢之子，氓隶之人，而迁徙之徒也。

倒装句：

铸以为金人十二。→铸以为十二金人。

余威震于殊俗。→余威于殊俗震。

陈涉之位，非尊于齐、楚、燕、赵、韩、魏、宋、卫、中山之君也。→陈涉之位，非于齐、楚、燕、赵、韩、魏、宋、卫、中山之君尊也。

锄耰棘矜，非铦于钩戟长铩也。→锄耰棘矜，非于钩戟长铩铦也。

谪戍之众，非抗于九国之师也。→谪戍之众，非于九国之师抗也。

仁义不施而攻守之势异也。→不施仁义而攻守之势异也。

被动句：

一夫作难而七庙隳。

身死人手，为天下笑者。

作为第一个封建王朝，秦迅速统一天下又迅速灭亡，给后世的触动很大。秦为什么兴盛，又为什么崩溃？直到两千多年后的今天，这依然是热门话题。

西汉文帝时期，贾谊透过太平盛世的表象，看到了潜藏的危机：权贵大量侵吞土地，迫使农民破产流亡；刑罚严酷，剥削沉重，导致各种矛盾激化。他总结了历史经验教训，以秦喻汉，指出秦朝灭亡的关键在于失掉民心、过分迷信武力，因此，他主张改革时弊。

《过秦论》是一篇政论文，分成上、中、下三部分。本篇流传最广，写得也最好。

贾谊，西汉著名政论家、文学家，同屈原并称"屈贾"。他十几岁起就有才名，文帝时任博士，不到一年被破格提升为太中大夫。他遭到群臣忌恨，被重臣周勃、灌婴排挤，贬为长沙王太傅；三年后被召回长安，担任梁怀王太傅。梁怀王坠马而死后，贾谊非常歉疚，抑郁而亡，年仅三十三岁。

他的作品主要有散文和辞赋两类，前者如《过秦论》《论积贮疏》《治安策》，对现实政治产生了深远影响；后者如《吊屈原赋》《鹏（fú，一种不吉利的鸟，样子类似猫头鹰）鸟赋》，奠定了汉朝骚体赋的基础。

陶朱，就是范蠡。他明白"鸟尽弓藏、兔死狗烹"的道理，于是在协助越王勾践灭掉吴国以后，改名换姓归隐五湖，最终在宋国陶邑（现在的山东菏泽定陶区）定居经商，成为巨富。

猗顿原先是鲁国的贫寒读书人，听到范蠡弃官经商、迅速发家的消息，就"往而问术"。范蠡告诉他："子欲速富，当畜五牸（zì，母畜）。"于是，猗顿前往遥远的西河，在猗地（现在的山西运城一带）定居，饲养了大批牛羊，后来又开发河东池盐，不过十年，就成了同陶朱齐名的巨富。

阿房宫赋

—— （唐）杜牧

原文
逐句翻译
生僻字注音
字词意思解释

古文

六王毕，四海一，蜀山兀，阿房出。覆压三百余里，隔离天日。骊山北构而西折，直走咸阳。二川溶溶，流入宫墙。五步一楼，十步一阁；廊腰缦（màn）回，檐牙高啄；各抱地势，钩心斗角。盘盘焉，囷（qūn）囷焉，蜂房水涡，矗不知其几千万落。

译文

六国灭亡，四海统一，蜀山上的树木被砍光了，阿房宫修成。它覆盖了三百多里地，宫殿巍峨，遮天蔽日。它从骊山北边建起，再折向西边，一直通到咸阳。渭水、樊川浩浩荡荡，流进了阿房宫的围墙。五步一幢楼，十步一座阁，游廊曲折，像绸带回环萦绕；飞檐翘出，像牙齿般尖尖的，如同鸟仰头在高处啄食。建筑各自依着地形，向中心攒聚，屋角互相对峙。宫室重迭盘结、屈曲回旋，像蜂房，像水涡，高高耸立着，不知道有几千万座。

【兀】山高而上平，形容山上树木已经被砍光了。

【溶溶】河水盛大的样子，一说为缓缓流动的样子。

【缦】没有彩色花纹的丝织品，这里形容舒卷萦绕。

【囷囷】曲折回旋的样子。

古文 长桥卧波，未云何龙？复道行空，不霁（jì）何虹？高低冥迷，不知西东。歌台暖响，春光融融；舞殿冷袖，风雨凄凄。一日之内，一宫之间，而气候不齐。

译文 长桥横卧在水波上，没有云，怎么出现了龙？复道横贯空中，不是雨后刚晴，怎么会有彩虹？建筑忽高忽低，幽深迷离，让人分不清东西南北。台上歌声嘹亮，充满暖意，如同春光和煦；殿上舞袖飘拂，寒意袭人，如同风雨凄凉。一天之中，一宫之内，天气却不相同。

【复道】楼阁之间的空中通道，又称阁道。　　　　【霁】雨雪停止，天放晴。

古文 妃嫔媵（yìng）嫱（qiáng），王子皇孙，辞楼下殿，辇（niǎn）来于秦。朝歌夜弦，为秦宫人。明星荧荧，开妆镜也；绿云扰扰，梳晓鬟也；渭流涨腻，弃脂水也；烟斜雾横，焚椒兰也。雷霆乍惊，宫车过也；辘（lù）辘远听，杳（yǎo）不知其所之也。一肌一容，尽态极妍，缦立远视，而望幸焉。有不见者，三十六年。

六国的妃嫔侍妾、王子皇孙，辞别本国的楼阁宫殿，坐着辇车来到秦国，朝朝暮暮歌唱奏乐，成为秦国的宫人。明亮的星辰闪闪烁烁，是她们理妆时打开了镜子；乌青的云朵纷纷扰扰，是她们清早梳头时披散的秀发；渭水涨起一层油腻，是她们泼掉了洗脸的脂粉水；烟雾弥漫，是她们燃起了椒兰在熏香。雷霆突然震响，是宫车驶过去了；车轮的隆隆声越来越远，无影无踪，不知道去了什么地方。她们的肌肤、容颜都精心修饰过，美丽得无以复加，她们久久地站着，远远地观望，盼着皇帝驾到。有的宫人整整三十六年都没能见到皇帝一面。

【妃嫔媵嫱】指六国王侯后宫中的女子。她们各有等级（妃高于嫔、嫱）。媵是陪嫁的女子，也可能成为嫔、嫱。

【王子皇孙】指六国王侯的女儿和孙女。

【缦立】久久地站着。

【幸】皇帝来到某处或宠爱某人。

【三十六年】指秦始皇在位期间。

燕赵之收藏，韩魏之经营，齐楚之精英，几世几年，剽（piāo）掠其人，倚叠如山。一旦不能有，输来其间。鼎铛（chēng）玉石，金块珠砾，弃掷逦迤（lǐ yǐ），秦人视之，亦不甚惜。

燕、赵、韩、魏、齐、楚六国精心挑选、收藏的金玉珍宝，都是诸侯世世代代、多少年来，自子民那里掠夺来的，它们堆叠成山。一旦国破家亡，保不住这些了，它们就都被运到阿房宫里。宝鼎被当作铁锅，美玉被当作顽石，黄金被当作土块，珍珠被当作沙砾，丢弃得到处都是，秦人看见了，也不怎么觉得可惜。

【剽】抢劫，掠夺。
【人】唐朝避太宗李世民名讳，用"人"来代替"民"。
【铛】平底的浅锅。
【逦迤】连续不断。这里有"到处都是"的意思。

嗟乎！一人之心，千万人之心也。秦爱纷奢，人亦念其家。奈何取之尽锱铢（zī zhū），用之如泥沙？使负栋之柱，多于南亩之农夫；架梁之椽（chuán），多于机上之工女；钉头磷磷，多于在庾（yǔ）之粟粒；瓦缝参差，多于周身之帛缕；直栏横槛（jiàn），多于九土之城郭；管弦呕哑（ōu yā），多于市人之言语。

可叹呀！一个人的意愿，也就是千万人的意愿。秦始皇喜欢繁华奢侈，百姓也顾念自己的家。为什么搜刮时连一丁点儿也不留，挥霍起来却像是对待泥沙？让承载栋梁的柱子，比田地里的农夫还多；架在梁上的椽子，比织机上的女工还多；梁柱上的钉头密密麻麻，比粮仓里的粟粒还多；瓦缝横直密布，比全身的丝缕还多；或直或横的栏杆，比九州的城郭还多；管弦的声音嘈杂，比市集上人们的话语还多。

古文 使天下之人，不敢言而敢怒。独夫之心，日益骄固。戍卒叫，函谷举，楚人一炬，可怜焦土！

译文 让天下的百姓，不敢说话却敢心怀怒气。残暴无道、众叛亲离的统治者的心思，一天比一天骄傲顽固。结果戍边的陈胜、吴广振臂一呼，函谷关被攻下，来自楚国的项羽率领军队放了一把大火，可惜阿房宫成了一片焦土！

古文

　　呜呼！灭六国者六国也，非秦也；族秦者秦也，非天下也。嗟乎！使六国各爱其人，则足以拒秦；使秦复爱六国之人，则<u>递</u>三世可至万世而为君，谁得而<u>族灭</u>也？秦人<u>不暇</u>自哀，而后人哀之；后人哀之而不鉴之，亦使后人而复哀后人也。

译文

　　唉！灭亡六国的是六国自己，而不是秦国；消灭秦王朝的是秦王朝自己，而不是天下人。可叹呀！假使六国统治者都能爱护本国百姓，那么就足以抵抗秦国；假使秦王朝同样能爱护六国的百姓，那么皇位就可以从三世一直传下去，甚至可以传到万世都为君王，谁能灭掉秦呢？秦人来不及哀悼自己，而后世的人哀怜他们；如果后世的人只是哀怜他们，却不引以为戒、吸取教训，也只会使再后世的人又来哀怜这后世的人啊。

【递】传递，指皇位顺着次序传下去。　　　　　　【不暇】来不及。
【族灭】整个家族都被杀死。

古 钩心斗角 今

指宫室结构参差错落、精巧有致。

比喻用尽心机，明争暗斗。

古 气候 今

天气、氛围，是种短期现象。也指节令。

一定地区里经过多年观察所得到的概括性的气象情况。

古 **精英** 今

精心挑选的金玉珠宝之类。

优秀人才。

古 **可怜** 今

可惜，可爱。

怜悯，同情。

判断句：

明星荧荧，开妆镜也；绿云扰扰，梳晓鬟也；渭流涨腻，弃脂水也；烟斜雾横，焚椒兰也。雷霆乍惊，宫车过也。

一人之心，千万人之心也。

灭六国者六国也，非秦也；族秦者秦也，非天下也。

倒装句：

有不见者，三十六年。→有三十六年不见者。

秦人不暇自哀。→秦人不暇哀自。

"使负栋之柱，多于南亩之农夫；架梁之椽，多于机上之工女；钉头磷磷，多于在庾之粟粒；瓦缝参差，多于周身之帛缕；直栏横槛，多于九土之城郭；管弦呕哑，多于市人之言语"中的"多于"是状语后置，可以翻译成"比……多"。

被动句：

输来其间。

函谷举。

互文：

燕赵之收藏，韩魏之经营，齐楚之精英。

在《上知己文章启》中，杜牧点明了自己的写作动机："宝历（唐敬宗李湛的年号）大起宫室，广声色，故作《阿房宫赋》。"

中唐以后，国力日薄西山，政治腐败，民生越发艰难。对于统治者的奢侈浪费，杜牧非常痛心、愤慨，希望用这篇赋借古讽今，让统治者警醒。

杜牧，字牧之，号樊川居士，宰相杜佑之孙。晚唐杰出的诗人、散文家，与李商隐并称"小李杜"。

阿房宫其实是个"烂尾工程"？

关于阿房宫名字的读音和来历，都还没有定论，现在通常念作 ē páng。"阿"是近的意思，可能指它距离咸阳或骊山不远。

2002年10月，阿房宫考古队开始了工作，几年里发掘面积约3000平方米，勘探面积约35万平方米。几乎每隔一平方米就用洛阳铲打下5个孔，密度非常高。

可是，考古队员却没有找到几处被大火焚烧的痕迹！人们采集了部分土样带到实验室里化验，结果也是一样，没有找到炭化物。而在不远处的咸阳1号、2号、3号宫殿遗址（即秦朝的咸阳宫）中都发现了成片的红烧土，以及金属熔化后的小块、草木灰，这种状况才表明发生过严重火灾。

更令人意想不到的是，已经发掘的阿房宫前殿遗址上只有夯土台基，并没有秦朝的文化层。也就说明，这里当年并没有秦朝的建筑。

阿房宫动工后两年，秦始皇就在东巡的路上突然去世。建造阿房宫的人手，都被秦二世调去修筑还没有完工的秦始皇陵。

元年（前209）四月，停工七个月后，秦二世下令继续建造阿房宫。三年（前207）八月，秦二世被赵高逼迫，在望夷宫自杀，阿房宫最终停工。满打满算，可以用来建造阿房宫的时间不到五年，估计只修成了夯土台基。

那些对阿房宫的夸张描绘，都不过是设计蓝图，没来得及成为现实。被项羽烧掉的很可能是咸阳宫，而不是从没存在过的阿房宫。

这可以说是"杜牧骗人"吗？

杜牧只是在《史记》等典籍的基础上，发挥了文学想象力。而且，本篇的目的是批判和劝谏统治者，阿房宫从盛极一时到彻底毁灭的对比越鲜明、越惨烈，冲击力就越大。

纵囚论

—— （北宋）欧阳修

原文
逐句翻译
生僻字注音
字词意思解释

古文

　　信义行于君子，而刑戮施于小人。刑入于死者，乃罪大恶极，此又小人之尤甚者也。宁以义死，不苟幸生，而视死如归，此又君子之尤难者也。

译文

　　对君子讲信义，对小人施加刑罚。刑罚重到该处死，是罪恶到了极点，这又是小人中特别恶劣的。宁可守义而死，不愿苟且偷生，能够视死如归，这又是君子都特别难以做到的事。

古文

方唐太宗之六年，录大辟（pì）囚三百余人，纵使还家，约其自归以就死。是以君子之难能，期小人之尤者以必能也。其囚及期，而卒自归无后者。是君子之所难，而小人之所易也。此岂近于人情哉？

45

当唐太宗贞观六年时，复核审录被判死刑的三百多名囚犯，放他们回家，并约定期限，让他们自动回来接受死刑。这是将君子难以做到的事，寄希望于特别恶劣的小人一定做到。那些囚犯到了期限，最终自动回来，没有一个失约的。这是君子难以做到的事，小人却轻易做到了。这难道合乎人情吗？

【录大囚辟】复核审录被判死刑的人。大辟：死刑的统称。录囚，也叫虑囚。封建时代皇帝或上级司法机关通过对囚犯的复核审录，监督和检查下级司法机关的决狱情况，是平反冤狱及督办久系未决的案件的一项制度。

或曰：罪大恶极，诚小人矣；及施恩德以临之，可使变而为君子。盖恩德入人之深，而移人之速，有如是者矣。曰：太宗之为此，所以求此名也。然安知夫纵之去也，不意其必来以冀免，所以纵之乎？又安知夫被纵而去也，不意其自归而必获免，所以复来乎？

46

译文 有人说：罪恶到了极点，的确是小人呀；然而等到统治者对他们施加恩德，就可以让他们变成君子。恩德触动人心之深、改变性情之快，竟能达到这个程度。我回应说：唐太宗之所以这样做，正是为了求得这种好名声。可怎么知道放囚犯回家，不是预料到他们希望被赦免，一定会回来，因此才释放他们呢？又怎么知道被释放的囚犯，不是预料到自动回来一定可以获得赦免，因此才回来呢？

【意】估计，预料。
【冀】希望。

古文 夫意其必来而纵之，是上贼下之情也；意其必免而复来，是下贼上之心也。吾见上下交相贼以成此名也，乌有所谓施恩德与夫知信义者哉？不然，太宗施德于天下，于兹六年矣，不能使小人不为极恶大罪，而一日之恩，能使视死如归，而存信义。此又不通之论也。

译文 预料到囚犯一定会回来，所以释放他们，这是上面揣摩下面的情形；预料到上面一定会赦免他们，所以再回来，这是下面揣摩上面的心思。我只看到上面和下面互相揣摩，来造成这种好名声，哪里有所谓的施加恩德和懂得信义呢？若非如此，唐太宗给全天下施加恩德，到这时已经六年了，还不能让小人不做罪大恶极的事；一天的恩德，却能让他们视死如归、坚守信义。这种说法讲不通啊。

【乌】哪，何。

古文

然则何为而可？曰：纵而来归，杀之无赦。而又纵之，而又来，则可知为恩德之致尔。然此必无之事也。

译文

既然如此，那么怎样做才可以？我说：释放这些囚犯，等他们回来时，全部杀掉，并不赦免。然后再释放一批，如果他们又回来了，这样才能知道是施加恩德所达到的效果。然而这是绝对不会发生的事。

【然则】既然如此，那么。

古文

若夫纵而来归而赦之，可偶一为之尔。若屡为之，则杀人者皆不死。是可为天下之常法乎？不可为常者，其圣人之法乎？是以尧、舜、三王之治，必本于人情，不立异以为高，不逆情以干誉。

48

释放囚犯，他们自动回来就加以赦免，只能偶尔做一次罢了。如果屡次这样做，那么杀人犯就都不用偿命了。这能成为天下固定的法律吗？要是不能固定下来，怎能称得上圣人制定的法律？因此，尧、舜和三王治理天下，一定根据人情，不标新立异来显示高明，不违背人情来求取声誉。

【三王】指夏禹、商汤、周文王和周武王，都是儒家崇拜的有道明君。
【逆】违背。
【干】追求，求取。

古今异义

古 贼 今

窃，私下行动，这里指窥探。

小偷。

判断句：

此又小人之尤甚者也。/ 此又君子之尤难者也。

是以君子之难能，期小人之尤者以必能也。/ 是君子之所难，而小人之所易也。

罪大恶极，诚小人矣。

太宗之为此，所以求此名也。

夫意其必来而纵之，是上贼下之情也；意其必免而复来，是下贼上之心也。

此又不通之论也。

则可知为恩德之致尔。

然此必无之事也。

要注意，"是"在文言文里通常指"这、此"，不作为判断句的标志。

倒装句：

信义行于君子，而刑戮施于小人。→信义于君子行，而刑戮于小人施。

根据史书，唐太宗李世民在位时，政治清明、国力强盛，史称"贞观盛世"。

而"纵囚归狱"这件事，长期被当成唐太宗"德政"的体现，加以渲染。

《旧唐书》记载："（贞观六年）十二月辛未，亲录囚徒，归死罪者二百九十人于家，令明年秋末就刑。其后应期毕至，诏悉原（赦免）。"

《新唐书·刑法志》则记载："六年，亲录囚徒，闵（通"悯"，怜恤）死罪者三百九十人，纵之还家，期以明年秋即刑。及期，囚皆诣（yì，特指到尊长那里去）朝堂，无后者，太宗嘉其诚信，悉原之。然尝谓群臣曰：'吾闻语曰，一岁再赦，好人喑哑。吾有天下，未尝数赦者，不欲诱民于幸免也。'"

白居易写了一首歌颂唐太宗功业的《七德舞》，里面也有这样的句子："怨女三千放出宫，死囚四百来归狱。"

配套阅读：《文言文其实很简单·景物抒情卷》中的《醉翁亭记》。

事实上，"纵囚归狱"不是唐太宗的发明，而是一种显示道德教化效果的"套路"，在唐朝以前已经大量见于史书。

例如，《华阳国志》记载的西晋江原令王长文的事迹："元康初，试守江原令。县收得盗马贼及发冢（zhǒng，坟墓）贼，长文引见诱慰。时适腊晦，皆遣归家。狱先有系囚，亦遣之……群吏惶遽（jù，慌张），争请不许。寻有赦令，无不感恩，所宥（yòu，宽容、饶恕）人辍不为恶，曰：'不敢负王君。'"

唐太宗非常看重后世名声，希望营造完美的"明君圣主"形象，不少举措都带有一定的表演成分，说是"收买人心"也不为过。

在唐太宗以后，主动纵囚的现象几乎绝迹。正如欧阳修所批评的，这种做法事实上是以"人治"破坏"法治"，并不可取。

想要写好作文，特别是议论文，立意新颖至关重要。如果核心思想不过是老生常谈，那么哪怕文字出色，也算不上佳作。

本卷中选择的史论，在立意上几乎都能做到别开生面，跳出前人观点的束缚，这也是它们的价值所在。

然而，立意新颖并不意味着故作惊人之论、为反对而反对，必须言之成理，凭着严谨的逻辑、扎实的论证，给自己的观点提供充足的支撑。

伶官传序

—— （北宋）欧阳修

原文
逐句翻译
生僻字注音
字词意思解释

古文 　呜呼！盛衰之理，虽曰天命，岂非人事哉！原庄宗之所以得天下，与其所以失之者，可以知之矣。

译文 　唉！国家兴盛衰亡的道理，虽然说是天命，难道不也是由于人力作用造成的吗？推究后唐庄宗取得天下和失掉天下的原因，就可以懂得了。

古文

世言晋王之将终也，以三矢赐庄宗而告之曰："梁，吾仇也；燕王，吾所立，契丹，与吾约为兄弟，而皆背晋以归梁。此三者，吾遗恨也。与尔三矢，尔其无忘乃父之志！"

译文

世人传言，晋王临终时，将三支箭赐给庄宗，告诉他："梁，是我的仇敌；燕王是我扶立的，契丹与我订立盟约、结为兄弟，然而他们都背叛晋，归顺了梁。这三件事，是我留下的遗憾。给你三支箭，你一定不要忘记你父亲的愿望！"

【晋王】李克用，庄宗的父亲，沙陀族，唐末平定黄巢大起义有功，被任命为河东节度使，后来加封晋王。

【燕王】指刘仁恭、刘守光父子，原先是卢龙节度使，管辖范围是幽州（现在的北京）一带。

古文

庄宗受而藏之于庙。其后用兵，则遣从事以一少牢告庙，请其矢，盛以锦囊，负而前驱，及凯旋而纳之。

53

庄宗接了箭，把它们收藏在宗庙里。以后每逢打仗，就派负责此事的官员用猪、羊各一头告祭宗庙，请下那三支箭，装在锦囊里，背着它们在最前面冲杀，等到凯旋时再把箭送回宗庙。

【少牢】祭祀时用猪、羊各一头，也称作"中牢"。规格更高的是"太牢"，用牛、羊、猪各一头。

古文 方其系燕父子以组，函梁君臣之首，入于太庙，还矢先王，而告以成功，其意气之盛，可谓壮哉！

译文 当庄宗用绳子捆绑着燕王父子、用木匣装着后梁君臣的首级，进入太庙，把箭交还到先王的灵座前，禀告先王已经大功告成时，他的精神气概是那么旺盛，真称得上威风凛凛啊！

【方】正当。
【系】捆绑。
【组】丝带，这里泛指绳索。
【函】木匣，这里是动词，用木匣装。

及仇雠已灭，天下已定，一夫夜呼，乱者四应，仓皇东出，未及见贼而士卒离散，君臣相顾，不知所归。至于誓天断发，泣下沾襟，何其衰也！岂得之难而失之易欤？抑本其成败之迹，而皆自于人欤？

等到仇敌已经消灭，天下已经平定，一个人在夜间呼喊，作乱的人就四方响应，他慌慌张张出兵东进，还没等看到叛军，士卒就离散了，君臣面面相觑，不知回到哪里去。以至于向天发誓，割断头发，泪水沾湿了衣襟，又是多么衰弱凄惨啊！难道真是取得天下艰难而失掉天下容易吗？或者说，推究他成功与失败的迹象，都是由于人力作用呢？

【一夫】指后唐庄宗同光四年（926）发动贝州兵变的军士皇甫晖。庄宗杀死郭崇韬等重臣，不得民心，皇甫晖"为人骁勇无赖"，趁机作乱，大肆抢掠杀戮。后唐明宗继位，封他为陈州刺史。
【抑】或者。
【本】探求，考察。

《书》曰："满招损，谦得益。"忧劳可以兴国，逸豫可以亡身，自然之理也。

译 文

《尚书》说："自满会招来损害，谦虚则使人受益。"忧虑辛劳可以让国家兴盛，安闲享乐会让自身灭亡，这是必然的规律。

> 【满招损，谦得益】出自《尚书·大禹谟（mó，谋略的意思）》。

古 文

故方其盛也，举天下之豪杰莫能与之争；及其衰也，数十伶人困之，而身死国灭，为天下笑。夫祸患常积于忽微，而智勇多困于所溺，岂独伶人也哉！

译 文

因此当庄宗强盛时，普天下的豪杰都不能同他相争；等到他衰败时，几十个伶人围困他，他就丢了性命，国家灭亡，被天下人讥笑。祸患常常是由微小的事积累而成的，即使聪明勇敢的人也多半会被所沉迷的事物困扰、消磨，难道只有宠爱伶人才会这样吗！

【举】全，所有的。

【数十伶人困之】庄宗穷途末路时，伶人郭从谦指挥一部分禁卫军作乱，庄宗中流矢而死。

【忽微】非常细小的东西。忽是寸的十万分之一，微是忽的十分之一。

【溺】沉溺，沉迷。

古今异义

古 **人事** 今

人力作用，多指政治上的得失。

员工的录用、培养、调配、奖惩等事务。

（古） **原** （今）

考察，推究。

最初的，本来。

（古） **从事** （今）

职官名，原指州郡长官的僚属，
这里泛指幕僚或随从。

做某项工作。

及仇雠已灭：通"仇"，仇敌。

判断句：

梁，吾仇也；燕王，吾所立。

此三者，吾遗恨也。

忧劳可以兴国，逸豫可以亡身，自然之理也。

倒装句：

庄宗受而藏之于庙。→庄宗受而于庙藏之。

请其矢，盛以锦囊。→请其矢，以锦囊盛。

方其系燕父子以组。→方其以组系燕父子。

而告以成功。→而以成功告。

夫祸患常积于忽微，而智勇多困于所溺。→夫祸患常于忽微积，而智勇多于所溺困。

被动句：

身死国灭，为天下笑。

而智勇多困于所溺。

　　唐以后、宋以前，北方出现了梁、唐、晋、汉、周五个短命王朝，史称"五代"。它们的国号都被之前的王朝用过，为了避免混淆，通常在前面加一个"后"字以示区分，如后梁、后唐。

　　后唐庄宗名叫李存勖（xù），又名李亚子，二十四岁时父亲去世，继承了晋王之位。他青壮年时英武有为、身先士卒，灭掉燕国、大败契丹，于923年在魏州称帝，定国号为唐，年号同光，同年灭掉后梁。他在位期间平定前蜀，割据南方的诸国为之震慑。然而晚年却沉溺声色、疏远功臣，导致民生困苦、将士离心。926年，他在变乱中死去，享年四十三岁，庙号庄宗。

　　伶官或伶人，是表演戏剧或杂技以供统治者娱乐的人物。

　　李存勖自幼喜欢唱戏，常常同伶人嬉戏厮混，称帝后还给自己起了个艺名"李天下"。不少受他宠信的伶官随意出入宫禁，干预朝政，影响相当恶劣，群臣敢怒而不敢言，有的甚至以重金贿赂他们，进一步败坏了政治风气。

　　欧阳修在《新五代史》中特意写了一篇《伶官传》，目的是让宋朝统治者明白居安思危、严格自律、善始善终的重要性。

　　"晋王三矢"的典故，最早出自北宋初年王禹偁（chēng）所著的《五代史阙文》。

　　它的真实性一直备受质疑。司马光在《资治通鉴考异》中写道，李存勖继位时还曾对契丹"遣使告哀，赂以金缯，求骑军以救潞州"，契丹也出兵相助；而当刘守光被兄长刘守文攻击时，李克用、李存勖也屡次派兵相救。所以至少在李克用去世时，晋国根本没有同契丹、幽州结仇。这个典故很可能是后人杜撰的，用来夸耀李存勖的功业。

　　可是，这个典故在当时流传甚广，大家喜闻乐见，所以欧阳修还是没有舍弃它，为了慎重，加了"世言"两个字。而且，后唐庄宗的事迹已经记载在《新五代史·唐本纪》里，没有必要在《伶官传》里重复，补充其他材料，更能带给读者新鲜感。

管仲论

—— (北宋) 苏洵

原文
逐句翻译
生僻字注音
字词意思解释

古文

　　管仲相桓公，霸诸侯，攘（rǎng）夷狄，终其身齐国富强，诸侯不叛。管仲死，竖刁、易牙、开方用，桓公薨（hōng）于乱，五公子争立，其祸蔓延，讫简公，齐无宁岁。

译文

　　管仲为相辅佐齐桓公的时候，齐桓公称霸于诸侯，排斥、打击了夷狄等异族，管仲在世时齐国一直富强，诸侯不敢背叛。管仲去世后，竖刁、易牙、开方得到重用，齐桓公死于宫廷内乱，五位公子争抢君位，这个祸端绵延下去，直到齐简公时期，齐国没有一年安宁。

【攘】排斥，打击。
【薨】诸侯或高官死去。
【简公】名叫壬，前485—前481年在位，比桓公晚了近二百年。他被田成子所杀，此后"田氏代齐"成为定局，姜姓齐国濒临灭亡。

古文 夫功之成，非成于成之日，盖必有所由起；祸之作，不作于作之日，亦必有所由兆。故齐之治也，吾不曰管仲，而曰鲍叔；及其乱也，吾不曰竖刁、易牙、开方，而曰管仲。

译文 事业的完成，不是在宣告完成的那一天实现的，必定有它的缘由；祸乱的发生，不是在发生的那一天形成的，也必定有它的前兆。因此，齐国安定强盛，我不说是由于管仲，而说要归功于举荐管仲的鲍叔牙；后来齐国动乱，我不说是竖刁、易牙、开方的问题，而说是管仲造成的。

古文 何则？竖刁、易牙、开方三子，彼固乱人国者，顾其用之者，桓公也。夫有舜而后知放四凶，有仲尼而后知去少正卯。彼桓公何人也？顾其使桓公得用三子者，管仲也。仲之疾也，公问之相。当是时也，吾以仲且举天下之贤者以对。而其言乃不过曰竖刁、易牙、开方三子非人情，不可近而已。

译文
为什么呢？竖刁、易牙、开方三个人，固然扰乱了齐国，可是重用他们的却是齐桓公。有了舜以后才知道流放"四凶"，有了孔子以后才知道除掉少正卯。那齐桓公是什么人？让齐桓公重用这三个人的，正是管仲。管仲病危时，齐桓公询问谁可以继他为相。那时候，我以为管仲将推荐天下的贤才来作为回答。但他的话却不过是"竖刁、易牙、开方三个人，违反人之常情，不能亲近"罢了。

【顾】但是，却。

古文
呜呼！仲以为桓公果能不用三子矣乎？仲与桓公处几年矣，亦知桓公之为人矣乎？桓公声不绝于耳，色不绝于目，而非三子者则无以遂其欲。彼其初之所以不用者，徒以有仲焉耳。一日无仲，则三子者可以弹冠而相庆矣。仲以为将死之言可以絷（zhí）桓公之手足耶？夫齐国不患有三子，而患无仲。有仲，则三子者，三匹夫耳。不然，天下岂少三子之徒？虽桓公幸而听仲，诛此三人，而其余者，仲能悉数而去之耶？

唉！管仲以为齐桓公真的能不重用这三个人吗？管仲同齐桓公相处多年，也该了解他的为人了吧？齐桓公是个耳朵离不开音乐、眼睛离不开美色的人，要是没有这三个人，他的欲望就无法得到满足。齐桓公最开始不重用他们，只是由于管仲在，一旦没有管仲，这三个人就能弹冠相庆了。管仲以为自己的临终遗言就可以让齐桓公束手束脚吗？齐国不怕有这三个人，而怕没有管仲。有管仲在，那么这三个人只是并无权势的匹夫罢了。若非如此，天下难道缺少和这三个人一样的奸诈之辈吗？即使齐桓公侥幸听从管仲的意见，杀了这三个人，但其余的奸诈之辈，管仲能一个也不剩地除掉吗？

【弹冠】掸去帽子上的灰尘，准备做官。指官场中一人受到重用，同伙就因会获得援引而互相庆贺。形容小人得志，含贬义。

【縶】拴，捆，束缚。

呜呼！仲可谓不知本者矣。因桓公之问，举天下之贤者以自代，则仲虽死，而齐国未为无仲也。夫何患？三子者不言可也。

唉！管仲可以说是个不懂得根本治国大计的人。如果他乘着齐桓公询问的机会，推荐天下的贤才来代替自己，那么即使管仲去世了，齐国却也不算是失去了管仲。这三个人又有什么可怕的？就算不提他们也可以。

64

五伯莫盛于桓、文。文公之才，不过桓公，其臣又皆不及仲。灵公之虐，不如孝公之宽厚。文公死，诸侯不敢叛晋，晋袭文公之余威，得为诸侯之盟主者百有余年。何者？其君虽不肖，而尚有老成人焉。桓公之薨也，一乱涂地，无惑也，彼独恃一管仲，而仲则死矣。

春秋五霸之中，没有比齐桓公、晋文公更强大的了。晋文公的才能比不上齐桓公，他的臣子也都不如管仲。晋灵公暴虐，不如齐孝公宽厚。可是晋文公死后，诸侯不敢背叛晋国，晋国承袭晋文公的余威，将诸侯盟主的位置又维持一百多年。为什么呢？它的君主虽然不贤明，却还有老成练达的大臣主持局面。齐桓公死后，齐国就一败涂地，这并不奇怪，因为齐国依靠的只有一个管仲，管仲却死了。

【袭】承袭，照样继续。

夫天下未尝无贤者，盖有有臣而无君者矣。桓公在焉，而曰天下不复有管仲者，吾不信也。仲之书有记其将死，论鲍叔、宾胥（xū）无之为人，且各疏其短，是其心以为数子者皆不足以托国，而又逆知其将死，则其书诞谩（màn）不足信也。

天下并非没有贤才，往往是有贤臣却没有明君去重用他们。齐桓公在世时，说天下不会再有管仲这样的治国之才了，我不相信。管仲的书里有记载，他临终时评论了鲍叔牙、宾胥无的人品，并且列出了他们各自的短处。这样在管仲心目中，上述几个人都不足以托付国家重任。但他又预料到自己将要去世，那么可见这本书荒诞虚妄，不值得相信。

【仲之书】指《管子》，是后人根据管仲的思想和事迹编纂而成的。
【宾胥无】齐国大夫，辅佐齐桓公称霸，同管仲、隰（xí）朋、鲍叔牙、宁戚并称齐国"五贤人"。管仲对他的评价是"决狱执中，不杀无辜，不诬无罪"。
【逆知】预知。
【诞谩】荒诞虚妄。

吾观史鳅（qiū）以不能进蘧（qú）伯玉而退弥子瑕，故有身后之谏；萧何且死，举曹参以自代。大臣之用心，固宜如此也。夫国以一人兴，以一人亡，贤者不悲其身之死，而忧其国之衰，故必复有贤者而后可以死。彼管仲者，何以死哉？

我看史鳅由于不能使卫灵公任用蘧伯玉、斥退弥子瑕，所以在去世后还要进行尸谏；萧何临终前，推荐曹参代替自己。大臣的用心，本来就应当如此。国家因一个人而兴盛，因一个人而灭亡，贤才不为自己的死感到悲痛，而忧虑国家衰败，因此必须再找到贤才继任，然后才可以安心去世。那个管仲，怎么可以就这样去世了呢？

五伯莫盛于桓、文：通"霸"，霸主。

判断句：

　　夫功之成，非成于成之日，盖必有所由起；祸之作，不作于作之日，亦必有所由兆。

　　顾其用之者，桓公也。

　　彼桓公何人也？顾其使桓公得用三子者，管仲也。

　　有仲，则三子者，三匹夫耳。

　　仲可谓不知本者矣。

倒装句：

　　夫功之成，非成于成之日。→夫功之成，非于成之日成。

　　祸之作，不作于作之日。→祸之作，不于作之日作。

　　桓公声不绝于耳，色不绝于目。→桓公声于耳不绝，色于目不绝。

　　举天下之贤者以自代。→举天下之贤者以代自。

　　举曹参以自代。→举曹参以代自。

　　何以死哉？→以何死哉？

　　易牙擅长烹饪，为了讨好齐桓公，杀了自己的幼子，做成菜肴献上；竖习是齐桓公的宠臣，为了出入宫廷方便，不惜自宫；开方是卫国太子，自愿到齐国侍奉桓公，父母去世都不奔丧。齐桓公觉得这三个人非常敬爱自己，因此大加宠信；管仲却指出，这三个人的行事违反人之常情，包藏祸心。

　　管仲去世后，齐桓公听从他的遗言，疏远了易牙、竖刁、开方。可是过了一段时间，他觉得食不甘味、寝不安席，于是又把这三个人召了回来。

　　齐桓公年老重病时，这三个人同齐桓公的儿子串通，图谋发动政变。他们假传君命，逐出侍从，封闭宫门，导致齐桓公饿死。公子无亏、公子昭、公子潘、公子元、公子商人各率党羽争夺君位，齐国发生内战，乱成一团。齐桓公的尸体无人过问，放了六十多天才被收殓，早已腐烂，虫子都爬到了寝宫外面。

苏洵，字明允，号老泉，北宋文学家，和儿子苏轼、苏辙合称"三苏"，都被列入"唐宋八大家"。

他早年不务正业、四处游历，二十七岁才开始发愤读书，终成大器。

"四凶"是指饕餮（tāo tiè）、穷奇、梼杌（táo wù）、混沌四个凶神。根据神话，舜征求尧同意后，将它们分别流放到四方蛮荒之地。

少正卯是春秋时期鲁国大夫，他能言善辩，被称为"闻人"，也开办私学，颇受欢迎。《荀子》记载，孔子担任鲁国大司寇时，代理宰相一职，上任不过七日就诛杀了少正卯，理由是他有"心达而险、行辟而坚、言伪而辩、记丑而博、顺非而泽"五种恶劣品性，可能惑众造反。不过，朱熹等后世学者认为，孔子同样只是大夫，无权诛杀少正卯；此事也不符合孔子的一贯主张，可能并不属实。

史䲡是春秋时期卫国史官，字子鱼，也叫作史鱼，以正直闻名。卫灵公不用贤人蘧伯玉，亲近佞臣弥子瑕，史䲡屡次劝谏都不管用。他临终前嘱咐儿子："吾生不能正君，死无以成礼。"所以他死后，没有"治丧正室"，家人将他的尸体放在牖（yǒu，窗户）下。灵公知道后，惊愕感动，痛改前非。孔子称赞他："直哉史鱼！邦有道如矢，邦无道如矢。"

六国论

—— （北宋）苏洵

原文
逐句翻译
生僻字注音
字词意思解释

【古文】

六国破灭，非兵不利，战不善，弊在赂秦。赂秦而力亏，破灭之道也。

或曰：六国互丧，率赂秦耶？

曰：不赂者以赂者丧，盖失强援，不能独完。故曰：弊在赂秦也。

【译文】

六国灭亡，不是由于武器不锋利、仗打得不好，弊端在于贿赂秦国。贿赂秦国损耗了自己的力量，这就是它们灭亡的原因。

有人问：六国一个接一个灭亡，难道全都是由于贿赂秦国吗？

回答道：不贿赂秦国的国家因贿赂秦国的国家而灭亡。原因是它们失掉了强有力的外援，不能独自保全。所以说：弊端在于贿赂秦国。

【赂】赠送财物，这里指割地向秦国求和。

【互】相继。

【率】都，全部。

【盖】承接上文，表示原因。

【完】保全。

古文 　　秦以攻取之外，小则获邑，大则得城。较秦之所得，与战胜而得者，其实百倍；诸侯之所亡，与战败而亡者，其实亦百倍。则秦之所大欲，诸侯之所大患，固不在战矣。

译文 　　秦国除了用战争夺取土地以外，还接受诸侯的贿赂，往小里说获得邑镇，往大里说获得城池。将秦国接受的贿赂同打胜仗所得到的土地相比，前者实际上要多百倍；将诸侯贿赂秦国的土地同打败仗所失掉的土地相比，前者实际上也多百倍。那么秦国最想要的、诸侯最忧虑的，本来就不在于战争。

> 【邑】泛指一般镇子。后来也是县的别称。
> 【大】最。
> 【患】忧虑，担心。

古文 　思厥先祖父，暴（pù）霜露，斩荆棘，以有尺寸之地。子孙视之不甚惜，举以予人，如弃草芥。今日割五城，明日割十城，然后得一夕安寝。起视四境，而秦兵又至矣。

译文 想到他们的祖辈和父辈，冒着霜雪雨露，披荆斩棘，才有了一点儿土地。子孙对那些土地却不怎么爱惜，拿来送给别人，就像丢掉小草一样。今天割让五座城，明天割让十座城，这才能睡一夜安稳觉。第二天起床看看四周边境，秦国的军队又来了。

【厥】其，他们的。
【暴】冒着。

古文 然则诸侯之地有限，暴秦之欲无厌，奉之弥繁，侵之愈急。故不战而强弱胜负已判矣。至于颠覆，理固宜然。古人云："以地事秦，犹抱薪救火，薪不尽，火不灭。"此言得之。

译文 但是诸侯的土地有限，暴虐的秦国的欲望却永远不会满足，诸侯送上的越多，秦国侵犯得就越急迫。所以用不着打仗，谁强谁弱、谁胜谁负就已经决定了。到了覆灭的地步，道理本来就是这样子。古人说："用土地侍奉秦国，就好像抱着柴去救火，柴不烧完，火就不会熄灭。"这句话相当正确。

【弥】更加，越发。
【繁】多。
【判】决定，评定。

71

齐人未尝赂秦，终继五国迁灭，何哉？与嬴而不助五国也。五国既丧，齐亦不免矣。燕赵之君，始有远略，能守其土，义不赂秦。是故燕虽小国而后亡，斯用兵之效也。至丹以荆卿为计，始速祸焉。

译文

　　齐国不曾贿赂秦国，可最终也随着五国灭亡了，为什么呢？是因为齐国跟秦国交好，而不帮助其他五国。五国灭亡之后，齐国也就不能幸免了。燕和赵的国君起初有长远的谋略，能够守住自己的国土，坚持正义，不贿赂秦国。因此燕虽然是个小国，灭亡的时间却靠后，这就是用兵的效果。等到燕太子丹用派遣荆轲刺杀秦王作为对付秦国的计策，才招致了灾祸。

【继】跟着。
【迁灭】灭亡。古代国家被灭以后，重器、珍宝和王族等也会被迁走。

【与】交往，友好。
【嬴】秦国统治者的姓，代指秦国。

古文

赵尝五战于秦，二败而三胜。后秦击赵者再，李牧连却之。洎（jì）牧以谗诛，邯郸为郡，惜其用武而不终也。且燕赵处秦革灭殆尽之际，可谓智力孤危，战败而亡，诚不得已。

译文

赵国曾经五次同秦国交战，输了两次，赢了三次。后来秦国两次攻打赵国，被赵国大将李牧接连击退。等到李牧因遭到诬陷而被杀害，赵国都城邯郸变成了秦国的一个郡，可惜赵国用武力抗秦却没坚持到底。而且燕、赵两国正处在秦国快要把其他国家消灭干净的时候，可以说是智谋用尽、国势孤立危急，打了败仗、国家灭亡，确实是不得已的事情。

古文 向使三国各爱其地，齐人勿附于秦，刺客不行，良将犹在，则胜负之数，存亡之理，当与秦相较，或未易量。

译文 假使韩、魏、楚三国都爱惜自己的国土，齐国不依附于秦国，燕国的刺客不去刺杀秦王，赵国的良将李牧还活着，那么胜负存亡的命运，倘若同秦国相比，也许还不容易估量。

呜呼！以赂秦之地封天下之谋臣，以事秦之心礼天下之奇才，并力西向，则吾恐秦人食之不得下咽也。悲夫！有如此之势，而为秦人积威之所劫，日削月割，以趋于亡。为国者无使为积威之所劫哉！

唉！如果六国诸侯用贿赂秦国的土地来分封天下的谋臣，用侍奉秦国的诚心来礼遇天下的奇才，齐心合力地向西对付秦国，那么我觉得，秦国人恐怕连饭也咽不下去了。真可悲啊！有这样的优势，却被秦国积累的威势所胁迫，天天割地、月月割地，以至于走向灭亡。治理国家的人不要被积累的威势所胁迫啊！

【劫】胁迫，劫持。

夫六国与秦皆诸侯，其势弱于秦，而犹有可以不赂而胜之之势。苟以天下之大，而从六国破亡之故事，是又在六国下矣。

六国和秦国都是诸侯国，它们的势力比秦国弱，却还有可以不贿赂秦国而战胜它的优势。如果凭着这么大的天下，却跟随六国灭亡的先例，这就比六国还要糟糕了。

【从】跟随。

祖父

古 今

祖辈和父辈。

父亲的父亲，爷爷。

故事

古 今

先例，旧事。

文学体裁的一种，侧重于描述事情的过程。

古 速 今

招致，引来。

快，速度。

古 不行 今

不出发，不去。

水平不高。

当与秦相较：通"倘"，倘若。

判断句：

　　六国破灭，非兵不利，战不善，弊在赂秦。

　　赂秦而力亏，破灭之道也。

　　是故燕虽小国而后亡，斯用兵之效也。

倒装句：

　　其势弱于秦。→其势于秦弱。

　　赵尝五战于秦。→赵尝于秦五战。

　　苟以天下之大。→苟以大天下。

被动句：

　　有如此之势，而为秦人积威之所劫。

　　为国者无使为积威之所劫哉。

　　本篇是苏洵所写的十篇《权书》之一。

　　北宋统治者采取苟安退让的外交政策，用丰厚的"岁币"换取同辽、西夏的和平。苏洵反对这种做法，所以借古讽今，警告北宋统治者不要重蹈六国灭亡的覆辙，应当增强国力，放弃幻想，整军经武。

　　《六国论》这个题目，"三苏"都写过。

　　苏轼的立论是，诸侯卿相争着养"士"，是六国久存的原因；而打压"士"，是秦朝迅速灭亡的原因。将"士"养起来，没有人带领百姓造反，国家就可以安定了。苏辙的立论是，六国相继灭亡的原因是"不知天下之势"，忽视了位置最关键的韩、魏两国。它们不能团结一致、共同抗秦，反倒为了眼前利益背盟败约、自相残杀，让秦国得以趁虚而入。

你觉得谁的立论最合情合理？

　　千年以后，关于六国灭亡的原因，你有新的想法吗？

贾谊论

—— （北宋）苏轼

原文
逐句翻译
生僻字注音
字词意思解释

古文

非才之难，所以自用者实难。惜乎！贾生，王者之佐，而不能自用其才也。

译文

人有才干并不难，怎样让自己的才干得到发挥却真的难。可惜啊！贾谊有辅佐帝王的本事，然而没能发挥自己的才干。

古文

夫君子之所取者远，则必有所待；所就者大，则必有所忍。古之贤人，皆负可致之才，而卒不能行其万一者，未必皆其时君之罪，或者其自取也。

君子想实现远大的目标，就一定要等待时机；想成就伟大的功业，就一定要有所忍耐。古代的贤能之士，都拥有足以建功立业的才干，然而有些人最终没能施展万分之一，这未必都是当时君王的过错，也可能是他们自己导致的。

愚观贾生之论，如其所言，虽三代何以远过？得君如汉文，犹且以不用死。然则是天下无尧、舜，终不可有所为耶？仲尼圣人，历试于天下，苟非大无道之国，皆欲勉强扶持，庶几一日得行其道。将之荆，先之以冉有，申之以子夏。君子之欲得其君，如此其勤也。

我看贾谊的议论，照他所说的那样治理，即使夏、商、周三代的成就又怎能远远地超过他？遇到像汉文帝这样的明君，尚且因未被重用而郁郁死去，这岂不意味着，如果天下没有尧、舜那样的圣君，就终究不能有所作为吗？孔子是圣人，曾经周游天下以试验自己的治理之道，只要不是极端暴虐的国家，都想勉力扶助，希望终有一天能实行自己的政治主张。将到楚国时，先派弟子冉有去接洽，再派子夏去联络。君子想得到国君的重用，就得这样辛勤殷切。

古文 孟子去齐，三宿而后出昼，犹曰："王其庶几召我。"君子之不忍弃其君，如此其厚也。公孙丑问曰："夫子何为不豫？"孟子曰："方今天下，舍我其谁哉？而吾何为不豫？"君子之爱其身，如此其至也。夫如此而不用，然后知天下果不足与有为，而可以无憾矣。若贾生者，非汉文之不能用生，生之不能用汉文也。

译文 孟子离开齐国时，在昼地住了三夜才出走，还说："齐宣王大概会召见我。"君子不忍心离开国君，感情是这样深厚。公孙丑问孟子："先生为什么不高兴？"孟子回答道："当今天下，除了我还有谁能担当治国重任呢？我为什么要不高兴？"君子爱惜自己，是这样周到。如果做到了这些，还是得不到重用，那么就应当明白，天下果真没有一个可以共图大业的君主，也就可以没有遗憾了。像贾谊这样的人，不是汉文帝不重用他，而是他不能利用汉文帝来施展自己的政治抱负。

【昼】齐国地名，现在的山东临淄一带。《孟子·公孙丑下》记载，孟子曾在齐国为卿，后来见齐宣王不能采纳他的主张，就辞官而去，但是在昼停留了三天，想等齐王改过，重新召他入朝。

【公孙丑】齐国人，孟子的学生。根据《孟子·公孙丑下》，这里同孟子对话的是另一个学生充虞，不是公孙丑。

【豫】喜悦。

古文 夫绛侯亲握天子玺而授之文帝，灌婴连兵数十万，以决刘、吕之雌雄，又皆高帝之旧将，此其君臣相得之分，岂特父子骨肉手足哉？贾生，洛阳之少年。欲使其一朝之间，尽弃其旧而谋其新，亦已难矣。

译文 绛侯周勃曾经亲自拿着皇帝的印玺献给汉文帝，灌婴曾经联合数十万兵力，来决定刘、吕两家谁胜谁败，他们又都是汉高祖的旧部，这种君臣遇合的深厚情分，哪里只是父子兄弟等骨肉之亲才有的？贾谊不过是洛阳的一个年轻人，要想让汉文帝在一朝一夕之间，完全抛弃旧有的重臣和制度，采用他的新主张，也太困难了。

古文 为贾生者，上得其君，下得其大臣，如绛、灌之属，优游浸渍（zì）而深交之，使天子不疑，大臣不忌，然后举天下而唯吾之所欲为，不过十年，可以得志。安有立谈之间，而遽为人"痛哭"哉！

81

译文 作为贾谊这样的人，应当在上取得皇帝的信任，在下取得大臣的支持，对于周勃、灌婴之类的大臣，要从容不迫地和他们交往，逐渐渗透，加深情谊，让天子不疑虑，大臣不猜忌，这样以后，就可以按自己的主张去治理整个国家了。不出十年，就可以实现自己的理想。怎么能在顷刻之间，就突然对人"痛哭"起来呢！

【属】类。
【优游浸渍】从容不迫，逐渐渗透。优游：从容不迫的样子。浸渍：渐渐渗透的样子。
【立谈】站着谈话，比喻时间短暂。
【"痛哭"】贾谊在呈给汉文帝的《治安策》中评论当时情形，表示"臣窃惟事势，可为痛哭者一，可为流涕者二，可为长太息（即叹息）者六"。

古文 观其过湘，为赋以吊屈原，萦纡（yíng yū）郁闷，趯（tì）然有远举之志。其后以自伤哭泣，至于夭绝。是亦不善处穷者也。夫谋之一不见用，则安知终不复用也？不知默默以待其变，而自残至此。呜呼！贾生志大而量小，才有余而识不足也。

译文 看他路过湘水时作赋凭吊屈原，郁结烦闷，心绪不宁，表露出超然退隐的想法。后来因伤感自己怀才不遇，忧愁哭泣而过早去世，这也正是不善于身处逆境的表现。谋略一次不被采用，怎么知道就永远不会被采用呢？不知道默默地等待形势变化，却自我摧残到这种地步。唉！贾谊志向远大而气量狭小，才干有余而见识不足。

古文 古之人，有高世之才，必有遗俗之累。是故非聪明睿智不惑之主，则不能全其用。古今称符（fú）坚得王猛于草茅之中，一朝尽斥去其旧臣，而与之谋。彼其匹夫略有天下之半，其以此哉！

译文 古人有出类拔萃的才能，必然会因不合时宜而招致麻烦。因此若没有英明智慧、不受蒙蔽的君王，他们的作用就不能得到充分发挥。古人和今人都称道符坚自草野平民当中起用了王猛，在很短时间内全部斥退了原来的大臣，而同王猛商讨军国大事。符坚这么一个平常之辈，竟然夺取了半个天下，道理就在于此吧！

古文 愚深悲生之志，故备论之。亦使人君得如贾生之臣，则知其有狷（juàn）介之操，一不见用，则忧伤病沮（jǔ），不能复振。而为贾生者，亦谨其所发哉！

译文 我深深惋惜贾谊的抱负未能施展，所以详尽地加以评论。这也是为了让君王明白，如果得到像贾谊这样的臣子，就要了解他有孤高不群的性格，一旦不被重用，就会忧伤颓废，不能重新振作。而作为贾谊这样的人，也应当谨慎地立身处世，有节制地宣泄自己的情感呀！

【狷介】孤高，性情正直，洁身自好。
【病沮】困顿灰心。沮：颓丧。

古今异义

勉强

（古）

尽力而为。

（今）

能力不足或心中不肯，还尽力做；强迫别人做不情愿的事。

特殊句式

判断句：

古之贤人，皆负可致之才，而卒不能行其万一者，未必皆其时君之罪，或者其自取也。

君子之欲得其君，如此其勤也。

君子之不忍弃其君，如此其厚也。

君子之爱其身，如此其至也。

若贾生者，非汉文之不能用生，生之不能用汉文也。

又皆高帝之旧将，此其君臣相得之分，岂特父子骨肉手足哉？

贾生，洛阳之少年。

85

是亦不善处穷者也。

是故非聪明睿智不惑之主，则不能全其用。

倒装句：

历试于天下。→历于天下试。

夫子何为不豫？→夫子为何不豫？

而吾何为不豫？→而吾为何不豫？

古今称苻坚得王猛于草茅之中。→古今称苻坚于草茅之中得王猛。

被动句：

得君如汉文，犹且以不用死。

夫谋之一不见用，则安知终不复用也？

一不见用，则忧伤病沮，不能复振。

"见"可以充当表示被动的助词。

历史背景

贾谊是中国历史上怀才不遇者的典型，前人纷纷惋惜他未得重用，斥责汉文帝无法知人善任、其他重臣嫉贤妒能，借古讽今，抒发对自己仕途不顺的愤懑。

例如，李白在《行路难（其二）》中写道："大道如青天，我独不得出。羞逐长安社中儿，赤鸡白雉赌梨栗。弹剑作歌奏苦声，曳裾（jū）王门不称情。淮阴市井笑韩信，汉朝公卿忌贾生。君不见昔时燕家重郭隗（wěi），拥篲（huì，扫帚）折节无嫌猜。剧辛乐毅感恩分，输肝剖胆效英才。昭王白骨萦蔓草，谁人更扫黄金台？行路难，归去来！"

李商隐在《贾谊》中也写道："宣室求贤访逐臣，贾生才调更无伦。可怜夜半虚前席，不问苍生问鬼神。"

理解了这一文化脉络，才能看出苏轼的观点的独到和可贵。

苏轼,字子瞻,又字和仲,号东坡居士。北宋著名文学家、书法家、画家。"唐宋八大家"之一、"宋四家"之一,豪放派的主要代表。他性情爽朗,为人率真,好交友、美食、山水,创造了许多名菜。

他二十出头进京应试,得到了考官欧阳修、梅尧臣的赏识,声名鹊起。然而不久之后,王安石开始变法,北宋陷入新旧党争。他上书直言新党的弊病,引起王安石的不满,因此自请外调,先后在杭州、密州(现在的山东诸城)、徐州、湖州等地任职,颇有政绩。后来遭到陷害,被贬为黄州团练副使。

重用王安石的宋神宗去世后,旧党重新得势,苏轼被召回京,升任翰林学士知制诰。然而,他对旧党执政后暴露出来的腐败现象进行了批判,因此新党、旧党都不能谅解他。他再度自请外调,先在杭州任职,后来被贬到惠州(现在的广东惠阳)、儋(dān)州(位于海南岛上)。宋徽宗继位后,他被赦免,北归途中在常州去世。南宋高宗追赠苏轼为太师,谥号文忠。

苻坚,是"十六国"时期前秦的国君。王猛,字景略,早年在华山隐居,受到苻坚礼遇,于是出山,辅佐苻坚整顿吏治、进行改革。

王猛政绩突出,苻坚很信任他,将他比作姜太公、管仲、子产,让他掌管军国机密。氐(dī)族外戚、元老对王猛非常反感,樊世当众侮辱他,被苻坚处死;仇腾、席宝屡屡毁谤他,被苻坚赶出朝堂。王猛推荐的人才也得到苻坚的重用,他们逐渐取代了那些旧臣。

王猛后来官居丞相,裁夺一切内外之事,苻坚只需端坐于朝堂之上。前秦的国力和军事实力大增,基本统一了北方。

公元 375 年,王猛因积劳成疾去世,谥号武侯。此后不到十年,苻坚发动淝水之战,攻打东晋,大败;他手下的鲜卑和羌族部落首领反叛,重新开始割据建国,前秦灭亡。

晁错论

—— （北宋）苏轼

原文
逐句翻译
生僻字注音
字词意思解释

古文

天下之患，最不可为者，名为治平无事，而其实有不测之忧。坐观其变，而不为之所，则恐至于不可救；起而强为之，则天下狃（niǔ）于治平之安，而不吾信。惟仁人君子豪杰之士，为能出身为天下犯大难，以求成大功。此固非勉强期（jī）月之间，而苟以求名之所能也。

译文

天下的祸患，最难处理的是表面上社会太平、没有乱子，实际上却存在着难以预测的隐患。消极地看着祸患发展而不采取应对措施，局面恐怕就会恶化到无可挽回的地步；起来强行制止它，天下人却已经习惯于这种太平的表象，不相信我。只有仁人君子、豪杰之士，才能挺身而出，为国家的长治久安冒巨大的风险，以求成就伟大的功业。这当然不是通过短时间的努力就能实现的，更不是企图借此追求名利的人所能做到的。

【为】治理，应对。　　　　　　　　【固】原本，本来。
【狃】习惯。　　　　　　　　　　　【期月】一个月，泛指短时间。
【治平】政治清明，社会安定。

88

古文 天下治平，无故而发大难之端，吾发之，吾能收之，然后有辞于天下。事至而循循焉欲去之，使他人任其责，则天下之祸，必集于我。

译文 国家太平，无缘无故触发巨大祸患的导火索，我触发了它，我又能收拾局面，然后才有充分的理由说服天下人。事到临头却徘徊不前，想避开它，让别人承担责任，那么天下的祸患，必定会集中到我身上。

【端】开头，开始。
【循循焉】徘徊不前的样子。
【去】逃避。

古文 昔者晁错尽忠为汉，谋弱山东之诸侯，山东诸侯并起，以诛错为名；而天子不之察，以错为之说。天下悲错之以忠而受祸，不知错有以取之也。

89

之前晁错尽心效忠汉室，建议汉景帝削弱崤山以东各诸侯国的实力，于是崤山以东各诸侯国一道起兵，打着杀晁错的旗号；而汉景帝并未洞察他们的用心，就把晁错杀了，来说服他们退兵。天下人都为晁错因尽忠而遭杀身之祸痛心难过，却不明白部分原因是晁错自己造成的。

【取】招致。

古文

古之立大事者，不惟有超世之才，亦必有坚忍不拔之志。昔禹之治水，凿龙门，决大河，而放之海。方其功之未成也，盖亦有溃冒冲突可畏之患；惟能前知其当然，事至不惧，而徐为之图，是以得至于成功。

译文

自古以来，凡是成就大事的人，不光有出类拔萃的才能，也必定有坚韧不拔的意志。之前大禹治水，凿开龙门，疏通黄河，令洪水东流入海。当他的功业尚未完成时，或许也会出现决口、泛滥、冲击堤岸之类的可怕祸患；只是他事先就预料到必然会这样，所以事到临头就不会惊慌失措，而能从容地治理，因此最终得以成功。

【溃冒】决口，泛滥。
【冲突】水流冲击堤岸。

古文

夫以七国之强，而骤削之，其为变岂足怪哉？错不于此时捐其身，为天下当大难之冲，而制吴楚之命，乃为自全之计，欲使天子自将而己居守。且夫发七国之难者，谁乎？己欲求其名，安所逃其患。以自将之至危，与居守之至安；己为难首，择其至安，而遗天子以其至危，此忠臣义士所以愤怨而不平者也。

译文 　　吴、楚等七国那样强大，却骤然要削弱它们，出现叛乱难道值得奇怪吗？晁错不在这个时候豁出性命，为天下人站到抵挡巨大祸患的关键位置，置吴、楚等七国于死地，却居然为了保全自己，想让皇帝御驾亲征平定叛乱，而自己留守京城。况且挑起七国之乱的是谁呢？自己想赢得美名，又怎么能避开它所带来的祸患。最危险的是亲自统兵平定叛乱，而最安全的是留守京城；自己是引发祸患的主谋，却选择最安全的事去做，把最危险的任务留给皇帝，这就是让忠臣义士愤怒不平的原因啊。

> 【捐】舍弃，抛弃。这里指豁出性命。
> 【冲】要道，关键的位置。

古文 　　当此之时，虽无袁盎，错亦未免于祸。何者？己欲居守，而使人主自将。以情而言，天子固已难之矣，而重（zhòng）违其议。是以袁盎之说，得行于其间。使吴楚反，错以身任其危，日夜淬（cuì）砺，东向而待之，使不至于累其君，则天子将恃之以为无恐，虽有百盎，可得而间哉？

译文 在这时，即使没有袁盎，晁错也无法避免杀身之祸。为什么呢？自己想留守京城，却让皇帝御驾亲征。按情理来说，皇帝本来就觉得这难以做到，可又不好反对他的建议。因此袁盎的进言才有机会被皇帝听取。假如吴、楚等七国叛乱时，晁错亲自负责最危险的任务，夜以继日像淬火磨刀那样操练军队，盯紧东边，严阵以待，让自己的君主不至于受到牵累，那么皇帝就会依靠他，对七国叛乱无所畏惧。即使有一百个袁盎，又哪能找到机会离间他们君臣？

【**重违**】难以违背。

【**淬砺**】淬火和磨砺，来让刀剑坚韧锋利。比喻刻苦磨炼。淬：将烧红的铸件在水、油或其他液体里一浸，立刻取出来，以提高合金的硬度和强度。

古文 嗟夫！世之君子，欲求非常之功，则无务为自全之计。使错自将而讨吴楚，未必无功，惟其欲自固其身，而天子不悦，奸臣得以乘其隙。错之所以自全者，乃其所以自祸欤！

唉！世上的君子如果想建立不同寻常的功业，那么就不要考虑保全自己的计策。假如晁错亲自统兵去讨伐吴、楚等七国，未必不能成功，只因他一心保全自己，才惹得皇帝不高兴，奸臣趁此机会钻了空子。晁错用来保全自己的方法，正是他招致杀身之祸的原因啊！

【务】从事，致力于。
【隙】空子，漏洞。

古今异义

出身

古

挺身而出。

今

个人早期的经历或由家庭经济情况所决定的身份。

判断句：

　　天下之患，最不可为者，名为治平无事，而其实有不测之忧。

　　此固非勉强期月之间，而苟以求名之所能也。

　　己为难首。

　　此忠臣义士所以愤怨而不平者也。

　　错之所以自全者，乃其所以自祸欤！

倒装句：

　　而不吾信。→而不信吾。

　　而天子不之察。→而天子不察之。

历史背景

　　配套阅读：《文言文其实很简单·应用卷（上）》中的《论贵粟疏》。

本篇是苏轼的"应试作文"？

　　关于《晁错论》的写作时间，有两种说法：

　　一种说法是，写于北宋仁宗嘉祐五年（1060），是苏轼在制科考试前呈上的二十五篇《进论》之一。《进论》包括前面出现过的《贾谊论》，以及《秦始皇帝论》、《汉高帝论》、《留侯论》（写的是张良）、《魏武帝论》（写的是曹操）、《诸葛亮论》等，虽然都是耳熟能详的历史人物，苏轼写作时却翻出了新意。

　　另一种说法是，写于嘉祐六年（1061），是苏轼在制科考试中完成的。

　　无论如何，都同应试有关。所以，揣摩苏轼在立意和论证方面的出彩之处，对我们写好作文（特别是议论文）也很有帮助。

　　古人的名篇并非高不可攀，更不神秘，我们完全可以"见贤思齐"。

读孟尝君传

—— (北宋) 王安石

原文
逐句翻译
生僻字注音
字词意思解释

古文

世皆称孟尝君能得士，士以故归之，而卒赖其力，以脱于虎豹之秦。

译文

世人都称赞孟尝君能招贤纳士，士人由于这个缘故归附他，而孟尝君最终依靠他们的力量，从像虎豹一样凶残的秦国逃脱。

【归】投奔，归附。

古文 嗟乎！孟尝君特鸡鸣狗盗之雄耳，岂足以言得士？

译文 唉！孟尝君只不过是一群鸡鸣狗盗之徒的头目罢了，哪里能说他是招贤纳士？

【特】只不过，仅仅。
【雄】首领。

古文 不然，擅齐之强，得一士焉，宜可以南面而制秦，尚何取鸡鸣狗盗之力哉？

【南面】 面向南方。在古代,这是尊位,君王在正式场合通常坐北朝南。

古文 夫鸡鸣狗盗之出其门,此士之所以不至也。

译文 鸡鸣狗盗之徒出自他门下,这就是贤士不去投奔他的原因。

【夫】 句首发语词,无实际意义,领起下文议论。

判断句：

孟尝君特鸡鸣狗盗之雄耳。

夫鸡鸣狗盗之出其门，此士之所以不至也。

倒装句：

以脱于虎豹之秦。→以于虎豹之秦脱。

关于孟尝君的事迹，可以参考《文言文其实很简单·叙事卷》中的《冯谖客孟尝君》一篇。

"鸡鸣狗盗"的故事，出自《史记·孟尝君列传》。

孟尝君曾出使秦国，被秦昭襄王囚禁，有被杀的危险。跟随他的食客中，有个能装成狗的样子盗取东西的，就在夜里混入秦宫，偷来狐裘，贿赂昭襄王的宠姬，宠姬因此劝说昭襄王放走孟尝君。

孟尝君改名换姓逃至函谷关时，正值半夜，按规定要鸡鸣以后才能开门放人。而昭襄王后悔了，派出追兵，要将孟尝君捉回去。孟尝君的食客中还有个会学鸡叫的，引得群鸡和他一起啼鸣，终于及时骗开了函谷关的门，使孟尝君得以逃回齐国。

王安石，字介甫，号半山，北宋著名政治家、思想家、文学家。谥号文，封荆国公，所以又称王文公、王荆公。在神宗朝两次做到宰相，推行改革，史称"王安石变法"。变法旨在改变国家积贫积弱的状况，富国强兵，却以失败告终。

王安石主张，文章"务为有补于世"。他的文章风格简洁，气势凌厉，用他自己的诗句形容就是"看似寻常最奇崛，成如容易却艰辛"。

"战国四公子"是哪四位？

信陵君魏无忌，是魏昭王的儿子；

平原君赵胜，是赵武灵王的儿子；

春申君黄歇，是楚考烈王的令尹（宰相）；

孟尝君田文，是齐国宰相田婴（齐威王庶子）的儿子。

他们都蓄养了数千食客，积极参与国与国之间和国内事务，是当时的风云人物。

书《洛阳名园记》后

—— （北宋）李格非

原文
逐句翻译
生僻字注音
字词意思解释

古文

洛阳处天下之中，挟崤、渑（miǎn）之阻，当秦陇之襟喉，而赵魏之走集，盖四方必争之地也。天下当无事则已，有事则洛阳先受兵。予故尝曰："洛阳之盛衰，天下治乱之候也。"

译文

洛阳位于天下的中间，拥有崤山、渑池的险阻，算是秦、陇的咽喉要害之地，又是赵、魏的交通要冲，是四方必争之地。天下太平无事也就罢了，一旦有战事，那么洛阳总是首先遭受兵祸。因此我曾经说："洛阳的兴旺和衰败，是天下太平还是动乱的征兆。"

【挟】拥有。

【渑】渑池，古城名，现在的河南渑池以西。另一种版本是"黾"，指现在河南信阳西南的平靖关。

【陇】现在的陕西西部和甘肃一带。

【襟喉】衣领和咽喉，比喻险要的地方。

【候】征兆。

古文

唐贞观、开元之间，公卿贵戚开馆列第于东都者，号千有余邸。

译文

唐太宗贞观、玄宗开元年间，高官重臣、皇亲国戚在东都洛阳营建馆舍宅第的，号称有一千多家。

古文 及其乱离，继以<u>五季</u>之酷，其池塘竹树，兵车蹂（róu）蹑，废而为丘墟。高亭大榭（xiè），烟火焚燎，化而为灰烬，与唐俱灭而共亡，无余处矣。予故尝曰："园囿（yòu）之兴废，洛阳盛衰之候也。"

译文 等到后来遭受动乱，人们流离失所，接着是五代的惨痛破坏，那些池塘、竹林、树木，被兵车践踏，荒芜了，变成一片废墟。高耸的亭子、宏大的楼台，被战火焚烧，化成灰烬，跟唐朝一起毁灭消亡了，没有留下一处。因此我曾经说："园林的繁盛和废弃，是洛阳兴旺还是衰败的征兆。"

【五季】指后梁、后唐、后汉、后晋、后周五代，唐宋之间的乱世。
【榭】建筑在高台或水面上的房屋。
【囿】有围墙的园林，通常是帝王、显贵圈养禽兽的场所。

古文

且天下之治乱，候于洛阳之盛衰而知；洛阳之盛衰，候于园圃之兴废而得。则《名园记》之作，予岂徒然哉？

译文

况且天下是太平还是动乱，自洛阳的兴旺和衰败就能看到征兆；洛阳是兴旺还是衰败，自园林的繁盛和废弃就能看到征兆。那么我写《洛阳名园记》，难道是徒劳无益的吗？

古文

呜呼！公卿大夫方进于朝，放乎一己之私，自为之，而忘天下之治忽，欲退享此，得乎？唐之末路是已。

译文

唉！公卿大夫入仕朝廷时，放纵一己私欲，为所欲为，却忘掉了天下是太平还是动乱的大事，想以后退隐了享受这种园林之乐，办得到吗？唐朝最后覆灭的情形就是前车之鉴啊。

【治忽】相当于"治乱"。

判断句：

洛阳处天下之中，挟崤、渑之阻，当秦陇之襟喉，而赵魏之走集，盖四方必争之地也。

洛阳之盛衰，天下治乱之候也。

园圃之兴废，洛阳盛衰之候也。

洛阳是历史悠久的古都。西周时期，它被称作洛邑、成周，是东都，同镐京（宗周）并立。东周时期，周平王迁都洛邑。东汉、三国曹魏、西晋定都洛阳，北魏孝文帝时期，自平城（现在的山西大同）迁都洛阳。隋唐时期，洛阳又成为东都，由于粮食运输便利，皇室经常离开西京长安，在这里生活。五代时期，后梁、后唐、后晋也曾定都洛阳。

李格非，字文叔，北宋文学家，苏轼的门生，女词人李清照的父亲。

中国历史上有哪些古都？

河南安阳：商朝（殷）后期的都城。

陕西西安：古称长安，西周、西汉、西魏、北周、隋、唐等朝代的都城。

江苏南京：古称金陵、建业、建康，三国孙吴、东晋、南朝（刘宋、齐、梁、陈）等朝代的都城。

河南开封：古称汴梁，后汉、后周、北宋的都城。

浙江杭州：古称临安，吴越（十国之一）、南宋的都城。

北京：元、明、清的都城。

司马季主论卜

—— （明）刘基

原文
逐句翻译
生僻字注音
字词意思解释

古文

东陵侯既废，过司马季主而卜焉。季主曰："君侯何卜也？"

译文

东陵侯失去爵位以后，到司马季主那里去占卜。季主说："您要占卜什么事呢？"

【君侯】对达官贵人的敬称。

古文

东陵侯曰："久卧者思起，久蛰（zhé）者思启，久懑（mèn）者思嚏。吾闻之蓄极则泄，閟（bì）极则达，热极则风，壅（yōng）极则通。一冬一春，靡屈不伸，一起一伏，无往不复。仆窃有疑，愿受教焉。"

译文 东陵侯说："一个人卧床久了就想起来，在室内关得久了就想打开门窗，胸中气闷久了就想打喷嚏。我听说，蓄积到极点就要宣泄，烦郁到极点就要畅快，闷热到极点就要起风，堵塞到极点就要流通。有一冬就有一春，万物没有只屈不伸的；有一起就有一伏，没有只离开不返回的。我私下有所疑虑，希望得到您的指教。"

【蛰】动物冬眠。也指长时间躲起来，不出头露面。　　【壅】堵塞。

【懑】烦闷，生气。　　【靡】没有。

【阂】闭塞。

古文　季主曰："若是，则君侯已喻之矣，又何卜为？"东陵侯曰："仆未究其奥也，愿先生卒教之。"

译文　季主说："如果是这样，那么您已经明白了，又何必来占卜呢？"东陵侯说："我还没能透彻地理解其中的奥妙，希望先生指点究竟。"

【卒】尽力，彻底。

古文　季主乃言曰："呜呼！天道何亲？惟德之亲。鬼神何灵？因人而灵。夫蓍（shī），枯草也；龟，枯骨也，物也。人，灵于物者也，何不自听而听于物乎？"

于是季主说:"唉!天道和谁亲近呢?只和有德行的人亲近。鬼神有什么灵验?靠人相信才灵验。蓍草不过是枯草,龟甲不过是枯骨,都是物。人比物灵敏聪明,为什么不相信自己,却听命于物呢?"

【蓍】一种多年生草本植物,古人用它的茎来占卜吉凶。

古文

"且君侯何不思昔者也?有昔者必有今日,是故碎瓦颓垣,昔日之歌楼舞馆也;荒榛(zhēn)断梗,昔日之琼蕤(ruí)玉树也;露蛬(qióng)风蝉,昔日之凤笙龙笛也;鬼磷萤火,昔日之金釭(gāng)华烛也;秋荼(tú)春荠,昔日之象白驼峰也;丹枫白荻(dí),昔日之蜀锦齐纨(wán)也。"

译文

"而且您为什么不想想过去呢？有过去就必然有今天。因此，碎瓦断墙，就是过去的歌楼舞馆；荒草残枝，就是过去的琼花玉树；在风露中哀鸣的蟋蟀和蝉，就是过去凤笙龙笛奏出的音乐；鬼火萤光，就是过去的金灯华烛；秋天的苦菜，春天的荠菜，就是过去象脂驼峰那样的美味佳肴；红枫和白荻，就是过去蜀锦齐纨那样的华丽织物。"

【荒榛】形容荒凉，草木丛生。
【琼】美玉。
【蕤】花朵下垂的样子。
【蚕】即"蛩"，指蟋蟀。
【釭】灯。

【荼】苦菜。
【象白】大象的膏脂。另一种说法是通"鼻"，古人将象鼻看作珍奇的食物。

古文

"昔日之所无，今日有之不为过；昔日之所有，今日无之不为不足。是故一昼一夜，华开者谢；一秋一春，物故者新。激湍之下，必有深潭；高丘之下，必有浚（jùn）谷。君侯亦知之矣，何以卜为？"

译文

"过去没有的，现在有了不算过分；过去有的，现在没有了不算不足。因此从白昼到黑夜，盛开的花朵凋谢了；从秋天到春天，万物凋萎又复苏。湍急的激流下面，必定有深潭；高耸的山丘下面，必定有深谷。这些您也已经知道了，何必来占卜呢？"

【浚】深。

古今异义

古 喻 今

明白。 比喻。

通假字

华开者谢：通"花"，花朵。

倒装句：

君侯何卜也？→君侯卜何也？

特殊句式

判断句：

夫蓍，枯草也；龟，枯骨也，物也。

人，灵于物者也。

是故碎瓦颓垣，昔日之歌楼舞馆也；荒榛断梗，昔日之琼蕤玉树也；露蛩风蝉，昔日之凤笙龙笛也；鬼磷萤火，昔日之金釭华烛也；秋荼春荠，昔日之象白驼峰也；丹枫白荻，昔日之蜀锦齐纨也。

根据《史记·萧相国世家》，东陵侯名叫召平，秦朝灭亡后沦为平民，一贫如洗，靠在长安城东种瓜谋生。他种的瓜非常可口，被誉为"东陵瓜"。

根据《史记·日者列传》，司马季主原先是楚国人，通晓黄老之学，见识广博深刻，曾在长安东市替人占卜。

本篇出自《郁离子》，书中大部分内容是寓言，因此具有虚构、说理的特点。东陵侯是否真的找过司马季主占卜，史书中没有记载。刘基只是借这两人之口，表明自己的处世态度，以及对历史的看法。

配套阅读：《文言文其实很简单·说理卷》中的《卖柑者言》。

抽象的道理，要怎样生动而清楚地体现呢？

如果只是泛泛议论，就会显得空洞苍白，说服力不够，无法给人留下鲜明的印象。

本篇通过排比和对照，列举了一连串极具画面感和冲击力的意象，气势十足地表明了这样几个观点：

强调"德"的作用，人定胜天；如果不能居安思危，曾经拥有的一切繁华美好都将失去；世事变化无常，人生际遇难测。

《红楼梦》中的《好了歌解》，是不是能看出本篇的影子？

陋室空堂，当年笏满床；衰草枯杨，曾为歌舞场。蛛丝儿结满雕梁，绿纱今又糊在蓬窗上。说什么脂正浓、粉正香，如何两鬓又成霜？昨日黄土陇头送白骨，今宵红灯帐底卧鸳鸯。金满箱，银满箱，转眼乞丐人皆谤。正叹他人命不长，哪知自己归来丧！训有方，保不定日后作强梁；择膏粱，谁承望流落在烟花巷！因嫌纱帽小，致使锁枷扛；昨怜破袄寒，今嫌紫蟒长。乱烘烘，你方唱罢我登场，反认他乡是故乡。甚荒唐，到头来都是为他人作嫁衣裳！

蔺相如完璧归赵论

—— （明）王世贞

原文
逐句翻译
生僻字注音
字词意思解释

古文　蔺相如之完璧，人皆称之。予未敢以为信也。

译文　蔺相如完璧归赵，人人都称道他。我却不敢苟同。

古文　夫秦以十五城之空名，诈赵而胁其璧。是时言取璧者，情也，非欲以窥赵也。赵得其情则弗予，不得其情则予；得其情而畏之则予，得其情而弗畏之则弗予。此两言决耳，奈之何既畏而复挑其怒也！

109

译文 秦国用十五座城的空名,来欺骗赵国,并且威胁它交出和氏璧。这时候说它要骗取和氏璧是实情,不是想要借此窥视赵国的虚实。赵国如果知道实情就不给,不知道实情就给;知道实情而害怕秦国就给,知道实情而不害怕秦国就不给。这件事只要两句话就解决了,怎么能既害怕秦国又去激怒它呢?

【情】实情,本意。

古文 且夫秦欲璧,赵弗予璧,两无所曲直也。入璧而秦弗予城,曲在秦;秦出城而璧归,曲在赵。欲使曲在秦,则莫如弃璧;畏弃璧,则莫如弗予。

译文 况且秦国想要和氏璧,赵国不给,双方本来都没有什么对错。赵国交出和氏璧而秦国不给城,秦国理亏;秦国给了城,赵国却拿回了和氏璧,赵国理亏。要想让秦国理亏,就不如放弃和氏璧;害怕丢掉和氏璧,就不如不给。

【曲直】是非,对错。

古文 夫秦王既按图以予城，又设九宾，斋而受璧，其势不得不予城。

译文 秦王既然按照地图给了城，又设下九宾的隆重礼仪，斋戒以后才来接受和氏璧，那种形势是不得不给城的。

【九宾】又称九仪，古代举行大典时所用的隆重礼仪。宾指傧相，负责迎宾礼赞的官吏。

古文 璧入而城弗予，相如则前请曰："臣固知大王之弗予城也。夫璧非赵璧乎？而十五城秦宝也。今使大王以璧故，而亡其十五城，十五城之子弟皆厚怨大王以弃我如草芥也。大王弗与城，而绐（dài）赵璧，以一璧故，而失信于天下，臣请就死于国，以明大王之失信！"秦王未必不返璧也。

如果秦王接受了和氏璧而不给城，蔺相如就可以上前质问他："臣下本来就知道大王是不会给城的。和氏璧不是赵国的吗？而十五座城是秦国的宝物。现在假使大王为了和氏璧而放弃十五座城，十五座城中的百姓都会深恨大王，说把他们像小草一样抛弃了。大王不给城，而骗取了赵国的璧，因区区一块璧的缘故，在天下人面前失去信用，我请求死在这里，来表明大王言而无信！"秦王未必不归还和氏璧。

【绐】欺骗，欺诈。

今奈何使舍（shè）人怀而逃之，而归直于秦？

当时蔺相如怎么能派手下人怀揣着和氏璧逃走，而让秦国处在占理的一方呢？

【舍人】左右亲信或门客的通称。

是时秦意未欲与赵绝耳。令秦王怒而僇相如于市，武安君十万众压邯郸，而责璧与信，一胜而相如族，再胜而璧终入秦矣。

那时候秦国并不想与赵国决裂。假如秦王发怒，在街市上处死蔺相如，派武安君率领十万大军直逼邯郸，责问和氏璧的下落，以及赵国为什么失信，一次获胜就可以使蔺相如灭族，再次获胜，璧终究要落到秦王手里。

【武安君】秦国名将白起的封号。
【责】质问，指摘，索取。

古文

吾故曰：蔺相如之获全于璧也，天也。若其劲渑池，柔廉颇，则愈出而愈妙于用。所以能完赵者，天固曲全之哉！

译文

因此我认为：蔺相如能够保全和氏璧，是上天保佑。至于他在渑池会上以强硬的态度对待秦国，在国内以谦和的姿态对待廉颇，则是策略越来越高明了。赵国之所以能够得到保全，的确是上天在偏袒它啊！

【劲】强硬，果敢。

通假字

令秦王怒而僇相如于市：通"戮"，杀害，处死。

特殊句式

判断句：

是时言取璧者，情也，非欲以窥赵也。

夫璧非赵璧乎？而十五城秦宝也。

蔺相如之获全于璧也，天也。

所以能完赵者，天固曲全之哉。

倒装句：

而失信于天下。→而于天下失信。

令秦王怒而僇相如于市。→令秦王怒而于市僇相如。

则愈出而愈妙于用。→则愈出而愈于用妙。

历史背景

《史记·廉颇蔺相如列传》中记载，和氏璧原先属于楚国，后来转到赵惠文王手中。秦昭襄王听说后，表示愿意用十五座城换取和氏璧，赵国君臣进退两难。蔺相如临危受命，出使秦国，表示如果拿不到十五座城，就一定"完璧归赵"。

蔺相如到了秦国，献上和氏璧，秦王大喜，却全无给赵国十五座城的意思。蔺相如假称和氏璧上有瑕疵，要指给秦王看，借机拿回了它。他站在柱子旁，威胁说要将和氏璧和自己的脑袋一起撞碎。秦王无奈，便答应了他的条件：在地图上指出了要划给赵国的十五座城；斋戒五日，再举行盛大的交换仪式。

蔺相如估计，秦王不过是假意应付，于是派随从换上粗布衣服，怀揣和氏璧，偷偷从小路返回赵国。交换仪式开始时，蔺相如视死如归地将和氏璧已不在自己手中一事告诉了秦王。有的臣子想杀掉蔺相如，却被秦王阻止了。秦王按照礼仪隆重地接见了他，放他回了赵国。赵王认为，蔺相如能够做到不辱使命，拜他为上大夫。

作者介绍

王世贞，字元美，号凤洲，又号弇（yǎn）州山人，明朝文学家、史学家。嘉靖二十六年（1547）进士，曾担任浙江左参政、山西按察使、广西右布政使、南京兵部侍郎、南京刑部尚书等职务，去世后追赠太子少保。

王世贞同李攀龙、徐中行、梁有誉、宗臣、谢榛（zhēn）、吴国伦合称"后七子"。他在文学理论方面明确主张复古，提出"文必西汉，诗必盛唐"。

王世贞当了二十年的文坛领袖，影响深远。著有《弇州山人四部稿》《弇山堂别集》《嘉靖以来首辅传》《艺苑卮（zhī）言》《觚（gū）不觚录》等。

文化常识

王世贞的观点相当新颖，说理也相当有气势。然而，与他意见不一的人照样不少。大致与他同时代的高拱（曾担任内阁首辅）就提出，秦国是虎狼之国，哪怕得到了和氏璧，以后也必定会攻打赵国，所以应当强硬拒绝。赵国不示弱，秦国反倒会有所顾虑。对比一下，王世贞就显得"书生之见"了。

你更同意哪种观点呢？你还有没有别的想法？

参考文献

[1] 钟基，李先银，王身钢．古文观止 [M]．北京：中华书局，2011 年．

[2] 吴楚材，吴调侯．古文观止 [M]．浙江：浙江古籍出版社，2010 年．

[3] 阙勋吾，许凌云，张孝美等．古文观止 [M]．湖南：岳麓书社，2001 年．

[4] 关永礼．古文观止·续古文观止鉴赏辞典 [M]．上海：同济大学出版社，1994 年．

[5] 王充闾．古文今赏 [M]．辽宁：万卷出版公司，2016 年．

[6] 王力．古代汉语 [M]．北京：中华书局，1999 年．

[7] 王力．中国古代文化常识：插图修订第4版 [M]．北京：北京联合出版公司，2014 年．

[8] 曹伯韩．国学常识 [M]．北京：中华书局，2010 年．

字字落实 段段直译

文言文
其实很简单
说理卷

王大绩（北京市语文特级教师）／力荐

王宸／编著　赵鹤／绘

郭炜／声音演绎

电子工业出版社
Publishing House of Electronics Industry
北京·BEIJING

步入古代文学殿堂的向导

小学开始恋书。无论春夏秋冬，夜晚躺到枕上，总要读一会儿才能入睡。忘了从哪里得到两本《古文观止》——20 世纪 50 年代中华书局的版本，真是让我这个少年一往情深，这两本书一次次伴我在陶醉感奋中进入梦乡。从垫枕，到插架，多少次搬家，现在依旧静静立在巨大书柜的最外层。

这次又翻阅它，在第一篇《郑伯克段于鄢》"其乐也融融……其乐也泄泄"旁边，看到自己注的一句话："克段，所以融融；段奔，竟也泄泄。"那会儿没看太懂，但似乎也触摸到权力旋涡中的人心。此刻，突然又跳出另一晚的回忆：读到《与韩荆州书》的"请给纸笔，兼之书人"，我忍不住大笑起来。母亲诧异，我又高声诵读这八个字。意外地，母亲自言自语："大了……"

其实，我那会儿并没有大。《古文观止》是供成年人阅读的选本。少年时，有些选文读不大懂；有些选文没有注释，也只是浮光掠影，一知半解。但依然在为人生涂上清晰的底色：文明的底色、文化的底色、民族的底色。

《文言文其实很简单》这套丛书大不一样了。经典文言文是经由历史审核的，《古文观止》是清康熙年间的选本；这套丛书又多了三百年的清点筛选。它专为少年选文，适合少年的口味和需求；并有翔实的注释、精确的译文和充满趣味的插图。名副其实，用这套丛书学习文言文，真的会很简单。

正如白话文是现代中国人的口语习惯，文言文则是古代中国人的口语习惯。这套丛书如同一位现代向导，引领当代少年轻松自如地步入古代文学的殿堂，领略古代社会生活，洞察古代的政治、文化、风土、人情，触摸古人的生活、心志、品性、作为，从而明了自己从哪里来，以便更坚定地走向理想的未来。

白话文只有一百年历史，文言文已有几千年的承载和积淀。从文辞字句到思想内涵，从"景语"到"情语"；物华天宝于其内，人杰地灵出其中；语言建构珠圆玉润，民族魂魄清莲秀竹。

"却顾所来径，苍苍横翠微"，《文言文其实很简单》助力中华少年成长，相信会是撑起中华栋梁的一块文化基石。

北京市语文特级教师

目录 | contents

备注：本书可按照撰文的时间顺序阅读与使用，也可按照文章的难易程度阅读与使用。

■红色 – 难度1级，■黄色 – 难度2级，■绿色 – 难度3级，■紫色 – 难度4级

子产论政宽猛

—《左传》

原文
逐句翻译
生僻字注音
字词意思解释

古文　　郑子产有疾。谓子大（tài）叔曰："我死，子必为政。唯有德者能以宽服民，其次莫如猛。

译文　　郑国的子产得了病。他对子大叔说："我死以后，您必然主政。只有道德高尚的人才能用宽厚来让民众服从，其次就没有比严厉更有效的。

【莫如】不如，形容这样选择更好。

古文　夫火烈，民望而畏之，故鲜（xiǎn）死焉。水懦弱，民狎（xiá）而玩之，则多死焉，故宽难。"疾数月而卒。

火势猛烈，民众望见就害怕，所以很少死在其中。
水柔弱，民众轻慢它，和它嬉戏，就有很多人死
在其中，所以宽厚的政策难以实施。"子产病了
几个月，去世了。

译文

【鲜】少。
【狎】轻慢。

古文

　　大叔为政，不忍猛而宽。郑国多盗，取人于萑苻（huán fú）之泽。
大叔悔之，曰："吾早从夫子，不及此。"兴徒兵以攻萑苻之盗，尽杀之，
盗少止。

大叔主政，不忍心严厉，所以采用宽厚的政策。郑国因此出现很多盗寇，聚集在萑苻泽里。大叔后悔了，说："我早听从子产夫子的话，就不会到这种地步。"他征调步兵去攻打萑苻泽里的盗寇，将他们杀光，盗寇才稍有收敛。

【萑苻】芦苇。
【徒兵】步兵。

古文

仲尼曰："善哉！政宽则民慢，慢则纠之以猛。猛则民残，残则施之以宽。宽以济猛，猛以济宽，政是以和。

《诗》曰：'民亦劳止，汔（qì）可小康；惠此中国，以绥（suí）四方。'施之以宽也。'毋从诡随，以谨无良；式遏寇虐，惨不畏明。'纠之以猛也。'柔远能迩（ěr），以定我王。'平之以和也。又曰：'不竞不絿（qiú），不刚不柔，布政优优，百禄是遒（qiú）。'和之至也。"

孔子说："好呀！政策宽厚，民众就怠慢；民众怠慢了，就用严厉的政策来纠正。政策严厉，民众就会受伤害；民众受伤害了，就施行宽厚的举措。用宽厚来补益严厉，又用严厉来补益宽厚，政事因此和谐。《诗经》说：'民众实在太劳苦，差不多可以稍稍安康；给中原施加恩惠，以安抚四方。'这是施行宽厚的举措。'别纵容诡诈欺骗，约束不良之徒；应当制止侵夺残暴，他们从来不怕法度。'这是用严厉来纠正。'怀柔远方，善待近地，来让我们君王的天下安定。'这是用和缓的举措来让民众太平。《诗经》又说：'不争斗不急躁，不刚猛不柔弱，施政宽松平和，百种福禄汇集过来。'这是和谐的极致。"

第一处《诗经》引文出自《大雅·民劳》，第二处出自《商颂·长发》。

【汔】接近。

【诡随】欺诈虚伪，诡谲善变。

【谨】约束。

【式】应当。

【憯】曾，从来。

【明】明文规定的法度。

【能】友好，亲善。

【迩】近。

【球】急躁。

【优优】宽和，闲适。

【遒】迫近，聚集。

及子产卒，仲尼闻之，出涕曰："古之遗爱也。"

等到子产去世，孔子听说了这件事，流着泪说："他具有古人为政仁爱的遗风。"

古今异义

（古）**中** **中国** （今）

中原地区。

中华人民共和国。

通假字

取人于萑苻之泽：通"聚"，聚集。

毋从诡随：通"纵"，放纵，纵容。

特殊句式

倒装句：

慢则纠之以猛。→慢则以猛纠之。

残则施之以宽。→残则以宽施之。

平之以和也。→以和平之也。

文化常识

宽猛相济，是历代王朝治国的基本原则。后世的"外儒内法""盛世施仁政，乱世用重典"等说法，都是它的体现。

历史背景

子产，别名公孙侨、姬侨，郑氏，又字子美，春秋时期郑国人，法家先驱。

他具有远见卓识，在主政期间推行田制、税制改革，并将"刑书"铸在鼎上，这是中国历史上第一次正式公布成文法。他招致了不少非议，却坚持下去，郑国因此有了中兴的势头。

子大叔，名游吉，春秋时期郑国人。他擅长外交辞令，支持子产改革，在子产去世后接任执政大臣。

作者介绍

本篇出自《左传·昭公二十年》。

叔向贺贫

——《国语》

原文
逐句翻译
生僻字注音
字词意思解释

古文

叔向见韩宣子，宣子忧贫，叔向贺之。

宣子曰："吾有卿之名而无其实，无以从二三子，吾是以忧，子贺我，何故？"

译文

叔向去拜见韩宣子，宣子正为贫困而担忧，叔向却祝贺他。

宣子说："我有卿大夫的名位，却没有卿大夫的财富，家里贫穷，不能和其他卿大夫交往，我正为此发愁，您却祝贺我，这是为什么呢？"

对曰："昔栾（luán）武子无一卒之田，其宫不备其宗器，宣其德行，顺其宪则，使越于诸侯。诸侯亲之，戎狄怀之，以正晋国。行刑不疚（jiù），以免于难。"

叔向回答说："从前栾武子没有一百顷田地，家里贫穷，连祭器都备不齐全；可是他能够弘扬德行、遵循法制，声名传到了各诸侯国。各诸侯国都亲近他，西戎、北狄都归附他，因而使晋国走上正轨。他执行刑法，没有弊病，因而避免了祸难。"

【一卒之田】一百顷田地。古代军队编制，一百人为一卒。

【宗器】祭器。

【宪则】法制。

【越】超过，形容声名远播。

【怀】归附，降顺。

【疚】缺点，弊病。

有钱能使鬼推磨

"及桓子，骄泰奢侈，贪欲无艺，略则行志，假货居贿，宜及于难，而赖武之德以没其身。及怀子，改桓之行，而修武之德，可以免于难，而离桓之罪，以亡于楚。"

8

译文

"到桓子的时候，他骄傲自大，奢侈无度，贪得无厌，违法乱纪，胡作非为，放债牟利，应当遭到祸难，然而依赖父亲武子德行的余荫，得以善终。到怀子的时候，他改变行为，并不像父亲桓子那样，而是学习祖父武子的德行，他本来能凭这一点免除祸难，可是受到桓子的罪孽连累，因而逃亡到楚国。"

【泰】放纵，傲慢。
【略则行志】忽略法制，任意行事。
【假货居贿】把财货借给别人，获取利益。
【修】研究，学习。

古文

"夫郤（xì）昭子，其富半公室，其家半三军，恃其富宠，以泰于国。其身尸于朝，其宗灭于绛。不然，夫八郤，五大夫，三卿，其宠大矣，一朝而灭，莫之哀也，唯无德也。"

译文

"那个郤昭子，他家的资财抵得上半个晋国，武力抵得上半支朝廷大军，他依仗自己的财势，横行国内，不可一世。最后他的尸体在朝堂上示众，宗族在绛被杀光了。若不是这样的话，郤家先后有八人出任要职，五人当大夫，三人当卿，他们所受的恩宠够大的，可是一旦灭亡，却没有人同情他们，这只是因为没有德行。"

【公室】公家，指国家。

9

古文 "今吾子有栾武子之贫，吾以为能其德矣，是以贺。若不忧德之不建，而患货之不足，将吊不暇，何贺之有？"

译文 "现在您有栾武子的清贫境况，我认为您能够继承他的德行，所以对您表示祝贺。如果不忧愁无法树立德行，却担心财物不够，那我表示哀怜还来不及，哪里有什么好祝贺的？"

【吊】凭吊，哀怜。

古文 宣子拜，稽首焉，曰："起也将亡，赖子存之，非起也敢专承之，其自桓叔以下，嘉吾子之赐。"

译文 宣子下拜，叩头至地，说："我韩起几乎要灭亡了，全靠您拯救了我，您的恩德我不敢独自承受，恐怕自我祖宗桓叔以下的子孙，都要感谢您的恩赐。"

【稽首】古代的一种礼节，跪拜，叩头至地，非常恭敬、隆重。

10

古今异义

 古 **宫** 今

对居所的通称。

秦汉以后特指帝王的宫殿。

 古 **艺** 今

限度，准则。

才艺。

 古 **假货** 今

把财货借给别人。

假冒的商品。

 古 **贿** 今

财物。　　　　　　　　　　　　　　　贿赂。

 古 **大夫** 今

职官的名称，念 dà fū。　　　　　　　医生，念 dài fu。

倒装句：

　　其身尸于朝，其宗灭于绛。→其身
于朝尸，其宗于绛灭。

　　莫之哀也。→莫哀之也。

　　何贺之有？→有何贺？

通假字

而离桓之罪：通"罹"，遭受。

叔向，出身晋国公族，姬姓，羊舌氏，名肸（xī），又字叔誉，被封于杨（现在的山西洪洞），以邑为氏，又称杨氏。春秋后期晋国大夫，政治家、外交家，和晏婴、子产是同时代人，德才兼备，被孔子誉为"古之遗直也"。

韩宣子，名起，晋国六卿之一，姬姓，谥号宣。他是韩厥的儿子，协助晋悼公复兴霸业，在晋国主政二十多年，韩氏地位因此大有提高。百年后瓜分晋国的，就是韩、赵、魏三家。

本篇出自《国语·晋语八》。
配套阅读：《文言文其实很简单·应用卷（上）》中的《曹刿论战》。

栾武子，姬姓，栾氏，谥号武，晋景公、晋厉公时期的执政大臣、统帅。

厉公的亲信胥童奉命将郤氏灭族以后，又逮捕了栾武子，并建议厉公杀掉他。厉公没有听从，于是栾武子先下手为强，消灭了胥童，又杀掉了厉公。由于他在弑君之前联络了中行氏等大族，又做主迎立晋悼公，所以没有获罪。"行刑不疚，以免于难"，指的正是这件事。

栾桓子是栾武子的儿子，名黡（yǎn）。栾怀子名盈，是栾桓子的儿子。栾怀子被诬告叛乱，只能逃亡到楚国、齐国。两年后，齐庄公趁机将栾怀子及随从送进曲沃（原先是栾氏的封邑），栾怀子率领族人袭击绛，没有成功，不久后被杀，栾氏灭族。

栾氏的下场如此惨烈，同栾武子掌权时不择手段、树敌太多也有关系。

郤昭子，姬姓，名至。其祖郤扬被封于步，又称步氏。郤昭子与堂兄郤锜、叔父郤犨（chōu）都当上了卿，并称"三郤"。郤氏先和栾武子一道算计赵氏，导致赵氏几乎灭族（就是"赵氏孤儿"故事的原型），在晋楚鄢（yān）陵之战中，郤昭子又出谋划策，立下大功。

"三郤"得势，引起了栾武子的不满。于是他诬陷郤氏私下同楚国往来，想要另立新君。厉公听信了，将"三郤"一网打尽，陈尸朝堂，令群臣围观。

由此可见，史书上对这一系列事件的记载，和叔向的说法不完全相符。几大家族的命运同晋国内部血腥的政治斗争直接相关，奢侈和"无德"只是表面原因。

赵威后问齐使

—— 《战国策》

原文
逐句翻译
生僻字注音
字词意思解释

古文

齐王使使者问赵威后。书未发，威后问使者曰："岁亦无恙耶（yé）？民亦无恙耶？王亦无恙耶？"

译文

齐王派遣使者去问候赵威后，书信还没有拆封，威后就问使者："今年的收成还好吗？老百姓还好吗？齐王还好吗？"

【恙】病，灾祸。
【耶】疑问词，相当于"呢"或"吗"。

古文

使者不说，曰："臣奉使使威后，今不问王而先问岁与民，岂先贱而后尊贵者乎？"威后曰："不然，苟无岁，何以有民？苟无民，何以有君？故有舍本而问末者耶？"

使者不高兴，说："臣下奉命出使到威后您这里，现在您不问齐王，反而先问收成和老百姓，岂不是把卑贱的放到前面，把尊贵的放到后面吗？"威后说："不是这样。假如没有收成，凭什么有百姓？假如没有百姓，凭什么有国君？所以有不问根本而问末节的吗？"

【苟】假如，如果。

乃进而问之曰："齐有处士曰锺离子，无恙耶？是其为人也，有粮者亦食（sì），无粮者亦食；有衣者亦衣（yì），无衣者亦衣。是助王养其民也，何以至今不业也？"

于是威后进一步问他："齐国有个处士叫锺离子，他还好吗？这个人做人呀，有粮食的人给饭吃，没粮食的人也给饭吃；有衣服的人给衣服穿，没衣服的人也给衣服穿。这是帮助国君养活老百姓的人呀，为什么到今天都不让他当官，成就一番功业呢？"

【处士】有才能、道德而隐居不仕的人。
【食】做动词用，给……饭吃。

【衣】做动词用，给……衣服穿。
【业】使动用法，当官以成就功业。

古文

"叶（shè）阳子无恙乎？是其为人，哀鳏（guān）寡，恤孤独，振困穷，补不足。是助王息其民者也，何以至今不业也？"

译文

"叶阳子还好吗？这个人做人，怜悯那些无妻无夫的人，抚恤那些无父无子的人，救济那些困苦贫穷的人，补助那些缺衣少食的人。这是帮助国君让老百姓繁衍生息的人呀，为什么到今天都不让他当官，成就一番功业呢？"

> 【鳏】老而无妻的人。
> 【恤】抚恤，顾念。
> 【息】繁衍生息。

古文

"北宫之女婴儿子无恙耶？彻其环瑱（tiàn），至老不嫁，以养父母。是皆率民而出于孝情者也，胡为至今不朝也？此二士弗业，一女不朝，何以王（wàng）齐国、子万民乎？"

译文 "北宫氏的女儿婴儿子还好吗？她摘掉耳环之类的首饰，到老不嫁，来奉养父母。这是带领老百姓尽孝心的人呀，为什么到今天都不让她上朝接受嘉奖呢？这两名处士没有当官，一名孝女不上朝，靠什么来统治齐国、为民父母呢？"

【环】耳环、手镯之类的装饰品。　　【胡】何，为什么。
【瑱】玉或石做的耳饰，又名"充耳"。　　【王】动词，称王。

古文 "於（wū）陵子仲尚存乎？是其为人也，上不臣于王，下不治其家，中不索交诸侯。此率民而出于无用者，何为至今不杀乎？"

译文 "於陵子仲还活着吗？这个人做人呀，上不向君王称臣，下不治理好自己家，中不求结交诸侯。这是带领老百姓无所作为的人呀，为什么到今天都不杀掉呢？"

【索】求。

古今异义

（古） **发** （今）

启封，拆开。

送出；发表；发生。

（古） **孤独** （今）

幼而无父和老而无子的人。

独自一个人，寂寞。

通假字

使者不说：通"悦"，高兴。

恤孤独，振困穷：通"赈"，救济。

彻其环瑱：通"撤"，除去，摘掉。

18

判断句：

是助王养其民也。

是助王息其民者也。

是皆率民而出于孝情者也。

此率民而出于无用者。

倒装句：

本篇中所有"何以"都是"以何"，是凭什么、靠什么的意思。

"胡为"即"为胡"，"何为"即"为何"。

配套阅读：《文言文其实很简单·应用卷（上）》中的《触龙说赵太后》。

这里的"齐王"指齐王建，他是齐襄王和君王后的儿子，末代齐王。

本篇出自《战国策·齐策四》。

配套阅读：《文言文其实很简单·应用卷（上）》中的《邹忌讽齐王纳谏》。

对齐国使者的连环发问，体现了赵威后"以民为本"的思想。

西周初年，周公就提出了"敬天保民"，指出不能一味强调天意，也要顺应民心。

春秋战国时期，儒家发展出了民本思想。《礼记·哀公问》记载，孔子表示："古之为政，爱人为大。"《尚书·五子之歌》记载："民惟邦本，本固邦宁。"

孟子提出："民为贵，社稷次之，君为轻。"

荀子也提出："君者，舟也；庶人者，水也。水则载舟，水则覆舟。"

然而，民本思想还是站在统治者立场上的，说到底是为了更好地维护统治者的利益，并不是真正意义上的"以人为本"。

鱼我所欲也

—— 《孟子》

原文
逐句翻译
生僻字注音
字词意思解释

古文

鱼，我所欲也；
熊掌，亦我所欲也。
二者不可得兼，舍鱼
而取熊掌者也。

译文

鱼是我想要的，熊掌也是我想要的。如果这两者不能同时得到，那么我就只好舍弃鱼而选取熊掌了。

【亦】也。

古文

生，亦我所欲也；义，亦我所欲也。二者不可得兼，舍生而取义者也。生亦我所欲，所欲有甚于生者，故不为苟得也；死亦我所恶，所恶有甚于死者，故患有所不辟也。

译文

生命是我想要的，道义也是我想要的。如果这两者不能同时得到，那么我就只好舍弃生命而选取道义了。生命是我想要的，但我想要的却

还有比生命更重要的，所以我不做苟且偷生的事；死亡是我厌恶的，但我厌恶的却还有超过死亡的事，因此有的灾祸我不会躲避。

【苟得】苟且取得，这里指苟且偷生。

古文

如使人之所欲莫甚于生，则凡可以得生者何不用也？使人之所恶莫甚于死者，则凡可以辟患者何不为也？由是则生而有不用也，由是则可以辟患而有不为也。是故所欲有甚于生者，所恶有甚于死者。非独贤者有是心也，人皆有之，贤者能勿丧耳。

如果人们想要的东西中，没有胜过生命的，那么凡是可以保全生命的手段，又有什么不能用呢？如果人们厌恶的东西中，没有超过死亡的，那么凡是可以躲避灾祸的坏事，又有什么不能干呢？采用某种手段就可以活命，可是有的人却不肯采用；干了某种坏事就可以躲避灾祸，可是有的人却不愿这样做。由此可见，他们想要的，有比生命更宝贵的，那就是"义"；他们厌恶的，有比死亡更严重的，那就是"不义"。不光贤德之人有这种想法，人人都有，只是贤德之人能够不丧失而已。

【是】此，这样。

一箪（dān）食，一豆羹，得之则生，弗得则死。呼尔而与之，行道之人弗受；蹴（cù）尔而与之，乞人不屑也。

一份饭，一碗羹，得到就能活下去，得不到就会饿死。轻蔑地呵斥着让人来吃，路过的饥民也不会接受；用脚踢着给人吃，就连乞丐也不屑一顾。

【箪】古代盛饭的圆形竹器。
【蹴】踢，踹。

万钟则不辩礼义而受之，万钟于我何加焉！为宫室之美、妻妾之奉、所识穷乏者得我与？乡为身死而不受，今为宫室之美为之；乡为身死而不受，今为妻妾之奉为之；乡为身死而不受，今为所识穷乏者得我而为之：是亦不可以已乎？此之谓失其本心。

可是有人见了高官厚禄，却不辨别是否合乎礼义就接受了。这样的话，高官厚禄对我有什么好处呢？是为了拥有住宅的华丽、妻妾的侍奉，以及让认识的穷困之人感激我吗？以前有人为了大义，宁死也不愿意接受，现在却为了住宅的华丽接受了；以前有人为了大义，宁死也不愿意接受，现在却为了妻妾的侍奉接受了；以前有人为了大义，宁死也不愿意接受，现在却为了让认识的穷困之人感激自己接受了。这种行为难道不可以停止吗？它就叫作丧失了人所固有的天性。

【万钟】指高官厚禄。钟：古代的计量单位，相当于六斛四斗。
【加】益处，好处。
【已】停止。

古今异义

古　豆　今

盛肉酱之类的食物的器皿，形状像高脚盘。

豆子。

故患有所不辟也：通"避"，躲避。

万钟则不辩礼义而受之：通"辨"，分辨，辨别。

所识穷乏者得我与：通"欤"，助词，表示疑问、感叹、反诘（jié）等语气。

乡为身死而不受：通"向"，以前。

今为所识穷乏者得我而为之：通"德"，感激。

前半篇频繁出现"……者，……也"或"……者也"的结构，这些都属于判断句。

本篇出自《孟子·告子上》。

告子主张"性无善无恶论"，提出"食色，性也"和"性犹湍水也，决诸东方则东流，决诸西方则西流；人性之无分于善不善也，犹水之无分于东西也"。

孟子旗帜鲜明地反对告子的看法，主张"性善论"。他提出"恻隐之心，人皆有之；羞恶之心，人皆有之；恭敬之心，人皆有之；是非之心，人皆有之"。这种向善的天性就是"本心"，会导向仁、义、礼、智等美德。

后来的荀子则主张"性恶论"，提出"人之性，恶；其善者，伪也"。这里的"伪"不是虚伪，而是人为的意思。在荀子看来，人并非天生具有道德，需要不断学习和磨炼。他强调后天环境和教育对人的影响，认为只有礼治、法治与发展经济相结合，才可能实现人性由"恶"到"善"的转变。

　　孟子名轲（kē），字子舆，邹国人，战国时期思想家，儒家主要代表人物之一，是曾子的再传弟子。他继承并发展了孔子的思想，主张实施仁政、民贵君轻，被后世尊为"亚圣"。

　　"舍生取义"的精神，激励了历史上无数仁人志士。最典型的例子之一，就是南宋丞相文天祥的《正气歌》：

　　天地有正气，杂然赋流形。下则为河岳，上则为日星。于人曰浩然，沛乎塞苍冥。皇路当清夷，含和吐明庭。时穷节乃见，一一垂丹青。在齐太史简，在晋董狐笔。在秦张良椎，在汉苏武节。为严将军头，为嵇侍中血。为张睢阳齿，为颜常山舌。或为辽东帽，清操厉冰雪。或为出师表，鬼神泣壮烈。或为渡江楫，慷慨吞胡羯。或为击贼笏（hù），逆竖头破裂。是气所磅礴，凛烈万古存。当其贯日月，生死安足论。地维赖以立，天柱赖以尊。三纲实系命，道义为之根。嗟予遘（gòu）阳九，隶也实不力。楚囚缨其冠，传车送穷北。鼎镬（huò）甘如饴，求之不可得。阴房阗（tián）鬼火，春院閟（bì）天黑。牛骥同一皂，鸡栖凤凰食。一朝蒙雾露，分作沟中瘠。如此再寒暑，百沴（lì）自辟易。嗟哉沮洳（jù rù）场，为我安乐国。岂有他缪巧，阴阳不能贼。顾此耿耿在，仰视浮云白。悠悠我心悲，苍天曷有极。哲人日已远，典刑在夙昔。风檐展书读，古道照颜色。

生于忧患，死于安乐

——《孟子》

原文
逐句翻译
生僻字注音
字词意思解释

古文 舜（shùn）发于畎（quǎn）亩之中，傅说（yuè）举于版筑之间，

译文 舜从田间被起用，傅说从筑城的人中被选拔，

> 【发】兴起，指被任用。
> 【畎亩】田地，田间。畎：田间的小水沟。
> 【举】任用，选拔。
> 【版筑】古人筑墙时，在两块夹板中间放土，再用杵夯实。筑：捣土用的杵。

古文 胶鬲（gé）举于鱼盐之中，管夷吾举于士，

译文 胶鬲从贩卖鱼盐的人中被选拔，管夷吾从狱官手里获释后被举用，

【士】狱官。

古文 孙叔敖举于海，百里奚举于市。

译文 孙叔敖在隐居的海滨被选拔，百里奚被从奴隶市场赎回和举用。

27

古文 故天将降大任于斯人也，必先苦其心志，劳其筋骨，饿其体肤，空乏其身，行拂乱其所为，所以动心忍性，曾益其所不能。

译文 所以上天将要让重大使命降临在这样的人身上，就一定会先令他们内心痛苦、筋骨劳累，让他们忍饥挨饿、受到贫穷之苦、做事不顺，通过这些使他们的心受到震撼，性格变得坚强，增加他们之前不具备的能力。

【任】责任，使命。 　　　　　　　　　　【拂】违背。
【空乏】资财缺乏。 　　　　　　　　　　【乱】扰乱。
【行】行为。 　　　　　　　　　　　　　【动】惊动。

古文 人恒过，然后能改；困于心衡于虑而后作；征于色发于声而后喻。

人常常犯错误，这样以后才会改正；内心困顿、思虑堵塞，然后才能奋发；心绪通过脸色和声音表达出来，然后才能为大家所了解。

【恒】常常。
【作】奋发，这里指有所作为。
【征】征验，这里指表现。
【喻】明白，了解。

无贤＋无患＝亡国

古文

入则无法家拂士，出则无敌国外患者，国恒亡。然后知"生于忧患，而死于安乐"也。

译文

在内没有坚持法度的臣子和辅佐君王的贤士，在外没有与之匹敌的国家和外来的祸患，这样的国家常常会灭亡。这样以后，大家才会明白"常处忧愁祸患之中可以使人生存发展，常处安逸快乐之中可以使人败落灭亡"的道理。

古今异义

敌国

古   势力、地位相等的国家。
_____

今   互相敌对的国家。
_____

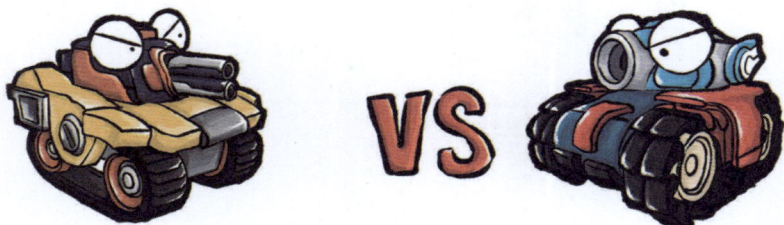

通假字

曾益其所不能：通"增"，增加。

困于心衡于虑而后作：通"横"，梗塞，不顺。

入则无法家拂士：通"弼"，辅佐。

倒装句：

舜发于畎亩之中，傅说举于版筑之间，胶鬲举于鱼盐之中，管夷吾举于士，孙叔敖举于海，百里奚举于市。→舜于畎亩之中发，傅说于版筑之间举，胶鬲于鱼盐之中举，管夷吾于士举，孙叔敖于海举，百里奚于市举。

作者介绍

本篇出自《孟子·告子下》。

文化常识

舜是传说中的上古帝王。他原来在历山耕田，三十岁时才被尧起用。尧后来将两个女儿娥皇、女英嫁给他，还禅位给他。

傅说原来可能是囚徒，没有姓，名叫说，在傅岩（一作傅险）筑城。商王武丁求贤若渴，在梦里见到了"圣人"，醒来后下令替"圣人"画像，四处寻觅，最终在傅岩找到了他，赐姓为傅，拜他为相，开创了史称"武丁中兴"的盛世。

胶鬲是商周之际的贤臣，原来是鱼盐贩子，周文王将他举荐给纣王，充当内应。

管夷吾，就是管仲。他原来辅佐公子纠，助公子纠同公子小白（后来的齐桓公）争夺君位。失败后，公子纠被杀，管仲也

被擒获。然而由于管仲好友鲍叔牙的推荐，齐桓公不计前嫌，重用管仲。在管仲的辅佐下，齐国国力蒸蒸日上，齐桓公也成为"春秋五霸"之首。

孙叔敖是春秋时期楚国人。史书记载，他少年时曾经遇上两头蛇，当时大家都相信，看到两头蛇的人一定会死。他想，不能再让别人看到这种不祥之物，于是斩杀了蛇，埋掉了。大家听说了这件事，都认为他品行高尚，会有善报。

他原来隐居海滨，后来被举荐给楚庄王，担任令尹（宰相）。他擅长治水，辅佐楚庄王成为"春秋五霸"之一。

百里奚的故事，可以参阅《文言文其实很简单·应用卷（上）》中的《谏逐客书》。

写作文时能从这篇学到什么？

举例子，是写议论文时最常用的方法之一。合适的例子会强有力地支撑论点，让文章血肉丰满、有理有据。

本篇开头，非常精练地连举六个例子，生动贴切地说明了"成大事者必先遭受磨难"的道理；而且构成了排比，很有气势，让文章的冲击力和感染力更强了。

劝学

—《荀子》

原文
逐句翻译
生僻字注音
字词意思解释

古文 君子曰：学不可以已。

译文 君子说：学习不可以停止。

古文 青，取之于蓝，而青于蓝；冰，水为之，而寒于水。木直中（zhòng）绳，輮（róu）以为轮，其曲中规。虽有槁暴，不复挺者，輮使之然也。故木受绳则直，金就砺则利，君子博学而日参省（xǐng）乎己，则知明而行无过矣。

译文 靛青是自蓼蓝里提取的，却比蓼蓝的颜色更青；冰是水凝结而成的，却比水更寒冷。木材直得合乎墨线，假如用火烤使它弯曲，拿去做车轮，它的弧度就可以合乎圆规。即使又晒干了，也不会再挺直，这是人为加工使它变成这样。所以木材用墨线量过就能取直，金属在磨刀石上处理过就能变得锋利，君子广博地学习并且每天检验反省自己，就会智慧明达，行为没有过失了。

【中】合乎。
【绳】墨线，木匠用来画直线的工具。
【槁】枯干。

【就】靠近，接近。
【砺】磨刀石。

我在这里！！

古文 吾尝终日而思矣，不如须臾之所学也；吾尝跂（qì）而望矣，不如登高之博见也。登高而招，臂非加长也，而见者远；顺风而呼，声非加疾也，而闻者彰。

译文 我曾经整天思索，却不如学习片刻的收获大；我曾经踮起脚远望，却不如登上高处看得广阔。登上高处招手，胳膊没有加长，可是别人在远处也能看见；顺着风呼喊，声音没有变得更洪亮，可是别人在远处也能清楚地听到。

【须臾】片刻，一小会儿。
【跂】踮起脚站着。
【彰】明显，清楚。

古文

假舆马者，非利足也，而致千里；假舟楫（jí）者，非能水也，而绝江河。君子生非异也，善假于物也。

译文

借助车马的人，并不是脚走得快，却能到达千里之外；借助船只的人，并不是擅长游泳，却能横渡江河。君子的资质秉性跟一般人没有差别，只是善于借助外物罢了。

【楫】船桨。
【绝】横渡。

古文

积土成山，风雨兴焉；积水成渊，蛟龙生焉；积善成德，而神明自得，圣心备焉。故不积跬（kuǐ）步，无以至千里；不积小流，无以成江海。骐骥（qí jì）一跃，不能十步；驽（nú）马十驾，功在不舍。

将泥土累积成山，风雨自这里兴起；水流汇成深渊，蛟龙在那里生长；累积善行，养成良好的品德，自然就会获得圆满的智慧，具备圣人的心境。所以不积累每一小步，就没有办法到达千里之外；不汇集细流，就没有办法形成江河大海。骏马跳跃一下，不足十步远；劣马拉车走十天，它的成功在于不停止。

【跬步】古人称跨出一脚为"跬"，跨出两脚为"步"。
【骐骥】骏马，千里马。
【驽马】劣马。

【驾】清早将马套上车，晚上卸去。指代马车一天的行程。
【舍】停止，放弃。

锲（qiè）而舍之，朽木不折；锲而不舍，金石可镂（lòu）。蚓无爪牙之利，筋骨之强，上食埃土，下饮黄泉，用心一也。蟹六跪而二螯，非蛇鳝之穴无可寄托者，用心躁也。

如果刻几下就放弃，那么腐朽的木头也刻不断；如果不停地刻下去，那么金石也能雕琢成功。蚯蚓没有锋利的爪子和牙齿、强健的筋骨，却能向上吃到泥土、向下喝到泉水，这是由于它用心专一。螃蟹有六条腿、两个钳子，然而没有蛇或黄鳝的洞穴就无处藏身，这是由于它用心浮躁。

【锲】用刀子刻。
【六跪】六条腿。螃蟹其实有八条腿，包括用来划水的最后两条。

古 **博学** 今

广泛地学习。

学识渊博。

古 **参** 今

检验，考察。

加入。

古 **寄托** 今

依托，安身。

将理想或情感附加在某人或某事物上。

輮以为轮：通"煣"，用火烤使之弯曲。

虽有槁暴：通"又"，再次；

通"曝"，晾晒。

则知明而行无过矣：通"智"，智慧。

君子生非异也：通"性"，资质，秉性。

判断句：

青，取之于蓝，而青于蓝；冰，水为之，而寒于水。

虽有槁暴，不复挺者，輮使之然也。

假舆马者，非利足也，而致千里；假舟楫者，非能水也，而绝江河。

君子生非异也，善假于物也。

蚓无爪牙之利，筋骨之强，上食埃土，下饮黄泉，用心一也。

蟹六跪而二螯，非蛇鳝之穴无可寄托者，用心躁也。

倒装句：

青，取之于蓝，而青于蓝。→青，于蓝取之，而于蓝青。

而寒于水。→而于水寒。

蚓无爪牙之利，筋骨之强。→蚓无利爪牙，强筋骨。

被动句：

锲而不舍，金石可镂。

本篇出自《荀子》。

荀子名况，字卿，赵国人，战国末期思想家，儒家主要代表人物之一。他曾三次出任齐国稷下学宫祭酒，后来前往楚国，被春申君任命为兰陵（现在的山东兰陵）令。法家代表人物韩非、李斯都是他的弟子。

荀子注意到，"蓬生麻中，不扶而直；白沙在涅（niè，可作黑色染料的矿物），与之俱黑"。也就是说，后天环境和教育对人具有决定性的影响。

本篇所"劝"的"学"，不光指具体知识，也强调对品格、道德的完善。客观环境的存在不以人的意志为转移，然而人可以通过主观努力，认识、顺应、运用它。因此，"君子居必择乡，游必就士，所以防邪辟而近中正也"。

荀子还指出，当时社会出现了浮躁炫耀的风气，人们忽略了学习的根本目的是自我完善："古之学者为己，今之学者为人。"而想要取得成果，就必须沉下心来埋头苦读："无冥冥（潜心，精诚）之志者，无昭昭之明；无惛惛（hūn，专心致志）之事者，无赫赫之功。"

惠子相梁

——《庄子》

原文
逐句翻译
生僻字注音
字词意思解释

古文　惠子相梁，庄子往见之。或谓惠子曰："庄子来，欲代子相。"

译文　惠施在梁当国相，庄子去看他。有人对惠施说："庄子前来，是想取代你当国相。"

【梁】魏国迁都大梁（现在的河南开封）以后的别称。
【或】有人。

古文　于是惠子恐，搜于国中三日三夜。

译文　惠施因此很害怕，在国都里搜查了三天三夜。

38

　　庄子往见之，曰："南方有鸟，其名为鹓（yuān）雏，子知之乎？夫鹓雏发于南海，而飞于北海；非梧桐不止，非练实不食，非醴（lǐ）泉不饮。"

　　庄子去看他，说："南方有一种鸟，它的名字叫鹓雏，你知道它吗？鹓雏自南海出发，飞到北海去；不是梧桐树就不栖息，不是竹子结的果实就不吃，不是甘甜的泉水就不喝。"

> 【鹓雏】古代传说中凤凰一类的鸟，习性高洁。
> 【止】停止，栖息。
> 【醴泉】甘甜的泉水。醴：甜酒。

　　"于是鸱（chī）得腐鼠，鹓雏过之，仰而视之曰：'吓！'今子欲以子之梁国而吓我邪？"

39

"在这时鹞鹰捡到一只腐臭的老鼠，鹓雏从它头上飞过，鹞鹰仰头看去，发出威吓声：'喝！'现在你也想用你的梁国相位来威吓我吗？"

【鸱】鹞鹰。

古今异义

古 **国** 今

都城。

国家。

倒装句：

搜于国中三日三夜。→于国中搜三日三夜。

夫鹓雏发于南海。→夫鹓雏于南海发。

省略句：

惠子相（于）梁。

惠子，名施，战国中期宋国人，政治家、哲学家，名家学派的开山鼻祖和主要代表人物之一。"学富五车"的典故，就是形容他的。

他是合纵抗秦的主要组织人和支持者，享誉各国。他与庄子在政治和学术观点上有争执，但两人却是情谊深厚的朋友。他去世后，庄子感叹道："自夫子之死也，吾无与言之矣！"

他的著作未能流传下来，思想却因为《庄子》中的转述，保存了一部分。《荀子》《韩非子》《吕氏春秋》等书中也有关于他的记载。

本篇出自《庄子·秋水》。

庄子，名周，宋国人，哲学家、文学家，曾做过蒙漆园吏，一生穷困，心境却超脱旷达。他是道家学派的主要代表人物之一，与老子并称"老庄"。

庄子的文章具有丰富的想象力和显著的浪漫主义色彩，上天入地，瑰丽恣肆，对后世文学语言影响深远。

本篇里的"鹓雏"比喻品行高洁的君子，"鸱"比喻猜忌君子的小人，"腐鼠"比喻功名利禄。后世经常引用这个典故，例如唐朝诗人李商隐的《安定城楼》：

迢递高城百尺楼，绿杨枝外尽汀洲。贾生年少虚垂泪，王粲（càn）春来更远游。永忆江湖归白发，欲回天地入扁舟。不知腐鼠成滋味，猜意鹓雏竟未休。

非攻（上）

——《墨子》

原文
逐句翻译
生僻字注音
字词意思解释

古文

今有一人，入人园圃（pǔ），窃其桃李，众闻则非之，上为政者得则罚之。此何也？以亏人自利也。

译文

如今有一个人，进别人家的果园，偷别人家的桃李，大家听到就责难他，上面执政的人捉到他就惩罚他。这是为什么呢？因为他损人利己。

【园】种树的地方。
【圃】种菜、花草、瓜果的地方。
【亏】损害。

42

古文 至攘（rǎng）人犬豕（shǐ）鸡豚者，其不义又甚入人园圃窃桃李。是何故也？以亏人愈多，其不仁滋甚，罪益厚。至入人栏厩，取人马牛者，其不仁义又甚攘人犬豕鸡豚。此何故也？以其亏人愈多。苟亏人愈多，其不仁滋甚，罪益厚。

译文 至于偷别人家的狗、鸡、大猪和小猪的，比进别人家的果园偷桃李更不义。这是为什么呢？因为他损人更多，就更不仁，罪更重。至于进别人家的牲口棚，牵走别人家的马、牛，比偷别人家的狗、鸡、大猪和小猪更不义。这是为什么呢？因为他损人更多。如果损人更多，就更不仁，罪更重。

【攘】偷盗，窃取。	【滋】更加。
【豕】大猪。	【厚】重，大。
【豚】小猪。	【苟】假如。

古文 至杀不辜人也，扡其衣裘，取戈剑者，其不义又甚入人栏厩、取人马牛。此何故也？以其亏人愈多。苟亏人愈多，其不仁滋甚矣，罪益厚。当此，天下之君子皆

知而非之，谓之不义。今至大为攻国，则弗知非，从而誉之，谓之义。此可谓知义与不义之别乎？

　　至于杀无辜的人，剥下他的衣服皮袄，拿走他的戈剑，比进别人家的牲口棚，牵走别人家的马、牛更不义。这是为什么呢？因为他损人更多。如果损人更多，就更不仁了，罪更重。对此，天下君子都知道责难，说这是不义。如今最不义的事就是攻打别国，人们却不知道责难，反而跟在后面称赞，说这是义。这能说是知道义与不义的分别吗？

【辜】罪过。

　　杀一人，谓之不义，必有一死罪矣。若以此说往，杀十人，十重不义，必有十死罪矣；杀百人，百重不义，必有百死罪矣。当此，天下之君子皆知而非之，谓之不义。今至大为不义，攻国，则弗知非，从而誉之，谓之义。情不知其不义也，故书其言以遗（wèi）后世。若知其不义也，夫奚说书其不义以遗后世哉？

杀一个人，被说是不义，必定构成一重死罪。如果以此类推，杀十个人，十倍不义，必定构成十重死罪；杀一百个人，一百倍不义，必定构成一百重死罪。对此，天下君子都知道责难，说这是不义。如今最不义的事就是攻打别国，人们却不知道责难，反而跟在后面称赞，说这是义。这是确实不知道攻打别国是不义的，所以把称赞的言辞记录下来，好传给后世。如果知道它是不义的，还有什么理由记录不义的事，好传给后世呢？

【以此说往】以此类推。
【情】诚，确实。
【遗】给予，留下，赠送。
【奚】什么。

今有人于此，少见黑曰黑，多见黑曰白，则必以此人为不知白黑之辩矣；少尝苦曰苦，多尝苦曰甘，则必以此人为不知甘苦之辩矣。今小为非，则知而非之；大为非，攻国，则不知非，从而誉之，谓之义，此可谓知义与不义之辩乎？是以知天下之君子也，辩义与不义之乱也。

如今有人在这里，见到一点儿黑说是黑，见到一片黑却说是白，那么别人必定会觉得这个人不知道辨别黑白；如果有人尝到一点儿苦说是苦，尝到很多苦却说是甜，那么别人必定会觉得这个人不知道辨别甜苦。如今见到小的坏事，知道责难它；见到大的坏事，比如攻打别国，不仅不知道责难，反而跟在后面称赞，说这是义，这能说是知道辨别义与不义吗？由此可知，天下君子在分辨义与不义上是多么混乱。

【乱】混乱，指混为一谈。

古今异义

古 非 今

非难，谴责。

不对，过错。

通假字

> 扡其衣裘：通"拖"，夺取。
>
> 则必以此人为不知白黑之辩矣：通"辨"，分辨。

特殊句式

> 判断句：
>
> 今至大为攻国。

> 倒装句：
>
> 以亏人自利也。→以亏人利自也。
>
> 是以知天下之君子也。→以是知天下之君子也。

春秋战国时期，兼并战争惨烈而频繁，对社会造成很大破坏。

墨子同情民众的苦难，认为一切罪恶的根源是人们"不相爱"，所以提倡"兼爱"，主张平等博爱；他也反对统治者争权夺利的不义战争，所以提倡"非攻"。

墨家擅长积极防御，常常主动介入，制止以大攻小的侵略战争。墨家是准军事组织，纪律严明，行动力也很强，成员叫作"墨者"，领袖叫作"钜子"，"墨者"要听命于"钜子"。

本篇出自《墨子》。此书是墨子的弟子和再传弟子对他言行的记录。

墨子，名翟（dí），墨家学派创始人，思想家、教育家、科学家、军事家。生活在春秋末战国初，出身平民，作风艰苦朴素，精通手工技艺。

他还提出了"尚贤""尚同""天志""明鬼""非命""非乐""节葬""节用"等观点。墨家一度成为显学，弟子众多，同儒家不相上下，有"非儒即墨"之称。此外，墨子还创立了包括几何学、物理学、光学在内的一整套科学理论，是中国古代逻辑思想体系的重要开拓者之一。

春秋战国时期，各诸侯国不断竞争，社会剧烈变革，学术环境相对自由。因此出现了许多思想流派，如儒家、墨家、道家、法家、兵家、阴阳家、名家、纵横家、农家等，史称"诸子百家"。众多思想流派各抒己见，广收门徒，互相诘难，史称"百家争鸣"。许多大思想家都出现在这一时期，共同奠定了之后两千多年里中国文化的基础。

诫兄子严、敦书

—— （东汉）马援

原文
逐句翻译
生僻字注音
字词意思解释

古文

援兄子严、敦，并喜讥议，而通轻侠客。援前在交趾，还书诫之曰：

译文

马援兄长的儿子马严和马敦，都喜欢讥笑和议论别人的事，还喜欢结交侠客。马援之前在交趾，写信回来告诫他们：

【轻侠客】为人轻生重义，勇于急人之难的侠客。
【交趾】汉朝郡名，相当于现在的越南北部。

古文

"吾欲汝曹闻人过失，如闻父母之名：耳可得闻，口不可得言也。好议论人长短、妄是非正法，此吾所大恶也，宁死不愿闻子孙有此行也。汝曹知吾恶之甚矣，所以复言者，施衿（jīn）结缡（lí），申父母之戒，欲使汝曹不忘之耳。"

译文

"我希望你们听到他人的过失，就像听到父母的名字：耳朵可以听，口中却不可以说。喜欢议论别人的长处和短处，胡乱评价朝廷的法度，这些都是我非常厌恶的，宁可死也不希望听到子孙有这种行为。你们知道我非常厌恶这种行为，我之所以再次提起，就像女儿出嫁时，父母亲手给她系上佩带和佩巾，反复告诫她到夫家不能出差错那样，是希望你们不要忘记罢了。"

【汝曹】你们。曹：等，辈。
【衿】佩带。

【缡】佩巾。

敦厚周慎

龙伯高

古文

"龙伯高敦厚周慎，口无择言，谦约节俭，廉公有威。吾爱之重之，愿汝曹效之。"

译文

"龙伯高性格敦厚、周密谨慎，出口皆合道理，谦和简朴，廉洁公正，很有威望。我喜爱他，敬重他，希望你们向他学习。"

【龙伯高】龙述，字伯高，东汉名士。史书记载，他"孝悌于家，忠贞于国，公明莅临，威廉赫赫"。光武帝刘秀看到马援的这封信，提拔他为零陵太守。
【口无择言】没有不合法度的话，无需经过选择。另一种说法是，择通"斁（殬）"，败坏的意思。

豪侠好义

古文 "杜季良豪侠好义，忧人之忧，乐人之乐，清浊无所失。父丧致客，数郡毕至。吾爱之重之，不愿汝曹效也。"

译文 "杜季良豪放任侠，很重义气，为别人的忧愁而忧愁，为别人的快乐而快乐，无论好人坏人都结交。他父亲出丧时，他邀请宾客，好几个郡的人都来了。我喜爱他，敬重他，然而不希望你们向他学习。"

【杜季良】杜保，字季良。原先担任越骑司马，仇家告状称他"为行浮薄、乱群惑众"，因此被光武帝免官。
【致】招引，邀请。

天鹅

鸭子

虎

狗

古文 "效伯高不得，犹为谨敕（chì）之士，所谓'刻鹄（hú）不成尚类鹜（wù）'者也。效季良不得，陷为天下轻薄子，所谓'画虎不成反类狗'者也。"

"学习龙伯高不成功，还可以成为谨慎严肃的士人，也就是所谓的'雕刻天鹅不成功，还像野鸭子'。学习杜季良不成功，就会堕落为世上的纨绔轻薄子弟，也就是所谓的'画虎不成功，反而像狗'了。"

【敕】严肃自持。
【鹄】天鹅。
【鹜】野鸭子。

"讫今季良尚未可知，郡将下车辄切齿，州郡以为言，吾常为寒心，是以不愿子孙效也。"

【郡将】郡守兼领武事，所以这样称呼。

"到现在，杜季良以后会怎样还不知道，郡守一到任就咬牙切齿地痛恨他，州郡官员拿这件事当话柄，我时常替他寒心，因此不希望子孙向他学习。"

古今异义

古 **下车** 今

官员刚上任。

从车上下来。

讫今季良尚未可知：通"迄"，到，至。

判断句：

好议论人长短、妄是非正法，此吾所大恶也，宁死不愿闻子孙有此行也。

所谓"刻鹄不成尚类鹜"者也。

所谓"画虎不成反类狗"者也。

省略句：

州郡以（之）为言，吾常为（之）寒心。

马严、马敦是马援二哥马余的儿子，年龄很小时就父母双亡。他们先被寄养在亲戚王述、曹贡家，五六年后，马援将两兄弟带回都城洛阳，视同己出，严加教诲。

两兄弟接受了叔父的批评，潜心研究经学，帮忙照管马家事务。马援去世后，两兄弟到钜下（现在的陕西咸阳东北）隐居，大家钦佩他们的品行，将他们誉为"钜下二卿"。后来马严当上了陈留太守、将作大匠等官，马敦当上了虎贲中郎将。

马援，字文渊，军事家，东汉开国功臣之一。他最早是陇右军阀隗（wěi）嚣的属下，后来归顺光武帝。任陇西太守时，他基本解决了羌人侵扰边疆的问题；交趾女子征侧、征贰造反，他被封为伏波将军，连连取胜，斩杀了"二征"。班师回朝后，他对朋友表示："男儿要当死于边野，以马革裹尸还葬耳。"

六十多岁时，他老当益壮，主动请命去平定南方武陵郡五溪蛮的起事，结果由于天气酷热，得了重病，于军中去世。他最小的女儿当上了明帝刘庄的皇后，谥号明德。

根据《仪礼》，女儿出嫁时，母亲要亲手给她系上佩带和佩巾，送行时，父亲说："戒之敬之，夙夜毋违命。"而母亲说："勉之敬之，夙夜毋违宫事。"告诫她在夫家要勤劳谨慎，尊敬和服从长辈，完成好应该承担的女红等事务。

杂说四（马说）

——（唐）韩愈

原文
逐句翻译
生僻字注音
字词意思解释

古文　世有伯乐，然后有千里马。千里马常有，而伯乐不常有。

译文　世上先有伯乐，然后有千里马。千里马经常有，但是伯乐不经常有。

古文　故虽有名马，祇（zhǐ）辱于奴隶人之手，骈（pián）死于槽枥（cáo lì）之间，不以千里称也。

因此即使有名贵的马，也只能在养马的奴仆手里遭受欺辱，跟普通的马一同死在马厩中，不能作为千里马著称于世。

【祗】只是。
【骈】两马并驾。
【槽枥】养马的地方。槽、枥，都是盛马料的容器。

马之千里者，一食（shí）或尽粟一石。食（sì）马者不知其能千里而食（sì）也。

日行千里的马，有时一顿能吃光一石粮食。喂马的人不知道它有日行千里的能力，像对待普通的马一样喂它。

千里马

古文
是马也，虽有千里之能，食（shí）不饱，力不足，才美不外见，且欲与常马等不可得，安求其能千里也？

译文
这样的马，虽然有日行千里的能力，但是吃不饱，力气不够，内在的优秀素质就显现不出来，想要和普通的马一样尚且做不到，怎么能要求它日行千里呢？

【等】等同，和……一样。
【安】疑问词，怎么，哪里。

不识货

古文
策之不以其道，食（sì）之不能尽其材，鸣之而不能通其意，执策而临之，曰："天下无马！"呜呼！其真无马邪？其真不知马也。

译文
驾驭千里马，不能按照正确的方法；喂它，不能让它充分发挥才能；听它嘶鸣，不能懂得它的意思。只是握着马鞭站到它跟前，说："天下没有好马！"唉，难道世上真的没有千里马吗？还是真的不认识千里马呢！

【策】马鞭，也可以用作动词，驾驭，驱使。
【临】面对。

古 **是** 今

这，这样。

表示肯定的判断。

古 **或** 今

有时，有人。

或者，表示选择、列举。

食马者不知其能千里而食也 / 食之不能尽其材：通"饲"，喂养。

才美不外见：通"现"，展现，显露。

食之不能尽其材：通"才"，才能。

倒装句：

祇辱于奴隶人之手。→祇于奴隶人之手辱。

马之千里者→千里马。

这里的"之"是定语后置的标志，没有实际意义。

配套阅读：《文言文其实很简单·人物卷》中的《祭十二郎文》。

本篇里的"千里马"比喻人才，"伯乐"比喻擅长识别人才的统治者。

在唐朝，士人哪怕通过了科举考试，也不能立刻做官，可能要等上好几年。职位少，而有资格做官的人多，这个问题一直未能解决。更何况还有许多士人没资格参加科举考试（例如李白）或落第了（例如杜甫），只能怀才不遇。

韩愈自己也很不顺利，第四次才中了进士，又去考博学宏词科，连续三次失败。所以在本篇中，他替那些落魄的有识之士鸣不平，希望统治者不要再埋没和打压人才。

伯乐，本名孙阳，春秋中期郜国（现在的山东菏泽一带）人。他擅长相马，曾经到秦国实地考察，长期潜心研究之后，写出了中国第一部相马学著作《伯乐相马经》。

他还会给马看病，写出了第一部兽医针灸书《伯乐针经》。不过也有说法称，这部著作是后世人所写的，单行本晚到北宋时期才出现，只是冠上了伯乐的名字。

据说还有一个"伯乐"，又名王良，是春秋末年赵简子的臣子，也擅长相马。

师说

—— （唐）韩愈

原文
逐句翻译
生僻字注音
字词意思解释

古文

古之学者必有师。师者，所以传道受业解惑也。人非生而知之者，孰能无惑？惑而不从师，其为惑也，终不解矣。

译文

古代求学的人必然有老师。老师，就是传授真理、教导学业、解释疑难问题的人。人不是一生下来就懂得知识的，谁能没有疑惑？有了疑惑，如果不跟随老师学习，那些疑惑就始终不能得到解决。

【学者】求学的人，读书人。
【所以】用来……的。

【知】懂得。

古文 生乎吾前，其闻道也固先乎吾，吾从而师之；生乎吾后，其闻道也亦先乎吾，吾从而师之。吾师道也，夫庸知其年之先后生于吾乎？是故无贵无贱，无长无少，道之所存，师之所存也。

译文 在我之前出生的人，懂得真理本来就比我早，我跟随他学习，拜他当老师；在我之后出生的人，如果懂得真理也比我早，我也会跟随他学习，拜他当老师。我学习的是真理，哪管他是生在我之前还是之后呢？因此，无论贵贱、老少，真理所在的地方，就是老师所在的地方。

【乎】相当于"于"。
【闻】听见，这里指知道、懂得。
【庸】岂，怎么，哪里。

古文 嗟乎！师道之不传也久矣，欲人之无惑也难矣！古之圣人，其出人也远矣，犹且从师而问焉；今之众人，其下圣人也亦远矣，而耻学于师。是故圣益圣，愚益愚。圣人之所以为圣，愚人之所以为愚，其皆出于此乎？

愚

唉！从师求教的风尚已经很久没有了，要想让人们没有疑惑就困难了！古代的圣人，比普通人高明太多了，他们尚且跟随老师请教；现在的普通人，才智比圣人差远了，却以向老师学习为耻。因此，圣人更加圣明，愚人更加愚昧。圣人之所以成为圣人，愚人之所以成为愚人，大概都是出于这个原因吧？

【出】超过。
【益】更加、越发。

爱其子，择师而教之；于其身也，则耻师焉，惑矣。彼童子之师，授之书而习其句读（dòu）者，非吾所谓传其道解其惑者也。句读之不知，惑之不解，或师焉，或不焉，小学而大遗，吾未见其明也。

爱自己的孩子，选择老师来教他；对于自己，却以跟随老师学习为耻，真是糊涂啊。那些儿童的老师，教儿童读书、断句，这并不是我所说的传授真理、解释疑难问题的人。不会断句要问老师，有疑惑不能解决却不去问老师，小的方面学习了，大的却丢下了，我看不出这种人高明在哪里。

【句读】古代书籍上没有标点，老师教儿童读书时，要让他们知道该怎么断句。
【遗】丢下，抛弃。

巫医乐师百工之人，不耻相师。士大夫之族，曰师曰弟子云者，则群聚而笑之。问之，则曰："彼与彼年相若也，道相似也，位卑则足羞，官盛则近谀（yú）。"

请问……

没羞没臊

巫医、乐师、各种工匠之类的人，不以互相学习为耻。士大夫这类人，听到有谁称别人为"老师"、自称"弟子"，就聚在一起嘲笑。问他们，就说："他和他年龄差不多，懂得的道理也差不多。拜地位低的人为师，是值得羞愧的；拜官职高的人为师，就接近阿谀奉承了。"

【巫医】古代巫、医没有明确界限，都指以看病和降神祈祷为职业的人。
【百工】各种工匠。
【族】类。
【相若】相近。
【盛】高，大。
【谀】奉承，谄媚。

古文 呜呼！师道之不复，可知矣。巫医乐师百工之人，君子不齿，今其智乃反不能及，其可怪也欤（yú）！

译文 唉！从师求教的风尚难以恢复，由此便可以知道了。巫医、乐师、各种工匠之类的人，君子不屑一提，可现在他们的智慧竟然反倒比不上这些人了，真是奇怪啊！

【不齿】不愿意提到，羞与为伍，看不起。
【乃】竟然。
【欤】语气词，表示感叹。

古文 圣人无常师。孔子师郯（tán）子、苌（cháng）弘、师襄、老聃（dān）。郯子之徒，其贤不及孔子。孔子曰："三人行，则必有我师。"是故弟子不必不如师，师不必贤于弟子，闻道有先后，术业有专攻，如是而已。

译文 圣人没有固定的老师。孔子曾向郯子、苌弘、师襄、老聃学习。郯子之类的人，他们的贤能比不上孔子。孔子说："几个人一起走，其中必定有可以当我老师的人。"因此弟子不一定不如老师，老师不一定比弟子贤能，懂得真理有早有晚，学问技艺各有专长，如此而已。

【常】恒定，固定。
【攻】致力学习，研究。

古文 李氏子蟠（pán），年十七，好古文，六艺经传（zhuàn）皆通习之，不拘于时，学于余。余嘉其能行古道，作《师说》以贻（yí）之。

译文 李家的孩子名叫蟠，十七岁了，喜欢古文，全面研习了"六经"的经文和传文，不受时俗的拘束，向我学习。我赞许他能够遵行古人拜师学习的正道，写了这篇《师说》送给他。

【李氏子蟠】李蟠，唐德宗贞元十九年（803）进士。
【六艺经传】六艺，指"六经"，即《诗》《书》《礼》《乐》《易》《春秋》六部儒家经典，《乐》现在失传了。传，指解释经文的著作。
【嘉】赞许，嘉奖。
【贻】赠送。

古 **无** 今

不管，无论。

没有。

古 **众人** 今

一般人，普通人。

大多数人，大家。

古 **小学** 今

小的方面学习。

实施初级教育的学校。

古 **不必** 今

不一定。

用不着，不需要。

师者，所以传道受业解惑也：通"授"，传授，讲授。

或师焉，或不焉：通"否"，表示否定。

特殊句式

判断句：

师者，所以传道受业解惑也。

人非生而知之者。

吾师道也。

道之所存，师之所存也。

授之书而习其句读者，非吾所谓传其道解其惑者也。

被动句：

不拘于时。

倒装句：

耻学于师。→耻于师学。

句读之不知。→不知句读。

师不必贤于弟子。→师不必于弟子贤。

学于余。→于余学。

本篇可能写于唐德宗贞元十八年。这一年，韩愈35岁，担任国子监四门博士，从七品。

韩愈的好朋友柳宗元在《答韦中立论师道书》中说："今之世不闻有师，有辄（zhé，总是、就的意思）哗笑之，以为狂人。独韩愈奋不顾流俗，犯笑侮，收召后学，作《师说》，因抗颜（态度严正的意思）而为师，世果群怪聚骂，指目牵引，而增与为言辞。愈以是得狂名，居长安，炊不暇熟，又挈挈（qiè，急切的样子）而东（往东去，指遭到外放），如是者数矣。"

郯子是春秋时期郯国（现在的山东郯城一带）的国君，以仁孝著称。相传孔子曾向他请教关于古代职官的知识。

苌弘是东周景王、敬王时期的大夫，负责"历术"，即观测天象、推演历法、占卜吉凶。他忠于周王室，却遭到陷害和冤杀，死后三年，血化成碧玉。所以后世用"苌弘化碧"来比喻精诚忠正。相传，孔子曾向他请教关于古乐的知识。

师襄是鲁国（一说卫国）的乐官，相传，孔子曾向他学琴。

老聃即老子，姓李名耳，字聃。楚国人，思想家，道家学派创始人。他担任过周王室的"守藏室之史"，负责管理图书。相传，孔子曾向他学习周礼。

进学解

—— （唐）韩愈

原文
逐句翻译
生僻字注音
字词意思解释

古文

　　国子先生晨入太学，招诸生立馆下，诲之曰："业精于勤，荒于嬉；行成于思，毁于随。方今圣贤相逢，治具毕张。拔去凶邪，登崇畯良。占小善者率以录，名一艺者无不庸。爬罗剔抉（jué），刮垢磨光。盖有幸而获选，孰云多而不扬？诸生业患不能精，无患有司之不明；行患不能成，无患有司之不公。"

译文

　　国子先生早上走进太学，把学生们召集起来，站在学舍下面，教导他们说："学业因勤奋而专精，因玩乐而荒废；德行因独立思考而有所成就，因随波逐流而败坏。如今圣君与贤臣相遇合，法律制度全部建立实施。除去凶恶奸邪之辈，推举优秀人才。具备一点儿长处的人全部被录取，掌握一种才艺的没有谁不被任用。极力搜罗、选拔、培养、造就人才。只有德行和才能不高的人侥幸中选的情况，哪里有谁表现突出却落选了？诸位学生只要担心自己的学业不能精进，不要担心主管部门的人不够英明；只要担心自己的德行不能有所成就，不要担心主管部门的人不公正。"

【治具】治理的工具，主要指法令。
【毕】全部。
【张】建立、实施。
【率】都。

【爬罗】爬梳搜罗。
【剔抉】剔除挑选。
【刮垢磨光】刮去污垢，磨出光泽，指精心造就人才。

古文 言未既，有笑于列者曰："先生欺余哉！弟子事先生，于兹有年矣。先生口不绝吟于六艺之文，手不停披于百家之编。纪事者必提其要，纂（zuǎn）言者必钩其玄。贪多务得，细大不捐。焚膏油以继晷（guǐ），恒兀兀以穷年。先生之业，可谓勤矣。"

译文 话没说完，有人在行列里笑着说："先生在欺骗我们吧！我跟着先生，到现在也有不少年头了。先生嘴里不断诵读儒家六经的文句，手里不停翻阅诸子百家的书籍。对记事的著作必定提炼总结它的主要内容，对记言的著作必定探索它深奥玄妙的道理。广泛学习，务求有所收获；不论意义大小都不舍弃。太阳落山了，就点上灯烛继续，一年到头都在辛辛苦苦地研读。先生的学业，称得上勤奋了。"

【纂】编集。
【膏油】油脂，指灯烛。
【晷】日影。

【恒】经常。
【兀兀】辛勤劳苦的样子。

古文

"觝排异端，攘斥佛老。补苴（jū）罅（xià）漏，张皇幽眇（miǎo）。寻坠绪之茫茫，独旁搜而远绍。障百川而东之，回狂澜于既倒。先生之于儒，可谓有劳矣。"

译文

"抵制异端邪说，排斥佛道，弥补儒学的缺漏，阐发精深幽微的义理。探寻那些失传已久的古代儒家学说，独自广泛地搜求和继承它们。阻止异端学说，就像防堵泛滥的众多河川，让它们东流入海；拯救儒学，就像挽回已经倾泻而下的巨大波澜。先生对儒学，称得上有功劳了。"

【异端】儒家觉得，"圣人之道"以外的学说都是异端。
【苴】鞋底中垫的草，这里引申为填补、弥补。
【罅】裂缝。
【眇】微小。
【绪】前人留下的事业，这里指儒家的道统。
【绍】继承。

古文

"沉浸醲（nóng）郁，含英咀华，作为文章，其书满家。上规姚姒（sì），浑浑无涯；周诰、殷《盘》，佶（jí）屈聱（áo）牙；《春秋》谨严，《左氏》浮夸；《易》奇而法，《诗》正而葩（pā）；下逮《庄》《骚》，太史所录，子云、相如，同工异曲。先生之于文，可谓闳其中而肆其外矣。"

"沉浸在如美酒般醇厚的书籍里，细细体味其中精华，写起文章来，书卷堆满了屋子。向上效法虞舜和夏朝的典章，深远博大，无边无际；周朝的诰书和殷商的《盘庚》，艰涩拗口；《春秋》简洁严谨，《左传》铺张夸饰；《易经》变化奇妙而有法则，《诗经》思想端正而词藻华美；往下一直到《庄子》、《离骚》、《史记》、扬雄和司马相如的创作，同样巧妙却各有特色。先生的文章，称得上内容宏大，而文辞奔放壮阔。"

【姚姒】相传虞舜姓姚，夏禹姓姒。姚姒指《尚书》中的《虞书》《夏书》。
【周诰】指《尚书·周书》中的《大诰》《康诰》《酒诰》《召诰》《洛诰》等篇。
【佶屈聱牙】文字晦涩难懂，读起来不顺口。
【葩】花朵，引申为华美。

"少始知学，勇于敢为；长通于方，左右具宜。先生之于为人，可谓成矣。然而公不见信于人，私不见助于友。跋前踬（zhì）后，动辄得咎。暂为御史，遂窜南夷。三年博士，冗不见治。命与仇谋，取败几时。冬暖而儿号寒，年丰而妻啼饥。头童齿豁，竟死何裨（bì）。不知虑此，而反教人为？"

"先生年少时就开始懂得学习，敢于实践；长大以后通达事理，举止行为都合适得体。先生的做人，称得上圆融成熟了。可是您在朝廷上不被信任，私下里也得不到朋友的帮助。进退两难，动不动就受到指责。刚当上御史，就被贬到偏远的南方。做了三年博士，职务闲散，表现不出治理的才能。先生的命运就像和您有仇一样，不时遭到挫败。冬天还算暖和，儿女们却哭着喊冷；年成丰饶，您的夫人却因饥饿而悲泣。您的头顶秃了，牙齿缺了，这样一直到死，有什么好处？不知道考虑这些，怎么反而来教导别人？"

【跋前踬后】出自《诗经·豳（bīn）风·狼跋》："狼跋其胡，载疐（zhì）其尾。"意思是，狼向前走就踩着颔下的悬肉（胡），后退就被尾巴绊住。形容进退两难。跋：踩。踬：绊。

【冗】闲散，多余。
【裨】增添，补益。

先生曰："吁，子来前！夫大木为杗（máng），细木为桷（jué），欂栌（bó lú）侏儒，椳（wēi）闑（niè）扂（diàn）楔（xiè），各得其宜，施以成室者，匠氏之工也。玉札丹砂，赤箭青芝，牛溲（sōu）马勃，败鼓之皮，俱收并蓄，待用无遗者，医师之良也。登明选公，杂进巧拙，纡余为妍，卓荦为杰，校短量长，惟器是适者，宰相之方也。"

国子先生说："唉，你到前面来！大的木材做屋梁，小的木材做椽（chuán）子、斗拱、梁上短柱、门臼、门橛、门闩、门两旁的柱子，都量材使用，来建成房屋，这是工匠的技巧。名贵的地榆、朱砂、天麻、龙芝，廉价的车前草、马勃菌、坏鼓的皮，全都收藏起来，等到日后使用的时候就没有遗缺的，这是医师的高明之处。选拔人才明察公正，无论灵巧的还是笨拙的都得引进，谦和不露锋芒是美好的品德，卓尔不群是杰出的特质，衡量考校各人的短处和长处，按照他们的能力和品格分配适当的职务，这是宰相的本事。"

【宋】屋梁。

【桷】椽子。

【欂栌】斗拱，柱顶上承托栋梁的方木。

【侏儒】梁上短柱。

【椳】门臼。

【闑】门中间所竖的短木，在两扇门相交处。

【扂】门闩。

【楔】门两旁所竖的长木柱。

【玉札】地榆。

【丹砂】朱砂。

【赤箭】天麻。

【青芝】又名龙芝，一种灵芝。玉札、丹砂、赤箭和青芝都是名贵的药材。

【牛溲】牛尿，另一种说法是车前草。

【马勃】一种真菌，俗称牛屎菇、马蹄包、药包子等，担子菌类马勃科。牛溲、马勃和败鼓之皮都是廉价药材。

【纡余】委婉从容的样子。

【卓荦】超群出众。

"昔者孟轲好辩，孔道以明，辙环天下，卒老于行。荀卿守正，大论是弘，逃谗于楚，废死兰陵。是二儒者，吐辞为经，举足为法，绝类离伦，优入圣域，其遇于世何如也？今先生学虽勤而不繇其统，言虽多而不要（yāo）其中，文虽奇而不济于用，行虽修而不显于众。犹且月费俸钱，岁靡廪粟；子不知耕，妇不知织；乘马从徒，安坐而食。踵（zhǒng）常途之役役，窥陈编以盗窃。"

"之前孟轲喜欢辩论，孔子之道得以阐明，他四处游历，车轮痕迹遍及天下，最后在奔走中老去。荀况恪守正道，儒家博大精深的学说得以发扬，他为了躲避谗言逃到楚国，丢了官职，死在兰陵。这两位大儒，言论被当成经典，一举一动是别人效法的准则，他们超群绝伦，达到圣贤的境界，可他们在世上的遭遇又是怎样的呢？现在先生我学习虽然勤劳，却不能顺着道统；言论虽然多，却不切合要旨；文章虽然出奇，却没有实用价值；德行虽然修习了，却并不出众。尚且每月花费朝廷的俸钱，每年消耗国库的粮食；孩子不懂得耕地，妻子不懂得织布；出门骑着马，后面跟着仆人，安安稳稳坐着吃饭。拘谨劳苦地依照常规行事，在旧书里东挪西借。"

【踵】跟随。 | 【役役】劳苦拘谨的样子。 | 【窥】看。

"然而圣主不加诛，宰臣不见斥，兹非其幸欤？动而得谤，名亦随之。投闲置散，乃分之宜。若夫商财贿之有亡，计班资之崇庳（bēi），忘己量之所称，指前人之瑕疵，是所谓诘匠氏之不以杙（yì）为楹（yíng），而訾（zǐ）医师以昌阳引年，欲进其豨（xī）苓也。"

"然而圣明的君主不加责罚，宰相大臣也不斥逐我，难道不够侥幸吗？动不动遭到毁谤，名誉也跟着受损。被弃置在闲散的位置上，实在是恰如其分。至于算计财物的有无、官品的高低，忘了自己有多大本事，指摘职位在自己之上的人的缺点，这就是所说的责问工匠为什么不用小木桩做厅堂的大柱子，批评医师用菖蒲延年益寿，却想引进他的猪苓。"

【财贿】财物，这里指俸禄。
【班资】等级资格，官品。
【庳】低矮。
【杙】小木桩。
【楹】厅堂前部的大柱子。
【訾】毁谤，非议。
【昌阳】菖蒲，一种药材，相传久服可以长寿。
【豨苓】又称猪苓，利尿药。

古今异义

古 张皇 今

发扬光大。

惊恐，慌乱。

古 **浮夸** 今

铺张夸饰，文辞华美。

虚夸，不切实际。为贬义。

古 **童** 今

原指山无草木，也形容人秃头。

儿童。

古 **前人** 今

职位在自己之上的人。

古人，以前的人。

登崇畯良：通"俊"，优秀，出色。

名一艺者无不庸：通"用"，任用。

觝排异端：通"抵"，抵制，排斥。

左右具宜：通"俱"，全，都。

冗不见治：通"现"，表现，显露。

今先生学虽勤而不繇其统：通"由"，顺着。

"国子先生"是韩愈的自称。

他的仕途并不顺利，贞元十八年被任命为国子监四门博士，次年晋升监察御史。当时关中地区大旱，他在愤怒之下呈上《论天旱人饥状》，指责京兆尹李实封锁消息、谎报丰收，却遭到李实等人陷害，被贬为连州阳山（现在的广东清远）县令。

元和元年（806），他被召回长安，权知国子博士。元和三年（808），正式担任国子博士。元和七年，复任国子博士。

元和八年，他写下本篇，抒发怀才不遇的苦闷。宰相读到了，很是同情，于是调他为比部郎中、史馆修撰，命他编纂《顺宗实录》。

道统，也就是儒家传承"道"的脉络和系统。

韩愈在《原道》这篇文章里，正式提出了"尧、舜、禹、汤、文、武、周公、孔、孟"的道统说，自称继承了真正的孔孟之道，目的是复兴儒学，同佛教的"法统"抗衡。

到了南宋，朱熹主张"道统"是《尚书·虞书·大禹谟》中的"人心惟危，道心惟微，惟精惟一，允执厥中"这"十六字心传"。他将韩愈排除在外，认为继承孟子"道统"的，是北宋时期的周敦颐、程颢、程颐。

国子先生同诸生的对话，现实中真的发生过吗？

其实，这是韩愈假托的，他一人分饰两角，自问自答。而且是反话正说，表达了对相关部门识人不明的怨愤。

问答形式有什么优点？

一方面，假设别人可能提出的反驳、攻击等，一一加以化解，能够让文章的说理更加严密周到，令人信服。

另一方面，比起直抒胸臆，这种写法更委婉，也更有回味的余地。

捕蛇者说

—（唐）柳宗元

原文
逐句翻译
生僻字注音
字词意思解释

快跑

古文

永州之野产异蛇，黑质而白章，触草木尽死。以啮（niè）人，无御之者。

【质】质地，底子。
【章】花纹。
【啮】用牙咬。
【御】抵挡。

译文

永州的山野出产一种奇异的蛇，它有着黑色的底子、白色的花纹，如果碰到草木，草木都会枯死。如果咬了人，没有谁能够抵挡。

古文

然得而腊（xī）之以为饵，可以已大风、挛踠（luán wǎn）、瘘（lòu）、疠（lì），去死肌，杀三虫。其始太医以王命聚之，岁赋其二。募有能捕之者，当其租入。永之人争奔走焉。

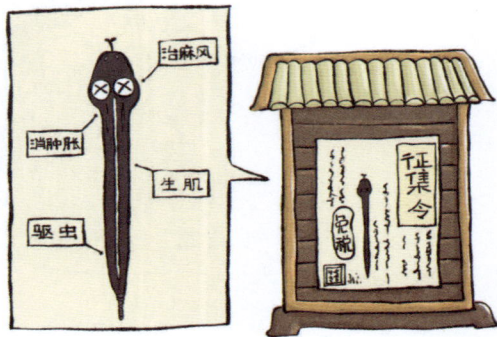

治麻风
治肿胀
生肌
驱虫
征集令
宫藏团

然而捉到它后晾干，拿来做药引，可以治愈麻风病、四肢蜷曲不能伸展、颈部肿胀、恶疮，去除坏死的肌肉，杀灭人体内的寄生虫。起初，太医奉皇帝的命令征集这种蛇，每年收取两次。招募能够捕捉它的人，充抵应交的赋税。永州的人都争着去做捕蛇这件事。

【腊】干肉，这里做动词，晾干。	【疠】毒疮，恶疮。
【饵】药饵，即药引。	【三虫】泛指人体内的寄生虫。
【已】止，治愈。	【聚】征集。
【挛踠】四肢蜷曲不能伸展。	【赋】征收，收取。
【瘘】颈部肿胀。	【当】充抵。

有蒋氏者，专其利三世矣。问之，则曰："吾祖死于是，吾父死于是，今吾嗣为之十二年，几(jī)死者数(shuò)矣。"言之貌若甚戚者。

有个姓蒋的人，独享这种好处已经三代了。我问他，他却说："我祖父死在捕蛇这件差事上，我父亲也死在这件差事上。现在我继承祖业已经十二年了，好几次险些送命。"他说这番话时，神色看起来很悲伤。

【专】独占，独享。
【嗣】继承。
【几】几乎，险些。
【数】屡次，多次。
【戚】悲伤。

余悲之，且曰："若毒之乎？余将告于莅（lì）事者，更（gēng）若役，复若赋，则何如？"

蒋氏大戚，汪然出涕，曰："君将哀而生之乎？则吾斯役之不幸，未若复吾赋不幸之甚也。向吾不为斯役，则久已病矣。"

译文

我同情他，便说："你痛恨捕蛇这件差事吗？我打算告诉管理政事的人，让他更换你的差事，恢复你的赋税，怎么样？"

蒋氏听了更加悲伤，满眼含泪，说："您是哀怜我，想让我活下去吗？然而我干这件差事的不幸，比不上恢复我的赋税那么厉害呀。假如从前我不干这件差事，那么早就困苦不堪了。"

【若】你。
【莅事者】管理政事的人，指地方官。
【大】非常。
【汪然】满眼含泪的样子。
【涕】眼泪。
【斯】此，这。
【若】比得上。
【向】从前。

古文 "自吾氏三世居是乡，积于今六十岁矣。而乡邻之生日蹙（cù），殚（dān）其地之出，竭其庐之入。号呼而转徙（xǐ），饥渴而顿踣（bó）。触风雨，犯寒暑，呼嘘毒疠，往往而死者相藉也。"

译文 自从我家三代在这个乡居住，累计至今已经六十年了。而乡邻的生活一天比一天窘迫，在赋税催逼之下，他们竭尽了田里的出产，掏空了家里的收入，仍不够缴税。他们号啕痛哭，辗转逃亡，饥渴交加，跌倒在地上。他们顶着狂风暴雨，冒着严寒酷暑，呼吸着带毒的疫气，一个接一个死去，尸体互相叠压。"

【蹙】窘迫。
【殚】穷尽，竭尽。
【徙】迁移。

【顿踣】跌倒在地上，也形容困顿。
【犯】冒。

"曩（nǎng）与吾祖居者，今其室十无一焉。与吾父居者，今其室十无二三焉。与吾居十二年者，今其室十无四五焉。非死则徙尔，而吾以捕蛇独存。"

"昔日和我祖父一同居住在这里的，现在十户当中剩不下一户了。和我父亲一同居住的，现在十户当中只有不到两三户了。和我一同居住了十二年的，现在十户当中只有不到四五户了。那些人家不是死了就是搬走了，我却凭借捕蛇这件差事，独自幸存。"

【曩】昔日，先前。

"悍吏之来吾乡，叫嚣乎东西，隳（huī）突乎南北；哗然而骇者，虽鸡狗不得宁焉。吾恂（xún）恂而起，视其缶（fǒu），而吾蛇尚存，则弛然而卧。谨食（sì）之，时而献焉。"

82

译文

"凶暴的官吏来到我这个乡，自东头嚷到西头，自南边闯到北边，吓得大家乱吵乱叫，连鸡狗也不得安宁。我就小心翼翼地起来，看看瓦罐，我的蛇还在，就放心地躺下了。我小心地喂养蛇，到规定的日子将它献上去。"

【**隳突**】冲撞，破坏，骚扰。
【**骇**】让人害怕。
【**恂恂**】小心谨慎、提心吊胆的样子。
【**缶**】瓦罐。
【**弛然**】放心的样子。

古文

"退而甘食其土之有，以尽吾齿。盖一岁之犯死者二焉，其余则熙熙而乐，岂若吾乡邻之旦旦有是哉！今虽死乎此，比吾乡邻之死则已后矣，又安敢毒耶？"

译文

"回家以后，有滋有味地享用田地里出产的东西，来度过我的余年。一年当中只用冒两次生命危险，其余时间都可以快快乐乐地过日子，哪像我的乡邻一样，天天都要面临这种威胁呢！现在我即使死在捕蛇的差事上，与我的乡邻相比，已经算是死在他们后面了，又怎么敢痛恨捕蛇这件事呢？"

【**甘**】有滋有味地，美美地。
【**熙熙**】和乐的样子。
【**旦旦**】天天。

古文 余闻而愈悲。孔子曰："苛政猛于虎也！"吾尝疑乎是，今以蒋氏观之，犹信。呜呼！孰知赋敛之毒有甚是蛇者乎？故为之说，以俟（sì）夫观人风者得焉。

译文 我听了越发悲伤。孔子说："残暴的政令比老虎还要可怕呀！"我曾经怀疑这句话，现在从蒋氏的遭遇来看，这句话还真是可信的。唉！谁知道苛捐杂税的毒辣比这种毒蛇的毒害更厉害呢？所以我写了这篇文章，留待来考察风俗民情的官员参考。

【俟】等待。
【人风】即民风。唐朝避太宗李世民讳，用"人"来代替"民"。

古今异义

古 **齿** 今

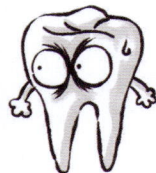

寿命，年岁。

牙齿。

 古 **大风** 今

麻风病。

_____

强气流。

_____

 古 **毒** 今

痛恨。

_____

毒药。

_____

 古 **病** 今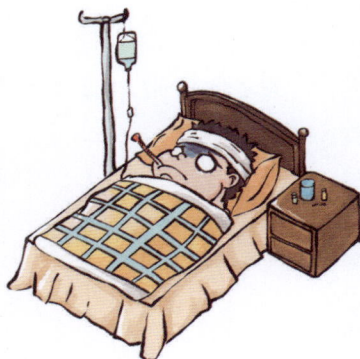

困苦不堪。

_____

生病。

_____

倒装句：

则何如？→则如何？

苛政猛于虎也。→苛政于虎猛也。

互文：

叫嚣乎东西，隳突乎南北。

"安史之乱"以后，唐朝的国力大不如前，中央政府的实际控制范围有限，各种社会矛盾异常复杂、尖锐。为了筹措军费和满足奢华铺张的生活所需，统治者加紧了对百姓的横征暴敛，增收盐税、间架税（房产税）、货物税等，大批民众不堪重负，或家破人亡，或纷纷逃走，形成恶性循环，对恢复经济非常不利。

因参与"永贞革新"而被贬为永州司马以后，柳宗元接触民众的机会更多，对他们的苦难也有了更真切的体会。因此，他在本篇中批判了吏治的黑暗，表达了对改革的坚持。

配套阅读：《文言文其实很简单·人物卷》中的《柳子厚墓志铭》。

配套阅读：《文言文其实很简单·叙事卷》中的《苛政猛于虎》。

卖柑者言

—（明）刘基

原文
逐句翻译
生僻字注音
字词意思解释

古文　　杭有卖果者，善藏柑，涉寒暑不溃，出之烨（yè）然，玉质而金色。置于市，贾十倍，人争鬻（yù）之。

译文　　杭州有个卖水果的人，擅长贮藏柑橘，经过一整年也不溃烂，拿出来时还是光彩鲜明的样子，质地就像玉石，颜色金灿灿的。放到市场上，价钱比别家高出十倍，人们争相购买。

【涉】经过，经历。
【溃】腐烂，腐败。
【鬻】买卖，这里指买。

古文　　予贸得其一，剖之，如有烟扑口鼻，视其中，则干若败絮。予怪而问之曰："若所市于人者，将以实笾（biān）豆、奉祭祀、供宾客乎？将衒外以惑愚瞽（gǔ）也？甚矣哉，为欺也！"

87

译文 我买到了其中一个，切开它，像是有股烟直扑口鼻，查看它里面，干枯得如同破败的棉絮。我很奇怪，便问他："你卖柑橘给人们，是打算让大家将它放在笾豆里上供，或招待宾客用吗？还是只不过炫耀漂亮的外观，去迷惑笨拙、盲目的人，让他们上当呢？这样行骗实在太过分了！"

【贸】买卖，这里指买。
【实】填满，装满。
【笾豆】给祖先上供时盛祭品的两种礼器。笾，竹制的食器，用来盛果脯。
【瞽】盲人。

古文 卖者笑曰："吾业是有年矣，吾赖是以食（sì）吾躯。

吾售之，人取之，未尝有言，而独不足子所乎？世之为欺者不寡矣，而独我也乎？吾子未之思也。"

译文 卖水果的人笑着说："我从事这一行已经好多年了，靠这个养活自己。我卖它，人们买它，从没有谁说过什么，却唯独不能让您满意吗？世上行骗的人不少，难道只有我吗？先生您没有想过这个问题。"

【业】以……为职业，从事。

"今夫佩虎符、坐皋（gāo）
比者，洸（guāng）洸乎干城之具
也，果能授孙、吴之略耶？峨大冠、
拖长绅者，昂昂乎庙堂之器也，
果能建伊、皋之业耶？"

译文

"现在那些佩戴虎符、
坐在虎皮上的人，样子威
风凛凛，像是捍卫家国的
名将，但他们真的拥有孙武、吴起
那样的谋略吗？那些戴着高帽子、
拖着长带子的人，样子气宇轩昂，
像是立于朝堂的栋梁之才，但他们
真的能建立伊尹、皋陶（yáo）那样
的功业吗？"

【皋比】虎皮，指将军的坐席。
【洸洸】威武的样子。
【干城】指能御敌而尽保卫家
国责任的人。干：盾牌。
【峨】高耸。
【绅】古代士大夫束在外衣上
的带子。

古文

"盗起而不知御，民困而不知救，吏奸而不
知禁，法斁（dù）而不
知理，坐糜廪（lǐn）粟而不知耻。"

译文

"盗贼四起却不懂得抵御，百姓困苦却不懂得救助，小吏奸诈却不懂得禁止，法度败坏却不懂得治理，白拿俸禄却不懂得羞耻。"

古文

"观其坐高堂，骑大马，醉醇醴而饫（yù）肥鲜者，孰不巍巍乎可畏、赫赫乎可象也？又何往而不金玉其外，败絮其中也哉？今子是之不察，而以察吾柑！"

译文

"看看那些坐在高堂上，骑大马、畅饮美酒、饱食鱼肉的人，哪一个不是威风凛凛得让人敬畏，气势煊赫得值得效仿？然而他们又何尝不是外表如同金玉，内心如同破败的棉絮呢？现在您对这些视而不见，却只看到我的柑橘！"

予默默无以应。退而思其言，类东方生滑（gǔ）稽之流。岂其愤世疾邪者耶？而托于柑以讽耶？

译文

我默然，无言以对。回来思考他的话，感觉他像是东方朔那样嬉笑怒骂、机智善辩的人物。难道他果真是个对世间邪恶现象激愤痛恨的人，因而借柑橘来讽刺吗？

【类】像。
【疾】痛恨。
【托】假托，假借。

通假字

贾十倍：通"价"，价格。

将衒外以惑愚瞽也：通"炫"，炫耀。

吾赖是以食吾躯：通"饲"，供养，养活。

坐皋比者：通"皮"，毛皮。

坐糜廪粟而不知耻：通"靡"，浪费。

特殊句式

判断句：

观其坐高堂，骑大马，醉醇醴而饫肥鲜者，孰不巍巍乎可畏、赫赫乎可象也？又何往而不金玉其外，败絮其中也哉？

岂其愤世疾邪者耶？

倒装句：

吾子未之思也。→吾子未思之也。

今子是之不察。→今子不察是。

元朝末年，社会黑暗，达官贵人都是欺世盗名之辈，贪污盛行，法制败坏，民不聊生。刘基对这样的现实非常不满，所以进行了辛辣的讽刺。

刘基，字伯温，政治家、军事家、文学家。元朝末年考中进士，后来遭到排斥，辞官回乡，投奔朱元璋，深受信任，成为明朝开国元勋，洪武三年被封为诚意伯，因此又称刘诚意。后来遭到陷害，忧愤而死。明武宗正德九年追赠太师，谥号文成。

皋陶，也写作皋繇，上古传说中的人物，是舜的臣子，掌管刑狱，以公正严明著称，被誉为"中国司法之祖"，也被后世当成"狱神"来供奉。

伊尹，本名伊挚，通晓治国之道，擅长烹调，是商汤正妻有莘氏之女的陪嫁侍从，辅佐商汤灭掉了夏朝，被尊为"阿衡"。他长期担任重臣，后来的商王太甲胡作非为，伊尹将他放逐到桐宫，自己与诸大臣代为执政。三年后，太甲悔过，伊尹又将他迎回，归还王位。

然而，根据《竹书纪年》的说法，"伊尹放太甲"实际上是篡位，后来太甲悄悄自桐宫逃出，杀了伊尹，夺回王位。伊尹到底是一代贤相还是"乱臣贼子"，还存在争议。

东方朔，字曼倩，西汉著名文学家。在汉武帝征召贤士时，他上书自荐，成为近臣，获得宠信。他性格诙谐，言词敏捷，博学多识，擅长巧妙地进谏。他以辞赋著称，作品有《答客难》《非有先生论》等。

深虑论

—— (明) 方孝孺

原文
逐句翻译
生僻字注音
字词意思解释

古文

虑天下者，常图其所难而忽其所易，备其所可畏而遗其所不疑。然而，祸常发于所忽之中，而乱常起于不足疑之事。岂其虑之未周欤？盖虑之所能及者，人事之宜然，而出于智力之所不及者，天道也。

译文

筹谋国家大事的人，经常注重解决困难的问题，而忽略容易解决的问题；防备可怕的事件，而遗漏不足疑虑的事件。然而，灾祸常常在被忽略的问题中萌发，变乱常常自不被怀疑的事件中兴起。难道是考虑得不周全吗？大凡能考虑到的，都是人世间理应出现的事情，而要是超出了智力所能达到的范围，那就是天道的安排了。

当秦之世，而灭诸侯，一天下。而其心以为周之亡在乎诸侯之强耳，变封建而为郡县。方以为**兵革**不可复用，天子之位可以世守，而不知汉帝起陇亩之中，而卒亡秦之社稷。

秦始皇消灭诸侯，统一天下。他认为周朝的灭亡在于诸侯的强大，因此改封建制为郡县制。正觉得这样就不必再进行战争，天子的尊位可以世世相传时，却不料汉高祖在乡野间崛起，最终颠覆了秦朝的江山。

【兵革】兵器和甲胄的总称，泛指武器军备，也可以指战争。

汉武帝 → 汉宣帝 → 汉孺子 王莽

古文　汉惩秦之孤立，于是大建庶孽而为诸侯，以为同姓之亲，可以相继而无变，而七国萌篡弑（shì）之谋。武、宣以后，稍削析之而分其势，以为无事矣，而王莽卒移汉祚。

译文　汉朝自秦朝的孤立无援中吸取教训，大肆分封兄弟、子侄为诸侯，以为凭着同姓的亲情，可以代代相继，不出现变故，然而吴、楚等七国还是萌生了弑君篡位的野心。汉武帝、汉宣帝之后，渐渐分割诸侯的封地，削弱他们的势力，以为这样便能太平无事，没想到外戚王莽最终夺取了汉家的皇位。

> 【庶孽】妃妾所生的儿子。
> 【弑】古时候臣杀君、子杀父母称为弑。

古文　光武之惩哀、平，魏之惩汉，晋之惩魏，各惩其所由亡而为之备。而其亡也，盖出于所备之外。唐太宗闻武氏之杀其子孙，求人于疑似之际而除之，而武氏日侍其左右而不悟。

95

东汉光武帝刘秀吸取了西汉哀帝、平帝的教训，曹魏吸取了东汉的教训，西晋吸取了曹魏的教训，各自借鉴了前代为什么灭亡，从而进行防备。可它们灭亡的原因，都在所防备的范围之外。唐太宗听说，带"武"字的人会杀害他的子孙，就搜寻并除去可疑的人，武媚娘天天在他身边侍奉，却怎么也没想到她。

古文

宋太祖见五代方镇之足以制其君，尽释其兵权，使力弱而易制，而不知子孙卒困于敌国。此其人皆有出人之智、盖世之才，其于治乱存亡之几，思之详而备之审矣。虑切于此而祸兴于彼，终至乱亡者，何哉？盖智可以谋人，而不可以谋天。

96

宋太祖见到五代时的藩镇足以钳制君王，就收回节度使的兵权，使其力量削弱、容易对付，却不料子孙后代最终因敌国而饱受困扰、逐步衰亡。这些人都有着超群的智慧、盖世的才华，对国家太平、动乱、生存、灭亡的微妙关系，考虑得细致，防备得也周密。然而，他们仔细谋划了这边，灾祸却在那边兴起，最终还是免不了动乱、灭亡，这是为什么呢？或许智慧只能谋算和人有关的因素，却无法预测天道的安排。

【切】关切。

古文

良医之子，多死于病；良巫之子，多死于鬼。岂工于活人，而拙于谋子也哉？乃工于谋人，而拙于谋天也。

译文

高明医生的儿子，不少死于疾病；高明巫师的儿子，不少死于鬼神。这难道是因为他们善于救助别人，却不善于替自己的儿子筹划吗？其实是因为他们善于筹划和人有关的因素，却不善于预测天道。

【工】善于，擅长。

古文 古之圣人，知天下后世之变，非智虑之所能周，非法术之所能制，不敢肆其私谋诡计，而唯积至诚，用大德以结乎天心，使天眷其德，若慈母之保赤子而不忍释。故其子孙，虽有至愚不肖者足以亡国，而天卒不忍遽（jù）亡之。此虑之远者也。

译文 古时候的圣人，明白天下将来的变化不是人的智谋能考虑周全的，也不是政治手腕能控制的，所以不敢任意施展阴谋诡计，而是积累最大的诚意，用最高的道德来感动天心，使上天顾念他们的德行，像慈母保护初生婴儿那样不忍心放手。因此，尽管他们的子孙中有非常愚笨、人品不良，足以让国家灭亡的人，上天最终却不忍心立即让它灭亡。这才是思虑深远的人。

【眷】顾念，爱惜。
【赤子】刚出生的婴儿。
【遽】迅速，仓猝。

古文 夫苟不能自结于天，而欲以区区之智笼络当世之务，而必后世之无危亡，此理之所必无者，而岂天道哉！

98

假如不能用最高的道德来感动天心，却想凭微不足道的智谋去驾驭当前的事务，还想让自己的子孙后代必定不会面对危机和灭亡，这在情理上是必定讲不通的，又怎么会是天道的安排！

权术治国

【区区】小，少。形容微不足道。

古今异义

古 **惩** 今

借鉴，吸取教训。

惩罚。

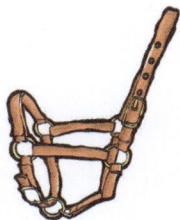

古 **笼络** 今

给马匹套上笼头之类旨在约束的器具，比喻以权术或手段统御他人。

拉拢。

判断句：

盖虑之所能及者，人事之宜然，而出于智力之所不及者，天道也。

乃工于谋人，而拙于谋天也。

此虑之远者也。

此理之所必无者，而岂天道哉。

倒装句：

祸常发于所忽之中，而乱常起于不足疑之事。→祸常于所忽之中发，而乱常于不足疑之事起。

虑切于此而祸兴于彼。→虑于此切而祸于彼兴。

明朝建立后，太祖朱元璋采取了一系列改革措施，希望能够杜绝前朝弊病，实现长治久安。本篇就是针对当时政治形势的建议，回顾了历代兴衰的史实，指出要实施德政，注意潜藏的危机。

方孝孺，字希直，一字希古，号逊志，又称缑（gōu）城先生、正学先生，明朝大臣、文学家。《明史》对他文章的评价是"醇深雄迈，每一篇出，海内争相传诵"。

方孝孺是宋濂的门生，得到建文帝重用。燕王朱棣起兵南下，朝廷决定讨伐，诏令和檄文大多是他撰写的。后来南京城破，他拒绝为燕王朱棣草拟即位诏书，被残忍杀害，并株连家族。南明时被追谥"文正"。

明太祖将宗室封为藩王，分驻北部边境和全国战略要地，想通过他们来拱卫皇室。这些藩王拥有一定的财权和军事指挥权，势力膨胀，对中央政权形成了威胁。

明太祖的孙子朱允炆（wén）继位后不久，开始削藩，朝廷同藩王的矛盾激化。建文元年（1399），实力最强的燕王朱棣起兵，建文四年攻入南京，夺取了皇位，改元永乐，史称"靖难之役"或"靖难之变"。建文帝下落不明，一说隐姓埋名出逃，一说在宫中自焚。

参考文献

[1] 钟基，李先银，王身钢. 古文观止 [M]. 北京：中华书局，2011 年.

[2] 吴楚材，吴调侯. 古文观止 [M]. 浙江：浙江古籍出版社，2010 年.

[3] 阙勋吾，许凌云，张孝美等. 古文观止 [M]. 湖南：岳麓书社，2001 年.

[4] 关永礼. 古文观止·续古文观止鉴赏辞典 [M]. 上海：同济大学出版社，1994 年.

[5] 王充闾. 古文今赏 [M]. 辽宁：万卷出版公司，2016 年.

[6] 王力. 古代汉语 [M]. 北京：中华书局，1999 年.

[7] 王力. 中国古代文化常识：插图修订第 4 版 [M]. 北京：北京联合出版公司，2014 年.

[8] 曹伯韩. 国学常识 [M]. 北京：中华书局，2010 年.